JN411843

러시아, 도시로 읽다

상트페테르부르크에서
블라디보스토크까지

이 책은 한국연구재단의 지원(NRF-362-2009-1-B00005)으로 발간되었음.

상트페테르부르크에서
블라디보스토크까지

러시아, 도시로 읽다

강덕수 외 지음

머리말

러시아에서 사람들이 커피를 즐겨 마시기 시작한 건 그리 오래 되지 않는다. 수년 전만 해도 바뀌기 어려울 것 같았다. 기호가 바뀌는데 걸린 시간은 불과 5년 남짓이다. 지금은 어느 도시를 가도 시내 블록마다 커피점이 없는 곳이 없다고 말할 수 있다. 더 놀라운 것은 러시아 어느 도시를 가도 교통질서를 지키는 모습이다. 신호등이 없는 이면 도로에서 보행자가 보이면 차들은 무조건 선다. 불과 4~5년 된 현상이다. 불가능해 보이던 일들이 이젠 현상이 아니라 일상이 되었다.

이런 모습을 보고도 러시아가 아직 안전하냐고 묻는 것은 예의가 아니다. 그래도 우리 주변엔 여전히 30년 전 레코드를 틀 듯 식상한 질문을 던지는 고집스런 사람들이 있다.

한국외국어대학교 러시아연구소는 50년 이상 러시아를 연구해 왔다. **"러시아, 도시로 읽다: 상트페테르부르크에서 블라디보스**

토크까지" 프로젝트에 참여한 교수들은 모두 지난 10년간 온갖 위험을 무릅쓰면서 발로 걷고 뛰며 그 변화를 읽고 기록해 왔다.

러시아는 영토가 큰 나라이다. 민족 구성도 지극히 다양하다. 그 속에서 강대국이 되기 위해 그들은 어떤 생각과 전략을 가지고 사는가? 그것이 겉으로 드러난 모습은 어떠한가? 모두 중요하다. 이것을 알기 위해 러시아연구소는 인문지리적 접근 방법을 택하였다.

러시아의 서쪽 끝은 상트페테르부르크가 아니라 칼리닌그라드이다. 동쪽 끝은 블라디보스토크가 아니라 마가단이다. 러시아연구소 소속 교수들은 책 속에만 파묻혀 있지 않았다. 남의 글을 읽고 섣부르게 러시아를 판단하지도 않았다. 24개 도시들을 찾아가 직접 보고 인터뷰하고 확인하지 않은 것은 믿지 않았다. 이름도 생소한 북극의 요충지 나리얀마르와 살레하르트, 체첸 전쟁의 총성이 아직 멎지 않은 마하치칼라를 가고, 현지인들도 마다하는 북극 지역까지 레나강을 거슬러 올라갔다. 보트로 항해하며 엄청난 모기떼와 싸운 고통은 즐거운 후일담이 되었다. 콜리마 대로를 넘어 마가단에 이르는 길에 넘어야 했던 험준한 고갯길에 선 집에 두고 온 가족을 생각하지 않을 수 없었다.

8개 관구 24개 주요 도시들에 간직된 역사적 경험과 기억을 파헤치며 지역적 정체성을 알아내고자 하였다. 도시를 중심으로 한 지역의 지경학적, 지정학적 특성은 무엇인지? 소비에트적 잔재를 어떻게 극복했는지? 글로벌화 시대에 각 도시들은 어떻게 적응하고 있는지? 필자들은 전공의 벽을 넘어서 러시아의 현재를 진단하고 미래를 예측하고자 하였다. 이제 10년간의 연구를 마무리하며 아무도 하지 못한 경험과 관찰을 내놓는다. **러시아를 위한 변명이 아니라 러시아를 올바로 이해해야 하는 우리 자신을 위해서.**

이제 러시아에 관심을 가진 모든 분들에게 이 책을 바친다. 무엇보다도 이 책은 교수들 개개인의 생각이 아니라 함께 고민하고 토론하고 수정하면서 엮어낸 책이다. 학자로서, 연구자로서의 겸양지세로 비판의 소리를 경청하며 객관적인 그림을 그리고자 애썼다는 점에서 자부심을 갖는 것에 모든 분들이 동의해 주시리라 믿는다.

이 책의 편집과 윤문을 위해 어건주 교수가 특히 많은 애를 썼다. 그 공에 대한 감사를 일필로 다 표현할 수 없다. 예쁜 책을 만들기 위해 한국외국어대학교 지식출판콘텐츠원도 많은 애를 썼다. 신선호 팀장을 비롯한 팀원 박현정 님에게 감사한다. 마지막으로 서로 비판의 목소리를 아끼지 않으며, 어떠한 비판에도 겸손하게 받아들여준 11인 동료 교수들에게 감사한다.

2019년 6월

소장 강 덕수

한국외국어대학교 노어과 명예교수

CONTENTS

ГАГАРИН

Виктор Цой

ИМПЕРАТОРУ
АЛЕКСАНДРУ
III

КРУЖАЛЬ

ГРАФУ
МУРАВЬЕВУ-АМУРСКОМУ
1891

BARENTS SEA
KARA SEA
SWEDEN
FINLAND
칼리닌그라드
Kaliningrad
상트페테르부르크
St. Petersburg
프스코프
Pskov
벨리키노브고로드
Velikiy Novgorod
나리얀마르
Naryan-Mar
살레하르트
Salekhard
스몰렌스크
Smolensk
모스크바
Moscow
식팁카르
Syktyvkar
니즈니노브고로드
Nizhny Novgorod
요시카르올라
Yoshkar-Ola
카잔
Kazan
예카테린부르크
Yekaterinburg
옴스크
Omsk
Novosibirsk
마하치칼라
Mahachikala
KAZAKHSTAN
UZBEKISTAN
TURKMENISTAN

LAPTEV SEA
마가단
Magadan
SEA OF
OKHOTSK
야쿠츠크
Yakutsk
유즈노사할린스크
Yuzhno-Sakhalinsk
하바롭스크
Khabarovsk
이르쿠츠크
Irkutsk
블라디보스토크
Vladivostok
EAST SEA
CHINA
MONGOLIA

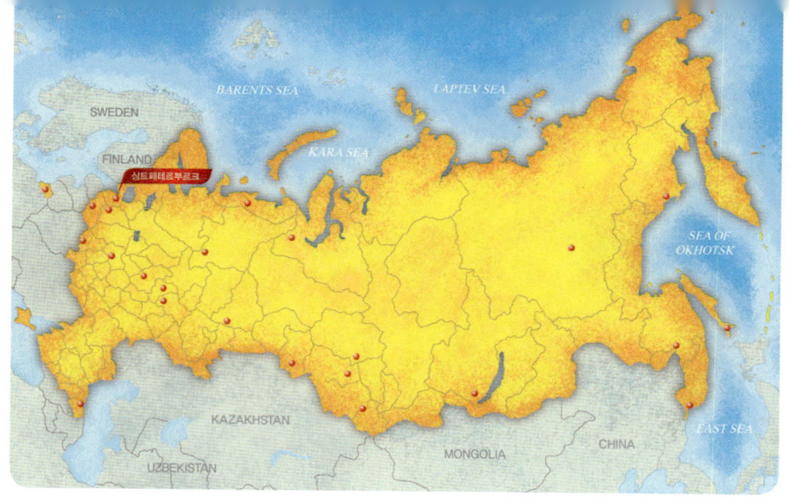

상트페테르부르크, 위대한 유산

이지연

페테르부르크와의 첫만남

1998년 여름, 비행기는 밤 늦게서야 페테르부르크 공항에 도착했다. 밤 11시가 다 된 늦은 시간이었는데도 7월말의 페테르부르크는 백야의 흔적을 어스름히 드러내고 있었다. 완전히 해가 지지 않은 회색의 어두움 가운데 푸르스름한 조명으로 비추어진 고풍스런 건물들이 인상적이었다. 니콜라이 고골의 단편이 보여주는 그로테스크한 환상의 세계, 표도르 도스토옙스키가 말한 기만적인 백야의 모습이 이런 것이려니 하는 생각이 들었다. 그리고 버스가 얼마간 페테르부르크 구석구석의 거리를 달려 마침내 도시의 중심을 흐르는 네바 강변으로 나아갔을 때, 그때의 감동은 지금도 잊을 수가 없다. 강변을 따라 펼쳐진 기념비적 건축물들의 파노라마와 그 정점을 이루는 웅장한 겨울궁전의 풍경은 찬란했다.

궁전 다리와 겨울궁전 야경(사진: 안드레이 파쉬케비치의 사진 기행 프로젝트 Anpash.Ru)

그 찬란함은 강변을 따라 밝혀 놓은 가로등과 건물 외벽 곳곳을 비추는 조명들이 만들어낸 환영과 같은 것이기도 했다.

다음날 아침이 되어 비가 흩뿌리는 음산한 날씨 가운데 마주한 겨울궁전과 네바강은 어제 밤의 화려했던 모습이 아니었다. 사람들의 어두운 표정만큼이나 흐린 회색 강변의 대리석 풍경은 오히려 슬퍼 보여 아름다웠다.

1998년은 힘겹게 페레스트로이카와 소연방 해체의 시기를 겪어 온 러시아인들에게는 더 없이 절망적인 한 해로 기록된다. 러시아는 국가 부도 사태에 직면하였고 이는 화폐 개혁으로 이어졌다. 루블화는 100배의 평가 절하를 겪었고 새로운 화폐가 만들어졌다. 갑작스럽게 단행된 화폐 개혁으로 러시아인들은 자신들이 모아 두었던 루블이 눈앞에서 종이가 되는 것을 지켜볼 수밖에 없었다. 이러한 경험에서 러시아인들은 은행에 루블화로 예금하는 것을 꺼려하는 버릇을 오랫동안 버리지 못하게 된다. 최근 그 숫자가 줄어들기는 했지만 몇 년 전까지만 해도 러시아 대도시에는 환전소가 상당히 많았다. 관광객 뿐 아니라 러시아인들 또한 달러나 유로를 루블로 환전하여 사용하는 것을 쉽게 볼 수 있었다.

사실 1998년 페테르부르크에서의 한 달은 극기 훈련과 같은 시간이었다. 그럼에도 결국 이곳에서 공부를 하기로 결정하게 된 이유는 지금 생각해도 이해하기 어렵다. 아마도 페테르부르크 특유의 문화 수도로서의 분위기 때문이 아니었을까 싶다. 당시 모스크바에서는 스킨헤드라 불리는 우익 청년 집단의 동양인에 대한 테러 이야기가 심심치 않게 들려왔지만, 반면 페테르부르크는 보다 교양 있는 러시아 지식인들의 분위기가 여전히 지배하고 있어 모스크바와는 달리 보다 안전할 것이라고들 했다. 그러나 그러한 현실적인 이유가 아니더라도 러시아 문학 전공자들에게 있어 러시아 제국의 문화적 유산과 혁명의 기억, 20세기 러시아의 수난의 역사를 보존하고 있는 도시 페테르부르크는 일종의 당위와도 같은 공간이었다.

러시아 문학의 도시 페테르부르크

표트르의 창조물이여,
너를 사랑하노라!

푸시킨, <청동기마상>

페테르부르크는 도시 전체로 러시아 문학을 기록하고 있다. 네바강 가에 세워진 표트르 대제의 기념비는 "표트르의 도시" 페테르부르크의 건설을 기념하는 단순한 기호에 머물지 않는다. 그것은 푸시킨이 자신의 서사시 <청동기마상>에서 찬양한 표트르 대제의 업적과 자연력에 대한 인간의 승리로서의 도시 건설을, 그것을 한 순간에 파괴하는 대홍수의 재앙을, 심지어 창조자 표트르의 반(反)종교적 적그리스도의 형상을 주목했던 20세기 초반 러시아 상징주의 문학가들의 은밀한 비교(祕敎)적 탐구를 한꺼번에 표상하고 있다. 심지어 그 청동의 기마상은 인간의 손으

청동기마상(사진: 레프 파노프 - 위키미디어)

로 만들지 않은 신성한 기념비를 자신의 시에 바치겠다는 푸시킨의 선언을 상기시키며 러시아 문학사 전체를, 아니 문화 전체를 관류해온 정치 권력과 문학 권력 간의 은밀한 투쟁의 역사를 증거한다.

거기서 조금 더 발을 옮겨 모이카 운하 12번가에 위치한 박물관으로 단장된 푸시킨 생전의 집에 들르면 평생을 시인의 삶을 소개하는 일을 해 오신 할머니가 마지막 "알렉산드르 세르게예비치 푸시킨이 드디어 운명하셨습니다."라는 말을 내뱉으며 다시 한 번 흘리는 눈물을, 아마도 평생 앞으로도 하루에 몇 번씩 흘리게 될 그 놀랍도록 진정성 어린 눈물을 마주하게 된다. 이어 <죄와 벌>의 허구적 주인공 라스콜리니코프의 소설 속 동선을 따라 센나야

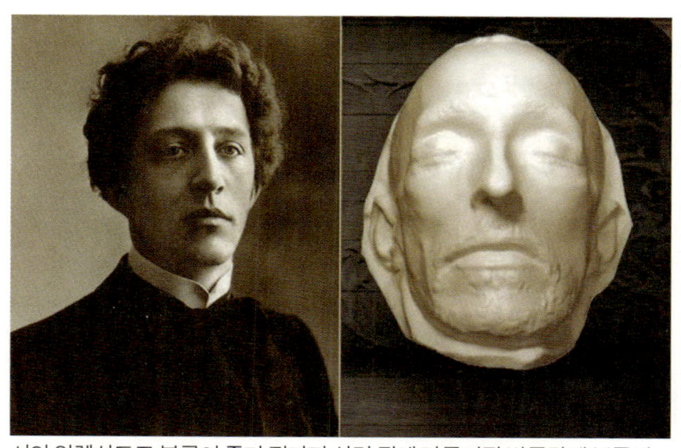
시인 알렉산드르 블록이 죽기 전까지 살던 집에 만들어진 박물관에 보존된 데스마스크(사진: Kulturologia.Ru)

광장 뒷골목으로 이어진 여정에 동참하다 보면 도스토옙스키 소설의 실제 주인공은 다름 아닌 19세기 후반 화려한 도시 전경 뒤에 감추어진 무덥고 음습한 페테르부르크 그 자체라는 말에 저절로 고개가 끄덕여진다. 가장 서정적인 혁명 시인이었던 알렉산드르 블록이 죽기 전 거주했던 아파트에 전시된 그의 마지막 얼굴을 보면서 혁명이라는 숭고한 신념을 끝까지 고수하였지만 동시에 혁명 이후의 현실에 환멸을 느끼지 않을 수 없었던 20세기 초반 귀족 지식인들의 비극적인 운명에 숙연해진다.

페테르부르크의 건물들 곳곳에서 러시아 문학사의 내로라하는 작가들이 언젠가 여기서 살았다는 사실을 알리는 현판을 찾는 것은 어려운 일이 아니다. 지금 걷는 거리가 곧 지난 몇 세기 동안 러시아 시인들이 언젠가 거닐었던 바로 그 거리이고 그 가운데 위치한 건물들이 바로 그들이 살고 시를 썼던 그 장소라는 사실은 매우 설레는 일이다.

그 길을 가다 이른 나이에 운명한 시인의 친구로서 아직까지 왕성하게 연구 활동을 하고 계신 노학자 선생님을 만나 근황을 묻고 학문적인 담소를 나눌 수 있다는 것은 러시아 문학을 공부하는 이에게 이 도시가 허락한 은총이다.

도시에 새겨진 역사의 상처들

페테르부르크는 기억의 도시다. 그것은 많은 역사적 기억들을 보존하고 있는 하나의 거대한 박물관이다. 페테르부르크에는 세계 최고 중 하나로 꼽히는 에르미타시나 국립 러시아 미술관 같은 대형 박물관들 외에도 정말 작고 지엽적인 주제들로 모아진 군소 박물관들이 무수히 많다. 지금 페테르부르크 시내 어딘가에 서 있다면 주위를 둘러보라. 분명 그리 멀지 않은 곳에 무엇인가를 모아 둔 말도 안 되는 듯한 박물관 하나가 보일 것이다. 이러한 박물관은 외국인 관광객들을 위한 것이 아니다. 관광객은 전 세계 미술품들이 총집합되어 있는 거대한 에르미타시의 규모에 압도되고 러시아 미술의 전 역사를 보존하고 있는 국립 러시아 미술관의 새로운 작품들에 경탄하는 데에만도 시간이 부족하다. 이것은 기억하기 좋아하는 페테르부르크인들의 몫으로 고스란히 남겨져 있다. 손자의 손을 이끌고 박물관을 방문해 연도를 하나하나 읊으며 사물들에 담긴 기억들을 풀어내는 할머니들의 모습을 보는 것은 어렵지 않다.

도시 전체에 포진해 있는 표트르 대제와 러시아 제국의 차르들로부터 레닌에 이르는 통치자들의 동상들, 그들의 궁전과 별장들, 성당들, 그 외의 많은 기념비들은 러시아 역사의 거대한 내러티브를 들려준다. 그것은 새로운 제국 러시아의 탄생, 영토의 확장과 제국의 승리, 새로운 사회주의 국가의 건설과 붕괴로 이어지는 러시아 역사에 대한 이야기이기도 했다. 도시의 이름마저도 그러한 역사적 과정을 드러낸다. 처음 베드로의 도시로 건설된 페테르부르크는 제1차 세계대전 이후 페트로그라드로, 사회주의 정부 수립 이후에는 레닌의 죽음을 기리며 레닌그라드로, 소련의 몰락에 즈음하여 마침내 상트페테르부르크로 이름을 바꾸게 된다.

이 때 그러한 기념비적 형상 뒤에는 자주 러시아 역사의 비극들이 그림자를 드리우고 있다. 황제의 위엄을 당당히 드러내고 있는 표트르 대제의 기념비에는 새로운 수도를 건설하기 위한 공사 현장에서 죽어간 수많은 이름 없는 민중의 원혼이 어려 있다. '유럽을 향한 창', 유럽과 대등해지고 러시아를 유럽의 일부로 편입시키고자 했던 열망과 열등감으로부터 시작된 거대한 건설 프로젝트, 국경 외부의 땅, 엄밀히 말해 땅도 아닌 축축한 늪지를 메워 그 위에, 유럽과 가장 가까운 곳에 새로운 수도를 건설하겠다는 무모할 정도의 극단적 시도가 이 도시를 만들어 냈다. 어느 날 갑자기 눈앞에 나타난 전대미문의 도시, 발음조차도 러시아어를 닮지 않았던 이 페테르부르크는 그렇게 마치 하루아침에 만들어져 지상 위로 던져진 사악한 반(半)신의 작품처럼 러시아 역사에 등장했다.

피의 구세주 성당

알록달록한 둥근 지붕이 매우 러시아적이라 느껴지는 피의 구세주 성당은 그 동화처럼 화려한 외관에는 어울리지 않게 1881년 3월 1일 극단적 인민주의자의 폭탄 테러에 의해 죽음을 맞이하게 된 황제 알렉산드르 2세를 기리고 있다. 파블롭스크라는 도시 근교의 아름다운 공원에는 예카테리나 여제의 아들로서 불우한 왕으로서의 삶을 살았던 파벨 1세의 슬픈 운명이 깃들어 있다.

러시아 역사는 때로 그 극단성으로 우리를 놀라게 한다. 러시아에서 사회주의 혁명이 일어날 수 있었던 것은 그것이 러시아였기 때문일 것이다. 그 외의 어떤 것으로도 설명되지 않는다. 페테르부르크의 삼위일체 다리를 지나 강변도로를 따라 가다 보면 러시아 혁명의 첫 포성을 울린 거대 전함 오로라 호가 그 위용을 드러낸다. 그것은 위대한 혁명의 상징이지만 사실 러일전쟁과 러시아 혁명, 스탈린의 공포정치로 이어지는 20세기 러시아의 격동의 역사에 대한 불길한 전조이기도 했다. 이제 와 그것은 실패한 사회주의 혁명의 유물로 남게 되겠지만 그럼에도 러시아 혁명 자체는 사회주의 체제와 스탈린 통치의 역사가 범한 많은 오류들과는 비교할 수 없을 만큼 숭고했다는 점만은 기억하고 싶다. 자신의 전부를 이념 하나만을 위해 내버리고 혁명의 불꽃을 향해 뛰어들었던 당시 러시아 인텔리겐차 청년들의 프로메테우스적 열망과 그 비극성에는 숙연해지지 않을 수 없다.

제2차 세계대전의 기억 또한 그렇다. 5월 9일 승전기념일은 러시아에서 가장 큰 국경일이다. 온 국민이 거리의 퍼레이드를 즐기고 노병들은 옛 제복에 훈장을 있는 대로 달고 나와 이 축제를 만

혁명을 알린 전함 오로라호(사진: 백승무)

끽한다. 거동이 불편해 가족의 부축을 받고 행진에 참여하는 노병들은 특별히 클로즈업된다. 최신식 전차며 무기들이 거리로 나오고 공중에서는 에어쇼가 펼쳐진다. 이는 나치 독일에 맞서 싸운 연합군의 승리, 특히 러시아의 독일에 대한 승리를 기념하는 행사이다. 온 국민이 러시아의 승리를 기뻐하고 러시아의 영광을 기린다. 그러나 이러한 러시아의 승리는 사실 페테르부르크가 겪은 도시 봉쇄의 끔찍한 역사를 바탕으로 하고 있다.

흔히 제2차 세계대전은 미국을 주축으로 하는 연합군의 승리로 해석되지만 실제 전투의 강도와 희생자의 수를 고려한다면 이는 곧 러시아와 독일 간의 전쟁이었다. 제2차 세계대전에 참전한

이삭 성당 기둥에 남아 있는 폭격의 흔적(사진: 백승무)

10여 개 국의 전체 사망자는 4,500만 명이며 그 중 60%에 해당하는 2,700만 명이 소련인 이었다. 또한 제2차 세계대전 중 독일군 사망자의 80%는 소련과의 전쟁 중에 발생했다.

이 때 독일과 러시아 간의 전투의 정점이라 할 수 있는 것이 바로 1941년 9월 25일 시작된 '레닌그라드 봉쇄 작전'이었다. 그것은 1944년 1월 27일까지 900여 일 동안 계속되었다. 도시가 봉쇄되고 보급로가 차단된 기간 동안 약 100만 명의 페테르부르크인들이 포탄에 맞아 죽거나, 굶어죽고 얼어 죽었다. 1941년경 330만 명에 달하던 도시 인구는 봉쇄가 종결된 시점엔 사망자와 피난민으로 인해 56만 명으로 줄어들었다. 봉쇄 첫해 겨울 집중적으로 사람들이 죽어나갔다. 하루 사망자가 5천명에 달하는 때도 있었다. 사망자의 수가 많아 시체 처리 시설이 마비될 때면 거리에 시체가 뒹굴기도 했다. 나무껍질은 모두 벗겨 먹어 하나도 남은 것이 없었고 책상의 다리나 책의 가죽을 씹어 먹기도 했으며 심지어 인육을 먹었다는 이야기까지 전해진다. 그렇게 3번의 혹독한 추위를 극한의 상황에서 버텨냄으로써 페테르부르크 사람들은 '레닌의 도시'를 초토화시키려던 히틀러의 계획을 좌절시켰다.

점차 레닌그라드 봉쇄를 직접 겪은 세대는 우리 곁을 떠나가고 있고 그 처절하고 치욕스러웠던 기억은 희미해져 가겠지만 이 사건은 앞으로도 페테르부르크 역사에서 가장 비극적인 것으로 기록될 것이다. 국가의 승리를 기념하는 떠들썩한 행사의 뒤편에서 조용히 담담하게 페테르부르크인들의 기억으로 남겨져 있을 것이다. 제2차 세계대전 중 독일군의 폭격 과정에서 생긴 상처를 고스란히 보존하고 있는 이삭 성당의 거대한 기둥들처럼, 100년마다 반복되며 수많은 이들을 죽게 만든 대홍수를 기록하고 있는 건물 외벽의 현판처럼. 페테르부르크라는 도시는 역사의 비극적 상흔들을 그렇게 아무렇지도 않은 듯 드러내고 있다.

페테르부르크와 러시아 예술의 위대한 유산

아마 우연히도 6월 말에서 7월에 페테르부르크를 방문하게 된다면 백야 기간 동안 펼쳐지는 음악 축제들로 떠들썩한 도시를 느낄 수 있을 것이다. 세계 유수의 음악가들이 도시를 방문해 화려한 레퍼토리를 펼쳐낸다. 음악 애호가라면 축제 기간 동안 내내 마린스키 극장을 비롯한 페테르부르크의 대표적인 공연장들을 떠나지 못할 것이다.

페테르부르크 마린스키 극장에서는 세계 최고 수준의 오페라와 발레가 공연된다. 오늘날 음악이나 발레를 배우러 러시아에 가는 것은 전혀 이상할 것 없는 일이지만 사실 러시아에 이 모든 예술 양식들이 유입된 것이 표트르 대제의 서구화 정책 이후였다는 점을 생각해 본다면 이는 매우 놀랍다. 바흐가 그 웅장한 <마태수난곡>을 작곡하고 있을 때 러시아에서는 단선율의 그레고리안 성가와 같은 비잔틴 음악을 연주하고 있었다. 차이코프스키는 러시아 발레 음악의 대가로 이해되지만 당시 그의 발레 음악의 안무를 구성하고 러시아에 발레를 교육시켰던 것은 프랑스인 마리우스 프티파였다. 근대 회화, 오페라 등 모든 예술 장르에 있어서 러시아는 한 발 늦을 수밖에 없었다. 러시아는 서구화 정책 이후 우선 유럽의 예술적 유산들을 한꺼번에 받아들였다. 국민음악파의 오페라나 차이코프스키의 발레 음악이 만들어졌던 19세기 후반에서야 비로소 러시아에서는 세계 수준의 근대적 예술 양식들이 태동하기 시작했고 마침내 20세기의 문턱에서 러시아 예술은 그 전성기를 맞이한다.

디아길레프는 페테르부르크의 젊은 예술가들과 작곡가 스트라빈스키 등을 이끌고 파리로 향했다. 거기서 이들은 유럽의 관객이 상상하지 못했던 새로운 전위적 발레 공연을 펼쳤고 이는

예술세계파 화가들이 그린 발레 뤼스의 포스터와 프로그램(사진: artchive.ru)

유럽 관객들의 엄청난 호응을 얻었다. 세기말의 혼란스러운 페테르부르크에서 탄생한 그로테스크한 춤은 곧 전 유럽을 사로잡았고 발레 뤼스 혹은 러시아 시즌이라 불리며 러시아를 어느새 세계 발레의 종주국이 되도록 만들었다. 이후 발레 뤼스는 해체되지만 각각의 멤버들은 각지로 흩어져 미국과 유럽의 발레 예술에 큰 영향을 주게 된다.

러시아 모더니즘, 아방가르드로 지칭될 수 있는 20세기 초반의 많은 예술 형식들이 페테르부르크에서 탄생했으며 그것은 당시 페테르부르크를 지배하고 있던 문화적 분위기를 고스란히 반영하고 있다. 세기말의 종말론적 분위기와 혁명의 열기 가운데서 몇몇 젊은 예술가들이 유미주의적이며 퇴폐주의적인 예술의 원칙을 따랐다면, 새로운 예술 형식의 창조가 곧 새로운 세계 창조로 이어질 것이라는 무모하면서도 굳은 믿음을 지녔던 일부 전위적 예술가들은 정치적 혁명에 적극적으로 동참했다. 이후 대부분의 아방가르드 예술가들은 스탈린 정권의 수립과 함께 망명하거나 박해받게 되지만 이들의 예술적 유산은 페테르부르크 언더그라운드 문화 속에서 지속된다. 뿐만 아니라 전위적인 아방가르드의 미학적 강령들이 소련의 정치 권력에 의해 폐기되었다 하더라도 교양 있는 소련 시민을 양성하려는 소련의 문화 혁명 가운데에서 음악과 발레 등에 대한 교육은 보다 활성화되었다. 부르주아 예술인 발레가 쇠퇴할 것이라는 예상을 뒤엎고 소련 시대 부흥한 것이나 세계적으로 유명한 위대한 연주가들을 다수 배출한 것도 이와 무관하지 않다.

도시의 비극적 역사가 결국 개인의 운명으로 수렴된다 하더라도 삶을 구성하는 매 순간들을 비극이라는 틀로 재단할 필요는 없을 것이다. 우리는 종종 소련 시기를 오해한다. 1980년대 말에서 90년대 초 소련의 붕괴와 함께 한국에서 소련의 공식 미학이나 사회주의 문화 이론에 대한 관심은 시들해졌다. 그것은 우리에게 과거 언젠가 억압된 유토피아의 꿈을 담고 있었던 금단의 열매였다. 유토피아도, 금기도 사라진 시대는 그것을 무의미하게 만든다. 어느 순간 사회주의 문학이나 예술에 대한 연구는 일종의 시대착오로 느껴지게 되었다. 소련의 문화 역시 인위적이고 반(反)러시아적인 프로젝트로 간주되었으며 소련 50년의 역사는 당의 공식적 이데올로기 외에는 아무것도 존재하지 않는 텅 빈 문화적 황무지로 이해되었다. 진정으로 미학적인 것은 공식 문화의 박해를 피해 주변으로 후퇴한 은닉된 언더그라운드로만 존재할 뿐이라 여겨졌고 소련 시기를 무사히 살아낸 일부 예술가들의 경우에는 표면적으로 드러나지 않지만 그들의 작품 깊숙이에 감추어진 내재된 저항의 정신을 칭송하였다.

그러나 감추어진 저항이란 형용모순이다. 슬라보예 지젝은 솔로몬 볼코프가 쇼스타코비치에 대한 전기에서 그를 "숨은 반체제 인사"로 규정하는 것을 불편해 했다. 쇼스타코비치의 위대함은 본질적으로 이 역시 형용모순일 수밖에 없는 "숨은 반체제 인사"라는 표현에 있지 않다. 오히려 지젝은 그의 스탈린주의적 교향곡들의 모호함 속에 내재하는 도착적인 사도마조히즘에서 쇼스타코비치의 절대적 고유성을 발견한다. 상황은 좀 다르지만 페테르부르크의 구세대 지식인들은 소련 시기를 문화적 황무지로 폄하하는 것을 못마땅해 한다. 50년이 넘는 시간 동안 소련에는 그 어떤 진정한 문학도, 음악도, 회화도, 연극과 영화도 존재하지 않았다는 것이냐고 반문한다. 그 속에도 여전히 문화가, 삶이 숨쉬고 있었다고 항변한다.

분명 소련 시기를 보는 우리의 관점은 온전하지 못했다. 그것은 지나친 '열광'과 완전한 부정의 양극 사이에서 진동하였다. 러시아에서 소련 시대 교육을 받은 나이 지긋한 지식인들과 예술인들을 만나면서 가장 먼저 폐기되어야 했던 것이 있다면 그것은 바로 소련 시기를 경직된 문화의 불모지로 보게 되는 무의식일 것이다. 소련은 분명 억압적인 사회였겠지만 지켜져야 하는 규범만 준수한다면 얼마든지 예술적 자유를 누릴 수 있는 공간이기도 했다. 페테르부르크의 문화적 저력의 기저에는 지금도 다름 아닌 이들 소련 시대를 살았던 문화적 인텔리겐치아들이 존재한다.

1960년대 넵스키 대로에 있던 사이공이라는 카페는 젊은 예술가들로 넘쳐났다. 소련 시대 비순응 예술, 언더그라운드라 부르는 소련 공식 문화의 외부는 버젓이 페테르부르크의 한가운데에서 꽃피고 있었다. 이들 페테르부르크의 "60년대인들", 1960년대 젊은 시절을 보낸 작가들, 영화 감독들, 연출가들이 하나 둘 우리 곁을 떠나고 있다는 것이 못내 아쉽다.

21세기의 페테르부르크

1999년 말부터 시작된 본격적인 변화의 물결은 페테르부르크에도 어김없이 찾아왔다. 2000년대 초반 물가는 여전히 쌌지만 자본주의의 물결과 함께 러시아에도 전 세계 각지의 상품들이 몰려들기 시작했고 대형 상점들이 우후죽순 생겨나기 시작했다.

2000년을 기점으로 러시아는 급격한 변화를 겪는다. 페테르부르크 역시 마찬가지였다. 소련 해체부터 1999년까지의 기간이 소련의 역사를 청산하고 사회주의 유산을 비판하는데 몰두했던 시기라 한다면 푸틴 대통령이 집권한 2000년 전후로 러시아는 소련을 극복하고 동시에 계승하면서 고유의 국가 정체성을 만들어가기에 바빴다. 서방에서는 러시아의 민주주의 후퇴를 이야기하고 신제국주의의 부활, 신냉전 시대의 도래에 대한 두려움을 드러내기 시작했다. 러시아는 2008년 또 다시 경제 위기를 맞이할 때까지 초고속 성장을 하였다.

그 사이 생계를 위해 허가받지 않은 채 택시 영업을 하면서도 요금 흥정조차 민망해 하며 돈에 대한 욕망을 드러내는 것을 극도로 꺼려하던 숙맥 소련 교양인들은 거의 찾아볼 수 없게 되었다. 택시 앱이 보편화된 현재 이미 택시비를 흥정하던 이전의 모습은 상상조차 하기 어렵다. 러시아 무선통신을 이용해 보면 러시아야말로 진정한 IT강국이 아닐까 하는 생각이 들 정도다. 가게의 직원은 친절해졌고 길에 서서 지도라도 보고 있으면 길을 알려주겠다고 먼저 다가오는 사람들이 많아졌다.

가스프롬의 라흐타 센터(사진: 위키미디어)

젊은이들은 예전의 '소련식 촌티'와 화려함을 벗어나 세계 표준의 유행에 편승한 글로벌한 복장을 하고 있고 그들의 얼굴 또한 과거의 우울함과는 거리를 두고 있다. 러시아는 우크라이나 사태로 또 한 번 경제 위기를 맞이했지만 막상 모스크바나 페테르부르크 시내에서 그러한 위기를 감지하는 것은 쉽지 않다. 러시아인들은 오히려 러시아의 주권을 옹호하며 서방에 대한 비난의 목소리를 높인다.

요즘은 문화, 예술, 심지어 학문적인 영역에서마저 모스크바 집중 현상이 심해져 모스크바와 페테르부르크의 격차는 점점 더 커지고 있다. 그럼에도 불구하고 계속해서 페테르부르크를 찾게 되는 것은 이곳이 바로 러시아 역사와 문화가 새겨진 '기억의 장소'이기 때문이다. 도시 전체가 하나의 거대한 기념비인 것이다.

페테르부르크는 거의 변하지 않았었다. 학교 식당에도 도서관 서가에도 박물관 매표소에도 변하지 않는 얼굴들이 있었다. 유네스코 세계 문화 유산으로 지정된 페테르부르크 도심의 건축물들은 늘 그대로였다. 이러한 변하지 않음이 페테르부르크의 매력이기도 했다. 시내의 유서 깊은 옛 건물들 어딘가에는 소련식 공동주택이 남아 있었다. 가스프롬이 도심에서 멀지 않은 곳에 고층 빌딩을 지으려 하자 페테르부르크인들은 결사적으로 이를 막았다. 페테르부르크 건축의 정수를 훼손한다는 이유에서였다.

그랬던 페테르부르크도 변화를 드러내기 시작했다. 극적인 타협으로 유럽에서 가장 높은 건물 중 하나인 가스프롬의 <라흐타 센터>는 페테르부르크 외곽으로 이전해 지어져 거의 완공되었다. 최신식 원형 뿔 모양의 빌딩은 아무리 보아도 페테르부르크와는 이질적이지만 그것도 언젠가는 이 북방의 도시의 새로운 랜드마크가 되지 않을까 싶다. 공항에서 페테르부르크 시내로 들어가는 순환 고속도로는 핀란드만의 바다 위로 뻗어 바로 이 고층의 이질적인 빌딩 앞에까지 이어진다.

여름이면 페테르부르크는 영락없는 관광지가 된다. 유럽에서 들어온 거대한 배가 네바강에 정박하면 넵스키 거리는 온통 배에서 내린 여행객들로 붐빈다. 공연은 관광객들의 입맛에 맞춰지고 번화가에는 때맞추어 어디선가 원정을 온 소매치기들이 극성을 부린다. 최근의 유행인지 높지도 않은 건물들이 그나마 제일 높은 층을 온통 루프탑 카페로 개조해 성업중이다. 모스크바는

겨울의 이삭 성당(사진: 백승무)

매우 글로벌한 도시가 되었지만 오히려 러시아적 정취들을 페테르부르크보다 더 잘 보존하고 있는 것이 아닌가 하는 생각이 들 정도다.

짧은 여름이 지나고 나면 음습한 늪지의 도시에는 도스토옙스키의 <지하생활자의 수기>에서와 같은 축축한 진눈깨비가 내리기 시작한다. 페테르부르크가 그 변하지 않는 본 모습을 드러내는 것은 바로 이때가 아닌가 싶다. 바실리섬의 1번 거리를 지나 얼어붙은 네바 강변이 눈앞에 나타나는 순간의 풍경에는 코끝을 시리게 하는 울림이 있다. 네바강 너머의 조명 없는 이삭 성당은 더 이상 찬란하지 않지만 포탄의 습격으로 상처 입은 도시의 비극적 역사를 고스란히 간직하고 있는 그 육중한 기둥과 네바강의 물결은 푸시킨이 찬양했던 빛나는 대리석의 페테르부르크 전경과 어우러져 찬란함을 넘어서는 숭고함을 선사한다.

※ 이 글에는 『월간중앙』 2015년 7호에 실린 필자의 에세이 "러시아 상트페테르부르크: 위대한 혁명, 찬란한 비극"의 일부가 포함되어 있습니다.

칼리닌그라드, 러시아의 고립 영토

제성훈

고립 영토

지도상으로 보면, 발트해 연안 리투아니아와 폴란드 사이에 러시아 본토와 육지로 직접 연결되어 있지는 않지만, 러시아 영토와 같은 색으로 표시된 칼리닌그라드주가 존재한다. 한 국가의 영토지만 육지를 통해 이어져 있지 않은 이런 지역을 지정학적 용어로 '고립 영토(孤立領土)' 또는 '비지(飛地)'라고 한다. 대표적인 고립 영토로는 콩고와 콩고 민주 공화국 사이에 위치하고 있는 앙골라의 카빈다(Cabinda), 미국 본토와 분리되어 있는 알래스카, 그리고 이란, 터키, 아르메니아에 둘러싸여 있는 아제르바이잔의 나히체반 등이 있다. 칼리닌그라드는 제2차 세계대전 직후 소련 영토가 되었지만, 행정구역상 연방국가 소련을 구성하는 구성 공화국 중 하나였던 러시아 소비에트 연방 사회주의 공화국

러시아 본토와 칼리닌그라드의 위치(사진: CIA, The World Factbook.)

(RSFSR: 현재 러시아의 전신)에 속해 있었기 때문에, 소련 해체와 동시에 인접국 리투아니아가 독립하면서 러시아의 고립 영토로 남게 되었다.

앞서 언급한 바와 같이, 일반적으로 고립 영토란 본토와 육지를 통해 이어져 있지 않고 분리되어 있는 지역을 의미한다. 고립 영토는 이론적 차원에서 두 가지 개념, 즉 엔클레이브(enclave)와 엑스클레이브(exclave)로 구분된다. 두 개념은 여러 문헌에서 빈번하게 혼용되고 있지만, 엄밀히 말하면 전혀 다른 개념들이다. 엑스클레이브는 한 국가의 입장에서 본토에서 지리적으로 분리되어 다른 국가 또는 국가들에 둘러싸여 있거나, 해양에 접하고 있는 영토의 일부로 규정할 수 있다. 반면, 엔클레이브는 한 국가의 입장에서 자국 영토에 의해 완전히 둘러싸여 있는 타국의 영토를 말한다. 결국, 이 두 개념은 고립 영토를 누구의 입장에서 바라보느냐, 다시 말해 본토의 입장에서 바라보느냐, 인접국의 입장에서 바라보느냐에 따라 달리 사용되는 것이다. 따라서 남쪽으로는 폴란드, 동북쪽으로는 리투아니아, 서북쪽으로는 발트해에 둘러싸인 칼리닌그라드는 러시아의 엑스클레이브이지만, 발트해에 접해있기 때문에 어느 한 국가의 엔클레이브도 아니고, 심지어 유럽연합(EU)의 엔클레이브도 아니다.

리즈코바(Natalia Ryzhkova)는 고립 영토의 일반적 특성을 다음과 같이 규정한다. 첫째, 그것은 대규모 생산시설이 확보된 내수시장도 없는 물리적으로 작은 영토이다. 둘째, 경제적 측면에서 높은 수준의 대외적 의존관계를 가지고 있다. 그 주위를 둘러싸고 있는 타국에 대해 의존적이며, 때로는 특수한 관계를 형성하기도 한다. 더 나아가 본토에도 의존적이며, 종종 그 정도가 매우 크다. 외부에 대한 높은 의존성 때문에 고립 영토의 경제는 성장과 침체의 심한 변동을 겪게 된다. 때로는 높은 성장률의 달성이 가능해지고, 때로는 반대로 심각한 경제적 타격을 입기도 한다. 셋째, 이중적 주변성이다. 고립 영토는 본토의 입장에서도, 또한 그것을 둘러싸고 있는 국가들의 입장에서도 지리적으로 주변적 위치에 놓여 있으며, 때로는 경제적으로 저발전된 지역들 사이에 놓인다. 넷째, 경제 발전의 근본적 한계를 갖는다. 통상 천연자원은 제한적이거나 다변화되지 않았으며, 노동력 또한 적은 인구와 본토로의 이주로 인해 만성적으로 부족하다. 다섯째, 정치적, 전략적 중요성이다. 종종 고립 영토의 정치적, 전략적 중요성은 그것의 경제적 가치를 압도한다. 따라서 고립 영토에 대한 중앙의 정책은 단순히 경제적 효율성의 측면에서만 머무르지 않는다. 여섯째, 수송 문제이다. 고립 영토가 본토로부터 멀리 떨어져 있으며, 타국에 의해 지리적으로 분리되어 있다는 두 가지 요인은 동시에 수송 문제에 영향을 미친다. 높은 수송 비용, 대안이 없는 수송 노선 등은 본토와의 관계에 장애를 조성하며, 인접국에 대한 고립 영토의 의존성을 심화시킨다. 하지만 고립 영토가 해안에 접하고 있는 경우 결정적인 취약성을 보이지는 않는다. 칼리닌그라드주는 이 여섯 가지 특징을 모두 가지고 있는 고립 영토이지만, 발트해와 접하고 있기 때문에 수송 문제에 있어서는 상대적으로 덜 취약하다.

쾨니히스베르크에서 칼리닌그라드로

칼리닌그라드주의 주도인 칼리닌그라드는 가장 늦게 러시아 영토에 편입되었지만, 760년이 넘는 역사를 가진 유서 깊은 도시이다. 1255년 튜튼 기사단(Teutonic Knights)에 의해 건설된 쾨니히스베르크(Königsberg)는 1945년 제2차 세계대전이 끝날 때까지 독일 역사의 주요 무대 중 하나였다. 1525년부터 1701년까지 쾨니히스베르크는 프로이센의 수도였으며, 18세기 철학자 칸트(Immanuel Kant)도 이곳에서 태어나 이곳에서 세상을 떠났다.

제2차 세계대전 중에는 소련을 침공하는 나치 독일의 전진기지였지만, 결국 1945년 소련군에 의해 점령되었다. 이후 포츠담 선언에 따라 쾨니히스베르크와 그 인접 지역이 소련의 영토에 정식

칼리닌 광장의 칼리닌 동상
(사진: 위키피디아)

으로 편입되었다. 1946년 7월에는 한 달 전 사망한 연방 최고회의 간부회 의장 미하일 칼리닌(Mikhail Kalinin)의 이름을 따서 칼리닌그라드로 개칭되었다.

1960년대 말 칼리닌그라드에서 군복무를 한 카바첸코(Aleksandr Kabachenko) 모스크바 국립 대학교 정치학부 교수에 따르면, 소련이 점령한 지 20년이 넘었던 당시에도 칼리닌그라드는 제2차 세계대전의 상흔이 그대로 남아 있는 황폐한 지역이었다고 한다. 파괴된 채 방치된 독일식 건물들 사이로 새로운 소비에트식 상징물들과 건물들이 드문드문 눈에 띄던 그런 시절이었다. 전후 강제로 이곳을 떠난 독일인들의 자리는 소련의 여러 지방에서 온 이주민으로 채워졌다. 그러나 이곳으로 이주한 사람들은 파괴된 산업 시설과 기근으로 말미암아 충분한 생활 조건을 제공받을

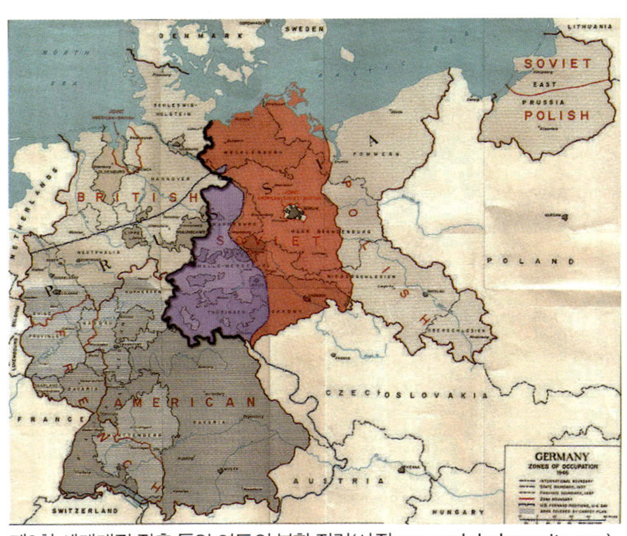

제2차 세계대전 직후 독일 영토의 분할 점령(사진: www.globalsecurity.org.)

수 없었고, 이 때문에 지역에 대한 소속감도 희박했다.

1980년대 유년 시절을 칼리닌그라드에서 보낸 안드리아노프(Viktor Andrianov) 모스크바 국립 대학교 세계정치학부 교수는 칼리닌그라드주를 '육지의 외로운 섬'으로 표현했다. 그 이유는 첫째, 정체성 문제에 기인한다. 강제로 추방된 수많은 독일인 대신 들어온 1940~50년대 이주민들은 이곳을 전쟁 직후 잠시 머무는 임시 거처로 여겼다. 소련 정부 역시 이곳의 가치를 전략적 목적의 군사기지로만 인식하면서 제대로 된 투자를 외면했다. 이 때문에 러시아 영토로 편입된 지 70년이 넘은 지금도 지역에 대한 주민의 소속감이 매우 낮은 수준이다. 둘째, 잠재적 영토 문제를 지적할 수 있다. 지금은 주변국들의 영토 요구가 비공식적이지만, 지정학적 상황은 항상 유동적이다. 발전하는 인접국들 사

칼리닌그라드주 특별경제지대 표지판

이에 저발전 된 칼리닌그라드주가 계속 방치된다면, 앞으로 영토 요구가 공식화되고 이에 동조하는 움직임이 나타날 가능성도 배제할 수 없다. 셋째, 경제 문제에 기인한다. 호박, 석유, 갈탄 등과 같은 광물자원을 보유하고 있고 연방정부에 의해 특별경제지대(SEZ: Special Economic Zone)로 지정되었음에도 불구하고 칼리닌그라드주의 경제 발전 전망은 여전히 불투명하다. 소련 붕괴 이후 한동안 이곳으로 유입된 이민자들은 다시 다른 지방으로 떠났다. 연방정부에서 부여한 특혜에도 불구하고 외국 자본의 유치도 제한적이다. 외국 자본이 폴란드와 리투아니아가 아닌 칼리닌그라드주에 투자할 결정적인 유인책을 여전히 마련하지 못하고 있다.

경제 성장의 한계

칼리닌그라드에는 이런 우스개소리가 있다. "칼리닌그라드가 가장 빨리 발전하는 길은 오늘 당장 러시아가 EU에 선전포고를 하고 칼리닌그라드가 바로 항복해서 EU에 편입되는 것이다." 이런 우스개소리가 있을 정도로 칼리닌그라드주는 인접국들보다 경제적으로 발전이 더딘 지역이다.

칼리닌그라드주는 소련 붕괴로 본토와의 연결이 제한된 데다가 러시아 전체의 경제 위기까지 겪으면서 큰 타격을 입었다. 1995~98년 리투아니아와 폴란드는 각각 20%와 24%의 경제 성장률을 기록했지만, 칼리닌그라드주는 러시아 전체의 -8%보다도 더 심각한 -26%의 파국적인 상황을 경험해야 했다. 그러나 1998년 경제 위기를 넘기면서 칼리닌그라드주 경제는 회복세를 보였다. 1998~2005년 리투아니아와 폴란드 경제가 각각 48%와 26%, 러시아 전체 경제가 58% 성장한 시기에 칼리닌그라드주는 96%라는 놀라운 경제 회복 속도를 보여주었다. 1999년 이후 칼리닌그라드주의 경제 성장률이 러시아 전체의 경제 성장률을 매년 웃돌고 있지만, 이전 시기의 마이너스 성장 때문에 경제 성장이 과대평가되고 있는 것일 수도 있다.

여전히 수치만 놓고 본다면, 칼리닌그라드주의 1인당 지역총생산은 러시아 전체보다 낮은 수준이다. 이 때문에 2006년 러시아 연방정부는 칼리닌그라드주 전체를 특별경제지대로 지정하면서 세제 혜택 등을 통해 투자 및 수출 활성화를 적극적으로 유도하였다. 하지만 글로벌 경제 위기는 칼리닌그라드주 경제에 또다시 큰 타격을 입혔다. 2009년 지역총생산이 전년 대비 5% 이상 감소하고 항구의 물동량 역시 현저하게 감소했다. 2010년부터 경제 성장률이 다시 상승세에 접어들었지만, 1인당 지역총생산은 여전히 러시아 전체보다 낮다.

[표 1] 칼리닌그라드주의 지역총생산(2008~16년)

(단위: 백만 루블)

2008	2009	2010	2011	2012	2013	2014	2015	2016
179266.7	169519.6	195749.1	241004.8	265361.2	275885.8	314088.3	349818.6	383079.2

출처: 러시아연방 통계청

전략적 가치

칼리닌그라드 중심부를 가로질러 흐르는 프레골랴(Pregolya) 강변에는 1994년에 건설된 세계 대양 박물관이 있다. 이곳에서는 항해, 해양 동식물, 해양 지질학 및 수문학에 관한 다양한 전시물들을 볼 수 있다. 강가에는 해양 연구에 사용되었던 선박 '비탸지', 우주 연구에 사용되었던 선박 '우주인 빅토르 파차예프', 퇴역 잠수함 B-413이 전시되어 있다.

1941년 6월 쾨니히스베르크는 나치 독일의 소련 침공 시 추축(樞軸)의 역할을 했다. 소련 시기 칼리닌그라드는 부동항이 있는 영토의 최서단 지역으로서, 북대서양조약기구(NATO)의 공격을 차단하고 유럽으로 신속히 진출하는데 필요한 전략적 교두보였다. 이 때문에 냉전 시절 칼리닌그라드는 소련에서 가장 잘 무장된 지역 중 하나였으며, 20만 명이 넘는 병력을 보유한 발트 함대의 기지도 이곳에 있었다.

소련이 주도한 동유럽 사회주의 국가들의 군사동맹이었던 바르샤바조약기구는 해체되었지만, 이에 대항하는 미국 주도의 군사동맹인 NATO는 탈냉전기에도 해체되지 않았다. 오히려 과거 사회주의 진영에 속하던 동유럽 국가들은 물론, 과거 소련의 구성공화국이었던 발트 3국까지 회원국으로 받아들이면서 군사력을 전진 배치했다. 그 결과 칼리닌그라드주는 NATO 국가인 폴란드와 리투아니아에 포위된 지역이 되었다. 더욱이 미국은 러시아와의 전략적 균형을 무너뜨리기 위한 미사일방어(MD) 체제를 유럽에 구축하기 위해 2002년 탄도미사일 요격 제한 조약(ABM)에서 일방적으로 탈퇴한 후 폴란드와 루마니아에 미사일 요격을 위한 기지를 건설했다. 이에 대항하기 위해 러시아는 칼리닌그라드에 작전·전술 미사일 콤플렉스 9K720 '이스칸데르(Iskander)'를 배치했다. 러시아와 미국의 갈등이 심화되면서, NATO 확대에 맞서는 요새로서 칼리닌그라드주의 전략적 가치가 더욱 중요해진 것이다.

지명 변경에 관한 논쟁

소련 해체 이후 러시아에서는 소련 시기에 변경된 지명들이 다시 옛 지명으로 변경되는 경우가 많았다. 러시아 '제2의 도시'이자 북서 지역의 중심지 레닌그라드가 상트페테르부르크로, 중부 지역의 대도시 고리키가 니즈니노브고로드로, 우랄 지역의 중심지 스베르들롭스크가 예카테린부르크로 변경되었다. 하지만 칼리닌그라드를 옛 지명인 쾨니히스베르크로 변경하는 것은 전혀 다른 훨씬 더 복잡한 문제를 야기한다. 칼리닌그라드와 칼리닌그라드주는 앞서 언급한 도시들과 달리 제2차 세계대전 직후에야 소련 영토로 편입되었으며, 옛 지명인 쾨니히스베르크는 독일 통치 시기에 독일인들에 의해 부여된 지명이기 때문이다. 칼리닌그라드라는 지명은 앞서 언급한 바와 같이, 1946년 사망한 소비에트 지도자 칼리닌의 이름에서 비롯된 것이다.

소련 영토가 된 지 70년이 넘은 지금도 이 지역 주민들은 칼리닌그라드를 종종 옛 지명인 쾨니히스베르크로 부른다. 따라서 2000년대 초 현지의 한 NGO가 지명 환원을 위한 서명 운동을 벌였던 것은 어찌 보면 자연스러운 일일 수 있다. 지명 환원을 주장하는 사람들은 옛 지명이 소비에트·스탈린의 잔영과 결별하고 지역의 포괄적 역사성을 드러낼 수 있다는 점을 강조했다. 또한 그들은 지명 변경의 목적 중 하나가 독일로부터 지역 발전 프로젝트에 대한 재정적 지원과 투자를 얻어내는 데 있다는 사실도 숨기지 않았다. 하지만 이러한 주장이 주민 대다수의 공감을 얻어내지는 못했다.

2002년 칼리닌그라드 사회학 센터가 수행한 여론 조사에 따르면, 응답자의 9%만이 지명 환원을 선호했고, 압도적 다수인 78%

는 현재 지명의 유지를 원했다. 칼리닌그라드의 지명 변경이 엄청난 인적, 물적 피해를 감수했던 제2차 세계대전의 결과를 수정하려는 시도로 받아들여졌기 때문이었다. 다시 말해, 지명 변경이 제2차 세계대전 직후 칼리닌그라드의 소련 영토 편입의 정당성을 의문시하고, 궁극적으로 러시아의 영토로서 이 지역의 정체성을 약화시킬 수 있었기 때문이다.

정체성 문제

프레골랴강을 조금만 더 거슬러 올라가면, 칼리닌그라드의 명소로 독일식으로는 크나이포프(Kneiphof)라고 불리는 칸트섬이 나타난다. 이 작은 섬이 이런 이름을 갖게 된 이유는 1724년 쾨니히스베르크에서 태어나 1804년 이곳에서 세상을 떠난 철학자 칸트의 묘가 바로 여기에 있기 때문이다.

칸트의 묘 옆에는 칼리닌그라드의 대표적인 역사적 상징물인 '주교좌 성당'이 서 있다. 1333년 건축을 시작하여 거의 반세기가 걸려서야 완공된 이 성당은 북유럽, 특히 독일 북부와 발트해 지역에서 전형적으로 나타나는 소박하면서도 절제된 느낌이 드는 브릭 고딕(Brick Gothic) 양식의 건물이다. 따라서 이 성당은 시내 중심부에 위치한 승리 광장의 화려한 '구세주 예수 주교좌 사원'과는 여러모로 대비된다고 할 수 있다.

처음에는 가톨릭 성당으로, 1523년부터는 루터교 성당으로 사

칸트의 묘

용된 이 건물은 제2차 세계대전 당시 영국의 폭격과 대규모 화재로 상당한 손상을 입었다. 전후 프로이센 군국주의와 파시즘의 상징이라는 오명을 쓰고 그대로 방치되다가 1960년대부터 재건

칸트 섬의 주교좌 성당

이 시작되었고, 1990년대에 들어서야 현재와 같은 모습을 갖게 되었다. 이처럼 소련 영토에 편입된 지 70년이 훨씬 넘은 지금도 쾨니히스베르크와 칼리닌그라드라는 두 개의 이름으로 불리는 이 도시 곳곳에는 역사의 흉터를 그대로 간직한 독일식 건축물들과 소비에트식 건축물들이 기묘한 조화를 이루고 있다.

2000년대 초 칼리닌그라드 주정부는 2005년 도시 건설 750주년 기념 행사를 구상하고 있었다. 2002년 10월 현지를 방문한 카시야노프 당시 총리가 이에 대한 지지를 표명하자, 자신감을 얻은 주정부는 이듬해 1월 연방정부의 참여 및 지원을 전제로 하는 '칼리닌그라드 건설 750주년 준비 및 기념을 위한 조직위원회 창설에 관한' 대통령령 초안을 대통령 행정실에 제출했다. 그러나 기념 행사에 대한 대통령 행정실의 반응은 예상과 달리 부정적이었다. 대통령 행정실은 2005년 칼리닌그라드 건설 750주년 대신, 그 이듬해인 2006년 칼리닌그라드주 창설 60주년 기념 행사에 집중할 것을 제안했다. 당시 주요 언론들은 이러한 제안의 배경으로 국가 정체성 약화에 대한 연방정부의 우려를 지적했다. 즉, 칼리닌그라드 건설 750주년 기념 행사를 계기로 과거 독일 통치 시기의 역사가 강조될 경우, 국가 정체성 대신 지역 정체성이 강화될 수 있다는 것이었다.

칼리닌그라드 정치 엘리트들과 자유주의적 지식인들은 연방정부의 제안에 반발했다. 당시 칼리닌그라드 시장 사벤코(Yuri Savenko)는 기념 행사에서 독일 통치 시기는 750년 역사의 일부분일 뿐이며, 오히려 이 행사의 진정한 목적은 도시 발전에 필요한 부가적인 재정적 자원을 확보하는 데 있다고 강조했다. 주 의회 의원이자 자유주의자인 긴즈부르크(Solomon Ginzburg) 역시 "어떻게 700년의 역사를 건너뛰는 것이 가능한가? 한편에서 우리는 칼리닌그라드가 유럽을 향한 러시아의 창이라고 말하는데, 다른 한편에서는 누군가가 이 창문을 꽁꽁 닫아두고 있다."며 연방정부를 비판했다. 행사를 지지하는 목소리가 점점 더 큰 반향을 얻고 있던 2003년 11월, 마침내 푸틴 대통령은 '칼리닌그라드주 창설 60주년 및 칼리닌그라드 건설 750주년 기념에 관한' 대통령령에 서명했다. 결국 칼리닌그라드 주정부의 제안이 수용되어 기념 행사에 대한 연방정부의 전면적 지원이 가능해진 것이다. 그러나 대통령령의 제목에서 '칼리닌그라드주 창설 60주년'이 1년 전에 있을 '칼리닌그라드 건설 750주년'보다 먼저 거명된 것은 연방정부가 정체성 문제를 얼마나 진지하게 고민하고 있는지를 단적으로 보여준다.

고립 영토의 딜레마

고립 영토로서 칼리닌그라드의 문제는 젊은 세대 중 러시아 본토를 방문한 경험이 있는 사람이 현저하게 적다는 사실에서 단적으로 드러난다. 2000년대에 실시된 한 설문 조사에 따르면, 칼리닌그라드주 십대 가운데 약 85%는 러시아의 다른 지방을 한 번도 방문한 적이 없으며, 심지어 30세 미만 인구의 약 70%는 모스크바와 상트페테르부르크는 물론, 칼리닌그라드주에서 가장 가까운 본토의 지방인 프스코프주조차도 방문한 경험이 없었다. 반면, 동일한 조사 대상의 70%가 인접국인 리투아니아나 폴란드를 적어도 한 달에 한 번 이상 방문하는 것으로 나타났다.

고립 영토의 특성에 따라 칼리닌그라드 주민들은 이른바 '비러시아적 환경'에 쉽게 노출되어 있다. 이 때문에 그들은 자신의 생활 수준을 러시아의 다른 지방보다는 리투아니아나 폴란드의 그것과 비교하려는 경향을 가지고 있다. 2002년에 있었던 한 설문조사에 따르면, 당시 칼리닌그라드주의 1인당 지역총생산이 러시아의 80여 개 지방 중 대략 30위권이었음에도 불구하고, 주민들은 자신들의 생활 수준이 러시아 전체의 평균보다 낮다는 인식을 가지고 있었다. 사실이 어떻든, 중요한 것은 칼리닌그라드 주민들 사이에서 분리주의적 정서가 나타날 수도 있다는 점이다.

이러한 문제를 해결하기 위한 대안에는 물질적 방법과 비물질적 방법이 있다. 먼저, 물질적 방법은 칼리닌그라드 주민들의 생활 수준을 인접국들(리투아니아, 폴란드)과 거의 동일한 수준으로 향상시키는 것이다. 물론, 이러한 시도는 사회적 문제를 감소시키고 주민들의 만족도를 높여, 궁극적으로 국가 정체성을 강화할 수 있을 것이다. 그러나 러시아의 다른 지방들과 대별되는 불균등 발전은 장기적으로 또 다른 문제를 낳는다. 칼리닌그라드주에 비해 덜 발전된 다른 지방들은 자신의 부를 함께 나누어야 하는 점에서 칼리닌그라드 주민들의 주장을 부담스러워 하게 될 것이다. 또한 러시아의 낙후된 지방들로부터 칼리닌그라드로의 대규모 이주가 이어지고, 이것은 또 다른 사회적 문제를 파생시킬 것이다.

다음으로, 비물질적 방법은 문화·이데올로기적 수단을 통해 칼리닌그라드 주민들의 국가 정체성을 강화하는 것이다. 즉, 인접국 또는 인접 지역의 물질적 풍요에 대한 관심을 감소시키고 러시아적 정체성을 강화하는 다양한 정책들을 수행하는 것이다. 아마도 현재 연방정부는 딜레마적인 첫 번째 대안보다는 이 두 번째 대안에 더 관심을 두고 있는 것으로 보인다.

2004년 칼리닌그라드주의 중등교육과정에는 '러시아학'(Russian Studies)이라는 새로운 과목이 도입되었다. 이 과목의 도입에 주도적으로 참여한 추바이스(Igor Chubais) 교수에 따르면, 새로운 과목의 목표는 어떠한 경제적, 사회적 영향에 관계없이 러시아를 사랑하도록 만드는 데 있다. 비슷한 맥락에서 북서 연방관구 대통령 전권대표부는 칼리닌그라드주 청소년들을 대상으로 다양한 여름 캠프와 단체 견학을 조직하는 프로그램 '대화'를 운영하고 있으며, 칼리닌그라드 주정부 역시 이 지역 청소년들이 모스크바와 러시아의 다른 지방들을 방문하는 프로그램 '러시아 아이들의 러시아로의 여행'을 운영하고 있다. 이러한 일련의 정책들은 젊은 세대의 국가 정체성을 강화하기 위한 조치라 할 수 있다.

이른바 기성세대를 대상으로 한 국가 정체성 강화 정책의 대표적 사례는 승리 광장의 '구세주 예수 주교좌 사원' 건립이다. 그동안 칼리닌그라드 주에는 정교회 성당이 존재하지 않았다. 과거

승리 광장의 구세주 예수 주교좌 사원

이 지역에 거주하던 독일인들은 정교 신자가 아니었고, 소련 영토로 편입된 다음에는 정치적 이유로 정교회 성당이 건설될 수 없었다. 그래서 소련 해체 후 칼리닌그라드에 정교회 성당을 건립하는 것은 지역의 숙원 사업이었다.

현대 러시아 사회에서 정교가 단순한 종교 이상의 의미를 가지고 있다는 것은 이미 많이 알려진 사실이다. 정교는 소련 해체 후 '이데올로기적 진공'을 메울 수 있는 유일한 대체 국가 이데올로기로 간주되고 있으며, 정치권과 정교회는 서로 긴밀한 관계를 유지하고 있다. 따라서 현대 러시아에서 정교회 성당의 건립은 종교적 차원을 넘어 문화·이데올로기적 차원의 의미를 가지고 있다. 특히 칼리닌그라드에서는 제2차 세계대전 당시 파괴되었던 칸트 섬의 '주교좌 성당'이 독일의 지원에 의해 복원되면서, 정교회 성당의 건립이 시급한 문제로 대두되었다. 결국 연방정부의 전폭적 지원 하에 지난 2006년 칼리닌그라드주 창설 60주년과 지역 정교회 창설 20주년 기념사업의 일환으로 칼리닌그라드 시내 중심부에 위치한 승리 광장에 '구세주 예수 주교좌 사원'이 건설되었다.

칼리닌그라드에서 모스크바까지 거리는 1,300㎞에 달하지만, 여기서 베를린은 600㎞, 바르샤바는 400㎞ 밖에 되지 않는다. 여기서 러시아 본토 국경의 프스코프주는 800㎞나 떨어져 있지만, 폴란드 국경은 불과 70㎞ 거리에 있다. 고립 영토로서 칼리닌그라드주의 지리적 위치는 필연적으로 정체성 문제를 낳을 수밖에 없다. 따라서 연방정부와 주정부는 젊은 세대와 기성세대를 아우르는 다양한 정책적 시도를 통해 국가 정체성을 유지하려는 노력을 계속하고 있는 것이다.

※ 이 글의 핵심 내용은 제성훈(2010), "육지의 외로운 섬인가? 유럽을 향한 교두보인가? 칼리닌그라드," 『Russia & Russian Federation』 Vol. 1, No. 4, pp. 27-33; 제성훈(2011), "칼리닌그라드 지역연구의 이론적 탐색: 고립 영토 개념을 중심으로," 『Russia & Russian Federation』 Vol. 2, No. 1, pp. 34-39; 제성훈(2011), "경계 지역의 정체성: 칼리닌그라드 주에 관한 세 가지 이야기," 『Russia & Russian Federation』 Vol. 2, No. 2, pp. 27-33; 최우익, 제성훈 외(2012), 『북방의 등대: 러시아 북서 연방관구』 서울: 한국외국어대학교 출판부를 통해 발표된 바 있습니다. 이를 토대로 하되 독자들이 이해하기 쉽도록 내용을 수정하고 새로운 정보를 추가하여 보완했음을 밝힙니다.

프스코프, 북서 러시아의 관문

송준서

왜 프스코프인가?

프스코프는 모스크바나 상트페테르부르크와 비교해서, 심지어 러시아 극동지방이나 시베리아와 비교해서도 우리에게 생소한 곳이다. 러시아 북서쪽 국경지대에 있음으로써 한국에서는 가장 멀리 떨어져 있는 러시아 지역 중 하나인 셈이다. 다만 러시아 문학도들에게는 1820년대에 푸시킨이 머물면서 휴식을 취하고 창작활동을 하던 고즈넉한 전원 지역으로 잘 알려졌다. 하지만 프스코프는 전원적이고 낭만적인 곳만은 아니다. 또 다른 면모를 가지고 있다. 바로 국경 지역이라는 점이다.

소련 시기에 프스코프주는 서쪽으로 에스토니아, 라트비아, 그리고 남쪽으로 벨라루스와 경계를 마주하고 있었다. 그러다가 1991년 소련이 해체되면서 에스토니아, 라트비아, 벨라루스는 각

역사적 유산이 잘 보존된 프스코프 시내 모습. 뒤편에 '삼위일체' 성당(1699년 건립)이 보인다.

각 독립해서 '외국'이 되었고 프스코프주는 하루아침에 러시아 영토의 서쪽 끝에 위치한 국경 지역이 되었다. 이른바 국경 도시가 된 것이다. 소련의 붕괴와 그에 따른 지정학적 변화는 프스코프 지역에 어떠한 영향을 미쳤을까?

상트페테르부르크의 시외버스 터미널에서 프스코프행 버스 시간표를 보면 좀 실망할 수도 있다. 왜냐하면 상트페테르부르크에서 프스코프까지는 5시간 정도 걸리는 거리인데, 상대적으로 러시아 북서 관구 중 잘 알려진 도시인 벨리키노브고로드행 버스와 비교하여 프스코프행 버스의 배차 회수는 절반에도 훨씬 못 미치기 때문이다. 이 같은 배차 시간표를 보면 프스코프가 키예프 루시 시기 역사 서술에서 주요하게 다뤄지는 벨리키노브고로드보다 '작고, 덜 알려지고, 볼 것도 별로 없는 도시'라는 선입견을 가질 수 있다. 하지만 자세히 내부를 들여다보면 천여 년의 역사를 가진 이 도시는 그 동안의 깊은 잠에서 서서히 깨어나고 있음을 알 수 있다.

'변방의 요새'

어떤 지역을 제대로 이해하기 위해서는 그 지역의 지정학적 특성에 주목할 필요가 있다. 왜냐하면 지정학적 위치는 해당 지역의 정치, 경제, 문화 정체성 형성에 영향을 미치는 경우가 많기 때문이다. 프스코프의 경우도 마찬가지이다. 프스코프의 지정학적 특성 중 가장 뚜렷하게 나타나는 것은 국경 지역이라는 점이다. 우리나라의 절반 크기로 2016년 기준 64만 명의 인구를 지닌 프스코프주는 소련 시기 이전에는 러시아 제국의 최서쪽 국경 지역이었다. 프스코프는 중세의 강국이었던 리보니아, 폴란드 등과 인접한 지정학적 위치로 인해 13세기 이후 20세기에 이르기까지 잦은 외침을 받던 지역이다.

1242년 중세 러시아의 전쟁 영웅 알렉산드르 넵스키(Aleksandr Nevsky) 대공은 러시아를 침공한 리보니아 기사단을 프스코프 인근의 얼어붙은 호수 위에서 물리치고 조국을 풍전등화의 위기에서 구해냈다. 만약 넵스키 대공이 카톨릭 교도였던 리보니아 기사단을 막아내지 못했다면 당시 정교를 신봉하던 루시의 주민

프스코프성 바깥에 걸려있는 거대한 방패와 대검. 알렉산드르 넵스키가 인근 '기적의 호수'에서 리보니아 기사단을 물리친 '얼음 위의 전투' 730주년을 맞아 1972년에 만든 상징물.

들은 강제로 카톨릭으로 개종 당했을 것이다. 그런가하면 1558년부터 25년 동안 오늘날의 에스토니아와 라트비아 지역에 세워졌던 발트 지역 강국 리보니아와 러시아가 해상 교역로의 확보를 두고 전쟁을 벌이면서 인접한 국경 지역 프스코프는 또다시 전장으로 변했다. 이 과정에서 폴란드의 왕 스테판 바토리가 군대를 이끌고 프스코프 지역으로 진격해 와서 프스코프성을 5개월 동안 포위하기도 했다. 하지만 프스코프 주민들이 끝까지 버텨냄으로써 폴란드 군대는 1582년 퇴각하게 된다. 프스코프는 이렇게 러시아 서부 변경의 요새 역할을 굳건히 함으로써 러시아의 국경을 수호했다.

1611~1613년에는 스웨덴 군대가 서부 국경 지역을 침략하면서

프스코프로 진격해왔고, 1615년에는 구스타프아돌프 스웨덴 왕이 직접 군대를 이끌고 프스코프성을 공략하기 시작했다. 프스코프 주민들은 성벽이 손상되면 즉시 보수해가면서 끝까지 성벽을 지켰고, 매일 성 밖으로 출격해 스웨덴 군대와 전투를 치르기도 했다. 이 전투는 결국 프스코프의 승리로 막을 내렸다. 그렇지만 1701년 러시아의 표트르 대제가 스웨덴과 20년에 걸친 북방전쟁을 치르기 시작하면서 1706년 스웨덴 군대는 또 다시 프스코프를 침공한다. 이 북방전쟁에서 러시아가 에스토니아, 라트비아 지역을 점령하면서 드디어 '국경지대'라는 프스코프의 지정학적 성격이 변하게 되었고 이후 제1차 세계대전이 발발하는 20세기 초까지지는 평온한 상태로 남아있게 된다.

프스코프가 또다시 국경 지역이 된 것은 바로 1917년 직후이다. 1918년 에스토니아와 라트비아는 러시아 제국으로부터 독립 선언을 했고 이 와중에 1918년 2월 독일 군대가 프스코프 지역을 점령했다. 독일군의 점령은 그해 11월에 종료되었으나 1919년에는 에스토니아가 프스코프 지역을 침공하여 5개월간 에스토니아 군대의 점령 하에 있었다. 이후 제2차 세계대전 기간 중인 1941년 소련을 침공한 독일군은 또 다시 프스코프 지역을 점령했다. 이후 3년 동안 프스코프는 독일군 점령 하에서 엄청난 인적·물적 피해를 당했다. 국경 지역의 대가를 톡톡히 치른 것이었다.

비록 1939년 소련이 발트 지역 국가들을 합병하여 소련 영토가 된 이후 프스코프 지역은 국경 지역에서는 벗어나게 되었지만 제1차, 제2차 세계대전시 독일에게 점령당했던 경험은 소련 정부로

프스코프성의 진입로

프스코프성 내부. 옛 교회 건물의 토대가 보존되어 있다.

하여금 전략적 차원에서 프스코프 지역에 주요 산업 시설을 육성하지 않게 했다. 따라서 이 지역에 소련 정부는 중공업보다는 주로 경공업 시설을 건설하였다.

제2차 세계대전 이후 약 반세기 동안 비국경 지역으로 남아있던 프스코프 지역은 1991년 소련 붕괴와 함께 에스토니아, 라트비아, 그리고 벨라루스 소비에트 공화국이 모두 독립함으로써 다시 국경 지역으로 바뀌었다. 국경 지역의 변화는 가시적으로 나타났다. 소련 시기 때는 동일 시간대였으나 소련 해체 이후 프스코프주와 에스토니아, 라트비아 간에 1시간의 시차가 발생하면서 프스코프주와 두 발트해 국가 간의 심리적 거리감은 더 커졌다. 이후 1990년대 동안 프스코프 지역은 이웃 라트비아, 에스토니아와 국경 문제로 껄끄러운 관계를 지속했다.

라트비아는 1991년부터 프스코프주와 접경지인 피탈로보(Pytalovo) 지역에 대한 영유권을 주장하기 시작했다. 이곳은 유럽으로 향하는 철도 교통의 요충지 중의 하나로 프스코프 지역 경제에 중요한 역할을 담당하고 있는 곳이었다. 피탈로보 지역은 1920~1947년 동안 소련과 라트비아 간 협정에 의해 라트비아 영토로 귀속되었는데, 1948년 다시 프스코프주의 영토로 편입된 지역이었다. 라트비아가 독립 후에 이 지역을 다시 요구한 것이다. 결국 라트비아는 2007년이 되어서야 러시아 정부와 평화협정을 맺으면서 이 지역에 대한 영유권 요구를 중단했다.

그런가하면 에스토니아도 소련으로부터 독립한 1990년대 초부터 프스코프주 국경 지역에 위치한 서울시 3배 면적의 페초리(Pechory) 지역에 대한 영유권을 주장했다. 이 지역은 인근 추츠코예 호수(Chudskoe ozero: '기적의 호수')에서의 어업 활동과 항해에 대한 관리라는 측면에서 에스토니아나 프스코프주에 지경학적으로 중요한 지역이다. 페초리 지역은 제1차 세계대전 직후인 1920년 에스토니아가 합병했으나 제2차 세계대전 와중인 1944년 소련이 재합병한 지역이었다. 소련 붕괴 이후 에스토니아는 1920년 볼셰비키 정부와 에스토니아 간 체결되었던 평화조약을 근거로 이 지역에 대한 영유권을 다시 주장하기 시작했다. 그러면서 에스토니아 정부는 이 지역 주민들에게 일종의 회유책을 제시했는데, 페초리에 거주하는 주민 중 에스토니아에 친인척이 있는 주민들에게 에스토니아 여권을 발급해 주었다. 이에 따라 1990

년대 초 프스코프 지역 주민의 상당수가 에스토니아 여권을 받게 되었는데 이러한 조치는 러시아 정부의 심기를 불편하게 만들었다.[1)]

역사적으로 러시아 최서부 국경 지역을 지키는 요새 역할을 해온 프스코프의 지정학적 특성은 지역 주민들의 안보 중시 정서에 영향을 미쳤고 이를 바탕으로 1990년대에 지방 주지사 선거에 나선 후보들은 에스토니아, 라트비아의 프스코프 지역에 대한 영유권 주장을 경계하고, 지역 안보 보장이라는 공약을 내걸기도 했다. 이에 더해 국경 지역인 프스코프에는 군부대가 많이 주둔하고 있고 군인 가족 등 군 관련 인구가 많아 여타 지역보다 보수적 성향이 강한 편이다.

북서 러시아의 관문

하지만 프스코프 지역은 안보 문제에만 집착하지는 않는다. 소련 해체 이후 에스토니아, 라트비아 등이 EU에 가입함으로써 프스코프 지역은 '유럽'과 직접 맞닿는 경계 지역이 되었다. 이러한 지정학적 특성은 프스코프 지역 엘리트들이 프스코프를 '변방

1) 2000년대 중반부터 에스토니아는 페초리 지역에 대한 영유권 주장을 중단했다. 서방의 집단 방어 체계인 북대서양조약기구(NATO)와 유럽연합(EU)가입을 신청해 둔 상태였는데 그 경우 영유권 분쟁 중이면 이들 기구 가입에 걸림돌이 되기 때문이다. 결국 에스토니아는 두 기구에 성공적으로 가입했고, 2014년에 러시아 정부와 약간의 구간을 제외하고는 에스토니아-프스코프 간 국경을 있는 그대로 유지하는 데 합의했다.

의 요새'보다는 '유럽으로 향하는 관문'으로 만드는 데 더 많은 관심을 갖게 하였다. 그 결과 프스코프는 라트비아, 에스토니아 국경을 통해 유럽 물품이 러시아로 들어오고 또 러시아의 물품이 유럽으로 나가는 운송 거점으로 탈바꿈하였다. 오늘날 프스코프와 상트페테르부르크를 잇는 고속도로에서 '라트비아(LV)' 스티커를 부착한 커다란 화물 트럭을 자주 볼 수 있는데, 그러한 트럭들을 보면 정말 프스코프가 북서 러시아의 관문 역할을 하고 있음을 실감할 수 있다.

좀 더 구체적으로 살펴보면 소련이 붕괴한지 약 20년 가까이 된 지난 2009년 러시아와 EU 간 교역물의 30%가 프스코프 지역을 거쳐서 오갔으며, 그해 가을부터 프스코프-리가 간의 비행기 노선이 새롭게 개설되었고, 프스코프주와 라트비아, 에스토니아, 벨라루스 접경 지역에 총 11개의 통관 사무소가 운영되었다. 1990년에는 약 10% 정도의 물량이 프스코프 지역을 통과해서 유럽으로 나갔고, 1995년에 최초의 세관 사무소가 만들어졌다는 것을 감안하면 15~20년 만에 프스코프 지역이 '유럽을 향한 관문'으로서 완전히 자리를 잡았음을 보여준다. 특히 국경을 맞대고 있는 에스토니아, 라트비아와의 밀접한 교류로 인해 두 국가는 프스코프에 영사관까지 개설해 놓고 있다. 또 프스코프주 상공회의소는 프스코프주가 러시아 내에서도 인터넷 환경이 잘 구비된 지역에 손꼽힌다면서 모든 시와 구 중심지에서 무선 인터넷이 가능하다고 선전하고 있다. 아마도 프스코프주의 대표적 산업 중 하나가 전기, 전자 및 통신시설 장비 생산이라는 점이 타

지역에 비해 뛰어난 인터넷 환경 구축을 가능케 했으리라 생각된다. 라트비아, 에스토니아와 비교하여 같은 슬라브 민족인 벨라루스와 프스코프주와의 관계는 훨씬 긴밀하다. 프스코프의 초대 주지사 예브게니 미하일로프는 러시아와 벨라루스가 "하나의 국가, 하나의 국민"이라고 강조하기도 했는데, 벨라루스와의 교역이 당시 프스코프주 해외 교역량의 1/4을 차지할 정도였다.

한 가지 지적해야 할 점은 유럽을 향한 '관문'으로서의 프스코프의 역할은 러시아와 유럽 및 발트해 국가들 간 정치·외교 관계에 따라 영향 받는 경우가 있어 늘 안정적이지는 않다는 것이다. 예를 들어 러시아 정부는 발트해 국가들이 1990년대에 NATO 가입을 추진하는 것에 대한 불만으로 발트해 연안 항구를 통한 러시아 물품 수출을 제한하겠다고 으름장을 놓기도 하였고, 에스토니아에서 프스코프를 통해 들어오는 유럽산 물품에 대해 타 지역을 통해 들어오는 물품보다 2배 높은 관세를 부과하기도 했다. 그런가하면 2007년에 에스토니아 정부가 수도 탈린에 위치한 소비에트 병사 동상을 소비에트 군인 유해와 함께 변두리로 옮기기로 결정하자 러시아는 에스토니아산 물품 불매운동을 제안하기도 했다. 모스크바의 이러한 조치는 프스코프를 통한 유럽 국가와의 교역에 악영향을 미치는 것이고 당연히 지역 경제에 직간접적으로 부정적 영향을 미치는 것이었다. 이에 더해 2007~2008년에는 러시아-벨라루스 간 석유 가격을 둘러싼 마찰로 양국 간 긴장 상태가 지속되면서 당시 프스코프-벨라루스 간에 진행되던 합작 사업이 위축되지 않을까 하는 우려를 낳기도 했다.

탈소비에트 프스코프의 신화와 전통

소련 붕괴 이후 러시아 지방 도시들은 제각기 소비에트 체제 성립 이전의 전통을 이용해 지역 정체성을 재정립하려는 노력을 펼치고 있다. 소비에트 시기에는 중앙정부가 소비에트 이데올로기라는 공통의 가치를 이용하여 다양한 민족과 거대한 영토에 통일성을 불어넣어 전 지역을 하나의 소비에트 국가로 통합하려 노력했다. 그러한 강력한 중앙집권적 체제에 거스르는 지방 정부는 거의 없었다. 소비에트 전통의 흔적은 오늘날 러시아의 거의 모든 행정 수도에 레닌 동상과 레닌 광장 그리고 레닌 거리가 있는 것을 통해 확인할 수 있다. 물론 프스코프도 예외는 아니다.

하지만 소비에트 이데올로기가 소멸해버리면서 상황은 달라졌다. 1990년대 초부터 자신이 살고 있는 지역에 대한 강한 애향심, 소속감을 지닌 지방 엘리트는 지방 정부와 함께 소비에트 시절 동안 도외시되었던 그 지역의 전통, 역사적 유산, 역사적 인물 등을 복원하기 시작했다. 바로 지방 정체성을 공고히 하기 위해서이다. 소련 해체 이후 프스코프 정부와 지방 엘리트들은 프스코프의 역사적 경험을 바탕으로 두 명의 역사적 인물을 지방의 상징으로 만드는 작업을 활발히 추진하고 있다. 그 두 명은 바로 올가 공후와 알렉산드르 넵스키이다.

올가 공후의 부활

올가 공후는 955년 러시아 역사에서 최초로 기독교를 수용한 지도자였다. 올가 공후의 고향이 바로 프스코프이다. 더구나 올가 공후의 손자 블라디미르는 988년 정교를 키예프 루시의 국교로 선포한 인물이다. 이런 연유에서 올가 공후는 여성으로서는 최초로 러시아 정교의 성인으로 시성되었다. 소비에트 정권이 붕괴된 이후 러시아에서는 정교회가 1917년 러시아 혁명 이전의 지위와 권한을 지속적으로 확장하고 있다. 특히 푸틴 대통령이 집권한 2000년대부터 정교회를 적극 지원하면서 정교의 영향력은 러시아 사회, 문화 영역에서 지속적으로 확대되고 있다. 정교와 정교회의 부활은 혁명 이전의 러시아 전통의 복원이기도 하지만 정부 지도부의 입장에서는 사회주의 이데올로기를 대신해 국민을 단합시킬 수 있는 훌륭한 도구이기 때문이다. 프스코프 지방정부는 바로 이러한 탈소비에트 시기 정교 부흥 정책에 편승하여 프스코프 지방의 정교 전통을 적극 복원하고 있다. 이러한 정교 전통의 복원은 지방 정체성의 구현을 가능케 함은 물론 중앙 정부의 지원도 유도할 수 있다. 더구나 이를 통해 지역 관광자원을 개발할 수도 있기 때문이다.

프스코프에서는 쉽게 '올가 공후'와 연관된 상징물을 볼 수 있다. 올가의 이름을 딴 다리, 예배당은 물론 도시 중심부에도 올가 공후의 동상이 세워져있다. 이 같은 사실은 올가 공후가 프스코프의 정체성과 직결되는 인물임을 암시해 준다. 올가와 관련된 이러한 상징물, 올가의 이름을 붙인 다리 등은 소비에트 시기에는 볼 수 없었던 것들이었다. 소련 붕괴 이후 프스코프는 혁명 전 프스코프의 전통과 밀접한 연관이 있는 올가 공후를 이용하여 도시 정체성을 새롭게 재정의 했다. '올가의 도시'로 재탄생한 것이다. 그야말로 새로운 전통을 '발명'한 것이다.

프스코프의 올가 상징으로 대표적인 것 중 하나는 '올가 다리'이다. 시 중심부를 흐르는 벨리카야강을 가로 지르는 다리로 프스코프에서 가장 크고 긴 다리이다. 제정 러시아 시기인 1911년 개통되었는데 당시 '올가 다리'로 명명되었다. 하지만 소련 정권 수립 후인 1923년 '붉은 군대 다리'로 개칭되었다. 그러다가 제2차 세계대전 직후인 1946년부터 '소비에트 군대 다리'로 바뀌었

프스코프 벨리카야강을 가로지르는 올가 다리. 1911년 개통되었으나 제2차 세계대전 중 독일군에 의해 파괴되었고 전후에 재건됨.

다. 소연방 붕괴 이후인 1994년 프스코프 시당국은 이 다리의 이름을 '올가 다리'로 복원했다. 올가 공후와 관련된 또 다른 상징물은 올가 예배당이다. 시정부는 2000년 도시 창건 1025주년 기념일을 맞이하여 벨리카야 강변에 올가 예배당을 새롭게 개관했다. 사실 1917년 러시아 혁명 이전에는 강의 좌안은 '올가 연안'이라고 불리었고 17세기 지어진 것으로 알려진 '올가 예배당'이 있었다. 하지만 스탈린 정부의 반종교 캠페인이 진행되면서 1935년 지방 관리들은 이 예배당을 폐쇄했고 이후 흐루쇼프 정부가 교회 탄압을 강화하자 1962년 프스코프 시당국은 올가 예배당을 아예 부숴버렸다. 하지만 소련 붕괴 후인 1994년 프스코프 지역의 올가 협회는 예배당을 재건하기로 결정했고 정부의 지원으로 건립을 마무리했다. 이러한 변화는 탈소비에트 시기 프스코프가 소비에트 정체성을 버리고 '새로운' 정체성을 만들어 가는 과정을 보여준다. 그 '새로운' 정체성은 바로 혁명 전의 전통으로 회귀하는 것이었다.

사실 탈소비에트 시기 프스코프에서 올가 공후 관련 상징을 재건하는 데 중요한 역할을 한 것은 바로 '올가 협회'이다. 올가 협회의 창립은 러시아 혁명 전인 1914년으로 거슬러 올라간다. 로마노프 가문 출신의 그리스 여왕 올가 콘스탄티노브나는 당시 올가 공후의 고향인 프스코프 인근 비부티라는 마을에 올가 공후의 동상과 교회를 세울 계획이었다. 하지만 제1차 세계대전의 발발 그리고 1917년 볼셰비키 혁명으로 이 계획은 무산되었다. 그러다가 소련 말기 페레스트로이카 분위기가 한창 고조되었던

2003년 프스코프 창설 1100주년을 맞아 프스코프시 공원에 건립된 올가 공후의 동상.
올가 공후 앞의 소년은 988년 정교를 키예프 루시의 국교로 공인한 블라디미르 대공.

1991년 5월 프스코프 소재 박물관 직원 등 지역 엘리트, 관리들이 주축이 되어 올가 협회를 재건하고 올가에 대한 기억을 되살리기 위한 작업을 본격적으로 시작했다.

그 예로 올가 협회는 올가 공후와 관련 있는 장소를 둘러보는 관광 루트와 성지순례 코스 개발, 올가 공후의 이름과 관련 있는 지명 복원 운동을 수행하였다. 그리고 올가 공후와 관련한 독회를 개최하여 지역 사회에 올가 공후에 대한 담론을 확산시켰다. 또한 올가 공후와 관련한 자료의 출판을 주도하였다. 올가 협회원이자 러시아 문화 연구의 대가인 판첸코(A.M. Panchenko)는 프스코프 향토 연구가 레빈(N.F. Levin)이 수집한 올가 공후 관련 상징물, 지역 등에 대한 엽서를 소개한 『프스코프 - 올가 공후의 고향』이라는 소개 책자를 발간하여 프스코프 주민들에게 올가에 대한 관심을 불러일으켰다. 그 외에도 올가 협회는 박물관에서 올가와 관련된 여러 행사를 조직하여 지역 주민들의 관심을 유도했는데 그 중 한 예는 올가 공후와 관련된 크리스마스 행사를 주관하고 프스코프주의 민속학, 고고학, 고지리학 관련 전시회를 개최하는 것이었다.

프스코프의 올가 공후 부활 정책은 지방 정부와 엘리트들의 주도로만 이루어지지는 않았다. 중앙 정부와 정교회 모스크바 본부의 역할도 컸다. 러시아 정부가 프스코프의 올가 공후 부활에 관심을 가지게 된 계기는 우크라이나 때문이었다. 소연방 해체 이후 독립한 우크라이나는 새로운 국가 정체성 수립을 위해 키예프 루시의 전통에서 우크라이나 국가 기원을 찾고자 했고, 그 역사와 관련된 인물을 국가 상징으로 만드는 작업을 추진해오고 있었다. 그 과정에서 우크라이나 정부는 올가 공후를 우크라이나의 상징적, 역사적 인물로 만드는 작업을 시작했다. 우크라이나와 마찬가지로 키예프 루시를 국가 기원으로 두고 있는 러시아 정부로서는 좌시하고 있을 수만은 없었다. 소련 붕괴 이후 러시아 정교를 국교로 부활시키는 작업을 열심히 해온 러시아 정부와 러시아 정교회는 올가 공후의 고향 프스코프의 설립 1100주년이 되는 2003년을 기념하기 위해 올가 공후, 그리고 정교를 키예프 루시의 국교로 선언한 그의 손자 블라디미르 대공의 동상 제작을 프스코프시에 제안했다. 프스코프 시정부는 이 제안을 수용했고 도시 중앙 공원에 최초의 올가 공후 동상이 건립되었다.

알렉산드르 넵스키의 부활

올가 공후와 더불어 프스코프 지방 정부가 지방 정체성을 공고화하는 데 가장 중요하게 여기는 인물은 알렉산드르 넵스키이다. 러시아인들에게 알렉산드르 넵스키는 평화로운 정교 국가 러시아에 대한 서방 이교도들의 침략을 성공적으로 막아낸 인물로 자리매김 되어있다. 그리고 알렉산드르 넵스키는 특히 프스코프 지역과 밀접한 연관을 가지고 있다. 13세기에 알렉산드르 넵스키가 얼어붙은 호수 위에서 독일 기사단과 전투를 벌인 곳이 프스코프 인근의 '기적의 호수'였고, 프스코프 지역 병사들이 이 전투에 많이 참여하였던 것이다. 그리고 당시 프스코프는 독일 기사단에게 점령되어 있었는데 알렉산드르 넵스키가 독일군을 몰아내고 프스코프를 해방시켰다. 따라서 국경 지역이라는 프스코프의 지정학적 특성에 정확히 부합하는 인물로 지방 정부는 프스코프 정체성 공고화 작업에 알렉산드르 넵스키를 적극 활용하고 있다.

이는 소비에트 시기의 관례와 비교해 본다면 분명한 차이점이다. 소비에트 시기에는 주로 중앙의 정치적 목적과 이니셔티브에 의해 알렉산드르 넵스키가 국가 영웅으로 선전되었다. 제2차 세계대전 중 나치 독일군의 대 소련 공세가 한창일 때 스탈린 정부는 알렉산드르 넵스키를 18세기 수보로프, 내전 시기 차파예프 등과 함께 조국을 풍전등화의 상황에서 구해낸 국가 영웅의 한 명으로 선전했고, '알렉산드르 넵스키'라는 명칭의 훈장을 제정하여 혁혁한 공을 세운 소련군 지휘관에게 수여했다. 프스코프 지방 차원에서 지방 정부의 주도로 알렉산드르 넵스키에 관련한 행사 등이 조직되거나 상징물이 만들어진 경우는 거의 없었다.

하지만 포스트 소비에트 시기 상황은 반전됐다. 지방 정부가 적극적으로 알렉산드르 넵스키의 지방화, '프스코프화'에 적극 나서고 있다. 한 예로 프스코프 지방 정부는 매년 알렉산드르 넵스키와 연관된 다양한 행사를 개최하고 있는데 그 중 하나는 알렉산드르 넵스키가 독일 기사단과 벌였던 얼어붙은 호수 위의 전투를 재연하는 것이다. 재연 행사 전날에 시내 중심가에서 행사 참가자들이 루시 병사의 복장과 독일 기사단 복장을 입고 프스

프스코프시 외곽에 알렉산드르 넵스키의 얼음 위의 전투를 기념해 1993년에 건립한 동상
(사진: http://tourism.pskov.ru/sights/991)

코프 크렘린으로부터 시내 한 복판에 위치한 올가 공후 동상까지 행진을 한다. 그리고 재연 행사가 치러지는 당일에는 1만 여명이 모여 30분 간 진행되는 전투 재연 장면을 지켜본다. 이 행사는 2007년 처음 기획되었는데 이후 매년 진행되면서 프스코프를 알리는 대표적 지역 행사로 자리 잡았다. 전투 재연 이외에 1242년 4월 18일 전투가 벌어졌던 날을 기념하는 달리기 대회가 열리며, 알렉산드르 넵스키 관련 퀴즈대회 및 학술대회 개최, 영화 상영 등의 프로그램이 진행된다. 프스코프에서 4월은 그야말로 알렉산드르 넵스키의 달로 관련 행사들이 줄이어 개최된다.

프스코프 지방 정부의 알렉산드르 넵스키 지방화 노력에 나타나는 특징 중 눈에 띄는 것은 알렉산드르 넵스키를 정교회 성인으로 묘사하는 것이다. 즉 소비에트 시기에 군사적 측면을 주로 강조했다면 탈소비에트 시기 알렉산드르 넵스키의 지방화 과정에서는 그의 종교적 색채를 주로 강조한다는 점이다. 알렉산드르 넵스키는 16세기 모스크바 정교회에 의해 성인으로 시성되었고, 이후 그의 이름을 딴 교회가 러시아 전역에 세워지면서 정교회 성인으로 널리 알려졌다. 하지만 소비에트 시기 알렉산드르 넵스키는 정교회 성인으로는 선전되지 않았다. 소비에트 정부의 반종교 정책 때문이었다. 하지만 오늘날 프스코프 지역 엘리트와 지방 정부는 정교회 성인으로서 알렉산드르 넵스키의 모습을 적극적으로 부각하고 있다.

프스코프의 생존 전략과 미래

프스코프 지역의 정치적 성향, 경제 발전의 진행 방향은 최근 러시아 북서부 지역의 지정학적 위치와 긴밀히 연결되어있다. 국경 지대에 위치한 프스코프는 한편으로는 민족주의적이고 보수주의적인 성향을 유지하면서 모스크바 연방정부에 국경 수호 요새로서의 프스코프의 역할을 강조하면서 모스크바로부터의 지원을 유도한다. 다른 한편으로는 모스크바의 경제적 지원에 한계가 있다는 것을 잘 알기에 접경지역인 발트해 국가들과 자체적인 교류 및 협력 관계 구축 활동을 꾸준히 추진하고 있다.

프스코프 지역 산업에서 가장 중요한 부분을 차지하고 있는 것은 제조업이다. 그중에서도 대표적 생산품은 식품과 관련된 것으로 식품, 음료, 담배가 차지하는 비율은 전체 제조업 생산품의 33.5% 정도를 차지한다. 그 다음으로 전기, 전자, 광학 기기 제품이 24.4%를 차지하고, 기계 제품, 설비 제품이 약 9.4%를 차지하고 있다. 전문가들은 현재 프스코프에서 가장 빠르게 성장하고 있는 산업 부문으로 식품가공업(특히, 육류 가공 제품과 낙농 제품)을 꼽는다. 그 이유는 프스코프 지역이 여타 지역에 비해 깨끗한 자연환경을 지니고 있기 때문에 이곳에서 생산되는 식품도 그만큼 질이 좋은 것으로 알려져 경쟁력을 갖고 있기 때문이다. 아이러니하게도 이는 소련 시절 정부가 이곳을 산업화 기지로 만들지 않음으로써 러시아 내 여타 지역보다 환경보전이 잘 되어있기 때문이다. 프스코프에서 생산되는 식가공품은 인근 대도시인 모스크바와 상트페테르부르크에서 인기리에 판매되고 있다.

최근 들어서는 유럽뿐만 아니라 한국을 포함 극동 지역 국가들의 자본 유치에도 관심을 보이고 있다. 이러한 동향은 2009년 33세의 나이로 러시아 최연소 주지사로 임명된 안드레이 투르차크(Andrey Turchak) 이후 활발히 진행되고 있다. 2011년 프스코프주 당국자들은 싱가포르의 주롱(Jurong)이라는 컨설턴트 회사와 합작으로 '프스코프의 실리콘밸리 스콜코보'(Pskovskoe Skolkovo)를 구축하는 계획을 수립하였다. 프스코프주와 '주롱'은 이 프로젝트의 일환으로 프스코프주 내의 모글리노(Moglino)와 스푸트니코보(Sputnikovo) 산업지구에 하이테크 단지 건설 계획을 수립했다. 그런가하면 프스코프 상공회의소 회장 블라디미르 쥬보

2011년 싱가포르 주롱(Jurong)사 대표의 프스코프주 방문(오른쪽에서 4번째가 투르차크 주지사)
(사진: http://special.pskov.ru/novosti/14.04.11/13360)

프(Vladimir Zubov) 그리고 투르차크 프스코프 주지사가 각각 2009, 2015년 한국을 방문하여 한국 기업과 프스코프주 간 경제 협력과 투자 유치에 대해 논의하였다. 현재 한국 자동차 부품 회사가 프스코프에 진출해 공장을 설립하고 현지인을 고용해 부품을 생산하는 등 양자 간 실질적 경제 협력이 이루어지고 있다.

주정부의 이러한 노력에도 러시아연방 전체 경제 지표 및 삶의 질에서 볼 때 프스코프 지역의 수준이 높은 편은 아니다. 소득, 평균 수명, 교육 수준 등을 기준으로 측정된 인간 개발 지수(HDI)의 경우 프스코프주는 2011년 기준 83개 연방주체 중 69위에 머물렀다. 2009년 기준 주의 월평균 소득도 62위로 하위권에 머물렀다.

하지만 희망적인 사항은 프스코프의 경제 및 산업지표가 소련 붕괴 이후 지속적으로 향상하고 있다는 점이다. 러시아 연방주체들의 근대화 정도를 측정한 최근 연구에 따르면 프스코프주의 근대화 정도가 2000년대 초중반에는 낮은 단계였는데, 2012년에는 중간 단계로 향상되었다고 한다. 특히 지역의 혁신 지수는 2000년 7.1에서 2012년 17.5로 급상승하여 프스코프주가 속해있는 북서 연방관구에서 최고치를 기록하고 있다.

프스코프는 지정학적 위치로 인해 역사적으로 러시아의 변방요새 역할을 담당해왔다. 탈소비에트 시기에 이르러서야 비로소 북서 러시아의 관문으로 탈바꿈하고 있는 프스코프의 미래는 녹녹치는 않다. 프스코프의 지정학적 위치는 프스코프에게 기회와 위기 모두를 가져올 수 있다. 국내적으로는 모스크바와 상트페테르부르크라는 거대한 '고래' 사이에 낀 '새우'의 형상으로 프스코프의 인적 자원을 빨아들이는 블랙홀을 옆에 두고 있다. 하지만 동시에 양 도시에 식품 및 공업 부품을 제공하는 거점 도시, 협력 도시로 성장할 잠재력을 지니고 있다.

대외적으로 프스코프는 유럽으로 향하는 러시아의 북서 지역 창구 역할을 함으로써 교역과 중계무역의 중심지로 발돋움하고 있다. 하지만 러시아와 이들 국가와의 외교 관계가 경직될 때 북서 러시아의 관문 역할은 위축될 수 있다. 이런 점에서 프스코프 주정부가 지정학적 위치를 한껏 이용하면서 동시에 그 한계를 뛰어넘기 위해 지역 자체의 첨단 산업 단지를 건설하고 아시아권 국가들과 협력을 도모하고 있는 것은 효과적인 생존 전략이라 하겠다. 무수한 외침에 맞서 조국 러시아를 수호해왔던 프스코프.

이제 변방의 요새에서 북서 러시아의 진주로 거듭나기를 기대해 본다.

참고문헌

송준서, 『프스코프주 이야기, 변방의 요새에서 북서 러시아의 관문으로』, 서울: 한국외대출판부, 2012.

송준서, “탈소비에트 러시아 국경지방의 상징 만들기: 프스코프의 상징, 알렉산드르 네프스키,” 『서양사론』, 112호 (2012).

송준서, “유럽을 향해 손짓하는 천년 고도, 프스코프,” 『북방의 등대. 러시아북서 연방관구』, 최우익 외, 서울: 한국외대출판부, 2012.

송준서, “올가 공후의 부활: 탈소비에트 프스코프의 상징과 지역 정체성 형성,” 『노어노문학』, 23권 3호 (2011).

Н.И. Лапин, Атлас модернизации России и её регионов, Социоэкономические и социокультурные тенденции и проблемы. Москва, Вес мир, 2016.

※ 이 글은 프스코프에 관한 필자의 기존 연구성과(참고문헌 참조)를 바탕으로 본 책의 편집 의도에 맞게 재구성하여 집필한 것입니다.

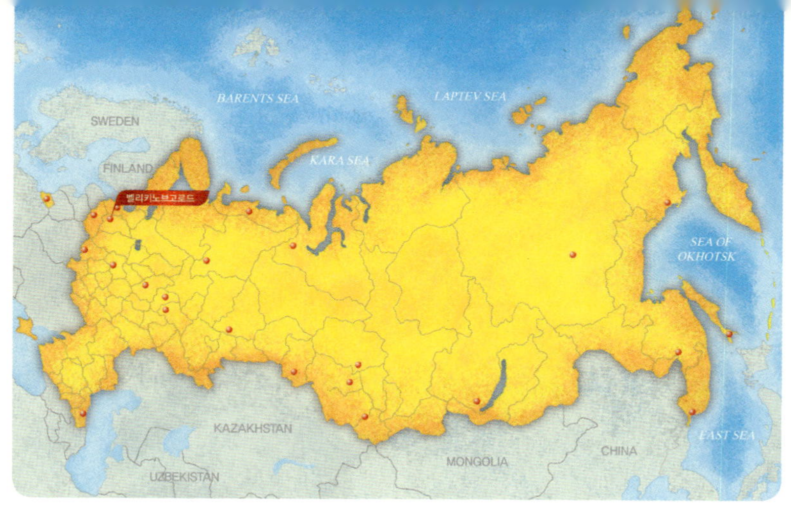

벨리키노브고로드, 러시아 문명의 발상지

황성우

왜 벨리키노브고로드인가

흔히 러시아 역사를 이야기할 때, '세 도시의 이야기'라고 말한다. 여기서 말하는 세 도시란 키예프, 모스크바, 상트페테르부르크를 지칭한다. 그 이유는 키예프와 모스크바, 상트페테르부르크가 각각 러시아 역사의 고대, 중세 및 현대, 근대의 한 부분을 차지하면서 그 시대를 대표하고 상징적 의미를 갖기 때문이다. 러시아의 고대를 이야기하려면 키예프를 빼놓을 수 없고, 중세와 현대 러시아를 언급하기 위해서는 반드시 모스크바를 살펴봐야 하며, 근대 제정 러시아의 모습을 이해하기 위해서는 당시 수도였던 상트페테르부르크의 역사와 문화를 만나야 한다. 세 도시의 이야기를 통해 우리는 러시아 역사의 전체 흐름을 파악할 수 있고, 그 문화의 중심에 다가갈 수 있다.

익히 알고 있듯이, 오늘날 지구상에 존재하는 모든 도시는 자연발생적인 촌락과 달리, 인간의 지혜와 재능에 의해 만들어지고 생산된 인위적이고 인공적인 창조물이다. 그런 까닭에 모든 나라에는 해당 국가의 역사적, 정치적, 경제적, 문화적 속성을 반영하고 그것들을 내포하고 있는 대표적인 도시들이 있기 마련이다. 이러한 도시들 중에서 상대적으로 역사가 오래되고 오늘날에도 정치, 경제, 사회, 문화의 중심지인 경우에 국가의 수도가 되는 것이 일반적이다. 하지만 오늘날에 수도는 아닐지라도 수도 못지않게 풍부한 신화와 역사, 그리고 정치·경제적 중심지로서 국가의 상징적 의미를 간직하고 있는 도시들도 존재한다.

러시아의 경우로 보자면, 앞서 언급한 세 도시 외에도 러시아의 정체성을 규명하고, 문화적 상징을 대표할 수 있는 도시가 바로 벨리키노브고로드(Novgorod the Great)[1]이다. 러시아 최초의 국가가 탄생한 곳이자, 고대 문화의 발원지, 중세 모피 제국의 심장부로서 노브고로드가 가지는 고유한 속성을 포함해 모스크바

---

1) 흔히 일반인들이 범하기 쉬운 실수 중 하나는 벨리키노브고로드를 유럽 러시아의 중앙에 위치한 '니즈니노브고로드'와 혼동해 잘못 이해하고 있다는 것이다. 오카강과 볼가강이 만나는 곳에 위치한 니즈니노브고로드는 소비에트 시기 고리키로 불렸던 도시이며, 예로부터 시장이 발달해 '러시아의 돈주머니'라는 별칭을 가지고 있다. 2018 러시아 월드컵 때 우리나라와 스웨덴의 축구 경기가 열린 곳이다. 니즈니노브고로드는 모스크바, 상트페테르부르크에 이어 러시아의 세 번째 도시 지위를 놓고 예카테린부르크, 노보시비르스크, 카잔과 경쟁하고 있다. 또한 현재 우크라이나에 위치해 있지만 러시아연방 남서부의 브랸스크 주와 국경을 맞닿고 있는 '노브고로드 세베르스키' 역시 벨리키노브고로드와는 상관이 없다. 러시아 고대문학의 대표작으로 알려진 『이고리 공후의 원정기』에 등장하는 주인공 이고리 공후는 노브고로드 세베르스키 지역의 공후였다. 이 글에서 노브고로드는 벨리키노브고로드를 지칭한다.

의 전제 정치에 대비되는 민주 정치가 시행됐던 곳이 벨리키노브고로드이다. 역사적으로 '노브고로드 공화국'이라는 명칭을 부여받았던 사실은 벨리키노브로고드가 러시아 전체 역사에서 차지하는 역할과 비중이 그리 작지 않았음을 보여준다.

벨리키노브고로드는 오늘날 러시아 북서 연방관구에 속한 노브고로드주의 중심 도시이자, 862년 바이킹의 일원이었던 류리크(Riurik)가 트루보르, 시네우스 등 두 형제와 함께 슬라브인의 초청을 받아 러시아 땅에 도착해 세운 노브고로드 공국의 수도였다. 류리크는 최초의 러시아 국가를 세운 첫 지도자로 기억되고 있다. 20년이 지난 882년 올레그(Oleg, 879~912) 공후가 오늘날 우크라이나의 수도인 키예프를 '모든 러시아 도시의 어머니'라 칭하면서 당시 러시아 사회의 중심지로 구축한 이후에도 노브고로드는 러시아 북부의 중심지로서 심장부 역할을 했고, 노브고로드를 포함하는 러시아 북서 지역은 발다이 구릉지대로 표현되는 러시아 수로 체계의 근원지이자, 유럽 한자동맹의 동쪽 전초기지였으며, 발트해로부터 흑해, 카스피해로 이어지는 고대 러시아 교역로의 시발점이자 중추적 역할을 담당한 전략적 핵심 공간이었다.

'러시아의 천년 고도(古都),' '러시아 모피 제국,' '러시아 고대 문화의 보고(寶庫),' '러시아 민주주의의 메카'로도 불리고 있는 벨리키노브고로드는 러시아 역사에서 크게 세 가지 중요한 의미를 갖고 있다. 첫째, 정치적 측면에서 볼 때, 흔히 차르와 전제 정치로 대변되는 러시아의 권위적 정치 문화 속에서 노브고로드는 시민들이 참여해 정책을 결정하는 자율적 의사 결정 기구 '베체'

벨리키노브고로드 크렘린 소재 러시아 건국 1,000주년 기념비

(Veche)를 중심으로 한 민주주의 전통을 유지해 '노브고로드 공화국'이라는 명성을 얻었다.

둘째, 경제적 측면에서 볼 때, 노브고로드는 유럽 한자동맹의 동쪽 전초기지이자 '발트해-흑해' 교역로의 북쪽 중심에 위치해, 상업 도시로서 명성을 크게 떨쳤으며, 특히 북극해에 이르는 광활한 지역을 관할하며 모피 제국으로서 경제적 부를 축적하면서 중세 러시아의 경제 중심지로서의 핵심적 역할을 수행했다.

셋째, 문화적 측면에서 볼 때, 벨리키노브고로드는 초기 러시아 문화의 정수를 보여주는 다양한 목조 건축물과 연대기 제작, 이콘 예술 등을 통해 그들만의 독특한 예술적 흔적을 남겼다. 잘 알려지지 않은 역사적 사실 중 한 가지는 1706년 이탈리아 파두아 대학교(University of Padua) 졸업생 두 명에 의해 러시아 최초로 노브고로드에 그리스-슬라브어 아카데미가 개설됐다는 점이다. 이곳에서는 세미나 강의뿐만 아니라, 당시 러시아에 14개 문법 학교가 개설될 때 강의를 담당할 교사들을 양성했다. 흔히 역사에서는 과거의 실제적 사실과 다른 '가정의 역사'를 중요하게 고려하지 않지만, 1478년 노브고로드가 모스크바 공국에 병합되지 않았더라면 적어도 실제보다 2~3세기 앞서 러시아가 서구사회에 문을 개방했을 것이라고 예측하기도 한다.

천년 고도의 이름은 '새로운 도시'이다.

18세기 러시아 역사가인 타티셰프(Vasilij Tatishchev)에 따르면, 러시아 최초의 지도자로 알려진 류리크가 형제들과 함께 노브고로드 지역에 정착하기 이전에 그곳을 통치한 사람은 슬라브인 공후 고스토므이슬(Gostomysl)이었다. '슬라브인들의 도시'라는 의미의 '슬라뱐스크'를 통치하고 있던 고스토므이슬 공후는 당시 이 지역을 약탈하고 주민들을 위협했던 바이킹들에 맞서 슬라브인들의 생명과 그들의 거주지를 보호하고 있었다. 그가 공후로 있을 때는 그나마 바이킹들의 침략으로부터 슬라브인들을 지킬 수 있었으나, 그가 죽고 난 뒤가 문제였다. 이와 관련해 재미있는 일화가 있다.

세 아들을 전쟁터에서 잃은 고스토므이슬은 자기가 죽은 후 슬라브인들에게 공후가 없다는 사실을 늘 걱정하고 있었다. 그러던 어느 날 고스토므이슬은 자신의 딸인 우밀라의 배 속에서 커다란 나무가 자라 전체 러시아의 땅을 뒤덮는 해괴한 꿈을 꾸었다. 기이한 꿈을 해몽하기 위해 주술사를 찾은 고스토므이슬은 주술사로부터 우밀라의 자식과 그의 자손들이 러시아를 통치할 것이라는 이야기를 전해 들었다. 그래서 고스토므이슬 공후는 자신이 죽은 후에 우밀라의 아들을 러시아의 공후로 추대할 것을 부하들에게 유언으로 남겼다. 그러나 고스토므이슬이 사망하자 권력욕에 눈이 먼 그의 부하들은 저마다 공후가 되겠다고 나서며 연로한 공후가 남긴 말을 기억하지 못했다. 시간이 흐른 뒤

노브고로드 크렘린 내에 위치한 러시아 건국 1000주년 기념비 속 류리크

고스토므이슬의 유언이 생각난 슬라브인들은 바이킹인에게 시집 간 우밀라의 아들을 찾아가 슬라브인의 공후가 돼 줄 것을 부탁했다. 러시아 최초의 역사서인 원초연대기에도 등장하지만, 이 때 슬라브인들은 "우리의 땅은 넓고 먹을 것이 풍부한데, 질서가 없으니 와서 우리를 다스려주십시오."라는 말을 하며 바이킹 장수를 초빙했다. 초대에 응해 러시아에 온 바이킹 장수가 바로 고스토므이슬 공후의 외손자이자 러시아 최초의 국가를 세운 류리크이다. 류리크는 이들의 요청을 수락해 두 형제들과 함께 노브고로드와 그 주변 지역에 정착했다. 그러나 아쉽게도 두 형제는 바로 사망하고 류리크가 홀로 남아 이 지역을 통치했다. 류리크는 바이킹과 오랜 전쟁으로 폐허가 된 슬라뱐스크 자리에 새롭게 도시를 건설하기 시작했는데, 이때부터 '새로운 도시'라는 의미의 노브고로드 명칭이 사용됐다. 연대기에 기록된 이 시점이 바로 862년이며, 이 수치는 공식적으로 러시아 최초의 국가가 세워진 연도이다.

베체의 종은 더 이상 울리지 않았다

흔히 사람들은 권위적인 차르가 통치하던 러시아에 민주주의 전통이 존재했냐고 묻지만, 노브고로드에는 '베체'라는 민주적 의사 결정 기구가 있었다. 서양사에 알려졌듯이, 18세 이상의 성인 남자가 참여해 다수결로 마을의 주요 사안을 결정했던 그리

노브고로드 베체 축제

스의 민회와 다르게, 노브고로드의 베체에서는 주로 집안의 가장들이 참여해 만장일치로 마을의 주요 사안을 결정했다. 광장, 혹은 시장 앞에 있던 '베체의 종'을 울려 회의의 소집을 알렸고, 사람들은 자유롭게 의견을 개진했으며, 혹여 논쟁 중에 의견이 합의에 이르지 못할 경우에는 노브고로드 크렘린 옆을 흐르는 볼호프강에서 몸싸움을 통해 최종 결정을 내렸다고 연대기는 전하고 있다. 베체는 공후의 탄핵권도 가졌다. 1136년 노브고로드인들은 자신들의 공후인 브세볼로드 므스티슬라비치를 축출했는데, 몇몇 학자들은 이때를 노브고로드가 러시아의 고대국가였던 '키예프 루시'로부터 독립한 시기로 보기도 한다. 이후에도 노브고로드인들은 자신들의 공후를 스스로 초빙해 선출하거나 해임시키기도 했다.

발트해로부터 흑해에 이르는 고대 무역로의 주요 거점 지역이었던 노브고로드는 키예프로부터 독립한 이후 하나의 공국으로서 '모피 제국'이라는 명성을 얻었다. 노브고로드 모피 제국은 오늘날의 에스토니아에서 시작해 우랄산맥 북쪽 지역에 이르기까지 영토를 확장했다. 그러나 러시아 중부 지역에서 세력을 확장하던 모스크바 공국의 이반 3세는 1478년 노브고로드 공국을 점령해 모스크바 공국에 병합했다. 이반 3세는 정복한 후에 노브고로드에서 더 이상 베체의 종은 울리지 않는다고 선언했다. 노브고로드의 종말을 고한 것이다. 실제로 이후 민주주의의 상징인 노브고로드 베체의 종은 더 이상 울리지 않았다. 이때부터 노브고로드의 힘은 점점 약해졌다. 1703년 핀란드만 인근에 상트페테르부르크가 건설돼 그곳이 러시아의 수도가 되면서 노브고로드의 중요성은 상대적으로 더욱 낮아졌다.

고대 문화 예술의 보고

천년 고도답게 벨리키노브고로드에는 볼거리가 아주 많다. 도시 중심에 자리 잡은 노브고로드 크렘린은 그 자체로 유네스코 세계 문화 유산으로 지정돼 있으며, 도시 근교에도 유리예프 수도원과 '국립 목조 박물관' 등 놓쳐서는 안 되는 귀중한 보고들이 즐비하다.

벨리키노브고로드에서 제일 먼저 찾아가야 할 장소는 벨리키노브고로드 시내 중심에 위치한 크렘린이다. 먼저 크렘린 앞 광장 앞에 서 있는 이곳 출신 음악가 라흐마니노프 동상을 만날 수 있다. 크렘린 주위에는 성곽을 보호하기 위해 만든 해자(垓字)가 그대로 보존돼 있다. 천년 넘게 세월이 흘렀지만, 과거의 화려했던 위용을 상상하는데 아무런 불편함이 없다. 오늘날에는 고즈넉한 분위기를 간직하고 있다.

크렘린 안으로 들어가면 제일 먼저 눈에 들어오는 건축물이 '성소피아 성당'이다. 키예프 루시의 야로슬라프(Yaroslav the Wise) 공후가 어린 시절을 보낸 추억의 장소였기에 성당을 건축할 때 재정적 지원을 아끼지 않았다고 한다. 촛불 형상의 지붕과 여러 개의 앱시스를 겹쳐 만든 외벽의 매끄러움에 탄성이 절로 나온다.

러시아 황제 알렉산드르 2세가 건립한 러시아 건국 1,000주년 기념비 역시 크렘린 중심에 우뚝 솟아 있었다. 시간이 허락된다

노브고로드 크렘린과 주변의 해자

면 동상에 등장하는 인물들을 한 명씩 카메라에 담기를 추천한다. 러시아 역사 인물 100선에 나올만한 사람들이 모두 한자리에 모여 있다. 오늘날 크렘린 안에서는 '노브고로드의 베체' 축제가 진행된다. 많은 사람들이 크렘린의 야경과 함께 흥겨운 축제를 즐기는 모습은 도시의 또다른 자랑거리 중 하나이다.

볼호프강을 건너 크렘린 너머에 위치한 옛 상업 지구 중심지도 흥미로운 공간이다. 예전에 노브고로드는 도시 자체가 상업 지구와 소피아 성당 지구 등 두 지역으로 구분돼 있을 정도로 그곳은 옛 노브로고드의 핵심 공간이었다. 상업 지구 내 건축물들은 번성했던 과거의 화려함을 떠올릴 수 있을 정도로 여전히 그 자리를 지키고 있다.

노브고로드 성소피아 성당

게오르기 교회

노브고로드 크렘린에서 차를 타고 10분 정도 가는 거리에 유리예프 수도원이 있다. 일리멘 호수에 인접한 유리예프 수도원은 키예프의 야로슬라프 공후가 세웠다고 전해지지만, 엄밀히 말하자면 1119년 브세볼로드 므스티슬라비치 공후가 게오르기 교회를 세우면서 함께 설립했다. 키예프 건축 문화의 정수라고 불리던 순백의 게오르기 교회는 정방형의 구조에 지성소가 있는 반원형의 앱시스를 세 개 가진 전형적인 비잔틴 양식의 건축물이다. 앱시스는 해가 뜨는 동쪽에 위치하는 것이 기본 건축 원칙이다. 내부로 들어가면 그곳이 성상화로 치장된 지성소라는 것을 알 수 있다.

유리예프 수도원 옆에 위치한 목조 박물관에는 상트페테르부르크 근교에 위치한 키지섬에 있는 것들보다는 규모나 섬세함이 떨어지지만, 못을 사용하지 않은 러시아의 고대 목조 건축 양식

국립 목조 박물관 내 목선

의 기념물들이 즐비하다. 이곳에서 특히 눈여겨봐야 할 것은 고대 러시아인들이 사용했던 작은 목선(木船)이다. 발트해에서 흑해에 이르는 교역로에서 사용됐던 목선이 전시돼 있는데, 이 배들을 이용해 러시아인들은 드네프르강과 흑해를 거쳐 비잔틴 제국의 수도인 콘스탄티노플에 가서 교역을 했다. 수로가 끊긴 지역은 연수육지(portage)라고 불렀는데, 강과 강을 이어주는 연수육지에서는 사람들이 배를 끌고 이동했다. 배 아래에 나무들을 놓아 이동했던 것이다. 그렇기 때문에 목선들이 그리 크지 않았다.

루시의 고향, 스타라야 루사(Old Russa)

'루시'는 고대 러시아를 지칭하던 이름이다. 스타라야 루사는 벨리키노브고로드로부터 남쪽으로 약 100㎞ 떨어진 곳에 위치한 작은 도시이다. 사실 도시라고 말하기 민망할 정도로 우리의 읍내와 같은 곳이다. 노브고로드주에 속한 스타라야 루사 지구의 행정 중심지이며, 주변에 폴리스티강이 흐르고 있다. 노브고로드주에서 세 번째로 인구가 많은 지역이며, 2018년 기준으로 약 29,000명이 거주하고 있다. 연대기에 따르면 1076년에 노브고로드 지역 중에서 노브고로드를 제외하고 프스코프, 라도가와 함께 주요한 세 지역으로 구분됐을 정도로 번성했던 지역이다.

스타라야 루사라는 지명은 바이킹 시대부터 유래됐다. 즉 스스로를 루시인이라고 부른 사람들이 이 지역에 정착해 노브로고드로부터 폴로츠크를 거쳐 키예프에 이르는 무역로를 관리하기 시작했다. 프스코프가 독립했을 때, 스타라야 루사는 노브고로드를 제외하고 노브고로드 공국에서 가장 중요한 행정 중심지이자 무역 중심지였다. 14세기말엽까지 스타라야 루사에는 약 1,000가구가 살고 있었으며, 소금 광산 덕분에 노브고로드 지역에서 가장 활발한 소금 산업의 중심지였다.

스타라야 루사에 있던 목조 건축물들은 1190년과 1194년에 일어난 화재 때문에 대부분 소실됐고, 화재 이후에 새로운 목조 요새로 대체됐다. 스타라야 루사는 노브고로드와 함께 1478년 모스크바 공국에 병합됐다. '스타라야'라는 명칭은 15세기 이후에 붙여졌는데, 새로운 정착지가 '루사'로 불리면서 구시가 지역이 스타라야 루사가 된 것이다.

1547년 이반 4세가 공식적으로 러시아의 첫 번째 차르로 등극했을 때, 스타라야 루사는 모스크바 공국 내에서 모스크바, 프스코프, 노브고로드에 이어 4번째로 큰 도시였다. 류리크 왕조가 단절되고, 폴란드의 침략을 받았던 '혼란의 시기'(1598~1613)에는 폴란드 군대가 주둔하면서 도시가 심하게 파괴됐는데, 그 당시 살아남은 사람이 겨우 38명에 불과했다고 한다. 1824년에는 루사 근처에 알렉산드르 1세가 실시한 둔전병제를 위해 군 주둔지가 형성됐다. 1831년 발발한 이른바 '콜레라 봉기'의 주요 무대였고, 제2차 세계대전 중 '독소전쟁'으로 불리는 '대조국전쟁' 시기에는 1941년 8월 9일부터 1944년 2월 18일까지 도시 전체가 독일군의 수중에 떨어지기도 했다. 러시아인들은 19세기 나폴레옹의 침략을 '조국전쟁'이라 부르고, 히틀러의 침략을 '대조국전쟁'이라 부른다.

스타라야 루사는 온천 휴양지로 유명하다. 이곳 광천수는 치료제로 효험이 있다고 알려져 있다. 물론 음용도 가능하다. 도시 내 몇몇 들판에 남아 있는 노천 우물에는 약 2m 높이로 얼음처럼 차가운 물이 솟아오르고 있다. 겨울에 얼음물 속에 들어가는 것보다 더 차갑게 느껴질 정도로 여름에 그곳에서 목욕하는 것은 쉽지 않다. 하지만 이곳 사람들은 더운 여름에 우물에서 솟아나는 물로 목욕하는 것을 즐긴다. 냉온탕을 오가는 느낌이다. 스타라야 루사에 가는 사람이라면 반드시 해볼 것을 권한다.

러시아의 대문호 도스토옙스키가 『카라마조프가의 형제들』을

스타라야 루사의 노천 온천

저술했던 곳도 스타라야 루사이다. 지금은 '도스토옙스키 박물관'이 됐다. 월요일만 휴관이고, 항상 방문객들로 붐빈다. 도스토옙스키는 작품 속에서 이곳 루사를 '소코토프리고니옙스크'라는 도시로 묘사했다. 근처에 있는 소금 박물관 역시 꼭 가봐야 할 곳이다. 소금 광산으로 유명했고, 소금을 통해 부를 축적한 곳이라서 그런지 박물관에는 당시 소금 광산의 모습을 찍은 사진들과 채굴 작업에 사용한 도구들이 비교적 잘 전시돼 있다.

1198년 70일 만에 건축됐다고 전해지는 성당이 있는 성모 변용 수도원 역시 가볼만한 곳이다. 이 수도원은 15세기에 증축됐고, 17세기에는 몇몇 부속건물들과 교회들이 추가로 건축됐다. 도시에서 가장 유명한 성당은 1678년에 세워진 그리스도 부활 교회이다. 그밖에 도스토옙스키 가문의 교회로 알려진 1410년에 세워진 게오르기 교회와 14세기에 축조된 순교자 미나 교회, 1676년에 축성된 성삼위일체 교회 등도 볼만한 곳이다.

발다이, 러시아 수로 체계의 발원지

발다이는 발다이 구릉지대에서 유래한 지명이다. 발다이 구릉은 유럽 러시아 북서 지역에 위치한 고원지대로서 해발 고도 약 300~400m의 구릉지대이다. 모스크바에서 가장 높은 곳이 해발 고도 50m의 모스크바 대학교 주변인 점을 감안하면 상대적으로 발다이 구릉이 높은 지형임을 짐작할 수 있다. 이곳을 지나다 보면 러시아 중앙 지역에서는 보기 힘든 언덕길을 제법 볼 수 있다.

발다이 구릉지대는 모스크바와 상트페테르부르크 사이에 위치하며, 중심부는 노브고로드주에 있지만 넓게 보면 노브고로드, 프스코프, 트베리, 스몰렌스크 등 여러 주에 걸쳐 있다. 발다이 구릉지대의 가장 높은 지역은 트베리주에 있는 '브이시니 볼로체크' 주변 지역으로 해발 고도가 약 346.9m이다. 볼가, 서드비나, 로바티, 므스타, 드네프르강 등 유럽 러시아 지역을 흐르는 대부분의 강들이 이곳 발다이 구릉에서 발원한다. 여러 강의 발원지이다 보니 주변에 호수들도 많이 있는데, 예를 들어 볼고, 페노, 셀리게르, 발다이 호수 등이 발다이 구릉지대에 있다. 발다이 구릉은 여행객들의 발길을 잡는 관광지로 유명한데, 주로 낚시꾼들이 이곳을 자주 찾는다.

발다이 호수 옆에 위치한 발다이 도시는 모스크바와 상트페테르부르크를 잇는 M10 고속도로 변에 있는데, 모스크바로부터 386㎞, 노브고로드로부터 140㎞ 정도 떨어져 있다. 발다이에서 반드시 가아야 할 곳은 이베르 수도원이다. 발다이 호수 내 작은 섬에 위치한 이베르 수도원은 러시아의 종교개혁을 단행한 니콘 총대주교가 재정적으로 지원해 1650년대에 축조됐다. 지금도 러시아인들이 즐겨 찾는 유명 관광지로 널리 알려져 있다. 주변의 여러 호수 덕분에 발다이는 러시아인들에게 여름 휴양지로 유명하며, 특히 발다이 국립공원과 호수 주변의 캠핑장이 인기를 많이 얻고 있다.

기억해야 할 사실은 2004년 이곳에서 '발다이 클럽'이 결성돼 매년 회의가 개최되면서 발다이는 러시아 정치, 경제의 새로운 아이콘으로 부각됐다는 점이다. 러시아 내 정책전문가 포럼인 발다이 클럽에는 블라디미르 푸틴 대통령을 포함해 드미트리 메드베데프 전 대통령이자 현 총리, 세르게이 라브로프, 세르게이 이바노프, 세르게이 쇼이구 등 러시아 권력층의 핵심 인물들이 포진해 있다. 발다이 클럽은 모스크바에 본부를 두고 러시아의 국가 전략을 연구하는 핵심 싱크 탱크이다.

벨리키노브고로드 발전 전략 2030

오늘날 벨리키노브고로드는 이른바 '발전 전략 2030'을 설계하고 도시 발전을 위해 애쓰고 있다. 노브고로드주의 '발전 전략 2030'에는 노브고로드주가 가지고 있는 역사적 의미를 강조하고 연방정부의 재정 지원을 통해 역사적 기념비와 유적지, 기념물들을 보존하는 계획이 포함돼 있다. 이 전략에는 궁극적으로 노브고로드주가 전체 러시아연방의 발전 과정에서 주인공이 돼 선도적 역할을 하는 지역으로 발돋움해야 한다고 강조하고 있다. 관광 상품을 개발해 경제를 발전시키고자 노력하는 모습이 담겨져 있다. 아울러 자라나는 후속세대 및 젊은이들에게 국가에 대한 사랑과 충성, 그리고 국가 발전을 위해 올바른 이데올로기를 제공하려는 정책적 배려까지 포함하고 있다.

즉 노브고로드 주정부는 지리적, 기능적 조건에 부합하는 구

이베르 수도원

체적인 사업을 극대화해 지역이 가지고 있는 생태·환경적, 역사·문화적 요소를 부각시키고, 향후 노브고로드주가 디지털 시대에 러시아 내 성장 거점 공간으로 발전할 수 있도록 기반을 구축하려고 한다.

러시아 중앙정부도 벨리키노브고로드 띄우기에 열을 올리고 있다. 역사학자들이 중심이 돼 고대 노브고로드의 역할을 강조하고 있다. 특히 2014년 크림 사태 이후 우크라이나에 속한 키예프 지역이 러시아의 유일한 고대 중심지가 아니라, 노브고로드와 같이 러시아 역사가 시작된 지역을 부각해 키예프와 분리하고 동시에 키예프 루시의 역사를 러시아 역사의 중심부로 흡수하려고 한다. 러시아에 기독교를 받아들인 키예프 루시의 공후 블라디미르의 동상을 모스크바 크렘린 앞에 새로이 건립한 사실은 이러한 역사 재해석의 일환으로 볼 수 있다.

벨리키노브고로드 발전 전략 2030은 우리에게도 시사하는 바가 크다. 4차 산업혁명이 야기하는 급속한 정보화 시대에 전 세계적으로 화두가 되고 있는 글로벌화, 지방화 등 21세기 새로운 국제 사회의 변화에 능동적으로 대처할 수 있는 발전적이고 생산적인 장기 비전과 미래상을 우리도 제시해야 한다. 삶의 질과 환경을 중시하는 주민 의식의 변화, 지방분권화의 진전, 지식 정보 사회의 도래 등 급변하는 미래 환경에 대체할 수 있는 총체적인 비전이 필요한 시점이다. 노브고로드주의 발전 전략은 유사한 전통과 기능을 가진 천년 고도 경주시가 눈여겨 볼 만하다.

경주시가 내세운 '장기 비전 2020'을 보면, "시민과 전 세계인들

벨리키노브고로드 시청사

이 함께 하는 열린 미래형 도시 건설, 전 세계인과 시민들이 만족하는 편리한 교통 체계, 대중교통 및 숙박시설 완비, 첨단 과학 도시 구축, 새천년을 선도하는 문화 관광 역사 도시 구현, 사회 복지, 의료, 보건 등을 구비한 희망찬 복지도시 실현, 자연과 하나되는 환경친화적 도시 건설 등" 노브고로드주의 발전 전략과 맥락을 같이 하고 있다. 두 도시의 발전 모델은 상호 보완적 성격을 띨 수 있기 때문에, 두 도시를 위해 창의적인 맞춤형 지역 경제 분석 방법과 발전 모델을 창출할 수 있다. 아직 우호 협정이 체결되지 않은 벨리키노브고로드와 경주 두 도시가 하루 빨리 자매결연 도시로 거듭나기를 기대해 본다.

참고문헌

황성우, "천년 고도 노브고로드." 최우익 외, 『북방의 등대: 러시아 북서 연방관구』, 서울: 한국외대 출판부, 2012.

황성우, "제비뽑기 선출방식을 통해 나타난 중세 노브고로드인의 세계관," 『아태연구』 (2012.4)

스몰렌스크, 깨어나는 '러시아의 방패'

송준서

왜 스몰렌스크인가

스몰렌스크(Smolensk)는 우리에게 아직은 잘 알려져 있지 않은 도시이다. 모스크바에서 남서쪽으로 378㎞를 더 가야 나타나는 도시이다. 덕분에 스몰렌스크는 러시아 서쪽 국경을 마주하고 있는 벨라루스까지 거리가 겨우 60㎞ 밖에 되지 않는다. 스몰렌스크는 러시아 영토 최서단에 위치한 국경 도시 중 하나인 것이다. 한국으로부터 이렇게 멀리 떨어져 있는 스몰렌스크는 우리에게 어떤 의미를 지닐까? 한국에서 스몰렌스크가 어떻게 알려져 있는가 알아보기 위해 인터넷을 한번 검색해 보았다. 스몰렌스크와 관련하여 국내 언론에 주로 등장하는 내용은 2010년 스몰렌스크 인근에서 폴란드 대통령 일행을 태운 비행기가 추락해 대통령을 포함해 고위 관료 90여명이 사망했다는 기사였다. 당시 폴란드 대통령과 정부 관료들은 제2차 세계대전 시기 스몰렌스크 인근 카틴(Katyn) 숲에서 소련 비밀경찰에 의해 처형당한 폴란드 지식인들을 위한 추모 행사에 참석하기 위해 스몰렌스크 공항에 착륙하려던 참이었다. 그 외 한국 언론에 스몰렌스크와 연관되어 소개된 기사는 거의 없었다.

비록 한국인에게 스몰렌스크는 잘 알려져 있지 않지만 러시아를 이해하기 위해서는 스몰렌스크에 대한 이해가 필수적이라 할 수 있다. 왜냐하면 스몰렌스크는 러시아 역사 상 가장 치열했고 수많은 인명 피해를 냈던 두 차례 전쟁의 한 가운데서 전쟁을 직접 경험했고 그 때문에 러시아인들에게 스몰렌스크는 끊임없는 외침에도 굴하지 않고 조국을 수호한 대표적인 '애국 도시'로 각인되어 있기 때문이다.

나치 독일의 침공으로 2,700만 명이라는 엄청난 인명 피해를 냈던 '대조국전쟁'(1941년 6월~1945년 5월) 시기에 독일군이 바로 스몰렌스크를 거쳐 모스크바 코앞까지 진격했다. 그런가 하면 1812년 나폴레옹의 러시아 침공으로 시작된 '조국전쟁'(1812~1815) 시기 프랑스 군대 또한 스몰렌스크를 거쳐서 모스크바로 향했다. 19세기와 20세기에 국가를 풍전등화의 상태로 몰고 갔던 전쟁에서 적의 진격로 복판에 위치하여 전쟁을 온몸으로 체험해야 했던 스몰렌스크는 그 대가로 소비에트 시기 '영웅 도시'라는 자랑스러운 칭호를 받았으며, 2000년대 들어서는 스몰렌스크주 내 2개 도시가 '군사 명예의 도시'라는 영예로운 칭호를 러시아 정부로부터 받았다. 따라서 스몰렌스크 지역의 역사와 오늘날의 모습 그리고 지역 정체성에 관해 살펴보는 것이야말로 러시아를 이해하는 첩경이라 할 수 있다.

스몰렌스크의 탄생

모스크바에서 서쪽으로 370㎞ 떨어진 곳에 위치한 스몰렌스크는 모스크바에서 기차를 이용해 갈 때 5시간 정도가 소요된다. 스몰렌스크의 인구는 2018년 현재 33만 명 정도이다. 인구면에서 볼 때 우리나라의 진주, 원주, 안동, 오산 등과 비슷한 규모이다. 드네프르강의 상류에 위치한 스몰렌스크의 명칭의 기원에 대해서는 몇 가지 설이 있지만 그 중에서 가장 널리 수용되고 있는 것은 러시아 『원초연대기』에 등장하는 '바이킹으로부터 그리스인에게로 가는 길'이라는 구절과 직접 연관이 있다. 9세기경 스칸디나비아반도에 거점을 둔 바이킹들은 배를 타고 오늘날의 상트페테르부르크 인근에 도착해 강을 타고 남쪽으로 내려가서 흑해에 도달한 후, 바다를 건너 남쪽에 위치한 그리스 문명권인 비잔틴 제국에 도달했고 그곳에서 교역 활동을 한 후 다시 북으로 돌아갔다. 비잔틴 제국이나 러시아 상인들도 남북으로 이어지는 이 뱃길을 오가면서 중간에 위치한 도시에서 자주 배를 수리하고 방수 처리를 위해 타르 칠을 했는데 바로 그곳이 오늘날의 스몰렌스크였다. 즉, 타르라는 뜻의 러시아어인 '스몰라(smola)'라는 말에서 '스몰렌스크'라는 명칭이 유래했다는 것이다.

'러시아의 방패'

스몰렌스크라는 이름이 러시아 역사 기록에 최초로 등장하는 해는 862년으로 류리크가 스칸디나비아반도로부터 노브고로드에 와서 러시아 최초의 국가를 세웠다고 일컬어지는 바로 그 해이다. 유구한 역사만큼 도시의 운명도 우여곡절이 많았다. 프스코프가 러시아 북서 국경 지역에 위치해 스웨덴이나 독일 기사단의 침략을 많이 받았다면 그보다 460㎞ 정도 남쪽 국경 지역에 위치한 스몰렌스크는 14세기경부터 주로 폴란드-리투아니아 군대의 침략을 받았다. 이 때문에 프스코프처럼 스몰렌스크도 국경 지역 도시라는 지정학적 위치로 인해 비슷한 경험을 공유한다. 종종 '변경의 요새'로 불리는 프스코프와 비슷하게 스몰렌스크는 스스로를 '러시아의 방패'라고 부르곤 한다. 외적의 침략으로부터 러시아를 막아내는 역할을 했다는 뜻이다. 그렇다면 과연 언제, 어떤 외적을 물리쳐 '방패' 역할을 했을까?

스몰렌스크는 1054년 스몰렌스크 공국(公國)의 수도가 되었다. 1240년에 러시아 남부를 침략한 몽골 군대의 직접 공격은 피할 수 있었지만 이후 몽골이 러시아 땅에 킵차크 한국(汗國)을 건설해 지배하기 시작하면서 몽골 한에게 조공을 바치는 신세가 되었다. 스몰렌스크는 러시아 북서쪽에 위치해 있어서 다른 지역보다 일찍 몽골 지배로부터 벗어날 수 있었지만, 1390년경부터는 서쪽에 위치한 러시아의 라이벌 리투아니아 공국의 침략을 몇 차례 받은 후 리투아니아에 병합되고 말았다. 이후 약 120년 동

16세기에 외적을 막기 위해 건립된 스몰렌스크 성벽

안 리투아니아 영토로 남아 있던 중 1514년 모스크바 공국의 바실리 3세가 리투아니아와 전투를 벌여 스몰렌스크를 되찾았다. 하지만 1550년대 중반부터 또 다시 리투아니아와 폴란드가 침공해 오자 모스크바는 1595~1602년에 걸쳐 스몰렌스크에 돌로 된 성벽을 쌓았다. 이로 인해 스몰렌스크는 세계에서 3번째로 긴 성곽을 가진 도시가 되었는데 도시를 둘러싼 성곽의 총 길이는 6.5㎞에 달한다. 오늘날까지도 이 성곽의 일부가 남아있어 도시의 대표적 경관을 이루고 있다. 당시 이 성벽에 대해 차르 보리스 고두노프(Boris Godunov)는 "스몰렌스크 성벽은 이제 적을 방어함으로써 모스크바 공국의 자부심을 지켜주는 정교 국가 러시아의 목걸이가 되었다."고 언급하였다. 하지만 스몰렌스크의 수난은 거기서 그치지 않았다. 17세기 초 '혼란의 시기' 동안 모스크

폴란드군에 포위당한 스몰렌스크 (1609).(사진: https://revolt.hypotheses.org/1043)

바 공국이 혼란에 휩싸인 틈을 타 폴란드-리투아니아 연합군이 다시 쳐들어왔고 결국 20개월에 걸친 포위 끝에 1611년 스몰렌스크를 재점령했다. 이후 43년간 폴란드-리투아니아 연합국의 영토에 귀속되어 있었다. 1654년 모스크바 공국은 다시 스몰렌스크를 빼앗아 왔다. 300년이 조금 못되는 기간 동안 스몰렌스크는 외적에 의해 두 번 점령당해 리투아니아, 폴란드령으로 귀속되었으며, 총 160년 동안 외국의 영토로 남아있었다.

하지만 19세기 초부터 스몰렌스크는 '방패'의 역할을 충실히 수행했다. 폴란드-리투아니아 연합국에서 해방된 후 150년 동안 평화롭게 지내던 스몰렌스크에 또다시 전쟁의 먹구름이 몰려왔다. 1812년 나폴레옹이 러시아를 침공하면서 스몰렌스크에 다다랐던 것이다. 스몰렌스크에 다다른 시점은 8월 16일. 당시 프랑스 군대는 17만 5천명을 헤아렸고, 러시아 군대는 13만 명 정도였다. 이 병력 중 실제로 전투에 참여한 인원은 프랑스군 5만 명과 러시아군 6만 명 정도였다. 3일간 계속된 전투에서 사망자만도 프랑스군 1만 명, 러시아군 1만 4천명에 이르렀다.

당시 러시아 군을 지휘하던 리보니아 출신 러시아군 사령관 바클레이 드 톨리(Barclay de Tolly) 장군은 모스크바 쪽으로 퇴각하면서 스몰렌스크에 비축해둔 모든 화약, 무기고 및 스몰렌스크로 들어오는 다리를 폭파시켰다. 비록 이 전투에서 나폴레옹이 승리를 거두었지만 그것은 명목상의 승리였다. 프랑스군은 상당한 손실을 입었다. 스몰렌스크가 폐허가 되면서 추후 보급기지의 역할을 하지 못하게 되었고 나폴레옹 군대는 보급 물자 조달에 큰 문제를 겪게 되었다. 20세기 들어서도 스몰렌스크는 또 한 차례 외침을 받았다. 나폴레옹 군대와 싸운 지 130년이 지난 1941년 7월 이번에는 나치 독일군이 소련을 침공하면서 스몰렌스크를 점령했다. 1943년 9월 25일까지 약 2년 동안 나치 점령 하에 있었는데 점령 기간 중에는 총 6만 명의 시민, 전쟁포로 등이 강제 노동 수용소에서 사망하였다. 이렇듯 스몰렌스크는 스스로의 희생을 통해 러시아를 지켜내는 방패 역할을 수행했던 것이다.

'러시아의 서쪽 관문'

소련 붕괴 이후 러시아 서부 지역은 냉전 시기 폐쇄된 국경 지역의 이미지를 던져버리고 점차 개방적인 모습을 선전하면서 외국으로부터 투자를 유치하고 물류 기지, 교역의 중심지로 거듭나고자 노력하고 있다. 스몰렌스크주도 북서 국경 지역에 위치한 국경지대인 프스코프주와 마찬가지로 탈소비에트 시기 국경 지역이라는 지정학적 위치를 활용해 보다 열린 지역, 물류 산업 중심지 등으로 지정학적, 지경학적 특성을 새롭게 선전하고 있다. 소련 시기까지는 스몰렌스크 지역을 러시아 역사상 외적의 침입을 막아온 '러시아의 방패'로서 강조하고 선전했지만, 탈소비에트 시기에는 '열린 공간'으로서의 지역 정체성을 새롭게 선전하기 시작했다.

스몰렌스크 주정부가 국내외 투자자 유치를 위해 만든 홍보 자료인 "스몰렌스크주에 투자해야하는 이유들"을 살펴보면 우선적으로 강조하는 점이 스몰렌스크주의 지리적 위치이다. 스몰렌스크주를 '러시아로 향한 서쪽 관문', '중요한 수송·통신의 중심'으로 정의하면서 스몰렌스크주의 '독특한 지리적 위치'를 가장 중요한 경쟁력의 하나로 선전하며 투자자의 관심을 유도하고 있다.

스몰렌스크주는 벨라루스와 국경을 마주하고 있으며 모스크바와 벨라루스의 수도 민스크를 연결하는 도로의 중간 지점에 위치하고 있다. 스몰렌스크에서 서쪽으로 약 160㎞를 달리면 어느새 벨라루스와의 국경 지역에 도달한다. 거기서 약 150㎞를 더 달리면 벨라루스의 수도 민스크이다. 스몰렌스크는 모스크바-민스크-바르샤바-베를린으로 연결되는 도로의 길목에 위치해 있음으로서 러시아와 유럽을 연결하는 교통·통신·수송의 거점 역할을 하

스몰렌스크역

고 있다. 스몰렌스크주를 가로질러 러시아 중부 지역에서 서유럽으로 가는 최단거리의 도로와 철로가 지나고 있고, 남북으로는 상트페테르부르크와 남부 러시아를 연결하는 도로가 지나고 있다. 그런가하면 야말 지구의 가스를 서유럽으로 운송하는 '야말-유럽' 가스관은 물론, 러시아-벨라루스-서유럽을 연결하는 고압전력선, 광통신 케이블도 스몰렌스크 지역을 지난다.

이런 점에서 스몰렌스크 주정부는 스몰렌스크주가 모스크바와 상트페테르부르크 외에 러시아에서 유일하게 교통과 통신 서비스를 복합적으로 갖춘 지역이라고 강조한다. 궁극적으로 러시아에서 외국으로 나가는 전체 화물의 약 2/3가 스몰렌스크주를 거쳐 수송되고 있으며 이 때문에 스몰렌스크주에는 스몰렌스크를 비롯해 모스크바-스몰렌스크 도로 중간에 위치한 뱌지마(Viaz'ma), 스몰렌스크주 남부에 위치한 로슬라블(Roslavl') 등에

스몰렌스크 시내의 벨라루스 화장품 상점

거대한 물류 창고 시설이 구비되어있다. 이 같은 이유로 스몰렌스크 주정부는 스몰렌스크의 지정학적 위치와 수송, 통신 인프라를 스몰렌스크주의 향후 지속적 발전을 위한 가장 중요한 자산으로 보고 있다.

스몰렌스크주는 특히 유라시아경제연합(EAEU)의 핵심 회원국인 벨라루스와 접경하고 있으므로 소련 붕괴 이후에도 특히 벨라루스와 긴밀한 경제, 문화 협력을 유지해 왔다. 예로써 1990년대 말 당시 스몰렌스크 주지사 프로호로프는 벨라루스의 실업 문제 해결을 위해 스몰렌스크 아마 산업 부문을 벨라루스 기업에게 양도하는 방안을 검토하기도 했고, 스몰렌스크 대학교와 벨라루스 접경지역인 비텝스크의 대학을 통합해 가칭 '슬라브 대학교'라는 것을 설립할 계획을 발표하기도 했다. 2010년 이후에도 벨라루스 비텝스크 지역과 스몰렌스크주는 양 지역 간 의학

교육, 농업, 교역 협력을 지속하고 확대해 간다는 계획을 매년 발표해 오고 있다. 2017년 7월 아나톨리 시박 벨라루스 교통통신부 장관과 알렉세이 오스트롭스키 스몰렌스크 주지사가 참석한 양 지역 간 협력 회의에서 양측은 농업 부문에서 아마 경작 및 가공 산업 협력, 교통 부문에서 스몰렌스크-비텝스크 간 직행 철도 신설 등에 대해 논의했다. 양 지역 간 교역 증대 노력으로 2017년 스몰렌스크주와 벨라루스 간 교역량은 전년도 보다 13% 정도 증가한 41억 달러 규모에 달했다.

스몰렌스크 지역 산업 생산에서 교통·통신이 차지하는 비율은 10%로 세 번째를 차지하고 있다. 가장 큰 비율을 차지하는 생산 활동은 제조업으로 22%를 차지하고 있다. 스몰렌스크주의 대표적 기업으로는 다이아몬드를 가공하여 귀금속을 만드는 보석 가공회사 '크리스탈(Kristall)', 광물질 비료 회사인 '도로고부시(Dorogobuzh)', 그리고 독일계 회사로 전구를 생산하는 '오스람' 전구 회사 등이 있다.

스몰렌스크역 앞에 설치된 다이아몬드 회사 크리스탈의 광고

스몰렌스크의 조국전쟁 기억

19세기 이래 두 차례의 커다란 전쟁을 직접 체험한 스몰렌스크에는 전쟁과 관련된 기억이 서려있는 장소가 곳곳에 있다. 먼저 도시 중심부에는 조국전쟁과 대조국전쟁 당시 침략자에 맞서 용감히 싸웠던 영웅들을 추모하는 '영웅 추모 공원'이 자리 잡고 있다. 이 공원은 조국전쟁 100주년을 맞이한 1912년 8월 개장했는데 당시 차르 니콜라이 2세가 친히 스몰렌스크를 방문하여 개막식 테이프를 끊었다. 당시에는 조국전쟁과 관련된 테마로 꾸며졌지만, 1945년 이후 대조국전쟁과 관련된 전쟁 영웅의 흉상, 현판 등이 더해져서 두 개의 전쟁 기억을 함께 되새길 수 있는 장소가 되었다.

이 공원은 마치 모스크바 크렘린 옆 알렉산드르 공원에 조성된 '무명 용사의 묘'와 비슷한 분위기를 풍기는 곳이다. 모스크바 무명 용사의 묘 앞의 '영원한 불꽃'과 똑같이 생긴 불꽃이 타오르고 있고, 스몰렌스크 성벽을 따라서는 모스크바 크렘린처럼 제2차 세계대전 중에 영웅적으로 나치 독일군과 맞서 싸운 도시에 소련 정부가 수여한 '영웅 도시'라는 칭호를 받은 도시를 상징하는 12개의 작은 오벨리스크가 줄지어 서있다. 성벽에는 조국전쟁과 대조국전쟁 시 스몰렌스크에서 벌어졌던 전투에서 공훈을 세운 사람들과 부대 이름 그리고 그들의 공훈을 새긴 현판이 부착되어있다.

이 추모 공원 한쪽 끝에는 나폴레옹 군 격퇴 100주년을 기념하

나폴레옹 격퇴 100주년을 맞아 1913년 건립된 조국전쟁 기념비.
스몰렌스크 '영웅 추모 공원'

여 1913년 건립된 동상이 서있는데 상당히 인상적이다. 동상 꼭대기의 커다란 독수리가 단호한 표정을 하고 칼을 들고 둥지 위로 올라오려는 한 병사의 팔을 제압하고 있고 둥지 뒤편 절벽에 떨어질 듯 간신히 매달려 있는 또 다른 한 마리의 독수리는 그 병사에게 소리치고 있다. 이 동상에 묘사된 병사는 나폴레옹 군대를 상징하는 것이고, 두 마리의 독수리 중 한 마리는 나폴레옹의 공격을 받아 풍전등화에 처했던 러시아 국가를, 그리고 탑 중앙에 굳건히 버티고 있는 독수리는 나폴레옹의 공격을 물리친 러시아를 의미한다. 이 동상의 현판에는 '1812년의 영웅들에게 감사하는 러시아'라는 문구가 새겨져 있다.

이 기념물 외에도 스몰렌스크에는 조국전쟁의 기억과 관련해 또 하나의 상징물이 있다. 중앙 공원에 위치한 기념탑으로 그 명칭은 '1812년 8월 4-5일 스몰렌스크를 수호한 자에게'이다. 이 탑은 1841년 나폴레옹 격퇴 29주년을 축하하는 의미에서 세워졌는데 당시 황제 니콜라이 1세가 직접 스몰렌스크를 방문하여 탑 제막식에 참석하였다. 26m의 높이에 26톤의 무쇠로 만들어진 이 8각형 기념탑은 러시아 전역에 총 6개가 세워졌는데, 그 중 하나가 바로 스몰렌스크의 탑이다.

2012년 조국전쟁 발발 200주년을 맞아 스몰렌스크 주정부는 성대한 기념식을 준비하고 다양한 행사를 기획하는 방식으로 조국전쟁의 기억을 되살렸다. 덕분에 러시아인들에게 조국전쟁의 기억과 관련하여 스몰렌스크 지역은 빼놓을 수 없는 지역으로 자리매김하게 되었다. 사실 스몰렌스크 주정부는 이미 2003년부터 매년 8월에 조국전쟁 당시 스몰렌스크 지역 루비노(Lubino)에서 벌어졌던 러시아-프랑스 군대 간 전투를 재현하는 행사를 개최해오고 있다. 2012년 개최된 전투 행사에는 약 1,500명이 19세기 전투 복장을 입고 참가하였고, 이 행사를 보기 위해 스몰렌스크 지역은 물론 러시아 전역에서 1만 5천 명 정도의 관람객이 모여들 정도로 성황을 이루었다. 그런가하면 같은 해 11월에는 러시아 혁명 직후 러시아 사회주의 아버지 '게르첸'의 이름으로 바뀌었던 스몰렌스크의 거리 이름을 1812년 당시 나폴레옹 군대에 맞서 파르티잔 운동을 지원했던 '레슬리'라는 지방 귀족의 이름으로 복원시키는 행사를 거행하기도 했다.

스몰렌스크의 대조국전쟁 기억

스몰렌스크 지역에는 나폴레옹과의 전쟁뿐만 아니라 나치 독일과의 전쟁의 기억도 선명히 남아있다. 나폴레옹 전쟁 후 129년이 흐른 1941년, 이번에는 나치 독일군이 소련을 침공하면서 역시 스몰렌스크를 통해 모스크바로 진격했기 때문이다. 독일군은 1941년 6월 22일 소련 국경을 넘었는데 7월 중순 경에는 벌써 스몰렌스크에 도달했고 그 후 소련군이 스몰렌스크를 탈환할 때까지 2년간 독일군에게 점령되어 있었다. 점령기 동안 87,000명에 달하는 지역 주민들이 독일 및 독일이 점령한 동유럽 지역으로 끌려가 수용소 생활을 하면서 군수공장 등에서 강제 노동을

나치 독일군의 스몰렌스크 점령 기간(1941-1943) 동안 강제 노동 수용소에서 사망한 4만 5천명의 희생자를 기리는 기념 공원 입구 조형물과 공원 내부

해야 했다. 또한 스몰렌스크 인근은 물론 동쪽으로 166㎞ 떨어진 뱌지마에도 수용소가 설치되어 지역 주민들과 소련군 포로들이 수감되어 강제 노역에 시달렸으며 그 가운데 많은 수가 사망했다. 스몰렌스크 지역은 대조국전쟁의 피해를 심하게 입은 지역 중 하나인데 그 이유는 전쟁 초기 전선이 이 지역에 형성되어 전진, 후퇴를 거듭했기 때문이었다.

이 때문에 소비에트 시기 스몰렌스크는 대조국전쟁 기간 동안 대독일 항전을 치열하게 전개했던 도시에 수여하는 '영웅 도시' 칭호를 받았고, 2007, 2009년에 푸틴 정부는 러시아 역사상 외적의 침입에 맞서 영웅적으로 싸웠던 도시에게 수여하는 '군사 명예의 도시'라는 영예로운 칭호를 스몰렌스크주의 소도시 옐냐(El'nia)와 뱌지마에게 수여했다. 스몰렌스크주처럼 '영웅 도시'와 '군사 명예의 도시' 칭호를 둘 다 받은 지방은 러시아 어디에도 없다. 따라서 대조국전쟁의 기억은 스몰렌스크 지역에서 사뭇 다르다. 외침을 많이 받은 국경 지방으로서 러시아 여타 지역에 비해 전쟁 관련 기념비, 유적지가 월등히 많은 것이다.

2000년대 중반부터 러시아 정부는 전쟁 기억 특히 대조국전쟁과 관련된 기억을 국민 단합과 애국심을 북돋우기 위해 정략적으로 사용하고 있는데, 스몰렌스크 주정부는 중앙 정부의 정책에 적극 호응하면서, 전쟁 관련 스토리텔링이나 장소를 재발견 해내고 있다. 전쟁 기억의 발굴은 한편으로는 관광자원으로 발전시켜 지방 정부의 세수를 늘릴 수 있는 중요한 수단이기도 하고, 또 다른 한편으로는 중앙 정부의 정책을 충실히 이행함으로써 중앙으로부터 재정적, 물질적 지원을 받을 수 있는 기회를 제공받을 수 있기 때문이다.

스몰렌스크 지방 정부가 지역의 대표적 전쟁 기억으로 선전하고 있는 예 중 하나는 솔로비요보 전투이다. 스몰렌스크에서 100㎞ 정도 동쪽으로 떨어진 곳에 드네프르강이 지나가는 바로 옆에 솔로비요보(Solov'evo)라는 작은 마을이 있다. 이곳에 솔로비요보 나루터라는 곳이 있는데 1945년 7월말~8월초 2주 동안 이 곳을 통해 퇴각하는 소련군과 독일군 간에 치열한 전투가 벌어졌다. 소련군은 많은 인명 피해를 입으면서 임시 다리를 놓아 독일군의 포위 속에 고립되어있던 수만 명의 병사들, 부상자들, 피난민들, 그리고 수천 대의 차량이 무사하게 강을 건널 수 있게 하였다. 이러한 영웅적 전투에도 불구하고 소비에트 시기에는 이러한 전쟁의 기억은 조용히 파묻혀있었다. 왜냐하면 솔로비요보 나루터를 포함한 해당 지역은 독일군과 치열한 전투 이후 독일군에 의해 점령되었기 때문이다. 하지만 소련 붕괴 이후 스몰렌스크 지역 역사학자, 참전용사, 지역 주민 등은 솔로비요보 나루터 전투에 대한 재평가를 시작했는데, 그들은 이 지역에서 벌어졌던 전투 자체의 승패 결과보다는 전투 과정에 초점을 맞추면서 당시 전투가 얼마나 많은 인명과 물자를 구조해 냈는가를 강조하였다

이와 함께 2000년대 말경부터 스몰렌스크 주정부는 매년 5월 9일 소련이 베를린을 함락시킨 전승기념일이나 대조국전쟁 발발일(6월 22일)을 전후하여 솔로비요보 나루터 근처에서 각종 기념 행사를 개최하여 러시아 인근 지역으로부터 행사 참가자는 물론

많은 관광객을 유치하고 있다. 그리고 청소년 및 일반인을 대상으로 한 여름 캠프를 조직하여 각종 애국적 색채를 띤 행사를 진행한다. 예를 들어 애국적인 내용의 가사를 담은 노래 경연 대회, 대조국전쟁 당시의 전투 장면 재연 행사는 물론 인근에서 발굴된 소련군 유해를 무덤에 묻어주는 행사도 진행한다. 이렇게 솔로비요보 나루터는 스몰렌스크 지방 정부 지원 하에 이 지방의 전쟁 기억과 관련한 대표적 관광 명소로 자리 잡아가고 있다.

이와 함께 스몰렌스크주의 대조국전쟁 기억과 깊게 관련된 활동은 전사자 유해 발굴이다. 4년 동안의 전쟁에서 사망 또는 실종된 소련 군인 880만 명 중 2000년 초 기준 50만 명이 아직 실종 상태로 전방 지역 어디엔가 묻혀있다. 전투가 치열했던 스몰렌스크주는 매년 3, 4월부터 10, 11월까지 민간인 지원자로 구성된 유해 발굴 활동을 진행한다. 이러한 발굴 활동은 공식적으로는 소련 말기인 1989년 즈음 처음 시작되었으나 푸틴 정부의 대조국전쟁의 기억 부활과 추모 정책이 본격적으로 시작되면서 최근에는 유행처럼 확산되어 전국에서 스몰렌스크 지역으로 몰려들어서 10~20명 정도 규모의 발굴단을 조직해서 1~2주간에 걸친 유해 발굴 작업을 수행한다. 이렇게 조직된 스몰렌스크주의 발굴단 수는 2013년 기준 54개에 달하며, 스몰렌스크 숲이나 늪지대, 밭 등에서 발굴된 소련군 병사의 유해는 관에 모아서 지방 정부의 지원 하에 인근에 있는 병사들의 공동묘지에서 추모식을 갖고 안장식을 거행한다. 어느 덧 유해 발굴과 안장식은 스몰렌스크 지역의 전쟁 기억을 강화해주는 동시에 전방 지역으로서의 스몰렌스크 지역 정체성을 공고히 해주는 역할을 하고 있다.

스몰렌스크 지역의 사회경제적 위상

2008년 스몰렌스크주의 경제 활동이 러시아 국가 자산에 기여하는 규모는 총 4,185억 루블로 당시 기준 총 83개 연방주체 중 51위를 차지했다. 8년이 지난 후인 2016년 스몰렌스크주의 지역총생산(GRP)은 전체 연방주체 중 중하위인 58위를 기록했다. 2014년 스몰렌스크주의 1인당 국내총생산(GDP)은 11,559달러로 러시아연방 전체 평균인 24,652달러와 비교해 차이가 큰 편이며, 러시아 연방주체 중 53위로 에콰도르와 비슷한 수준을 기록했다.

사실, 러시아 여타 지역과 비교할 때 스몰렌스크의 전반적인 비즈니스 상황은 아직은 그다지 매력적인 편은 아니다. 2015년 러시아 전지역의 비즈니스 환경을 조사하여 순위를 매긴 결과를 살펴보면 스몰렌스크주의 비즈니스 친화 환경, 자원 및 기반시설, 소규모 비즈니스 지원 항목은 D등급에 머무르고 있으며, 비즈니스 규제 환경은 C등급에 속함으로써 상당히 많은 개선이 필요하다.

이 같은 저조한 상황은 지역 경제에도 직간접적으로 부정적 영향을 미치고 있다. 한 예로 스몰렌스크주 실업률의 경우 2017년 기준 5.9%를 기록했는데 이 수치는 러시아연방 전체 평균 실업

률 5.0%와 비슷하지만, 연방주체 중 54위로서 5.7%를 기록한 사할린주보다도 높은 편으로 나타남으로써 다른 지역과 비교하여 상대적으로 실업률이 높은 상태임을 보여준다.

2016년 기준 스몰렌스크주 주민들의 기대 수명은 남성 65세, 여성 76세로 남녀 평균은 71세이다. 러시아연방 전체 평균인 남성 67, 여성 77세, 남녀 평균 72세보다 1~2세 정도 낮은 편이다. 전체 연방주체 중 59위를 차지함으로써 위에서 살펴본 경제 지표와 유사하게 중하위권에 속한다.

2018년 스몰렌스크주의 전체 인구는 94만 명으로 연방주체 중 57위를 차지하고 있다. 2010년에 비해 3.68% 감소한 수치로 인구감소율은 하위 12위를 기록할 정도로 인구감소율이 높다. 스몰렌스크주의 인구 감소는 심각한 문제인데 주로 젊은층의 인근 지역 유출이 많은 것으로 보인다. 주정부는 모스크바, 상트페테르부르크 등 고도로 산업화된 지역과 가까운 것을 스몰렌스크주의 지경학적 장점으로 내세우지만, 반면 이것은 주의 고급 인력이 인근 지역으로 유출되기 쉽다는 약점을 갖고 있다는 의미도 된다. 따라서 스몰렌스크주가 젊은 층의 인구 유출을 막기 위해서는 젊은 층이 선호하는 직업과 연관된 기업을 유치하고 관련 산업에 투자해야할 것이다. 이와 함께 스몰렌스크주는 중앙 연방관구 내에서도 사망률이 높은 편에 속하는데 이는 스몰렌스크주의 상대적으로 낮은 사회경제적 발전 수준과 연관이 있다.

2017년 기준 스몰렌스크주의 신생아 출산율은 1.37명으로 러시아 전체 출산율 1.62명보다 상당히 낮은 편이다. 연방주체 중

스몰렌스크 지역은 많은 역사적 인물을 배출했다. 대표적 인물로는 러시아 정교회 총대주교 키릴, 세계최초의 우주비행사 유리 가가린, 그리고 19세기 작곡가 미하일 글린카를 들 수 있다. 사진은 스몰렌스크 건물 벽에 붙은 선전 포스터. "스몰렌스크주 – 총대주교의 고향!"이라고 쓰여 있다.

전체 순위는 하위 5번째이다. 이같이 낮은 출산율은 타민족 보다 출산율이 상대적으로 낮은 러시아인 인구(평균 출산율 1.32명)가 스몰렌스크주 인구의 절대 다수(2010년 기준 94.6%)를 차지하기 때문이기도 하며, 또 다른 한편으로는 지역 경제 지표, 삶의 질 지표가 다른 지역보다 낮기 때문이다.

실질 국민 소득, 교육수준, 문맹률, 평균 수명 등 인간의 삶과 관련된 다양한 지표를 조사해 인간 발전 정도와 선진화 정도를 나타내 주는 인간 개발 지수의 경우 스몰렌스크주는 2010년 기준 0.804로 '높은 수준(0.8이상)'을 기록하여 알바니아와 비슷한 점수를 받았다. 그러나 이 점수는 러시아연방 평균 수치인 0.843에 못 미치며, 전체 연방주체 중 중하위권에 속하는 57위에 그쳤다.

최근 러시아 사회학자들은 러시아 지역의 근대화 정도를 조사하여 발표했는데 스몰렌스크주의 근대화 정도는 과연 어느 정도

일까? 학자들은 러시아 지역의 근대화 발전 단계를 크게 1차 근대화, 그보다 진일보한 2차 근대화 단계로 분류한다. 1차 근대화의 특징을 산업화, 도시와, 민주화, 합리화, 탈농업화로 정의하고, 2차 근대화의 특징은 지식의 강화, 정보화, 글로벌화, 환경, 탈산업화로 정의했다. 그 다음 1, 2차 근대화의 발전 단계를 조사하고, 다시 1차 근대화 진행 정도에 대해서 3단계(정체 → 제한적 진전 → 성숙)로 구분하고, 2차 근대화 진행 정도는 2단계(1차에서 2차 근대화로 급속 이행 → 2차 근대화의 균형 잡힌 성장)로 구분했다. 스몰렌스크주는 2000~2012년 동안 지속적으로 1차 근대화의 정체 단계에 머무른 것으로 조사되었으며, 근대화의 정도도 5개 척도(높음-평균이상-평균-평균이하-낮음) 중 최하위인 '낮음' 상태로 조사되었다. 즉 이 상태는 아직도 산업화를 통한 근대화가 지속되고 있는 단계이다.

종합적으로 평가했을 때 스몰렌스크 지역은 러시아 내에서 사회경제적 지표가 높은 지역은 아니다. 분명 국경 지역에 위치하면서 20세기에 큰 전쟁을 경험한 것이 장기적 측면에서 부정적 유산으로 남은 측면도 있을 것이다. 하지만 글로벌화가 진행되면서 스몰렌스크와 같은 국경 지역은 한편으로는 지역 발전의 새로운 기회를 갖게 된 것도 사실이다. 특히 프스코프주와는 달리 러시아가 견제하는 나토 회원국(에스토니아, 라트비아 등)과 국경을 맞대지도 않았고 또 같은 슬라브계인 벨라루스와 이웃하고 있다는 점은 향후 지역 경제 활성화 측면에서 분명 이점으로 작용할 것이다.

이에 더해 스몰렌스크 지역은 러시아 역사상 중요한 위인을 많이 배출한 지역이다. 대표적으로 러시아 정교회 총대주교인 키릴(Kirill), 세계 최초의 우주비행사 유리 가가린(Yuri Gagarin), 19세기 러시아 작곡가 미하일 글린카(Mikhail Glinka) 등이 모두 스몰렌스크 지역 출신이다. 이 지역 출신들이 현재와 과거에 다양한 분야에서 러시아의 발전에 중요한 역할을 했듯이 스몰렌스크 지역이 '러시아의 방패' 역할에 대한 경험을 토대로 향후 사회경제적 발전과 역사문화적 특성이 잘 어우러진 서부 국경 지대의 요충지로 거듭나기를 기대해 본다.

참고문헌

송준서, "스몰렌스크 아카이브의 운명이 한국의 러시아 연구에 주는 시사점," *Russia & Russian Federation*, Vol.4, No.1 (2013).

송준서, "'러시아의 방패,' 스몰렌스크를 다녀와서," *Russia & Russian Federation*, Vol.4, No.2 (2013).

송준서,"'바흐타 파마티,' 러시아의 전몰병사 유해 발굴과 애국교육," *Russia & Russian Federation*, Vol.5, No.3 (2014).

송준서, "스몰렌스크 주의 독일군 묘지를 다녀와서," *Russia & Russian Federation*, Vol.6, No.1 (2015).

Orttung, Robert W. *The Republics and Regions of the Russian Federation: A Guide to Politics* (Armonk, New York: M.E. Sharpe, 2000).

Song, Joonseo. "Symbolic Politics and Wartime Front Regional Identity: 'The City of Military Glory' Project in the Smolensk Region," *Europe-Asia Studies* (March 2018).

Лапин, Н.И. *Атлас модернизации России и ее регионов: социоэкономические и социокультурные тенденции и проблемы* (Москва: Издательство ВЕСЬ МИР, 2016).

"Стоимость основных фондов," *Регион России. Социально-экономические показатели* (2009).

Administration of SMOLENSK REGION, "Geoplitical location and raw material base," https://www.admin-smolensk.ru/en/smolensk_region/geopolitical_location_and_raw_material_base/ [검색일 2019. 1. 9]

"Belarus, Russia's Smolensk Oblast to step up cooperation in flax farming," Business news, Belarus, July 7, 2017. https://www.belarus.by/en/business/business-news/belarus-russias-smolensk-oblast-to-step-up-cooperation-in-flax-farming_i_0000082287.html [검색일 2018. 11. 29]

"Belarus, Russia's Smolensk Oblast to advance trade, economic cooperation," Business news, Belarus, January 21, 2017, https://eng.belta.by/economics/view/belarus-russias-smolensk-oblast-to-advance-trade-economic-cooperation-98138-2017/ [검색일 2019. 1. 10]

"Federal subjects of Russia," Wikipedia, https://en.wikipedia.org/wiki/Federal_subjects_of_Russia, [검색일 2018. 12. 18]

"Reasons to invest in the Smolensk Region," Smolensk Region 2014, https://slideplayer.com/slide/14317649/ [검색일 2019. 1. 7]

"Smolensk region," https://www.investinregions.ru/en/regions/smolensk/ [검색일 2018. 12. 20]

"Vitebsk and Smolensk identify priorities for cooperation in economy, trade," October 21, 2011. Senno Regional Executive Committee. http://dokshitsy.vitebsk-region.gov.by/en/region1-en/view/vitebsk-and-smolensk-identify-priorities-for-cooperation-in-economy-trade-8936/ [검색일 2019. 1. 10]

Суммарный коэффициент рождаемости, Демография, Федераль ная служба государственной статистики, http://www.gks.ru/wps/wcm/connect/rosstat_main/rosstat/ru/statistics/population/demography/# [검색일 2019. 1. 7]

Индексы физического объема валового регионального продукта в 1998-2016гг., http://mrd.gks.ru/wps/wcm/connect/rosstat_ts/mrd/ru/statistics/grp/ [검색일 2018. 12. 20]

※ 이 글은 스몰렌스크 지역에 관한 필자의 기존 연구 성과와 추가 자료의 정보를 더해 본 저작의 편집 의도에 맞게 재구성한 것입니다.

모스크바, 러시아 수도의 과거와 현재

강덕수, 라승도

역사적 배경

모스크바는 러시아연방의 수도이다. 정치, 경제, 문화, 교육의 중심지이기도 하다. 그러나 모스크바는 처음에 아주 작은 촌락에 불과했다. 현재의 모스크바를 아는 것만큼 모스크바가 어떻게 러시아연방의 수도가 됐는지 역사적 배경을 아는 것도 모스크바를 이해하는 데서 중요하다.

러시아 역사를 기록한 『원초연대기』에 모스크바가 언급된 것은 1147년이다. 그 당시 모스크바는 남쪽으로 흐르는 드네프르강과 북쪽으로 흐르는 볼가강 사이에 위치한 작은 변경 마을에 불과했다. 모스크바라는 이름도 강의 이름에서 유래했다. 이 강은 볼가강 상류와 오카강 중류를 이어주는 물길의 역할을 담당한다.

모스크바가 성장한 배경에는 지리적으로 유리한 위치에 있었다는 데 있다. 무엇보다도 모스크바는 이민족의 공격으로부터 차단되어 있었다. 주변엔 랴잔, 니즈니노브고로드, 로스토프, 야로슬라블, 스몰렌스크 같은 도시들이 있었다. 몽골·타타르 군대는 이들 도시를 공격하곤 했다. 1238년을 제외하곤 몽골·타타르 군대가 모스크바까지 오지 않았다. 그 사이에 모스크바는 이 지역 주민들의 피난처가 되곤 했다. 자연히 13세기 말까지 러시아인들이 동쪽에서 서쪽으로 이주하면서 모스크바강 주변 지역의 인구가 늘어났다.

14세기 초에는 모스크바를 급성장하게 만드는 사건들이 있었다. 첫 번째 사건은 교회 중심지가 모스크바로 옮겨온 것이다. 12세기 중엽부터 루시(고대 러시아)의 중심이었던 키예프는 몽골·타타르 군대의 공격으로 급격히 쇠퇴했다. 키예프 대주교 막심은 주민들과 함께 교회 중심을 북쪽으로 옮기려고 하다가 마침내 블라디미르에 정착했다. 막심의 후계자인 대주교 표트르는 루시를 순회하면서 모스크바를 자주 방문했다. 그곳에서 모스크바 공후 이반 1세와 깊은 우정을 맺었다. 1326년 이곳에서 대주교 표트르가 죽자 후계자 페오그노스트는 블라디미르로 귀환하지 않고 모스크바에 정착했다. 이렇게 해서 모스크바는 정치적 수도가 되기 전에 먼저 종교적 수도가 됐다. 이것은 경제적으로 그리고 도덕적으로 중요한 의미가 있는 사건이었다. 당시 교회는 지배 민족인 몽골·타타르족으로부터 면세 혜택을 받고 있었다. 이 혜택을 모스크바가 누릴 수 있게 되어 부를 축적할 수 있었다. 더 중요한 것은 대주교의 축복으로 대공후가 주민에게서 도덕적으로 신뢰

이반 칼리타(사진: 위키피디아)

를 받게 된 것이다.

두 번째 중요한 사건은 흔히 '이반 칼리타'로 불리는 모스크바 공후 이반 1세(1288~1340) 개인과 연관된 것이다. 이반 1세는 몽골·타타르 칸을 자주 방문했다. 그는 방문할 때마다 칸에게 온갖 아부로 그의 환심을 사고 칸이 원하는 선물을 갖다 바쳤다. 빈손으로 가는 법이 없는 그는 칸의 궁정에서 항상 환대받는 손님이 됐다. 이러한 노력에 대한 대가로 이반 1세는 대공 칭호를 받고 동시에 몽골·타타르 칸이 루시 주민들에게 부과한 세금을 대신 거둘 수 있는 조세 징수권을 부여받았다. '대공' 칭호보다도 중요한 것은 조세 징수권이었다. 이반 1세는 조세 징수를 통해 자신의 곳간을 키웠다. 이러한 이반 1세에게 사람들은 '칼리타(돈주머니)'라는 별명을 붙여 주었다. 모스크바는 풍부해진 재정으로 다른 공후들로부터 땅을 매입했다. 여의치 않은 경우에는 무력을 쓰기도 했다. 이반 1세 이후 모스크바 대공은 칭호에 걸맞게 러시아의 중심적 지도자로 인정받았다.

크렘린

모스크바의 중심은 크렘린이다. 크렘린은 본래 '성채'를 의미하는 보통명사다. 공후들이 통치하던 야로슬라블, 노브고로드, 블라디미르, 수즈달 같은 옛 도시들에도 모두 중심에 성채가 있다. 모스크바에 성채가 제일 처음 세워진 것은 11세기였다. 그것은 지금

모스크바 강변에 자리 잡고 있는 크렘린 전경(사진: 위키피디아)

처럼 석조가 아니라 목조 성채였다. 두 번째로 지어진 것은 1156년이다. 세 번째로는 1339년에 지어졌다. 오늘날처럼 돌로 지어진 것은 드미트리 돈스코이 대공 시대인 1367년에 이르러서였다. 돌로 지어진 후에는 홍수나 화재로 성채가 사라질 염려가 없어졌다. 이때부터 모스크바의 성채를 특별히 '크렘린'이라고 부르게 됐다.

모스크바의 크렘린은 높은 언덕 위에 자리 잡았다. 육중한 담장 벽과 높은 첨탑은 적에게는 공포심을 주고 상인과 여행자에게는 러시아의 위세를 과시했다. 크렘린에서 제일 높은 건물은 '이반 대공'으로 불리는 종루이다. 81m, 329개 계단에 이르는 이 종

루는 모스크바와 유럽에서 제일 높았다. 1508년에 건설된 이 종루는 약 100년 뒤 황제 보리스 고두노프 시절에 한 층 더 추가됐다. 당시 종루를 한 층 더 높게 한 것은 흉년이 들어서 시름에 빠진 사람들에게 일자리를 주기 위한 조치였다. 21개의 종이 달려 있는 종루에서 나는 종소리는 모스크바 전역으로 퍼졌다.

크렘린궁 내부에는 탑이 많이 있다. 그중 모스크바를 대표하는 상징에 해당하는 것이 스파스카야탑이다. 구세주를 뜻하는 스파스카야탑은 1491년에 세워졌다. 100년 뒤 러시아 건축가 바젠 오구르초프와 영국인 크리스토퍼 갈로베이가 탑 위에 화려한 모임 지붕(hip roof)을 만들었다. 지붕을 하얀 돌로 장식을 하고 그 위에 사람과 동물 모양을 세운 것이었다. 중세에 이르러서는 사람 모양에 나사 천으로 만든 옷을 입혔다. 모스크바 사람들은 이 구세주 탑을 좋아했다. 이 탑은 이후 크렘린궁의 대표 탑이 됐다. 탑 입구 위에는 성상화가 걸렸고, 크렘린궁을 드나들 때 사람들은 이 성상화 앞에서 모자를 벗었다. 시인 표도르 글린카는 이렇게 썼다.

> 거만한 자여, 크렘린궁의 성스런 대문에서 모자를 벗지 않는 자,
> 누구인가?

스파스카야탑 가까이에는 '황제탑'이 있다. 높지 않은 이 탑에 황제라는 이름이 붙여진 사연은 이반 4세(뇌제)가 탑 위에 올라 광장에 다니는 사람들을 지켜봤다는 데서 유래했다.

다음 탑은 나바트나야탑이다. 이 탑에는 커다란 종이 달려 있

었다. 이 종은 소요 사태나 큰 위험이 닥칠 때 울리게 되어 있었다. 1771년 가을, 종이 울리기 시작했다. 이때 도시에는 전염병이 퍼져 있었다. 전염을 두려워한 러시아 정부 당국자들은 모스크바를 빠져나와 달아났다. 이때 약도 없고 식량도 바닥이 났다. 거리엔 무서운 소문만 나돌았다. 자연히 소요 사태가 일어났다. 수많은 군중이 나바트나야탑 주변에 모였다. 나중에 이것을 '페스트 폭동'이라고 불렀다. 소요 사태는 철저하게 탄압됐다. 종도 형벌을 피할 수 없었다. 예카테리나 2세 여제는 종의 혀를 뽑아버리도록 명령했다. 이렇게 하여 종은 30년 이상을 혀 없이 매달려 있었다. 19세기 초 탑을 수리할 때 종을 떼어내 크렘린궁 병기창로 보냈다. 이 종은 나중에 다시 무기고를 뜻하는 '오루제이나야 팔라타'로 옮겨졌다.

콘스탄티노옐레닌스카야탑의 이름은 여기서 가장 가까이 있는 교회 이름에서 유래했다. 드미트리 공후는 이 탑의 문을 통과하여 쿨리코보 전장으로 진군했다. 전투 후에 공후의 이름은 돈스코이가 된다. 콘스탄티노옐레닌스카야탑에는 아주 암울한 일화가 전해진다. 17세기 이 탑에는 감옥이 있었는데, 민중 봉기에 참여했던 죄수들이 이곳에 갇혀 고문을 당했다.

모서리 탑은 이름이 두 개다. 하나는 베클레미셰프탑이고, 다른 하나는 모스크바레츠카야탑이다. 모스크바레츠카야는 모스크바강 이름에서 유래했고, 베클레미셰프는 이 탑 가까이에 있던 대귀족 베클레미셰프의 궁전 이름에서 나왔다.

베클레미셰프탑 뒤로는 무명탑 두 개가 나란히 서 있다. 이 탑

스파스카야탑(사진: 위키피디아)

들은 1612년과 1812년 외국 군대의 침공으로 파괴됐지만, 이후 복원되어 이전보다 더 아름다운 자태를 뽐냈다. 무명탑들 뒤에는 타이니츠카야탑이 있다. 탑 이름은 '비밀'을 뜻하는 러시아어 단어 '타이나'에서 유래했다. 이 탑에는 지하로 모스크바강에 이르는 비밀의 샘이 있다.

여기서 조금 더 가면 성모 수태 고지를 뜻하는 블라고베셴스카야탑이 있다. 이 탑은 블라고베셴스카야 성상화를 기념하기 위해 지어졌다. 그러나 탑은 성스러운 이름을 갖고 있음에도 이반 4세 시대에 국사범들을 가두는 감옥으로 쓰였다.

크렘린궁 남서쪽 구석에는 모스크바 강변에 보도브즈보드나야(양수)탑이 있다. 이런 이름이 붙은 것은 17세기 중엽부터인데 양수기가 탑에 설치된 데서 유래했다. 이 탑에서 크렘린궁으로 물이 공급됐다. 이 탑은 1812년 프랑스 군대가 모스크바를 점령했을 때 나폴레옹의 명령으로 파괴됐다가 프랑스 군대 철수 이후 곧 복구됐다.

보로비츠키 언덕 기슭에는 보로비츠카야탑이 있다. 탑 이름은 울창하게 우거졌던 소나무 숲에서 유래한다. 조금 떨어진 곳에 오루제이나야탑이 있다. 이 탑은 원래 코뉴셴나야(마방)탑으로 불렸다. 그러다가 1851년 옆에 세워진 무기고(오루제이나야 팔라타) 이름을 따서 개명됐다. 오루제이나야탑 뒤에는 코멘단츠카야(사령관)탑이 있다. 이 탑 이름은 19세기 크렘린궁 경비 사령부가 근처에 있었던 데서 유래했다.

한편, 트로이츠카야탑에 가려면 쿠타피야탑에 놓인 다리를 건

트로이츠카야탑(사진: 위키피디아)

너야 한다. 이 탑은 크렘린 성벽에 포함되어 있지 않다. 이것은 성벽 밖에 별도로 건설됐고 크기나 건축 양식도 다른 탑들과 다르다. 탑 위에는 석조 왕관이 씌어져 있다. 쿠타피야탑은 400여 년 전에 건설됐다. 이때 이름은 주변의 교회 이름을 따서 여러 가지로 불렀다. 제일 마지막으로 쿠타피야라는 이름이 주어졌다. 이 이름은 '촌스럽게 옷을 입은 여자'를 뜻한다. 그 후 탑은 보수정비 과정에서 중간 부분이 백석으로 치장되어 화려한 모습으로 탈바꿈했다. 그러나 이름은 그대로 '쿠타피야'로 남아 있다.

트로이츠카야(삼위일체)탑은 가장 높은 탑이다. 스파스카야탑보다 10m 이상 더 높다. 이 탑에도 비밀이 하나 있다. 19세기 중엽 탑 밑에서 이상한 음향을 내는 특이한 방들이 발견됐다. 이 소리 때문에 사람들은 적들이 지하 갱도를 뚫고 있지는 않은지 의심할 정도였다.

가장 아름다운 탑은 니콜스카야탑이다. 이 탑은 적지 않은 시련을 겪었다. 17세기와 1737년 모스크바 대화재 때 불탔기 때문이다. 1812년 나폴레옹 침공 당시에는 이 탑 밑에서 화약이 터지기도 했다. 1917년 10월 혁명 당시 혁명군이 크렘린을 점령했을 때도 대포 포격을 당했다. 1918년 5월 소비에트 정부가 페테르부르크에서 모스크바로 수도를 옮기고 나서 두 달 뒤 레닌은 니콜스카야탑의 신속한 복원을 명령했다. 니콜스카야탑 뒤로는 세나츠카야(원로원)탑이 있다. 이 이름은 18세기 말 이 탑과 나란히 원로원이 있었던 데서 나왔다.

붉은 광장

아주 오래 전 옛날에 크렘린 동쪽 성벽 옆에 넓은 공터가 있었다. 이곳에 장사꾼들이 모여들어 거래가 활발하게 이뤄졌다. 16세기 이곳에 삼위일체 성당의 이름을 따서 트로이츠카야 광장이 조성됐다. 이 광장에는 지금 성 바실리 성당이 있다. 16세기 중엽에 이곳은 화재가 자주 발생하여 '포자르(화재)' 광장이라고도 불렀다. 17세기 중엽부터는 이곳이 '크라스나야'로 불렸는데, 고대 러시아어로는 '붉다'는 뜻이 아니라 '아름답다'라는 뜻이었다.

붉은 광장은 모스크바의 중심이었다. 황제의 칙서를 든 전령관은 이곳에서 출발했다. 때로 황제도 이곳에서 모스크바 시민들을 접견하기도 했다. 교회 대축일에는 크렘린에서 붉은 광장으로 십자가 행진이 벌어졌다. 이곳에서 모스크바와 전 러시아의 수호자인 성모 마리아에게 헌정된 대성당들이 생겨났다.

혁명 이후에도 광장의 의미는 변하지 않았다. 크렘린 성벽 옆에 레닌 묘소가 조성되어 붉은 모스크바의 사상적 중심이 됐다.

붉은 광장 남쪽 끝 경사면에는 유명한 성 바실리 성당이 아름다운 자태를 뽐내며 서 있다. 세계인들이 모스크바 하면 가장 먼저 떠올리는 장소가 됐을 정도로 성 바실리 성당은 모스크바, 더 나아가 러시아를 대표하는 상징 가운데 하나이다. 수호자 성모 교회로도 불리는 바실리 성당은 16세기 중엽 '금장 군단'의 일부였던 카잔 한국(汗國)을 정복한 기념으로 이반 4세의 명령에 따라 1555~1561년에 걸쳐 러시아 건축가인 바르마와 포스트니크

붉은 광장

야코블레프가 건설했다. 성당은 너무나 아름다워 기적이 일어난 것처럼 보였다. 이반 4세는 성당을 보고 나서 다른 곳에서도 이런 기적이 일어날까 걱정했다. 그래서 황제가 그런 일이 일어나지 못하도록 건축 장인들을 장님으로 만들라고 명령했다는 전설이 내려온다. 성당 중심부에 있는 왕좌는 수호자 성모 마리아에게 헌정되고, 성당은 수호자 성모 교회로 명명됐다. 이 교회는 모스크바에서 존경받던 백치 성자 바실리가 죽은 자리에 세워졌다고 해서 나중에 성 바실리 성당으로 부르게 됐다.

바실리 성당은 모스크바의 교회 중에서도 독특한 건축 양식을 보여준다. 이곳은 단순히 기도만 하는 곳이 아니다. 성당 자체가 돌 위에 새겨진 성상화이다. 성당은 요한 계시록에 쓰인 하느님 나라인 새로운 예루살렘을 건축적으로 형상화한 것이다. 성당의 구도는 심오한 종교적 상징을 표현한다. 중심부 9개의 첨탑 주위에 배치된 양파 모양을 한 8개의 둥근 지붕은 8개의 별을 나타낸다. 숫자 8은 그리스도의 부활일을 상징한다. 고대 유대인의 달력에 의하면 그 날은 그리스도의 부활일이다. 그리고 다가오는 하느님 나라는 그리스도의 두 번째 강림 이후에 올 '8세기' 왕국이다. 별은 그리스도 교회를 상징하며, 인간을 하느님의 예루살렘으로 인도하는 이정표이다. 별은 또한 하느님 나라의 여왕인 성모를 상징한다.

그리스도 구세주 대성당

러시아 정교회를 대표하는 그리스도 구세주 대성당은 크렘린궁에서 가까운 모스크바 강변에 우뚝 서 있다. 이 성당은 세계에서 가장 큰 정교회 성당으로 1997년에 복원됐다.

성당 건립 계획은 19세기 알렉산드르 1세 황제 때 처음 나왔다. 황제는 1812년 조국전쟁에서 러시아를 구원해준 데 대해 신에게 감사의 뜻으로, 또 나폴레옹 군대에 대한 러시아의 승리를 기념하기 위해 성당 건립을 명령했다. 이 프로젝트를 맡은 건축가 칼비트베르그는 크렘린궁 안에 성당을 지으려고 했다. 하지만 황제는 모스크바의 왕관을 나타내는 보로비요비(참새) 언덕 위에 짓도록 했다. 1817년 10월 첫 번째 사원 기공식이 열렸다. 그러나 황제 사후에 재정난으로 모든 공사가 중단됐다. 알렉산드르 1세를

그리스도 구세주 대성당(사진: 위키피디아)

승계한 니콜라이 1세는 선왕의 유지를 받들어 성당 건립 프로젝트를 재개했다. 이렇게 시작된 성당은 수십 년이 흐른 뒤 1883년 5월 완공됐고 그 이후 모스크바를 대표하는 건축물이 됐다.

그러나 1917년 10월 러시아 혁명 이후 소비에트 정권이 들어선 20세기 초 이 성당을 없애고 그 자리에 레닌 기념비를 세우는 계획이 나왔다. 성당은 결국 1934년 스탈린의 명령으로 소비에트 궁전 건설을 위해 폭파됐다. 먼저 두 번의 폭파 시도가 있었지만, 번번이 실패로 돌아가고 성당에 아무런 해도 입히지 못했다. 그때 건너편에서 중년 여자들이 지켜보고 있었다고 한다. 소문에 의하면, 이 여자들은 폭파 광경을 보며 성호를 그으면서 이곳에 성당 외에는 아무 것도 세워지지 못하리라고 예언했다고 한다. 성당은 세 번째 폭파 시도 후에 파괴됐다. 이곳에 소비에트 궁전을 지으려던 계획은 기술적 난제와 이후 터진 대조국전쟁(제2차 세계대전)으로 중단됐다. 전쟁 발발은 러시아 국민들의 민족의식을 일깨웠다. 소비에트 궁전 건물을 짓고자 하던 계획은 망상처럼 사라져 버렸다. 대신 성당이 있던 자리에는 커다란 물웅덩이가 생겼다. 1958년 니키타 흐루쇼프 공산당 서기장은 그 자리를 '수 세기 동안'이라고 새겨진 초석으로 메우고 노천 수영장을 만들었다. 모스크바 노인들은 노천 수영장에서 뿜어져 올라가는 수증기들이 만들어내는 형상에서 구세주 성당을 봤다고도 전해진다.

1989년 미하일 고르바초프 공산당 서기장 시절 구세주 대성당 복원 사업에 대한 아이디어가 아스팔트를 뚫고 올라오는 풀처럼 수십 년의 무신론 교육을 극복하고 퍼지기 시작했다. 수영장 '모

모스크바시티 전경

스크바' 앞에 모금함이 놓이고 기부금 모금이 이어졌다. 그 뒤로 한참 지나 소련 붕괴 후인 1995년 1월 7일 러시아 정교회는 마침내 구세주 성당 복원을 결정했고 1997년 마침내 오늘의 모습으로 완공됐다.

모스크바시티, 소비 자본주의 도시의 백미

모스크바는 1991년 소련 붕괴 이후 러시아가 사회주의 체제에서 자본주의 시장 경제 체제로 전환하는 과정에서 1917년 러시아 혁명 이후 1920년대와 1930년대에 걸쳐 소비에트 정권이 시행한 도시 재건 사업으로 일어난 대변화만큼이나 큰 변화를 겪었다. 이러한 변화는 도시의 외관에서 특히 두드러졌다. 모스크바의 외관 변화는 무엇보다도 1990년대 옐친 시대부터 2000년대 푸틴 시대까지 18년간(1992~2010) 모스크바 시장을 역임한 유리 루시코프의 주도로 추진된 대규모 '모스크바 재건' 또는 '재구성' 사업에서 가장 잘 드러난다. 특히 크렘린에서 서쪽으로 6㎞떨어진 크라스노프레스넨스카야 강변 지역에 건설되고 있는 국제 비즈니스 센터 '모스크바시티'는 러시아 시장 경제와 소비 자본주의 체제의 대표 공간으로 우뚝 서면서 '모스크바 재건' 사업의 백미가 되고 있다.

붉은 시월, 제과 공장에서 문화 공간으로

한편 크렘린 건너편 모스크바강의 볼로트니섬 왼쪽 끝자락에 자리 잡고 있는 20여 동의 크고 작은 옛 초콜릿 공장 건물들로 이뤄진 '붉은 시월'은 모스크바 재건 과정에서 '모스크바시티'처럼 처음부터 완전히 새롭게 건설되지도 않았을 뿐 아니라, 맞은편의 '그리스도 구세주 대성당'처럼 과거의 원형대로 복원되지도 않았기 때문에 가시적 변화가 거의 없다. 2007년 초콜릿 생산시설이 모스크바 외곽으로 옮긴 이후 '붉은 시월' 건물들은 '모스크바 재건' 과정에서 볼 때 외견상 크게 두드러지지는 않지만, 가장 주목할 만한 내적 변화를 겪었다.

초콜릿 생산 시설이 빠져나간 건물들의 빈 자리에 세련된 느낌

붉은 시월 초콜릿 공장터

의 카페와 클럽, 각종 갤러리와 스튜디오, 교육기관, 미디어 등이 속속 입주하면서 '붉은 시월'은 포스트 소비에트 시대 모스크바에서 가장 역동적으로 발전하고 있는 창조적 '혼종' 문화의 대표적인 도시 공간으로 탈바꿈하고 있다. 더욱이 이곳은 비판적 의식의 지식인과 창조적 상상력의 예술가는 물론이고 일반 시민들이 자유롭게 드나들며 상호 교류하는 유연한 '소통의 공간'이자 문화적 실험과 '창조의 공간'이 되고 있다.

'붉은 시월'의 내적 재구성은 2004년 '그리스도 구세주 대성당'과 볼로트니섬의 베르세넵스카야 강변을 잇는 '파트리아르시' 인도교가 개통하면서 시작됐다. 그해 9월 18일에는 화가 블라디미르 두보사르스키가 '붉은 시월'의 차고 자리에 문화 센터 '아트스트렐카'를 열면서 이곳에 스튜디오와 갤러리들이 들어섰다. 이후 '아트스트렐카'는 2009년까지 존속했지만, 나중에 이 자리에는 현재의 '스트렐카' 미디어·건축·디자인 전문학교가 입주하면서 '붉은 시월'의 내적 재구성이 본격화하는 계기가 마련된다.

특히 '스트렐카'는 예술적, 교육적, 사회적 소통과 창조의 문화 공간으로서, 제품 생산에서 지식 생산으로 탈바꿈하고 있는 '붉은 시월'의 대표적인 사례로 기록된다. 전문학교와 바를 동시에 갖추고 있는 스트렐카는 관련 전문가들에게만 아니라, 비전문 국외자들에게도 언제나 열려 있다는 점에서 폐쇄성과 반대되는 개방성으로 두드러진다. '스트렐카'의 개방성은 바에서 가장 잘 알 수 있는 것처럼 입주 공간 자체가 노천에 있다는 점에서 한눈에 파악할 수 있다.

'스트렐카'는 '붉은 시월' 자체가 대변하고 있듯이 공간의 차원에서만 아니라 사람들의 사회적 관계에서도 수직성이 아닌 수평성이 현저하다. 이런 점에서 '스트렐카'는 포스트 소비에트 시대 '모스크바 재건' 사업에서 두드러지고 있는 공간적 차원과 사회적 관계의 수직적 구조에 대비되는 곳으로 볼 수 있다. 내외부를 대부분 목재로 장식한 전문학교와 바에서 모두 알 수 있듯이, '스트렐카'는 공간 재구성에서 환경 친화성을 극대화하고 있다.

'붉은 시월'이 교회와 세속 권력의 중심지인 '그리스도 구세주 대성당'과 크렘린 건너편 주변부에서 수평적, 개방적, 자발적 차원으로 재구성되는 과정은 그간 정치적, 경제적 권력이 주도해온 '모스크바 재건' 방식에서 볼 때 극히 이례적이면서 매우 상징적이기도 하다. 특히 '스트렐카' 건축, 디자인, 미디어 전문학교의 예

스트렐카 연구소와 바

에서 잘 알 수 있듯이, '붉은 시월'은 지식 교육과 생산 방식에서도 기존 체제와는 크게 구별되는 대안적인 문화 창조 공간으로 끊임없이 진화하고 있다. 또 '스트렐카' 바가 모스크바 힙스터 문화의 성지 가운데 한 곳으로 손꼽히고 있는 데서 짐작할 수 있듯이, 이곳은 자유분방하고 재기 발랄한 '창조적 계급'이 모여들면서 소통과 창조의 공간으로 발전하고 있다.

20세기 말 21세기 초 포스트 소비에트 시대 '모스크바 재건' 일반 계획에서 특정 건축물의 신축이나 개축, 복원 사업들은 대부분 러시아 연방정부나 모스크바시 등 관 주도 아래 공청회 같은 시민 참여 절차를 생략한 채 진행되었고, 따라서 이들은 '위로부터의 (일방적) 재건' 사업이라고 평가할 수 있다. '위로부터의 재건' 사업들은 대체로 높은 수직 지향성과 지나친 과시적, 가시적

욕망을 드러내는 경향을 보이는데, 이로부터 사람들 사이에서 형성되는 사회적 관계는 수평적 성격이 아니라 수직적, 서열적 성격이 점점 더 심화된다.

이와는 대조적으로, 권력의 중심부 '크렘린'과 '그리스도 구세주 대성당'을 마주보고 있는 '볼로트니섬'의 '붉은 시월'은 초콜릿 공장의 외곽 이전 이후 외적 변화를 거의 거치지 않은 채 '아래로부터,' 눈에 크게 띄지 않고 조용하게 '내적으로' 재구성됐다. '붉은 시월'에서 가장 두드러진 특징은 이곳이 '내적 재구성' 과정을 거치면서 모스크바의 대표적인 '혼종 문화'의 창조 공간으로 탈바꿈하고 있다는 사실이다. 클럽과 카페, 쇼룸, 부티크, 레스토랑, 바에서 사진, 건축, 영화 스튜디오, 온/오프라인 잡지사, 연구소, 방송국 등에 이르기까지 다양한 성격의 입주자들이 자연스럽게 공존하고 있기 때문이다.

게다가 이곳에 입주하고 있거나 이곳을 방문하는 사람들은 대부분 소위 말하는 '창조 계급'으로 분류할 수 있는데, '창조 계급'이란 미국 조지 메이슨 대학교의 리처드 플로리다 교수가 처음 명명한 것으로, 연구 개발(R&D) 관련 전문가 집단과 작가, 음악가, 화가, 건축가, 디자이너, 영화 감독, 미디어아티스트, 방송·출판인 등 창조적 활동에 종사하는 예술가 집단을 통칭하는 개념이다. 플로리다 교수는 『창조 계급』, 『후즈 유어 시티』 등 여러 저서를 통해 오늘날 새로운 사회 그룹으로 부상한 '창조 계급'이 도시의 미래 성장을 이끈다고 말한다.

그는 현대의 새로운 생산수단인 지식과 정보로 무장한 '창조 계급'이야말로 우리의 일터와 여가, 일상을 변화시키면서 공동체와 삶의 방식 자체까지도 바꿔놓을 것이라고 역설한다. 이런 점에서 볼 때, '붉은 시월'은 미래 도시 삶의 새로운 가치 창조를 위한 '창조 계급'의 문화 실험실이자 공작소라고 할 수 있고, 따라서 모스크바의 미래 도시 발전을 위해서는 이곳을 고급 주택 단지로 개발할 것이 아니라 도시의 고유성을 살리는 차원에서 오히려 보존해야 할 것이다.

'나의 거리', 소바닌의 모스크바 정비 사업

가장 최근에 들어와서 모스크바는 도시 발전 역사에서 다시 한 번 커다란 전환점을 맞이했다. 이는 세르게이 소뱌닌 시장이

트베르스카야 거리

2015년에 시작하여 현재까지도 야심차게 추진하고 있는 모스크바 도시 정비 사업 '나의 거리' 덕분이었다. 이 계획에 따라 모스크바 주요 간선도로와 거리들이 대대적으로 보수됐고 그 결과 보행로가 대폭 확장되면서 주변 환경도 녹화를 거치며 많이 개선됐다. 이러한 보수 정비 사업을 통해 모스크바 도시 외관이 아주 산뜻하고 화려하게 달라졌는데, 새롭게 탈바꿈한 도시 풍경은 크렘린궁에서 푸시킨 광장까지 이어지는 트베르스카야 거리에서 가장 분명하게 나타났다.

이와 함께 2016년 9월 첫째 주 토요일 모스크바 '도시의 날'을 맞아 개통한 외곽 순환 전철 등 새로운 교통 인프라도 모스크바 교통 체증 해소에 이바지하며 시민들에게 긍정적인 평가를 받았다. 하지만 모스크바 도시 정비 사업을 비판적으로 바라보는 시선들도 여전히 적지 않은데, 이들은 도시 개발 계획이 스탈린 시대에 있었던 것처럼 권위주의적으로 수립되고 수행됐다고 지적한다.

자랴디예 공원, 러시아의 미래 이미지

2017년은 러시아의 수도 모스크바의 도시 역사와 풍경에서 많은 변화가 있었다. 모스크바는 세르게이 소뱌닌 시장이 2015년부터 천문학적인 예산을 들여 야심차게 추진하고 있는 '나의 거리' 정비 사업 3년차를 맞아 벨로루스키 기차역 앞 광장과 루뱐

자랴디예 공원

카 광장 등에서 보행자 중심의 친환경 '인간화'를 위한 풍경의 재구성 작업을 계속했다. 주요 거리와 광장을 중심으로 모스크바의 공간 풍경을 완전히 바꿔놓고 있는 '나의 거리' 정비 사업은 특히 2017년 모스크바 창건 870주년을 맞아 완공된 '자랴디예' 공원 개원과 함께 절정을 맞았다. 2013년 공사를 시작해 4년 만에 완공된 '자랴디예' 공원은 최첨단 친환경 녹지 공원으로, 붉은 광장과 크렘린을 끼고 있는 모스크바 핵심부의 풍경을 완전히 바꾸어 놓았다. '자랴디예 공원'은 러시아의 미래를 가늠할 수 있는 새로운 지평을 열어준 것으로 여러 가지 면에서 높은 평가를 받았으며, 일각에서는 푸틴 대통령이 모스크바에 선사한 최고의 선물이라고 불렀다.

'나의 동네', 모스크바 풍경의 완성

2018년 9월 9일 시행된 러시아 지방선거에서 모스크바 시장 선거에 출마한 세르게이 소뱌닌 현 시장이 70%의 압도적 득표율(투표율 31.8%)로 승리하여 그동안 야심차게 추진해온 모스크바 도시 정비 사업이 계속 이어지고 있다. '나의 거리'로 명명된 이 사업은 모스크바 거리와 광장, 공원을 친인간적, 친환경적으로 대폭 개선함으로써 모스크바를 쾌적하고 살기 좋은 도시로 탈바꿈시켰다. 앞으로 이 사업은 '나의 동네'라는 구호 아래 지역 단위로 확대될 예정인데, 예산도 그만큼 더 많이 소요될 것으로 보인다. 2015년부터 진행된 도시 정비 사업은 모스크바가 2018 러시아 월드컵 기간에 이곳을 찾은 세계인들에게서 좋은 평가를 받으면서 성과를 제대로 인정받았고 더 나아가 세르게이 소뱌닌의 시장 재선에 크게 이바지했다. 한편, 일각에서는 모스크바가 도시 정비 사업을 통해 글로벌 대도시로 진가를 발휘하면 할수록 나머지 러시아 도시들이나 지방은 그만큼 더 빈곤해지는 수도 집중화의 폐단이 더욱 더 분명해지고 있다고 비판하고 있다. 하지만 모스크바가 정비 사업을 통해 도시 환경을 대폭 개선하면서 그 파급 효과가 지방 도시들로 빠르게 확산되고 있는 것도 사실이다. 예를 들면, 2019년 3월 2일 동계 유니버시아드가 열린 시베리아의 도시 크라스노야르스크에서도 거리와 광장, 공원을 새롭게 정비했고 지금까지와는 다른 도시 이미지와 분위기를 창출하면서 시민들에게 좋은 평가를 받고 있다.

블라디미르 대공 동상, 강한 권위의 상징으로 우뚝 서다

2016년 11월 4일 '국민 통합의 날' 국경일을 맞아 모스크바 크렘린궁 부근 '보로비츠카야 광장'에서는 블라디미르 푸틴 러시아 대통령, 키릴 러시아 정교회 총대주교, 드미트리 메드베데프 총리, 세르게이 소뱌닌 모스크바 시장 등 러시아 정·교계 최고 지도부가 참석한 가운데 블라디미르 대공의 기념 동상 제막식이 성대하게 열렸다.

블라디미르 대공 동상은 2014년 원래 모스크바 국립 대학교 학교가 있는 '참새 언덕'에 세워질 예정이었지만, 모스크바 시민들의 반대에 부딪혀 한동안 설 자리를 찾지 못하고 표류했다. 이후 2015년 모스크바 시의회가 현재의 '보로비츠카야 광장'을 동상 건립 장소로 최종 확정했고, 이 결정에 따라 동상 제작과 제막 준비가 급물살을 탔다. 988년 그리스 정교회에서 기독교를 수용하여 국민 통합과 통치 기반을 마련한 블라디미르 대공을 기념한 이 동상은 왼손에는 칼을, 오른손에는 십자가를 들고 서서 이곳에서 가까이에 있는 '그리스도 구세주 대성당'을 정면으로 응시하고 있다.

동상 제막식 연설에서 푸틴 대통령은 "블라디미르 대공이 수용한 기독교가 러시아와 벨라루스, 우크라이나 국민의 공통된 정신적 원천"이라고 강조하면서 이 원천에서 발원한 유산과 전통을 계승하여 현대의 도전과 위협에 대처해 나가자고 호소했다. 크렘린 내 대통령실로 들어가는 관문 쪽에 서 있고 푸틴 대통령과

블라디미르 대공 동상

도 이름이 똑같은 블라디미르 대공 동상도 최근 러시아에서 진행되고 있는 '기념비의 문화 정치'와 '역사 논쟁'에서 중요한 일부를 구성하면서 러시아 국가의 강력한 권력과 권위를 상징한다. 이런 점에서 2016년 12월 29일 개봉한 안드레이 크랍추크 감독의 영화 『바이킹』이 주목할 만한데, 이 영화는 바로 블라디미르 대공이 잔인한 방탕아에서 위대한 지도자로 탈바꿈하는 이야기를 보여주고 있고 푸틴 대통령도 영화 시사회에 참석하여 큰 찬사를 보냈기 때문이다.

칼라시니코프 동상, 군사화 경향의 상징

2017년 9월 19일 모스크바 '무기 거리'에서 세계적으로 유명한 무기로 전설의 반열에 오른 자동소총 AK-47를 설계한 미하일 칼라시니코프 기념 동상이 제막되어 러시아 국내외에서 비상한 관심을 끌었다. 이날 칼라시니코프 동상 제막식에는 블라디미르 메딘스키 문화부 장관도 참석하여 축하 연설을 하고 칼라시니코프가 개발한 AK-47 자동소총을 "러시아의 진정한 문화 브랜드"로 표현하며 높이 치켜세웠다.

AK-47은 러시아에서 애국주의 프로파간다를 통해 '조국 수호의 무기'로 높이 칭송되고 있지만, 다른 일각에서는 수많은 생명을 앗아간 '인명 살상의 무기'로 악명이 높기도 하다. 이런 이유로 동상이 '비윤리적'일 뿐만 아니라 '아름답지도 못하다'라고 비판

칼라시니코프 동상

하는 사람들이 적지 않았다. 하지만 칼라시니코프 기념 동상은 최근 들어 초강대국 신화를 환기하는 소비에트 노스탤지어와 애국주의 프로파간다를 통해 날로 심화하는 러시아 사회 문화의 '군사화' 경향에서 중요한 한 자리를 차지한다.

'애도의 벽', 정치적 박해 희생자 추모비

2017년 10월 30일에는 모스크바 사하로프 대로에서 1937년 스탈린 대숙청 당시 총살되거나 강제 노동 수용소에 유배됐다 사망한 정치적 박해 희생자들을 추모하는 '애도의 벽'이 2014년 처음 구상된 이후 3년 만에 완공되어 제막됐다. 정치적 박해 희생자들을 추모하는 기념비 제막은 러시아 역사상 박해의 대명사로 널리 알려진 이반 뇌제(4세)와 스탈린을 기념하는 동상들이 러시아 전역에 계속해서 제막되고 있다는 점을 고려할 때 매우 이례적이고 의미 있는 사건이라고 평가할 수 있다. 러시아 인권단체 '메모리얼'이 주도해 제막한 '애도의 벽'은 모스크바에서 국가 권력의 폭정에 의해 희생된 약자들을 기리는 기념비로서는 최초이자 최대 규모를 자랑한다는 점에서 큰 의미가 있다.

이와 함께 '애도의 벽'은 루뱐카 광장에 설치된 추모비 '솔로베츠키 바위'와 함께 모스크바의 문화적 풍경을 새롭게 장식하면서 시민들에게 인권과 자유의 소중한 가치를 상기해줄 것으로 전망된다. 이는 푸틴 정권에서 최근 들어 프로파간다를 통해 강조하고 강화하고 있는 이른바 '전통적 가치들'과 묘한 대조를 이룬다. 푸틴 대통령은 키릴 러시아 정교회 총대주교와 함께 '애도의 벽' 제막식에 참석하여 연설을 하고 화해와 통합의 메시지를 전달했지만, 정작 정치 박해의 원인과 책임자 규명에 대해서는 한 마디도 꺼내지 않아 희생자들의 완전한 명예 회복으로 가는 길은 아직도 요원함을 드러낸다. 푸틴 대통령은 자기 아버지와 같은 '대조국전쟁' 희생자들을 기억하는 '불멸의 연대' 행진에는 적극적으로 동참하고 지지하면서도 정치적 박해 희생자들을 기억하는 일에는 매우 소극적인 태도를 보이고 있다.

애도의 벽

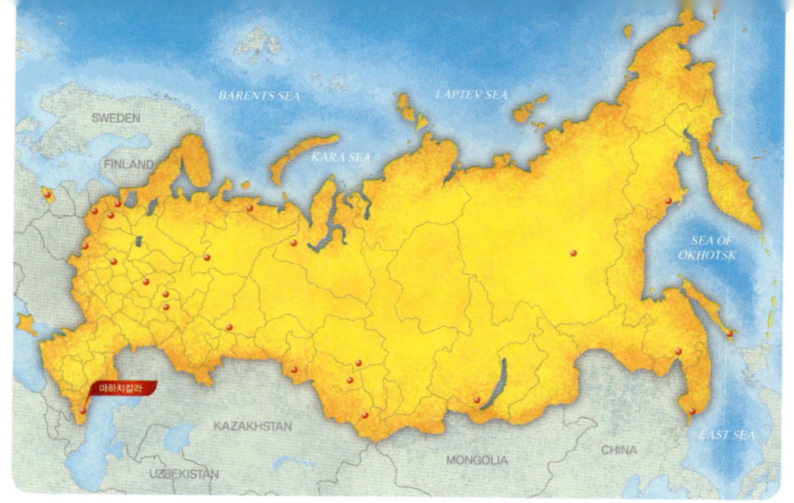

마하치칼라, 카스피해와 이슬람의 도시

김선래

민족의 용광로 다게스탄 공화국

러시아 북카프카스 관구에 속해 있는 다게스탄 공화국은 동쪽으로 카스피해를 바라보고 있으며 남쪽으로는 남카프카스와 접해 있다. 북쪽은 칼미크 공화국이 서쪽은 체첸 공화국에 연하여 있다. 다게스탄은 역사 이래 북쪽 초원을 지배하는 유목 세력과 남쪽 중동지역을 장악했던 제국들의 경계 선상에 놓여 있어 수많은 문명이 이 지역을 거쳐 갔고 그 지리적 위치로 인하여 지정학적 요충지로 존재해 왔다. 그 때문에 다게스탄에는 수많은 민족의 흔적이 지금까지 남아 있다.

다게스탄을 구성하는 20여 민족들은 언어와 관습 그리고 인종적 형태를 그대로 유지해 오고 있어 인종의 용광로라는 말이 무색할 정도이다. 다게스탄의 수도인 마하치칼라는 인구 60만의 도시로 다게스탄 내에서 가장 크다. 그다음이 하사뷰르트이고 3번째 도시가 데르벤트이다. 다게스탄 전체 인구는 2016년 기준으로 약 301만 명이며, 공화국을 구성하는 주요 민족은 아바르인이 29%, 다르긴인 16.85%, 쿠미크인 14.84%, 레즈긴인 13.24%, 그 외 라크인, 아제르바이잔인, 러시아인, 체첸인들이다.

이들 중 공화국을 주도하는 민족은 가장 다수인 아바르인과 다르긴인 그리고 교육수준이 높은 라크인이다. 쿠미크인과 레즈긴인들은 공화국 주류 세력에 참여하지 않고 독자적 길을 찾고 있으며, 특히 쿠미크인들의 경우 과거 다게스탄의 토착 민족이고 정주 민족이었으나 산악 민족인 아바르, 라크, 다르긴 종족에게 농경지를 빼앗기고 정착지가 파괴된 과거의 아픈 기억을 가지고 있다. 경계 지역인 아제르바이잔 북부와 다게스탄 남부 지역에 많이 사는 레즈긴인은 두 국가로 나누어진 민족을 통합하려는 움직임을 보이고 있어 아제르바이잔 국경 부근에는 긴장감이 감돌고 있다.

다게스탄을 구성하는 인종 중 체첸인들은 그들의 민족 공화국인 체첸 공화국이 인접해 있어 체첸 공화국 정부의 영향을 많이 받아 왔다. 특히 제1차, 제2차 체첸전에 본의 아니게 휩쓸린 적이 있다. 제2의 도시 하샤뷰르트는 체첸과 다게스탄의 수도인 마하치칼라의 중간에 있고 체첸인들이 5만 명 정도 살고 있는 도시이다. 중세 때 존재하였던 골든 호르드의 후예인 노가이족은 현재 4만 명 정도 남아 있다. 이들은 유목민으로 스타브로폴과 다게스탄 북부 스텝 지역으로 이동하면서 이동식 유르트 가옥에 살고 있어 지역 정착민들과 갈등을 빚고 있다.

다게스탄을 구성하는 종족들 대부분이 수니파 무슬림이다. 소련 시기를 거치면서 도시 지역에 있었던 이슬람 사원들이 거의 다 파괴되었으나 이슬람의 영향은 강하게 남아 있다. 다게스탄은 전통적으로 수피즘의 영향력이 강하고 부족들 간의 결속력이 강하다. 최근 들어 독실한 이슬람 신도들이 증가하는 경향을 보이고 있다. 1999년 가을 제2차 체첸전 당시 체첸의 바사예프 사령관이 체첸과 다게스탄을 하나로 묶어 이슬람 공화국을 창건하려고 했던 것도 이러한 와하비즘적 이슬람 전통이 남아 있기 때문이었다.

체첸 전쟁과 다게스탄

이맘 가지 무하마드 작전은 1999년 8월 7일 다게스탄을 침공한 체첸군의 작전명이었다. 바사예프 장군이 지휘하는 2천여 체첸 병력은 다게스탄 보틀리흐스크와 츠마딘스크 지역을 공격하였다. 침공 5일 뒤 체첸과 국경선을 접한 다게스탄 중부 내륙 지역 32개 마을을 점령하였다. 다게스탄 반군들을 진압하기 위하여 부이낙스크 지역에 주둔해 있던 러시아 보병 136사단과 러시아 내무군이 체첸의 침공에 반격하였으나 제1차 체첸전에 단련된 일당백의 카프카스 늑대들을 당해 낼 수가 없었다. 바사예프 장군이 왜 갑자기 다게스탄을 공격하고 다게스탄과 체첸을 통합한 이슬람 공화국을 건설하려 했는지는 아직도 의문이다. 바사예프 장군의 다게스탄 침공으로 인하여 이후 제2차 체첸전이 시작되었고 이로 인하여 수십만 명이 희생되는 참사가 발생했기 때문이다.

체첸전이 끝난 후 모스크바 뉴스에서 바사예프 장군과 모스크바의 거물 정치인이자 재벌인 베레좁스키가 통화하는 내용을 방송한 적이 있다. 베레좁스키가 다게스탄 공격을 먼저 제안했고 이를 받아들이는 바사예프 장군의 전화 대화 내용에서 무언가 고도의 정치적 계산에 의하여 전쟁이 시작되었다는 내용이 담겨 있었다. 그 당시 베레좁스키는 제정 러시아를 뒤흔들었던 요승 라스푸틴에 비유되곤 했었다.

다게스탄 전투가 교착 상태에 빠질 무렵 러시아 중앙 정계에 중요한 변화가 발생하였다. 러시아연방 신임 총리로 푸틴이 혜성과 같이 나타났다. 푸틴 신임 총리는 전쟁 승리를 위하여 험준한 산악지대를 거점으로 저항하는 체첸 병사들을 향하여 기화폭탄 사용을 명령하였다. 전술 핵무기에 버금가는 기화탄은 주변 지역을 높은 열기로 기화시킬 수 있는 가공할 위력의 폭탄이었다. 치명적 폭탄으로 인하여 체첸군은 철수할 수밖에 없었다.

그러나 며칠 뒤 부이낙스크의 다게스탄 반군들이 러시아군과 교전하고 있는 동안 체첸의 야전 사령관 바사예프는 9월 5일 다게스탄 제2의 도시 하사뷰르트를 노리고 전격적인 재침공을 감행하였다. 하사뷰르트에는 5만 명의 체첸인들이 거주하고 있어 이 도시를 점령하면 곧장 카스피해 해안까지 달려 마하치칼라도 점령할 수 있었다. 그러나 막강한 러시아군의 화력에 밀려 체첸군이 체첸 영토로 퇴각하면서 40여 일 간의 전투가 종료되었다. 체첸군의 지원을 목타게 기다리던 부이낙스크 다게스탄 이슬람 반군도 진압되었다. 이 전투로 인하여 다게스탄 내무군과 러시아군의 사상자가 2,000여 명에 달하였고, 3만 2천 명의 다게스탄 난민들이 발생하였다. 그러나 체첸의 다게스탄 침공은 이어지는 거대한 전쟁의 전초전에 불과하였다. 곧이어 대규모 사상자가 발생한 모스크바 내 연쇄 아파트 폭탄 테러 사건과 이어진 제2차 체첸 전쟁이 그러했다.

마하치칼라로 가기 위해서는 체첸 공화국 수도 그로즈니에서 15인승 승합차를 이용해 다게스탄으로 들어가야 한다. 그로즈니

체첸 공화국 그로즈니를 떠나 다게스탄으로 가는 도로 옆 초원 풍경으로 다게스탄의 하사뷰르트까지 스텝 지역이 이어져 있다. 1999년 이 도로를 따라 체첸 무장 병력이 다게스탄을 침공했다.

에서 다게스탄으로 넘어가는 길은 전형적인 스텝 지역으로 드넓은 평야에 목초지만 넓게 펼쳐져 있다. 멀리 오른 편으로 카프카스의 산들이 보이고, 한국에서는 상상도 할 수 없는 드넓은 목초지가 다게스탄으로 넘어가는 내내 펼쳐지다가 마하치칼라 가까이 가면서 건조한 사막 풍경이 드문드문 나타난다.

한국의 15인승 승합차와 비슷한 버스는 그로즈니에서 탑승 인원이 차면 출발하는 셔틀 버스이다. 아침 8시부터 9시 사이에는 모든 좌석이 빠르게 차지만 낮에는 인원이 찰 때까지 한 두시간 기다려야 한다. 약 3시간 반 정도 약 160㎞를 달려 마하치칼라 시내에 도착한다. 중간에 하사뷰르트라는 다게스탄 제2의 도시에 잠깐 들러 쉬는 것을 빼곤 내내 달린다. 서울과 대전 거리를 3시간 반이나 달리는 이유는 포장은 잘 되어 있으나 연방 도로 대부분이 2차선이기 때문이다.

하사뷰르트에 도착하면 체첸 공화국과는 완전히 다른 1990년대 중앙아시아에서 흔히 보던 소비에트 풍경이 나타나기 시작한다. 최근 20여 년 간 변화가 거의 없어서 그런지 무질서한 도로 상태와 오래된 건물들, 그리고 낡은 시설물들이 그대로 남아 있다. 다게스탄의 수도 마하치칼라도 그와 비슷한 상태이다. 다게스탄과는 달리 그로즈니는 전쟁 이후 완전히 폐허가 된 도시를 유럽식 계획 도시로 재건하여 깨끗하고 정리정돈이 잘되어 있다. 마하치칼라 구시가지와 도심은 승용차와 승합차 그리고 많은 사람으로 복잡하며 미로와 같은 비좁은 도로에 차량이 가득 차있다.

마하치칼라는 인구 60만으로 거리에 다양한 인종으로 가득하

다게스탄 마하치칼라의 카스피해 해변. 6월 중순이라 그런지 해변은 썰렁하다.

다. 마하치칼라의 유래는 1921년 다게스탄의 붉은 혁명가 마하치 다하다예프의 이름에서 명명되었다. 그 이전에는 페트롭스크포르트라고 불리었다. 유래는 1722년 볼가강을 따라 남하한 러시아 황제 표트르 1세가 카스피해 연안에 아스트라한 요새를 건설한 후 배를 타고 마하치칼라에 잠깐 상륙한 적이 있었다. 1844년 러시아가 이 지역으로 영토를 확장한 후 그것을 기념하여 여기에 전진기지를 설치하였는데 초기에 그 명칭을 페트롭스크라 명명하였다. 그 이후 페트롭스크포르트란 이름을 거쳐 마하치칼라로 명칭이 변경되었다.

썰렁한 카스피해의 아름다움

러시아에서 카스피해를 제대로 보려면 다게스탄 공화국으로 가야 한다. 다게스탄의 동쪽 긴 해변을 따라 카스피해가 연하여 있으며, 다게스탄의 수도 마하치칼라시 동쪽에 백사장이 있고 거기서 카스피해를 만날 수 있다. 해변은 관광객들을 위하여 최적화되어 있지 않아 일반 시골 해변과 같은 모습을 하고 있다. 해변도 호텔이나 카페, 식당 같은 편의시설이 거의 없어 한산하다. 아마도 카스피해 연안으로 피서 오는 러시아인들이 적어서 그럴지도 모른다. 마하치칼라가 카스피해 연안에 있음에도 불구하고 해변은 거의 개발이 되어 있지 않았다. 더욱이 해변을 따라 철도가 놓여 있어 그런지 철도가 마하치칼라 시민들의 해변 접근을 방해하는 것 같았다.

2014년 발생한 우크라이나 사태로 인한 대러시아 경제 제재 조치로 유럽의 지중해와 이집트의 홍해에서 긴 여름 휴가를 즐기던 러시아인들이 대부분 국내 휴양지로 발길을 돌렸다. 현재 러시아인들이 가장 좋아하는 국내 여름철 휴양지로는 흑해 크림반도 남단에 있는 얄타 인근 지역과 동계 올림픽이 열렸던 소치 인근 지역이다. 얄타와 소치 지역은 여름 관광객을 위한 관광 인프라와 프로그램이 발달해 있으며, 지중해 지역 유럽 휴양 서비스 수준을 요구하는 러시아인들의 눈높이에 어느 정도 접근해 있다. 모스크바를 중심으로 유럽 쪽 러시아인들은 여름 한 철 흑해 지역과 소치 지역에서 휴가를 즐기는 것이 자연스러운 현상으로 자

다게스탄 마하치칼라 공항, 비행기 탑승 시 활주로로 걸어 들어가 비행기 트랩 쪽으로 가야 한다.

리 잡혔다.

거기에 비교하면 천혜의 자원 카스피해를 끼고 있는 다게스탄 공화국은 아직 걸음마 단계라 보겠다. 다게스탄 공화국은 카스피해의 바다와 카프카스의 고산지대를 동시에 가지고 있는 천혜의 관광지이다. 거기에다 5,000년 역사의 역사적 유적지와 유물이 산재해 있어 프로그램과 인프라 시설만 뒷받침 된다면 세계적 수준의 관광지가 될 것이다.

다게스탄은 북위 43도 지역으로 한국보다는 조금 높은 위도에 있으나 전형적인 대륙성 기후와 아열대성 기후가 번갈아 나타나며 건조지대에 속한다. 여름은 따스하고 건조하며, 겨울은 높은 위도답게 추운 날씨가 지속된다. 남쪽 카스피해 해안지대는 아열

대성 기후가 나타나며 내륙 쪽 산악지역은 여름철에도 눈이 올 정도로 기온 변화가 심하다. 여름이 막 시작하는 6월 중순에도 산악지역에 천둥, 번개와 눈보라 그리고 우박이 쏟아져 다게스탄 공화국 정부에서 차량 통행을 통제하기도 한다.

위도가 한국보다 높은데도 불구하고 사람이 살기 좋은 건조한 온대 기후를 유지하는 이유는 카스피해 덕분이다. 카스피해는 여름철에 수온이 28도까지 올라가 일 년 내내 주변 지역의 온도를 따스하게 유지한다. 비는 연중 골고루 내리는 편이다. 연간 강수량이 북부 스텝지역은 연간 200㎜ 내외이고 남서쪽 산악지역은 800㎜로 그 차이가 크다. 6월의 마하치칼라는 약간 덥지만 야외 활동하기에는 좋다. 온도만 본다면 한국에서 대륙성 기후가 대표적으로 나타나는 평창과 비슷하다고 보면 이해가 빠를 것이다. 다만 겨울철 1월, 2월이 좀 더 춥다. 연 평균 온도는 영상 12.4도이며 가장 더운 달은 7월로 평균 기온이 24도이다. 여름철 가장 더웠던 날은 2011년에 기록한 38.7도이며 가장 추웠던 날은 1889년으로 –26.5도를 기록했었다.

기본적으로 사람이 살기에 좋은 기후를 보이고 있어서 그런지 기원전 1만 년 전부터 사람이 살았던 흔적들이 남아 있다. 기원전 8세기 앗수르왕에 의하여 쫓겨난 사람들이 살았던 기록이 있으며 비잔틴 제국의 지배하에도 있었다. 7세기에는 아랍의 지배를 받아 이 지역 사람들이 대부분 이슬람으로 개종하였다. 아랍 제국 이후 셀주크 투르크가 지배하였으며 이어 몽골 지배와 골든 호르드로 이어진다. 16세기에는 오스만 제국의, 18세기에는 페르시아인들의 지배를 받았다. 러시아 제국과의 전쟁(1816~1856년) 동안 이맘 샤밀이라는 탁월한 지도자 밑에서 강력하게 대항하였다. 그 결과 수백만 명이 죽거나 오스만 제국으로 강제 이주 당하였다.

볼세비키 혁명에 동조하여 1921년 다게스탄 소비에트 자치 공화국이 잠깐 존재했으며, 그 후 소련 내 자치 공화국으로 편입되었다. 소련 붕괴 후 잠시 독립 운동이 일어났으나 실질적인 활동과 성과는 없었다. 다게스탄의 권력 구조는 독특하다. 다양한 민족으로 구성되어 있는 공화국 특성상 대통령에게 많은 권한을 부여하지 않으며 상원의장이 최고의 국가 권력 기관이다. 상원의장은 민족 분규를 방지하기 위하여 지도적 위치에 있는 민족 대표를 순환 선출한다. 다게스탄의 기본산업 중 하나가 농업이며 포도 생산을 주로 한다. 공업은 자동차 산업, 항공기, 조선 기계, 전력 산업으로 공화국 내 GDP의 7~8% 차지한다.

바르한 사르 쿰에서의 산책

피산니 바르한이라고도 불리는 모래 언덕으로 마하치칼라에서 북쪽으로 90㎞ 떨어져 있다. 언덕의 높이는 262m이고 면적은 600헥타르 정도 된다. 바다에서 불어오는 바닷바람과 육지에서 불어오는 육지 바람 그리고 북쪽에서 불어오는 삼각 바람이 동시에 조우하는 지역이다. 이러한 삼각 바람으로 인하여 모래가 쌓여 형성된 모래 언덕은 수천 년에 걸쳐 만들어졌다고 한다.

이곳을 가기 위하여 마하치칼라 외곽에서 출발하는 미니 승합차를 타야 한다. 마하치칼라와 다게스탄 교통수단 대부분을 승합차가 대행하고 있다. 물론 소비에트 시절부터 운행되어 오던 버스나 트롤리버스가 있지만, 그 수는 한정되어 있고 대중교통 수단은 주로 15인승 승합차가 대신하고 있다. 가격은 한국 돈 300원 내외로 저렴하나 이용 시 승하차와 노선이 복잡하여 지역 주민이나 운전자의 도움이 필요하다. 버스에서 내리면 도로에서 직선거리로 약 2㎞ 떨어진 곳에 거대한 모래 언덕이 보인다. 걸어서 40분 정도 걸리는 거리이다. 모래 언덕인 바르한으로 접근하는 도로는 비포장도로로 차 한 대가 겨우 지나갈 수 있을 정도이며 걸어서 갈수 있는 거리이다.

모래 언덕 주변에 기차 간이역 비슷한 건물들이 있고 거기에 모래 언덕을 관리하는 관리원과 관리소가 덩그러니 있다. 가이드 포함 관람 가격이 150루블이다. 관람을 위하여 어설프게 깔아 놓은 나무 계단을 타고 전망대로 올라가야 한다. 전망대에서 사진을 찍거나 구경만 할 수 있지 모래 언덕 위로는 올라가지 못하게 한다. 특별한 경우에 장화를 신고 갈 수 있으나 꼭 가이드와 함께 올라가야 한다. 그 이유는 독충과 독사가 있기 때문이다. 철길 옆에 작은 건물이 있다. 바르한 사르 쿰의 축소판과 근처에 사는 동식물을 모아 자그마하게 꾸며 놓은 박물관이다. 박물관과 관리소에 근무하는 관리인들의 나이가 지긋하며 이들은 이곳에서 잔뼈가 굵은 사람들이다. 피산니 바르한은 또 다른 말로 바르한 사

피산니 바르한은 거대한 모래 언덕으로 세계적으로도 유명한 곳이다.

르 쿰이라고 불린다. 이 지역에 독충과 맹독성 뱀들이 많아 걸어 다니기엔 위험하다. 걸어가려면 도로에서 이어진 철길을 타고 2.5㎞를 가야한다. 철길 레일을 타고 걷다보면 관리소와 조그마한 박물관이 보인다.

다게스탄은 대표적인 장수 공화국 중 하나이다. 세계 3대 장수 지역 중 하나인 카프카스 지역은 다른 지역에 비하여 60세 이상 노인들이 3배에서 30배 많다. 카프카스 지역은 예전부터 100세 이상 장수하는 사람들이 많다. 맑은 공기와 깨끗한 물이 풍부한 카프카스산맥 그 자체가 장수할 수 있는 요인이다. 이 지역 주민들은 카프카스 지역의 만년설에서 녹아내린 물과 천연 미네랄 성분이 많은 약수를 마신다. 130세 이상 장수하는 분들이 장수의

건조한 대륙성 기후로 습도가 낮고 땅이 메말라 있어 다게스탄의 산과 들에는 숲이 울창하지 않다.

비결로 소식과 부지런함, 그리고 술과 담배를 하지 않는 습관이라고 하지만 그와 더불어 맑은 공기와 맑은 물이 기본적으로 갖추어져 있기 때문이다.

다게스탄은 한국전쟁 당시 한국인 포로들이 다게스탄 강제수용소에서 수용되었던 역사가 있다. 북한이 한국전쟁 당시 소련에 국군 포로 6,000명과 민간인 납북인사를 포함한 총 2만 명을 보내 강제 노역을 시킨 사실이 미국 국방부 비밀해제 문서에서 추가로 밝혀졌다. 뉴욕 한국일보가 입수한 '미 육군 한국 정보 활동 연합사령부'(CCRK)의 1953년 1월 5일자 첩보 보고서 #J-1720은 "중앙노동당 명령에 따라 정치범으로 유죄 판결을 받은 약 2만 명의 죄수들이 북한 내 여러 감옥에서 1952년 9월 중순 소련 다게스탄 공화국 다하다옙스키 지역 해발 1,617m의 우라기(Uragi) 마을로 옮겨졌다."며 "이들 죄수는 10월초에 러시아의 '우랄루 전력 발전소'(Uralu Electric Power Station)에 노동자로 보내졌다."고 밝혔다. 정보의 출처를 "지역 거주 첩보원"으로 밝히고 있는 이 보고서는 이어 "이들 죄수 중에는 북한이 서울을 점령했을 당시 납치한, 인원수가 확인되지 않은 민간인들과 6,000명으로 추정되는 국군 포로들이 포함돼 있다."고 전했다. 우라기 지역은 다게스탄 남부 산악지역에 있는 조그마한 산악 마을이다.

유네스코 세계 유산 데르벤트의 나린 칼라 요새

데르벤트는 마하치칼라에서 버스로 약 3시간 반 가량 떨어져 있다. 해안가에 낮은 집들이 빼곡히 들어차 있는 데르벤트는 카스피해 연안에서 볼 수 있는 어느 해안가 도시와 비슷하다. 그래도 다게스탄 공화국에서 인구 12만 명으로 3번째로 큰 도시이다. 아제르바이잔하고 가까워서 그런지 아제르바이잔인들이 많이 산다. 데르벤트에 도착하면 나린 칼라 요새가 산 중턱에서 도시를 내려다보는 듯 한 위압감이 느껴질 정도로 한 눈에 확 들어온다. 산 중턱의 요새가 해안까지 성벽으로 이어져 해안을 제외한 구시가지를 감싸고 있다. 터미널에서 성벽 쪽으로 이어지면서 나타나는 도시의 인상은 도시 개발이 전혀 되지 않아서 그런지 소비에트 냄새가 물씬 난다.

성벽에 접근하면 그다지 높지 않은 5m~7m 정도 되는 성벽이 가로막고 서 있다. 성안에는 단층의 허름한 건물들이 빼곡히 차 있다. 안쪽 성벽을 집 벽으로 삼고 성벽 위가 지붕과 연이어져 있는 모습으로 보존되어 있어 데르벤트 세계문화 유산치곤 제대로 관리가 안 된 상태이다. 골목길도 미로처럼 얽혀있어 한참을 헤매고 돌아다녀야 할 정도이다.

성곽을 타고 산 쪽으로 2㎞ 타고 올라가면 성의 내성과 같은 나린 칼라 요새가 있다. 가파른 언덕에 계단이 있고 그 계단을 걸어 올라가면 내성으로 들어가는 문이 나온다. 내성은 산기슭 중간 지점에 약간 솟아오른 구릉 위에 축조되어 있어 한국 휴전선 부근에 있는 GP나 OP인 전략적 요충지와 같다. 요새에 오르면 시야가 탁 트여 있어 반경 십 수 킬로미터가 한눈에 들어온다. 천혜의 자연을 이용하여 요새를 만든 것이다. 요새의 형태는 외성의 한쪽 사면으

나린 칼라 외성으로 내성 정상까지 3.5km 두 줄로 평행하게 건설되었다.
멀리 산기슭에 요새가 보인다.

로만 적들이 접근하지 포위는 할 수 없게 축조되어 있다.

남쪽에서 올라오는 오스만 튀르크 군이 해안과 카프카스 산 사이 길목을 꽉 막고 서있는 이 외성과 내성을 공략하기란 엄청 어려웠을 것이다. 그와 반대로 북쪽 유목민들이 남쪽으로 내려가는 길목을 꽉 막고 있는 성벽을 공략하기란 매우 어려웠을 것이다. 맨 꼭대기에 위치한 내성 안에는 칸의 궁전 흔적이 있다. 아주 잘 만들어진 사우나 시설이 아직도 그 형태를 그대로 유지하고 있다. 수백 년 전 이 지역을 다스리던 수장이 여기서 사우나를 했을 것이다. 내성 안에는 여러 건물들이 있는데 특이한 것이 지하 감옥이다. 땅을 파고 그 위에 쇠창살을 덮은 형태가 감옥이라기 보다는 처형 장소에 가깝다. 뒤주에 갇혀 죽어간 사도세자처럼 이곳에 떨어진 죄수는 음식과 물이 제공 되지 않은 상태로 천천히 죽어갔다. 한번 들어간 죄수는 죽어서도 나오지 못했다고 한다. 제국이 멸망한 뒤 20세기 초에 우물 같은 형태의 지하 감옥 바닥에서 커다란 마대로 수많은 뼛조각을 꺼냈다고 하니 자비라는 단어가 무색하다.

그래서인지 2016년 이곳에서 IS가 관광객들에게 총기를 난사하여 1명이 죽고 10여 명이 부상당하는 일도 있었다. 요새 안에는 5세기 기독교 교회의 유적과 초기 모스크의 흔적도 남아 있다. 성벽 위에 올라 아래로 내려다보면 내성 안에 있는 단층집들이 빼곡히 차 있는 것이 보인다. 전망은 탁 트여서 바닷가까지 한눈에 보인다. 해안 쪽으로 가까이 갈수록 내성의 폭이 넓어져 폭이 400m 정도이다. 요새에서 해안가로 내려가다 보면 러시아의 여느 도시에 가도 항상 있는 레닌 광장과 레닌 동상이 바닷가를 바라보며 서 있다. 광장에는 지역 청사들이 연해 있고 공원에는 아이들이 즐겁게 놀고 떠들고 있다. 여느 러시아 작은 도시에도 볼 수 있는 풍경이다.

좁은 골목길을 따라 내려오면서 문이 열려 있는 집들의 대문 안을 들여다 볼 수 있다. 집 마당에서 놀고 있는 아이들과 마주치기도 한다. 1970년대 아직 개발되지 않았던 한국의 골목길과 비슷한 느낌이다. 그 안에 놀고 있는 아이들의 맑은 눈빛은 70년대 한국의 모습과 비슷하다. 내려오면서 중간쯤에 조그마한 아르메니아 성당이 있다. 이런 곳에 아르메니아 정교회 성당이 존재한다는 것은 조금 생뚱맞다. 왜냐하면 데르벤트 뿐 아니라 주위의 많은 다게스탄인 대부분이 회교도들이기 때문이다. 회교도들 거주 지역 한복판에 정교회 성당이 있고 여기서 서로 다른 종교가 상생했었다니 신기하다. 지금은 신자들이 모두 떠나 박물관으로만 존재한다.

데르벤트의 나린 칼라 요새는 유네스코가 지정한 세계 문화 유산으로 등록되어 있으나 관광객이 많지 않다. 나린 칼라 요새 내성에는 다게스탄을 연구한다는 젊은 일본인 학자와 러시아 로스토프나노누에서 온 한 팀의 가족, 그리고 다게스탄 중학생들로 보이는 아이들 외엔 관광객이 적어 한적한 느낌이다. 해안가로 내려갈수록 성벽 안 폭이 넓어진다. 성벽을 수백 년 동안 손을 보지 않아 쇠락하고 곳곳이 무너진 상태이다. 학생들이 성벽 위에서 놀거나 성 안팍으로 잡초가 무성하고 땅이 질퍽거릴 정도로 방치되어 있다. 해안가로 내려갈수록 빈 공터가 많은 이유는 예전에

나린 칼라 요새 안 광경, 이곳에 칸의 궁전과 이슬람 사원이 있었다.

해안가에는 배가 정박하고 항구와 같은 역할을 해 장사하는 시장과 창고가 주로 있었고 산 쪽이 주거지였기 때문이다. 지금은 선박이 정박하거나 항구로서의 기능이 완전히 사라졌기에 시장과 창고도 사라졌다.

세계적으로 유명한 장소임에도 불구하고 나린 칼라 요새로 접근하는 길이 쉽지 않다. 데르벤트가 아제르바이잔과 가까워 아제르바이잔에서 자동차로 넘어오는 경우가 있는데 국경을 넘어 본 사람들 대부분이 넘을 곳이 못 된다고 할 정도로 국경 통과 인프라가 열악하고 국경 통과에 많은 시간이 소요된다. 누구는 12시간을 국경에서 대기했다고도 하고 운이 안 좋으면 하루 꼬박 걸릴 수도 있다고 한다. 한국인들이 이곳을 방문하려면 모스크바를 거쳐 마하치칼라로 러시아 국내선을 타고 와야 한다. 또 거기서 버스를 타고 3시간 반 동안 2차선 좁은 국도를 달려와야 한다. 부족한 관광 인프라 시설을 차치하더라도 한국인 뿐만 아니라 세계인들에게도 접근하기 매우 불편하다.

데르벤트는 카스피해 서쪽 해안 타바사란 산맥 경사면에 병목처럼 형성된 지역에 있다. 그 때문에 카스피해의 문이라고 불릴 정도로 천연 통로 형상을 띠고 있다. 중동과 유럽 더 나아가 북방 유목 제국과의 통행을 제한할 수 있는 교통의 요지이며 군사적 요충지이다. 구도시의 형태는 산에서 해안까지 두 개의 평행한 성곽이 존재하고 있었다. 현재 모습으로 보존되어 있는 나린 칼라 요새는 13~14세기경 지어졌다고 한다. 나린 칼라라는 말뜻이 요

나린 칼라 요새 성벽 안 모습, 뒤쪽으로 카프카스의 산들이 보인다.

새 혹은 작은 요새라고 한다. 그 이전에도 이곳에 요새가 있었으며 그 기원은 5,000년 전까지 거슬러 올라간다. 기원전 1천 년 경부터 이 지역이 남북을 통제하는 전략적 요충지로 나타나고 있다. 현재의 장소에 쌓은 초기 성곽은 5세기경 사산조 페르시아인들에 의하여 건설되었다. 그 이후 아랍 칼리프 제국, 몽골, 티무르 제국, 오스만 제국, 1747년 데르벤트 칸국이 1813년 러시아가 지배하기 전까지 통치하였다. 1만 명에서 1만 3천 명 내외의 주민이 살았던 데르벤트는 남카프카스와 북카프카스를 잇는 교통의 요충지이며 전략적 요충지였다.

더 넓게 보면 북방 민족인 유목민들의 남하를 막을 수 있는 길목이며, 남쪽 중동 제국들의 북진을 저지하는 천혜의 요새였다. 데르벤트를 기점으로 남과 북이 다른 제국으로 수천 년 대치해 왔다. 그러한 이유는 데르벤트가 위치한 천혜의 자연조건 때문이다. 데르벤트 구시가지를 감싸는 나린 칼라 요새는 바닷가에서 시작하여 험준한 카프카스의 산으로 이어져 있어 이 요새를 점령하지 않고는 남과 북 어느 곳으로도 진출할 수가 없었기 때문이다. 바다와 험준한 산이 바로 해안가에 붙어 있는 천혜의 좁은 통로를 나린 칼라 요새가 꽉 막고 있는 형세이다. 폭이 약 300~400m로 평행하게 축조된 두 줄기의 성벽은 바닷가 해변에서 시작하여 산 중턱까지 3.6㎞ 이어져 있다.

성주는 바닷가에서 3.6㎞ 떨어진 내륙 쪽 산 중턱에 위치해 있는 요새 안에 둥지를 틀고 있어 점령하기가 매우 어렵게 보였다. 동로마 제국의 수도 콘스탄티노플이 해안가에 있어 바다로부터

데르벤트 5,000년 역사를 의미하는 관문으로 데르벤트 시내에 세워져 있다.

물자를 공급받을 수 있고 거대한 성채로 인하여 방어망이 철저했던 것과 같은 이치이다. 산 정상 부근에 있는 요새는 삼면이 가파른 경사로 보호를 받고 있으며 성채의 높이는 12m이며 14개의 문과 탑루가 있다.

니즈니노브고로드, 러시아의 '돈주머니'에서 월드컵 개최까지

김준석

니즈니노브고로드의 어제와 오늘

니즈니노브고로드는 볼가강과 오카강이 만나는 아름다운 곳에 세워진 도시다. 2018년 러시아 월드컵 당시 대한민국과 스웨덴의 경기가 열린 곳이기도 하다. 모스크바에서 417㎞ 거리에 위치한 니즈니노브고로드는 2000년 중반까지 러시아 인구 순위 세 번째 도시였다. 오랜 기간 유럽과 아시아의 무역상이 몰리는 경제 요충지이자 시베리아 영토 확장을 위한 전략 기지였고, 20세기 러시아 자동차 산업의 중심지였다. 1861년 처음 모스크바-니즈니노브고로드 철로가 놓였으며, 현재 고속열차로 3시간 반, 비행기로 1시간이면 모스크바에서 니즈니노브고로드까지 도달한다.

얼마 전까지 도시 명칭은 고리키였다. 1932년 명칭이 니즈니노브고로드에서 고리키로 변경되었다. 막심 고리키는 소련 시대 초

발레리 치칼로프 동상. 비행사인 그는 소련의 영웅이다. 1938년 그가 비행 사고로 사망하자 시민들은 그의 기념비를 만들자고 시정부에 탄원한다. 동상 제막식은 1940년 12월 15일에 거행되었다.

기 스탈린 시절을 대표하는 작가였다. 명칭 변경에는 막심 고리키의 등단 40주년을 기념하는 의미가 담겼다고 한다. 한국에도 번역·소개된 소설 『어머니』의 저자인 그는 1868년 이 도시에서 태어나 자랐다. 그래서 나이가 있는 시민 대다수는 아직도 자신을 가르켜 '고리키 시민'(러시아어로 '고리콥찬')이라 부른다. 제2차 세계대전 당시의 기념비들, 군수·자동차 공장, 공원·거리·지하철역의 명칭도 '고리키'라고 지었다.

1990년 도시는 본래 이름 '니즈니노브고로드'를 되찾는다. 지역민들은 줄여서 니즈니라고 말한다. 자기 자신도 니즈니인(러시아어로 니제고로데츠)이라고 한다. 사실 '니즈니'는 형용사로 '아래의'라는 뜻이다. 북서부에 위치한 벨리키노브고로드와 구별하기 위해 '니즈니'가 붙었다는 설도 있고, 볼가강 유역에 먼저 생긴

치칼로프 계단. 크렘린에서 나오면 560개의 치칼로프 계단을 볼 수 있다. 계단 아래로 볼가강이 흐른다.

다른 도시보다 아래에 세워졌기 때문에 이 형용사가 붙었다는 설도 있다.

러시아 행정구역상 니즈니노브고로드는 볼가 연방관구의 수도이고, 니즈니노브고로드주의 주도이다. 도시는 1221년 설립되었다. 시의 유구한 역사를 말해주듯 석조 크렘린이 위용을 자랑한다. 크렘린은 러시아식 성(城)이라고 보면 된다. 러시아 수도 모스크바에만 크렘린이 있는 것이 아니다. 니즈니노브고로드의 크렘린 앞에는 소위 '혼란의 시기' 러시아를 구원한 쿠지마 미닌과 드미트리 포자르스키의 동상이 서 있다.

니즈니노브고로드는 막심 고리키 외에 비평가 니콜라이 도브롤류보프, 소비에트 영웅 비행사 발레리 치칼로프의 고향이기도 하다. 러시아의 거상이었던 스트로가노프가의 본거지이기도 하다. 과거 이곳에서는 세계적 규모의 정기 시장이 열렸다. 모스크바가 러시아의 '머리'이고, 상트페테르부르크가 '심장'이라면, 니즈니노브고로드는 러시아의 '돈주머니'였던 것이다. 제2차 세계대전 당시엔 잠수함과 탱크, 그 이후엔 러시아 국민 자동차 '볼가'의 생산기지로 이름을 알렸다.

2021년이면 도시는 창건 800주년을 맞는다. 그동안 수많은 사건이 있었다. 시민들은 상인 쿠지마 미닌이 국민군을 모집해 러시아를 지켜낸 일을 가장 자랑스러워한다. 이어 도시의 기념비적인 사건으로 1917년 혁명 전까지 100년 이상 지속된 세계무역박람회를 들 수 있다. 도시는 오랜 기간 국제 상업 도시의 위용을 뽐냈는데, 이는 러시아와 유럽 전역의 주요 대상들이 이 박람회와 도시의 시장으로 몰려왔기 때문이다. 니즈니노브고로드 시장은 19세기 유럽에서 가장 번성했던 시장으로 기록되어 있다. 18세기 모스크바에서 상트페테르부르크로의 천도에도 불구하고, 혁명 전까지 모스크바가 수도의 위용을 되찾는 시기가 있었다. 바로 황제의 대관식이 거행된 몇 주가 그 시기에 해당됐다. 반면 니즈니노브고로드는 '매년' 여름 러시아 상업 수도의 위상을 뽐냈던 셈이다.

1825년 러시아 젊은 장교들이 입헌군주제 실현을 위해 일으킨 '데카브리스트 봉기' 또한 도시 발전에 많은 영향을 끼친다. 봉기는 실패했고 수많은 장교가 시베리아로 유배당했다. 형기를 마친 이후에도 그들은 상트페테르부르크와 모스크바에 거주하는 것이 금지된다. 때문에 많은 이가 니즈니노브고로드로 이주해 들어왔다. 그들이 일군 수준 높은 서구식 문화는 '니즈니인들'의 자랑거리가 되었다.

군사 요충지에서 러시아 구원의 도시가 되다

모스크바 공국 건설의 초석을 다진 유리 돌고루키의 손자이자 블라디미르 공국의 공후인 유리 프세볼로도비치가 세운 도시가 니즈니노브고로드다. 그때가 1221년이다. 이 부근은 도시가 세워지기 전부터 전략적 요충지였다. 그 이전까지 볼가강 최서단에 위치한 슬라브족 도시는 골로데츠였고, 그보다 조금 더 '아래(니즈

니즈니노브고로드 크렘린. 14개의 탑으로 구성되었으나 현재는 13개의 탑이 남아 있다. 석조성의 건축 시기는 1508~1515년이었다.

민족 화합의 광장은 니즈니노브고로드의 주요 광장 중 하나다. 바로 여기에서 혼란의 시기에 시민들이 모여 민병대가 결성되었다.(사진: 위키피디아)

사진은 지휘를 맡은 드미트리 포자르스키 공후와 상인 쿠지마 미닌의 동상이다. 미닌과 포자르스키의 동상은 모스크바 붉은 광장의 바실리 성당 앞에 먼저 세워졌고 그것과 똑같이 만든 것이 니즈니노브고로드에도 세워진 것이다.(사진: 위키피디아)

니즈니노브고로드 시장 건물. 니즈니노브고로드 시장의 역사는 500년에 가깝다. 초기 시장은 카잔에서 열렸고, 이후 마카리예보 수도원, 19세기에 들어 니즈니노브고로드에 확실히 자리를 잡는다.

니)' 지역에 '새로운(노브) 도시(고로드)'를 볼가강과 오카강이 만나는 유리한 위치에 세운 것이다. 이후 이 도시는 러시아 영토 확장에 있어 중요한 역할을 담당하며 러시아의 대도시로 발전한다.

13~14세기 몽골·타타르의 러시아 침입은 이 도시에도 타격을 입힌다. 목조로 지어진 크렘린이 불탔고 도시 전체가 약탈당했다. 니즈니노브고로드가 지리적으로 몽골에 더 가까웠기 때문에 러시아의 수도가 되지 못했다는 설이 이때 생긴다. 그것이 설에 불과하더라도 니즈니인들이 몽골·타타르의 공격을 어느 정도 저지하는 데 성공하고, 그로써 니즈니노브고로드가 모스크바의 방파제 역할을 했다는 점은 역사에 기록되어 있다.

16세기 모스크바 크렘린의 설계자 피에트로 안토니오 솔라리(니즈니노브고로드에서는 표트르 프랴진이라 불렸다)는 니즈니노브고로드로 파견되어 석조 크렘린을 건설한다. 이는 도시의 역사에 있어 전환점이 되는 사건이었다. 이제 도시가 적들이 아무 때나 침범할 수 없는 '위엄을 갖춘 도시'가 되었기 때문이다. 1714년 표트르 1세는 니즈니노브고로드주를 설정하는데, 그 행정 중심지로 니즈니노브고로드 크렘린이 지정된다.

니즈니노브고로드가 러시아의 구원 도시로 이름을 떨친 시기는 이반 4세의 사망 이후 시작된 '혼란의 시기' 때이다. 당시 러시아는 외세의 정복 대상이 되어 있었다. 결국 모스크바는 폴란드·리투아니아 연방의 침입을 받았다. 1611년 모스크바 제1 민병대가 참패한 후 니즈니노브고로드의 상인 쿠지마 미닌과 공후 드미트리 포자르스키는 1612년 제2 민병대를 모집한다. 이 니즈니노브고로드 민병대의 활약으로 폴란드·리투아니아군을 러시아에서 몰아낼 수 있었다. 니즈니노브고로드가 러시아의 국가적 통일을 유지하는 데 큰 기여를 한 셈이다. 이때부터 시민들은 자신들이 러시아를 구원했다는 자긍심을 갖게 되었다.

러시아의 돈주머니, 니즈니노브고로드

'러시아의 돈주머니'라는 도시 이미지는 세계적으로 유명했던 '니즈니노브고로드 정기 대시장'의 활약 덕분이다. 1816년 마카리예보에 위치한 시장 건물이 불타자 시장은 1817년 이곳 니즈니노브고로드로 이전된다. 이후 1917년 사회주의 혁명이 발발하기 이전까지 100년 이상 시장은 세계에서 가장 큰 장터 중 하나로 발돋움한다. 그와 함께 니즈니노브고로드 역시 러시아 제3의 도시가 된다. 특히 1896년 개최된 전 러시아 예술 산업 박람회는 도시를 상업의 도시, '돈주머니의 도시'라는 호칭을 다시 한 번 확인시켜 준 사건이었다.

볼가강 유역에서 장사가 시작된 것이 13세기라면, 니즈니노브고로드 부근으로 상인들이 몰려들기 시작한 것은 16세기라고 본다. 이는 도시의 지리적 요건과 관련이 깊다. 볼가강과 오카강이라는 두 개의 큰 강이 교차하는 지역에 위치한 니즈니노브고로드는 일찌감치 교역의 중심지로 발전했다. 모스크바와 시베리아를 오가는 러시아 각지의 상인들이 마카리예보의 시장을 오갔던

'스트로가노프 성당, 또는 성모 성당'. 여러 서적에 '볼가강 유역의 진주'라고 소개될 정도로 아름다운 외관을 자랑한다.

것이다. 그중 하나가 16세기 러시아 대부호로 이름을 떨친 대상 스트로가노프 가문이다. 도시에는 '스트로가노프 성당, 또는 성모 사원'으로 알려진 아름다운 성당이 있다. 여러 서적에 '볼가강 유역의 진주'라고 소개될 정도로 아름다운 외관을 자랑한다.

혁명의 도시에서 고리키의 도시로

러시아에서 발생한 1905년과 1917년 혁명은 니즈니노브고로드의 역사에도 적지 않은 영향을 끼쳤다. 시의 여러 공장에서 노동자들의 시위와 봉기가 발생했고, 그로 인해 혁명가들이 이곳에 결집했다. 그중에는 블라디미르 레닌도 있었다. 레닌과 함께 사회주의 혁명을 꿈꾼 야콥 스베르들로프가 태어나고 자란 곳도 니즈니노브고로드였다. 당시 도시에서 발발한 1905년의 시위는 유명했다. 막심 고리키의 소설 『어머니』에 묘사된 노동자들의 봉기가 바로 이 소르모보 항쟁이다. 이 사건을 계기로 도시에 '1905년', '바리카드(바리케이드)'라는 거리 명칭이 생겨났다. 1905년 러시아 혁명이 바로 이 소르모보 항쟁에서 비롯되었다고 할 수 있다. 도시가 1905년 혁명에 큰 역할을 한 것이다. 물론 혁명이 도시에 끼친 부정적 측면을 이야기하는 사람들도 있다. 혁명으로 시 경제에 큰 부분을 차지하던 니즈니노브고로드 대시장이 폐쇄된 것이다.

소련 시절 스탈린이 모든 인민의 아버지였다면, 고리키는 젊은

막심 고리키 동상. 7미터의 이 동상은 고리키 공원에 1952년 11월 2일 제막되었다. 동일한 모습을 한 동상이 1956년 모스크바 소재 고리키 세계 문학 연구소 앞 공원에 설치된다. 모두 유명 조각가 베라 무히나의 작품이다.

붉은 소르모보 공장. 1849년 설립된 유서가 깊은 공장이다. 현재 러시아에서 가장 큰 선박 조립 공장 중 하나이다.(사진: 위키피디아)

작가들의 '선생님'이었다. 그는 새로운 문학 사조인 '사회주의 리얼리즘'을 탄생시켰고, 젊은 작가 양성에 힘썼다. 그가 태어난 곳이 바로 니즈니노브고로드다. 소련 정부는 1932년 10월 7일 그의 등단 40주년을 기념해 도시 명칭을 고리키로 변경한다. 하지만 '고리키'가 발음상 좋지 않고, 러시아어로 '(맛이) 쓰다'라는 뜻 역시 유쾌하지 않은 점, 그가 훌륭한 작가인 것은 맞지만 도시의 역사적 명칭을 변경할 만한 사유는 되지 못한다는 반론이 주기적으로 제기되었다. 결국 1990년 도시는 이전의 명칭을 되찾는다.

도시 명칭이 고리키로 바뀐 1932년 '고리키 자동차 공장'이 건설된다. 이 공장은 향후 도시 역사의 한 축을 담당한다. 공장 덕분에 도시가 러시아 산업의 중심지로 발돋움했기 때문이다. 이곳에서 러시아 국민차 '볼가'가 생산되었고, 잠수함, 탱크 등 다양한 군수 물자도 생산되었다.

제2차 세계대전과 '외국인 출입 제한 도시' 지정

제2차 세계대전은 니즈니노브고로드가 산업 중심지로 발돋움하는 데 중요한 역할을 한다. 니즈니노브고로드(당시 고리키)에 많은 군수 공장이 가동되었던 것이다. 군함 및 탱크 공장 '붉은 소르모보', 자동차 공장 '소콜', 고리키 자동차 공장 등에서 탱크, 비행기, 잠수함, 탄약 등이 생산되었다. 모스크바에 가까운 후방으로서 식량과 생필품도 공급했다. 전쟁 승리에 크게 이바지한 셈이다. 하지만 군수 산업이 발달한 이유로 도시는 외국인 출입 제한 도시로 지정된다.

안드레이 사하로프 박사
(사진: 위키피디아)

외국인들에 대한 출입이 제한되기 이전에 이 도시는 러시아 군수 산업 기지라는 이유로 외국인들의 관심을 많이 받는다. 1956년에 78명의 외국인이 도시를 방문했고 그중 22명이 스파이로 밝혀진다. 1957년에는 자본주의 국가에서 방문한 245명의 외국인 중 26명이 첩보원으로 공식 판명되었으며, 이로 인해 당국은 1959년 8월 4일부터 고리키의 외국인 출입을 제한한다. 1990년 10월 22일 외국인 출입 제한이 해제되지만, 해당 조치가 문화·산업적 측면에서 도시 발전 속도를 저해했다는 평가가 있다. 하지만 당시가 '철의 장막' 시대였다는 점을 감안하면 외국인의 출입을 제한하지 않았더라도 상황은 크게 다르지 않았을 것이라 여겨진다.

개혁의 니즈니노브고로드, 볼가 연방관구의 수도가 되다

니즈니노브고로드는 페레스트로이카 이후 러시아 개혁 수도라는 타이틀을 얻는다. 이는 1991년부터 1997년까지 니즈니노브로고드주의 초대 주지사를 지낸 보리스 넴초프의 활약에 힘입은 것이다. 니즈니노브고로드주에서 행해진 개혁으로 무역업과 운

1985년 개통된 니즈니노브고로드의 지하철. 고리키역의 모습. 니즈니노브고로드는 러시아에서 지하철이 다니는 7개의 도시 중 하나다. 지하철 건설은 도시의 지위를 높이는 계기가 되었다. 대도시의 상징적 징표이기도 하다. 하지만 니즈니노브고로드에서 지하철이 아직 주요 교통수단이 아닐뿐더러 이용객이 많지 않다는 점은 꾸준히 문제점으로 지적되고 있다.(사진: 위키피디아)

사하로프 박사가 니즈니노브고로드에 거주했던 아파트가 지금은 박물관이 되었다. 사진은 아파트 외관과 박물관 내 그의 침실. 노벨 평화상 수상자이자 소련의 물리학자로 수소폭탄을 발명한 안드레이 사하로프 박사가 반체제 혐의로 유배된다. 1980년부터 1987년까지 그가 유배되어 머문 도시가 바로 당시 외국인 출입 제한 도시였던 고리키였다.

보리스 넴초프. 그는 1997년 38세의 나이로 러시아 제1부총리, 1999년부터 2003년까지 러시아 하원하원을 지냈다. 이후 야권 인사로 활발한 정치·사회 활동을 이어오다 2015년 2월 불의의 사고로 사망한다.(사진: 위키피디아)

송업, 집단농장 사유화, 새로운 자유 가격제 도입, 외국 투자자에 대한 세제 혜택 제공 등이 있다. 당시 러시아로선 파격적인 정책이 실행된 것이다. 이는 몇 년에 걸쳐 러시아연방 언론에 보도됐고, 그 결과 니즈니노브고로드는 자본주의적이며 개혁적인 도시 이미지를 얻는다. 주정부가 모스크바로부터 인정받았고, 이는 보리스 넴초프와 세르게이 키리옌코가 모스크바 정계로 진출하는 계기가 된다.

세르게이 키리옌코. 그는 니즈니노브고로드에서 사업을 하던 중 1997년 넴초프의 도움으로 모스크바 중앙행정부로 진출한다. 현재 그는 러시아연방 대통령 행정실장 제1수석으로 활약 중이다.(사진: 위키피디아)

넴초프는 니즈니노브고로드의 홍보 슬로건을 '제3의 수도'로 정하고 홍보했다. 결과는 성공적이었다. 당시만 해도 도시 인구 수 역시 모스크바, 상트페테르부르크에 이어 세 번째였던 (현재 인구수는 노보시비르스크, 예카테린부르크에 뒤진 5위에 올라 있다.) 도시는 2003년 볼가 연방관구의 수도 지위를 얻고, 2006년에는 '볼가의 문화 수도' 대회에서 우승한다. 하지만 이러한 성과에도 도시는 현재 계속된 인구 감소(2020년까지 감소 전망), 건설업 불황 등으로 조금은 활력을 잃은 모습이다.

월드컵과 도시 건립 800주년, 다시 역사의 주역으로

2005년 니즈니노브고로드가 다시 러시아 역사의 중심에 선다. 폴란드·리투아니아 연합을 러시아에서 몰아낸 것을 기념하여 러시아 정부가 11월 4일을 국경일인 '국민 통합의 날'로 지정한 것이다. 21세기 위대한 러시아, 그 재건의 출발선에 니즈니노브고로드 역시 함께 선 것이다.

서방의 경제 제재, 러시아 전역에 불어 닥친 인구 감소, 루블 약세 등 여러 악재에도 불구하고 도시는 재도약을 준비하고 있다. 그 사이 2018년 여름 러시아 월드컵 개최 도시로 선정돼 대대적인 도시 정비 사업도 진행했다. 새로운 비즈니스 센터가 들어섰고, 크렘린을 비롯한 도시 상징물들이 재정비되었다. 오카강과 볼가강이 만나는 수려한 강변에 세워진 월드컵 스타디움은 그 정점이라 할 수 있다. 경기장 앞에는 지하철역도 새로 개통되었다.

2021년 니즈니노브고로드는 도시 건립 800주년을 맞는다. 800주년 준비위원회는 표어를 '나의 새로운 니즈니노브고로드'로 정했다. 위원회는 2017년부터 2021년까지 매년 새로운 슬로건 아래 행사와 사업을 기획한다. 2017년은 '니즈니노브고로드 건축과 전통의 해', 2018년은 '스포츠와 건강의 해', 2019년은 '예술과 민중 창작의 해', 2020년은 '산업, 학문, 교육의 해', 그리고 2021년이 '니즈니노브고로드 800주년의 해'이다. 주제에 맞게 2017년에는 크렘린 4개 종탑의 복원 공사, 고리키 박물관과 민속촌 등의 보수 공사가 진행되었다.

니즈니노브고로드 월드컵 스타디움. 2018년 러시아 월드컵을 위해 지어진 경기장이다. 대한민국과 스웨덴의 경기를 포함 총 6번의 경기가 치러졌으며, 총 25만 6천 명의 관중이 관람했다. 월드컵 기간 동안 총 112개국에서 15만 명의 외국인이 도시를 방문했다.(사진: 위키피디아)

СБЕРБАНК
ФОНБЕТ

니즈니노브고로드는 유네스코가 선정한 세계 100대 도시에 포함되었다. 그만큼 도시에 내재된 역사·문화적 가치는 세계적인 곳이다. 2018년에는 막심 고리키 탄생 150주년을 맞아 그의 기념일이 유네스코 세계 무형 유산에 등재되었다. 그뿐만이 아니다. 17세기 러시아 정교회 구교도를 이끌었던 사제 아바쿰도 이곳 출신이다. 17세기 박해를 받았던 구도교의 은신처도 보존 가치를 지닌 곳이다. 17세기 러시아 전통 공예품 '호흘로마'(알록달록한 러시아식 목재 식기와 그릇)도 이곳에서 탄생했다. 니즈니노브고로드주 호흘로마 마을에서 만들어져 이름이 '호흘로마'가 되었다고 한다. 현재는 지역 이름이 호흘로마에서 세묘노프로 바뀌었는데, 니즈니노브고로드에서 북서쪽으로 자동차로 한 시간 반 정도 가면 도착한다. 도시에서 북서쪽으로 80㎞ 떨어진 곳이다.

니즈니노브고로드는 한때 러시아에서 생산되는 차량 가운데 중대형 자동차의 절반, 버스의 30%, 승용차의 10%를 생산했던

러시아 전통 공예품 '호흘로마'. 사진은 1979년 소련에서 발행된 우표.
(사진: 위키피디아)

도시다. 페레스트로이카 이후 러시아에서 자본주의 색채가 가장 짙은 도시라는 평가를 받던 때도 있었다. 이제 니즈니노브고로드는 도시 창건 800주년을 맞아 새로운 도약을 꿈꾸고 있다. 다시 역동적인 '제3의 수도'로 역사의 주인이 되길 고대하고 있다.

요시카르올라, 볼가 지역의 베네치아를 꿈꾸다

김혜진

2018년 4월에 발행된 러시아 저널 「오고뇩」은 새로운 정체성을 찾고 있는 러시아 도시들을 소개하였다. 일부 도시들은 역사적 상징과 문화 유산을 되살리며 새로운 지역 정체성을 구축하는가 하면, 또 다른 도시들은 화려하고 현대적인 도시의 모습을 추구하며 관광업 발전에 나서고 있다. 최근에는 국제적인 행사가 러시아 지방 도시에서도 개최되며 이 도시들이 발전하는 데 큰 동력이 되고 있다. 러시아 동쪽 변방이었던 블라디보스토크는 APEC 회의와 동방경제포럼 등 국제회의를 열면서 빠른 속도로 발전하기 시작했다. 볼가 연안의 사란스크는 공항조차 없었던 작은 도시였다가, 2018 러시아 월드컵 경기 도시로 선정되면서 연방정부의 예산으로 대대적인 도시 재건을 이룰 수 있었다. 반면, 재정적인 어려움으로 중앙정부의 통제 하에 있던 과거보다 발전을 이루지 못하고 정체된 상태로 남아있는 도시들도 많다.

러시아를 구성하는 공화국 중 하나인 마리엘 공화국은 위치상으로 유럽 러시아의 중심부라 할 수 있는 볼가-우랄 지역에 위치해 있으나, 러시아에서 정치적으로 중요하거나 경제적으로 발전한 곳은 아니다. 인근 타타르스탄이나 바시코르토스탄처럼 석유가스가 생산되어 경제적인 발전을 이루고 있거나, 우랄 도시들처럼 소비에트 경제 발전에 큰 공을 세웠던 산업단지가 들어서 있던 것도 아니다. 마리엘 공화국 수도인 요시카르올라는 독특한 이름 외에는 러시아 내에서 이렇다 할 확고한 이미지를 갖고 있지 않다. 오랫동안 소비에트 시기의 모습 그대로 남아있었던 요시카르올라는 2004년에서 2009년까지 5년이라는 길지 않은 시간 동안 완전히 새로운 모습으로 탈바꿈했다.

마리인의 고유 영토, 마리엘 공화국

23,375㎢의 작은 영토를 갖고 있는 마리엘 공화국은 핀우그르계 민족인 마리인(마리예츠인)의 고유 영토이다. 그렇지만 마리인이 공화국 인구의 다수를 차지하는 것은 아니다. 2010년 러시아 인구 조사 결과 공화국에서 러시아인(47.4%)과 마리인(44%)의 인구 비율은 비슷한 수준이다. 이곳의 러시아인은 주로 요시카르올라와 그 인근 지역, 볼스크시와 서부 지역에 살고 있으며, 마리인은 대부분 농촌 지역에 거주하고 있다.

2017년 기준 공화국 인구는 684,684명으로, 이곳은 러시아에서 인구가 적은 지역에 해당한다. 공화국 인구는 계속해서 감소하고 있다. 출산율은 조금씩 증가하고 있지만, 이곳을 떠나는 사람들이 훨씬 많다. 이는 공화국의 낮은 경제 수준 때문이다.

마리엘 공화국 문장

공화국의 주요 산업은 농업, 기계 제작, 금속가공, 임업, 제지업 등이다. 2015년 기준 지역내총생산을 구성하는 경제 활동 분야는 가공업(28.2%), 농업, 사냥 및 임업(19.5%), 건축(9.3%)이다. 이것만 보더라도 석유가스 산업 등이 발전한 인근 공화국들에 비해 경제 수준이 낮음을 알 수 있다. 2015년 기준 마리엘 공화국 지역내총생산은 1,655억 루블(약 17.91억 달러), 1인당 지역내총생산은 241,100루블(약 2,539 달러)이다. 최근 공화국 경제가 이전에 비해 상당히 발전하고 있다는 평을 받지만, 러시아 전체적으로 볼 때 마리엘 공화국의 경제 규모는 크지 않다. 러시아에서 마리엘 공화국의 지역내총생산이 차지하는 비율은 0.3%에 불과하다.

'붉은 도시', 요시카르올라

마리엘 공화국의 수도는 요시카르올라로, 마리어로 '붉은 도시'라는 뜻이다. 이 일대가 러시아의 지배를 받으면서 많은 봉기가

보즈네센스크 사원

일어났는데, 1584년 차르 표도르 요안노비치가 봉기 진압을 목적으로 이곳에 요새 도시를 건설한 것이 요시카르올라의 시초이다. 당시 이름은 '차레보콕샤이스크'로, 이곳을 흐르는 '콕샤가강(볼가강의 좌측 지류)의 차르 도시'란 의미다. 요새 안으로 수공업자, 상인, 농민들이 들어오기 시작했고, 주민이 증가하면서 도시 경계도 확장됐다. 무역상과 수공업자의 수가 늘어났지만, 주민 대부분은 군인들이었다. 군사령관이 차레보콕샤이스크를 다스렸으며, 군인들이 지역 주민의 잦은 봉기와 소요를 진압했다.

18세기에 들어서면서 차레보콕샤이스크에 석조 건물들이 지어졌으며 경제적으로도 발전하기 시작했다. 그러나 19세기에도 여전히 인구 2천 명에 불과한 작은 도시였다. 20세기 초 이 도시에는 13개의 거리, 300개 정도의 건물이 있었다. 주요 경제 분야는 농업이었다. 1920년대까지 이러한 모습이 그대로 유지됐다.

오늘날의 콕샤가 강변 풍경

1919년 2월 차레보콕샤이스크는 '크라스노콕샤이스크'(콕샤가 강의 붉은 도시)로 개명됐으며, 1928년에는 '요시카르올라'(마리어로 '붉은 도시')로 또다시 명칭이 바뀌게 된다. 1950~60년대 인스티투트 거리(오늘날 레닌 대로)를 따라 도시 개발이 이뤄졌다. 요시카르올라의 중심지가 된 이 거리를 따라 시청과 각종 공공기관, 호텔 등이 지어졌다. 1984년 도시 설립 400주년을 맞아 중앙정부로부터 '붉은 노동 깃발' 훈장을 받았으며, 1990년에는 보즈네센스크 사원, 티흐빈스크 사원 등 역사적인 건물이 보존된 점을 인정받아 '러시아 역사 도시' 지위를 얻었다.

2017년 기준 요시카르올라의 인구는 277,700명이며, 이 중 68%가 러시아인, 24%가 마리인이다. 이곳에는 식품, 화학, 기계제작, 제지업 공장 등 여러 산업체가 들어서 있다. 교통 인프라는 좋지 않다. 요시카르올라를 지나가는 열차는 카잔과 모스크바

방면뿐이며, 모스크바에서 비행기로 약 2시간 거리지만 일반 비행기는 운항되지 않는다. 콕샤가강이 있지만 규모가 작아 수로가 발달되지 않았다. 지하철이나 트램은 없고 트롤리버스나 일반 버스가 도시의 주요 교통수단이다.

새로운 모습으로 탈바꿈한 요시카르올라

2000년대 들어 공화국 정부는 대대적인 도시 개발을 시작했다. 그런데 이 과정에서 지어진 대부분의 건물들은 공화국 전통이나 역사와는 상관없는, 러시아 대도시나 서유럽의 유명한 건축물을 모방한 것이다. 마리엘 공화국 수반이었던 레오니드 마르켈로프(재직기간: 2001~2017)는 요시카르올라가 한 공화국의 수도임에도 아무런 볼거리가 없다는 점을 안타까워했으며, 수도를 유럽 도시로 탈바꿈시키려고 했다. 르네상스 시대의 이탈리아에서 큰 영감을 받은 그는 언론과의 인터뷰를 통해 르네상스 시대처럼 공화국의 예술과 문예가 부흥하기 바란다고 여러 차례 이야기했다. 마르켈로프의 이러한 입장은 도시 경관에 직접적인 영향을 미쳤다.

도시 중심지인 말라야 콕샤가 강변은 가장 유럽적인 장소로 변모했다. 강변 양측에 유럽과 러시아의 유명 건물을 모방한 건물들이 지어졌다. 총주교 광장에 세워진 성모 영보 사원은 모스크바의 성바실리 사원과 상트페테르부르크의 피의 사원을 섞어 놓은 듯 하고, 체코 프라하의 천문시계탑을 연상시키는 '12 사도 시

12 사도 시계

계'는 3시간마다 사도와 예수 인형이 시계탑 안에서 나와 행인들의 시선을 붙잡는다. 광장에는 러시아에서 가정과 사랑을 상징하는 표트르와 페브로니야 동상, 모스크바 크렘린 입구의 스파스카야탑과 닮은 블라고베센스키탑, 가브리엘 천사 분수가 있으며, 그 옆에는 디즈니랜드의 모티브가 됐던 독일의 노이슈반슈타인 성을 따라 만든 인형 극장도 있다. '아르한겔스크 슬로보다'라고 하는 일종의 건물 단지도 있는데, 러시아와 고딕, 바로크 스타일이 한데 섞여 있는 2층짜리 건물이 모여 있는 형태이다. 카페, 은행, 식당 등이 여기에 들어서 있다.

콕샤가 강변 양측을 잇는 두 개의 도보 전용 다리는 상트페테르부르크를 떠올리게 한다. 총대주교 광장에서 다리를 건너면 벨기에나 네덜란드 암스테르담을 연상시키는 건물들이 강변을 따라 쭉 늘어서 있다. 이곳은 벨기에 도시 브뤼헤 이름을 그대로 따온 '브뤼헤 강변'이다. 이곳에는 수많은 조형물이 세워져 있다. 엘리자베타 여왕, 레오니드 마리 주교 동상부터 시작하여, 러시아에서 처음 만들어졌다는 알렉세이 2세 총대주교 동상, 푸시킨과 그의 작품 속 주인공 오네긴, 키릴과 메포디, 고골 등 러시아에서 유명한 인물의 동상들이 있다. 그러나 러시아나 마리엘 공화국과는 전혀 상관없는 동상들도 만나볼 수 있다. 부부 간의 사랑과 절개를 상징하는 의미에서 만들었다는 작스(신분등록소, 러시아에서는 이곳에서 혼인 신고를 함으로써 결혼식을 시작함) 건물 앞의 모나코 왕 레니에 3세와 그레이스 켈리 동상이나 이탈리아 공원의 메디치 동상은 보는 사람으로 하여금 의구심을 일으킨다.

또 다른 도시 중심지는 시청 맞은편에 있는 오볼렌스키노고트코프(차레보콕샤이스크의 첫 번째 사령관) 광장이다. 이 광장은 요시카르올라 버전의 산 마르코 광장(이탈리아)이라 할 수 있다. 이 광장의 주요 건물은 공화국 미술관이다. 이 또한 베니스의 도제이 궁전을 그대로 모방했다. 미술관 건물 외관에는 시계탑이 설치되어 있다. 이 시계탑은 성모마리아가 마리 땅에 강림한 것을 표현한 것으로, 성스러운 멜로디와 함께 매 시간 한 쪽 벽에서 성상화와 당나귀가 등장하여 다른 벽 안으로 들어간다. 이 시계가 열리는 것을 보기 위해 많은 관광객들이 모여 든다. 이 광장에는 모스크바 크렘린에 있는 '황제의 대포'의 작은 카피본도 있다. 광장에서 멀지 않은 곳에는 모스크바 크렘린과 꼭 닮은 붉은 벽돌의 '차레보콕샤이스키 크렘린'도 있다.

이처럼 도시 중심지는 방문객들에게 쉴 틈 없이 많은 볼거리를 제공해주고 있다. 요시카르올라는 '진정한 건축 혁명', 또는 '도시

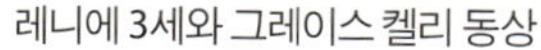
레니에 3세와 그레이스 켈리 동상

푸시킨과 그의 작품 주인공인 오네긴 동상

건설의 기적', '2000년대 러시아의 가장 흥미롭고 광대한 도시 건설 프로젝트'라 불릴 정도로 그 외관이 완전히 바뀌었다.

완전히 새로운 건물들의 건축과 함께 기존의 건물이나 거리가 복원되었다. 요시카르올라에서 가장 긴 도보인 차바인 거리와 승리 거리가 재정비되었으며, 보즈네센스키 사원과 트로이차 사원도 보수되거나 과거와는 다른 모습으로 재탄생되었다. 거리 조명, 벤치, 포장도로, 주차장, 자전거 거치대, 산책터, 놀이공원 등도 새롭게 만들어졌다. 그 외에 두 개의 수영장과 두 개의 아이스링크가 생겼으며 기타 경기장들도 개수되었다.

마리엘 공화국 국립 미술관

요시카르올라 주민들의 쉼터인 차바인 거리

새로운 도시 상징

요시카르올라의 도시 문장

도시 재건에서 중요한 것은 도시 상징이다. 소비에트 혁명 이후 소련의 도시 중심부에는 레닌 동상이 세워졌고, 도시의 주 거리에는 레닌이나 마르크스의 이름이 붙여졌다. 그 이전의 도시 특징을 보여주는 상징은 대부분 사라졌다. 1990년대 이후 러시아의 많은 도시들이 옛 도시 상징을 되살리거나 새로운 상징을 창조했다. 도시 상징은 보통 그 지역의 자연지리적 특징이나, 유명 동식물, 역사적 사건, 그 지역에서 배출한 유명 인사, 또는 민담이나 신화 등을 바탕으로 만들어진다. 일반적으로 도시 상징은 그 지역 주민들이나 혹은 러시아 전역에 잘 알려진 것을 기반으로 만들어지며, 이로써 지역 주민들이 이 상징을 자연스럽게 수용할 수 있도록 한다.

요시카르올라는 러시아 역사나 문화에서 유명하거나 중요한 지역이 아니다. 이웃 지역들처럼 볼가강이라는 공통의 자연적 요건을 가졌기에 다른 무형 자원에 관심을 돌릴 수밖에 없었다. 그렇지만 이 도시는 러시아에서 잘 알려진 옛 이야기나 유명한 소설의 배경이 되었던 곳이 아니었으며, 영화 주인공의 출신지도 아니다. 요시카르올라가 배출한 유명한 역사적 인물도 없다. 요시카르올라가 마리인의 고유 영토이기는 하나, 앞서 보았듯이 러시아인이 인구의 절반 이상을 차지하고 있으며 마리인만의 민족적 색채가 짙은 도시라고도 할 수 없다. 그렇기 때문에 요시카르올라는 새로운 도시 모습과 더불어 새로운 도시 상징을 만들어내야 했다.

도시의 대표적인 상징은 도시 문장에서 찾아볼 수 있다. 많은 도시들이 낫과 망치가 그려져 있는 소비에트 시대의 전형적인 도시 문장 대신 도시 역사 및 문화와 관련된 요소들을 도시 깃발과 문장에 사용하기 시작했다. 요시카르올라의 도시 문장은 18세기 카잔현에 소속되었던 시기부터 오늘날까지 네 차례 바뀌었지만, 큰사슴이 문장 중심에 있는 기존의 모습을 유지해 왔다. 소비에트 시기와는 전혀 다른 문장으로 바꾼 일부 도시들이 논란에 시달렸던 것에 비하면, 요시카르올라의 문장은 큰 변화가 없어 주민들의 부정적인 반응을 불러 일으키지는 않았지만, 그렇다고 도시 문장 이상의 특별한 의미나 대중성을 갖고 있는 것도 아니다.

요시카르올라에서 대중적인 인기를 얻고 있는 도시 상징은 '요시킨 코트'(요시카르올라의 고양이)이다. 마리 국립대 본관 근처에 세워진 이 고양이 동상은 이곳 대학생들을 비롯하여 도시 주민들에게 사랑을 받고 있다. 그런데 이 고양이는 마리인이나 요시카르올라와 별다른 연관성을 가지고 있지 않다. 타타르스탄의 카잔에서도 고양이 동상을 쉽게 볼 수 있는데, 이는 카잔에 쥐를 잘 잡는 혈통 있는 고양이들이 많았고 예카테리나 2세가 카잔 방문 후 카잔 고양이 몇 마리를 데리고 갔다는 역사적 에피소드와 관련 있다. 그러나 요시카르올라는 러시아 민담에 나오는 신기한

요시킨 코트

힘을 가진 고양이에 요시카르올라의 애칭인 '요시카'의 형용사형을 붙이면서 새로운 도시 상징을 만들어냈다.

러시아 민담에서 '바윤 고양이', '요시킨 코트', 또는 '바바 야가의 고양이'로도 불리는 이 고양이는 악하거나 정반대로 선한 이미지로 형상화된다. 이 고양이는 고인의 영혼을 저승으로 데려가는 역할을 하거나, 바바 야가(마귀할멈)가 마법을 부릴 수 있게 도와주는 동물이다. 목소리로 사람을 홀리는 악한 캐릭터로 그려지기도 하고, 집의 정령 도모보이처럼 화로와 안락함의 수호자나 나쁜 소식을 몰아내고 좋은 소식을 가져다주는 캐릭터로도 알려져 있다.

요시카르올라는 이 고양이의 원래 이름인 '요시킨 코트'

(Ёшкин кот) 중 첫 음절인 '요(ё)' 대신, 요시카르올라의 앞 두 철자인 '이오'(йо)를 붙여 발음은 같되, 철자는 다른 '요시킨 코트'(Йошкин кот)를 도시의 상징으로 재창조했다. 요시카르올라 대학생들 사이에서는 시험이나 학위논문 심사 전에 이 고양이 동상의 코를 만지면 행운이 따라오고, 시험을 잘 치렀을 때는 다시 찾아가서 코를 만지며 감사를 표해야 한다는 미신이 퍼져있으며, 도시 주민들도 행운의 상징으로 여기고 있다.

이처럼 '요시킨 코트'가 본래 이 지역과는 아무런 연관이 없음에도 불구하고, 이와 같은 스토리텔링을 통해 지역 주민으로부터 흥미와 관심을 끌어내며 주민과의 유대감을 형성하면서 요시카르올라를 대표하는 캐릭터가 되었다. 요시카르올라의 대외 인지도가 낮은 상황에서 요시킨 코트는 러시아에서 흔히 볼 수 없는 'Й'로 시작하는 도시인 요시카르올라의 상징이 되었으며, 지역마다 비슷한 기념품이 넘쳐나는 가운데 요시카르올라만의 특색 있는 상품으로도 활용되고 있다.

도시 브랜드의 창조

앞서 보았듯이, 요시카르올라의 외관은 혁명적으로 불릴 만큼 완전히 새로운 모습을 갖추게 되었다. 이에 대해 여러 의견들이 존재하고 있다. 아름답게 변한 도시의 모습에 만족하며 이곳을 찾는 외부인들에게 자랑스럽게 '우리 베네치아'를 봤는지 물어보는 사

총대주교 광장 야경

람들이 있는가 하면, 오랫동안 황폐화된 지역은 무시하고 중심부 외관에만 신경을 썼다는 비판도 있다. 유명 건물들을 모아놓은 듯한 도시 모습에 "이상하지만 개성이 없는 것보다는 낫다."라는 자조적인 목소리가 있는가 하면, 이곳은 "동화같은 도시"이며 이곳에 오면 "유럽까지 여행갈 필요가 없다."는 환희에 찬 반응도 있다. 뇌물죄로 임기를 채 못 마친 마르켈로프의 혐의가 2018년에 인정되면서 요시카르올라는 마르켈로프 개인의 성이었다는 언론의 비판이 다시 거세졌지만, 과정이나 목적이 어찌되었든 분명한 것은 요시카르올라가 특정한 이미지를 바로 연상시킬 수 있는 새로운 도시 브랜드를 만들어내는 데 성공했다는 것이다.

요시카르올라는 러시아인들에게 시베리아나 중앙아시아 도시로 여겨질 만큼, 러시아 안에서도 그 위치나 도시에 대해 알려지지 않았다. 어떤 도시들은 대내외적으로 자주 쓰이는 슬로건, 예를 들면, '시베리아의 파리'라 불리는 이르쿠츠크, '볼가강의 진주'인 사라토프 등, 을 가지고 있는데 반해, 요시카르올라는 특정한 이미지를 가지고 있지 않다. 마르켈로프는 요시카르올라를 '볼가강의 진주'로 만들겠다고 했지만, 사라토프나 추바시 공화국의 체복사리 등 볼가 연안의 다른 도시들이 이미 이 슬로건을 내걸고 있다.

이웃한 타타르스탄의 수도 카잔이 1990년대 이후부터 오늘날까지 새롭고 화려한 모스크를 건설하면서 종교적 특별함과 민족적 색채를 분명히 드러내고 있는데 반해, 러시아의 여타 도시처럼 정교도가 대부분인 요시카르올라에서는 종교적인 특성이나 이와 관련된 민족색을 드러내기가 힘들다. 많은 마리인들이 아직까지 숲과 나무를 숭배하는 토속신앙을 유지하고 있는 것이 사실이나, 요시카르올라 시정부에서는 이와 관련된 어떠한 상징이나 동상을 만들지 않았다. 물론 요시카르올라에도 마리 민족을 나타내는 조형물이 있다. 마리인을 구성하는 세 그룹, 산지 마리인, 초지 마리인, 동부 마리인을 형상화한 조각상이나, 마리 시인이자 극작가 이름을 딴 차바인 거리, 민족 예술가 이름을 따른 박물관, 그리고 민족 작가와 예술가 등의 동상이 있으나, 이러한 조형물이 도시의 대외적인 이미지에 큰 영향을 미치지는 않는 것으로 보인다.

러시아 정부로부터 과거 역사 도시의 지위를 받았으나, '천년고도'인 벨리키노브고로드 등에 비해 요시카르올라가 갖는 러시아 역사 도시로서의 이미지는 약하다. 역사적인 유산을 강조하려는 도시들과 달리, 요시카르올라는 러시아 중앙으로부터 '역사 도시'라는 공식적인 지위를 부여받았음에도 이를 활용하기보다는 이러한 지위를 과감히 버리고 완전히 새로운 모습으로 거듭나는 길을 택했다. 결국 2010년에 요시카르올라는 '역사 도시' 지위를 상실했다. 소비에트 시기 '붉은 노동 깃발' 훈장을 받았으나, 우랄 지역의 군수 도시들이나 무기 공장으로 유명한 인근의 이젭스크에 비하면 그 기여도가 크다고 할 수 없다.

러시아 어떤 도시들은 특정 음식을 도시의 대표 이미지로 내놓으며 도시를 홍보하고 있다. 이웃한 이젭스크는 우드무르트인의 전통 음식인 펠멘의 기원지로 유명하며, 우파는 질 좋고 맛있는 꿀로 널리 알려져 있다. 요시카르올라는 유명한 러시아 문학작품에서 언급되거나, 러시아에서 누구나 알만한 인물을 배출한 곳도 아니다. 다시 말하자면, 요시카르올라하면 떠오르는 대표적인 이미지나 러시아 역사나 문화에서 차지하는 특별한 의미, 혹은 도시가 갖는 뚜렷한 정체성이 없다고 할 수 있다.

이러한 상황에서 요시카르올라는 새로운 도시 경관을 창조해 내며 '볼가-우랄 지역의 베네치아', '동화 같은 도시', '러시아의 유럽'과 같은 하나의 특별한 도시 브랜드를 창출했다고 할 수 있을 것이다. 여기에 '요시킨 코트'와 같은 러시아 전역에서 잘 알려져 있으면서 흥미로운 스토리를 담은 새로운 도시 상징도 더해졌다.

마리인의 세 그룹을 나타낸 조형물

관광도시로의 도약

도시 경관의 변화와 함께 새로 형성된 도시 이미지는 지역 주민들에게 "이러한 도시는 러시아 어디에도 없다." "방문객에 뭔가 보여줄 게 생겼다."는 자부심과 자긍심을 심어주는 기회를 마련했다. 또한 새로운 수도의 모습은 관광객을 유치하는 중요한 자원이 되면서 도시의 경제 성장을 촉진할 수 있다.

세계 여러 도시들, 특히 천연자원이나 대규모 공업 단지가 없는 중소도시들이 관광업을 도시 발전의 주요 전략으로 도입하고 있는 것이 사실이다. 현지 주민들의 체감 정도와 지역 언론을 보면 인근 지역에서 온 단체 관광객을 비롯해 요시카르올라를 찾는 사람들이 증가한 것으로 보인다. 2015년 3월 <GEO> 러시아판에서는 요시카르올라를 러시아의 독특한 여행지 10곳에 꼽았으며, 이는 언론을 통해 자주 조명되었다. 요시카르올라의 새로운 모습은 러시아 여러 지역으로부터 관광객을 끌어오고 있다.

요시카르올라는 도시 역사나 문화와 상관없는 많은 건물들과 조형물들로 '유럽 도시의 카피'라는 비판을 받기도 하지만, 다른 도시와는 분명히 차별화된 하나의 도시 이미지를 만들어 냈다. 도시 경관의 획기적인 변화가 단순히 도시 경관을 바꿔놓는데서 그치지 않고 도시 발전으로 이어지기 위해서는 많은 과제가 해결되어야 한다. 파격적으로 바뀐 도시 모습에 대해 여러 가지 반응이 있지만, 이미 바뀌어 버린 도시의 모습을 적극 활용해야 할 것이다. 그 활용 방안으로 관광 발전을 들 수 있다. 우선 관광업 발

총대주교 광장에 모인 단체 관광객들

GRAND CHÂTEAU
ресторан
restaurant
GRAND CHÂTEAU

전을 위한 기본적인 요소들, 예를 들면 교통 인프라 재정비, 다양한 여가시설과 식당 및 호텔 확충 등이 필요하다. 아름다운 경관뿐만 아니라, 도시 내부 발전을 위해서는 많은 주민들이 이미 지적한 것처럼 도심부에 집중된 인프라 개선을 도시의 다른 지역으로까지 확대하는 등 전반적인 주거환경이 재정비되어야 한다.

요시카르올라의 변화는 러시아 지방 도시들의 발전 양상을 관찰하고 전망하는 데 있어 독특한 사례라고 할 수 있다. 러시아에서 정치적으로나 경제적으로 그 의미가 미미한 지방 도시였던 이곳이 도시 경관의 파격적인 변화를 계기로 앞으로 어떻게 발전하게 될지 흥미롭다.

※ 이 글은 필자의 다음 논문에서 발췌, 재구성한 것이다.
김혜진. "러시아 지방 도시 경관의 변화와 새로운 도시 이미지의 형성: 요시카르-올라를 중심으로." 『시베리아연구』, 22권 2호, 2018.

카잔, 러시아 이슬람의 메카

황성우

이슬람교와 정교가 공존하는 곳

2018년 6월 27일 러시아연방 내 볼가 중부 지역에 위치한 카잔에서 한국과 독일의 월드컵 축구 예선 경기가 열렸다. FIFA 랭킹 1위이자 디펜딩 챔피온 독일을 상대로 FIFA 랭킹 57위의 한국은 손흥민 선수의 50m 폭풍 질주에 이른 쐐기 골로 2대0으로 승리했다. 카잔이 우리의 기억 속에 영원히 간직되는 순간이다. 손흥민의 쐐기 골은 대한민국 국민이 뽑은 '2018년 올해의 골'로 선정됐다.

카잔은 유럽 러시아의 중심에 위치한 타타르 공화국의 수도이다. 타타르 공화국은 하나의 국가가 아니라, 러시아연방에 속한 하위 행정구역을 지칭하는 용어이다. 유럽에서 가장 큰 볼가강이 흐르는 곳에 위치해 있으며, 이곳을 통해 남쪽의 카스피해로 나갈 수 있다. 도시 곳곳에 러시아 정교회 성당들이 눈에 띄지만, 러시아 내 이슬람교를 믿는 사람들에게는 '메카'와 같은 성지이다.

러시아 월드컵이 개최되기 전에 카잔이라는 도시를 알고 있던 한국인들은 거의 없었을 것이다. 그나마 모스크바나 상트페테르부르크 정도 알고 있는 한국인들에게도 카잔은 아주 생소한 이름이다. 카잔은 러시아 내에서 유럽과 아시아가 만나는 상징적 장소로 유명하다. 도시에는 이슬람교를 믿는 무슬림 타타르인들과 정교회를 믿는 러시아인들이 공존하고 있다. 어찌 보면 카잔의 매력은 이슬람교와 정교의 만남, 서로 다른 이문화의 혼종에 뿌리를 두고 있는지 모른다. 이와 같은 혼종의 문화는 도시의 건축과 문화에 고스란히 반영돼 있다.

도시의 스카이라인을 지배하는 것은 카잔의 고대 성채인 크렘린이다. 하얀 대리석으로 둘러싸인 성벽과 1,500㎡ 면적의 크렘린은 성채 자체가 하나의 문화유적이다. 도시 중심에는 이슬람의 거대한 모스크뿐만 아니라, 러시아 정교회 건물도 있다. 크렘린 내부에도 이슬람 사원과 러시아 정교회 건물이 공존한다. 이슬람 지역이었던 카잔은 16세기 중반, 정확히 1552년 러시아 정교를 믿던 모스크바 공국에게 정복당했다. 그런 까닭에 이슬람교와 러시아 정교의 건축물들이 새롭게 또 다른 앙상블을 이루고 있는 것이다. 이슬람교와 러시아 정교의 만남은 이렇게 정복과 굴복이라는 비극의 역사에서 시작됐다.

크렘린 안 쿨 샤리프 모스크(Kul Sharif Mosque)는 반드시 가봐야 할 장소이다. 카잔에서 가장 아름다운 건물 중 하나인 쿨

크렘린 안 쿨 샤리프 사원

크렘린 안 슈윰비케탑

카잔 크렘린

크렘린 안 블라고베쉔스크 성당

샤리프 모스크는 옛날에도 있었지만, 이반 4세가 카잔을 정복한 1552년에 파괴됐다가 1996년 복원하기 시작해 2005년 도시 건설 1,000주년 기념으로 재건됐다. 카잔의 지도자이자 사령관이었던 쿨 샤리프의 이름에서 유래했다. 러시아 남부 지역 체첸 공화국 수도 그로즈니에 있는 모스크가 완성되기 전까지 러시아에서 가장 큰 모스크였다.

러시아의 세 번째 수도

'러시아의 세 번째 수도' 명칭을 두고 카잔과 니즈니노브고로드 시정부와 연방정부 간에 벌어진 싸움이 끝났다. 승자는 타타르 공화국 수도인 카잔이다. 시 당국은 공식적으로 '러시아의 세 번째 수도'와 모스크바와 상트페테르부르크에 이어 '러시아 제3의 도시' 명칭을 카잔이 사용한다고 공표했다. 이미 러시아 특허청에 등록했다고 밝혔다.

카잔 시정부는 2007년 3월 프랑스와 독일에서 개최된 국제박람회에서 카잔이 '러시아의 세 번째 수도'라는 슬로건을 사용하기 시작했다. 카잔이 이 슬로건을 사용하면서 경쟁 도시였던 니즈니노브고로드와 카잔 간에 명칭을 둘러싼 갈등이 시작됐다. 니즈니노브고로드 관리들은 카잔이 불법적으로 세 번째 수도라는 명칭을 사용했다고 주장했다. 니즈니노브고로드 시정부는 자신들이 러시아의 세 번째 수도라는 명칭을 사용할 권리가 있다고

바우만 거리, 러시아 군악대의 길거리 공연

주장했다. 러시아 역사를 조금이라도 아는 사람이라면, 고대 시기부터 니즈니노브고로드가 러시아 여러 도시 중에서 오랜 역사를 가진 도시라는 것을 알 수 있다. 볼가강과 오카강이 만나는 지점에 위치한 니즈니노브고로드는 예로부터 교통의 요충지로 알려져 왔고, 14세기 중반에는 러시아 중심지 역할을 하기도 했다. 그러나 카잔시 당국은 이미 2005년 도시 건설 1000주년 기념식에서 푸틴 대통령이 카잔을 '러시아의 세 번째 수도'라고 언급한 사실을 부각시키며 이 싸움에서 우위를 점했는데, 러시아 특허청에 등록하면서 갈등을 매듭지었다. 2009년 4월 러시아 특허청은 카잔을 러시아의 세 번째 수도로 인정했다. 니즈니노브고로드를 비롯해 다른 도시들이 인정할지는 모르는 일이다. 특허 등록 비용은 40,000루블(2018년 기준, 약 70만원)이라고 전해진다. 가성비가 매우 높은 가격이라 아니할 수 없다.

사실 러시아의 세 번째 도시가 어디인가라는 질문에 답하기는 매우 어렵다. 단순히 도시의 인구만을 따지자면, 카잔은 러시아 도시 중에서 여섯 번째 도시이다. 2018년 기준으로 모스크바(1,250만명), 상트페테르부르크(535만명), 노보시비르스크(160만명), 예카테린부르크(150만명), 니즈니노브고로드(126만명), 카잔(124만명) 등의 순이다. 인구가 100만이 넘는 도시는 러시아에 10개가 있다. 앞서 설명한 도시 이외에 첼랴빈스크(120만명), 옴스크(117만명), 사마라(116만명), 로스토프나도누(113만명) 등이 있다. 국토 면적에 비해 인구가 적다는 사실을 그대로 보여준다. 그리고 무엇보다 중요한 점은 인구 100만이 넘는 도시들에 가 보면, 대부분 자기들이 러시아내 세 번째 도시라고 말한다. 모스크바와 상트페테르부르크는 감히 넘볼 수 없는 대상이니까 제외하고 나머지 도시들은 자기 도시가 세 번째 도시라고 너나없이 주장한다. 그런데도 유독 카잔과 니즈니노브고로드가 '제3의 수도' 지위를 두고 경쟁한 것은 다른 도시들과 다르게 두 도시가 천년의 역사를 갖고 있기 때문이다.

그런 까닭에 러시아의 세 번째 수도라는 명칭을 사용할 수 있다는 것은 카잔으로서는 더할 나위없는 영광이라고 할 수 있다. 특허권을 선점한 카잔의 아이디어가 돋보이는 대목이다.

과거, 현재, 미래의 삼중주

카잔 지명이 어디서 유래했는지는 불분명하다. 여러 가지 설이 있기 때문이다. 공통된 이야기는 카잔이라는 말은 고대 불가르어 '솥'에서 나왔다는 것이다. 전해 내려오는 전설 하나를 이야기하자면, 볼가 불가르의 왕이 도시를 건설하기 위해 사람들의 지혜를 모으고 있었다. 그때 한 노인이 말하기를 "큰 솥에 물을 길어 수레 위에 올려놓고 그 아래에서 불을 지피고 말들이 전속력으로 수레를 끌게 해서 솥이 끓기 시작하면 그곳에 도시를 세우라." 고 했다. 볼가 불가르 왕은 노인의 말대로 말들에게 수레를 끌게 하고 솥이 끓는 곳에 도시를 세워서 도시 이름을 솥을 뜻하는 카잔이라고 명명했다. 카잔 천년 광장에 가면 '끓는 솥'이라는 분수가 있다.

카잔 천년 광장 소재 끓는 솥 분수(사진: 위키피디아)

지리적으로 보면 카잔은 카잔카강과 볼가강이 합류하는 지점에 위치한다. 2005년 도시 창립 1000주년을 기념해 세워진 '밀레니엄 브릿지'(Millennium Bridge)는 두 강을 잇는 다리이며, 현대적 감각의 디자인으로 설계됐다. 강을 따라 도시의 중심으로 들어서면 과거 문화 유산을 볼 수 있다. 오페라와 발레를 공연하는 카잔 극장은 자유 광장에 위치해 있으며, 중심에서 카잔의 크렘린으로 통하는 거리는 흔히 러시아의 중심지를 뜻하는 카잔의

'아르바트 거리'이다. 보행자 전용 산책로라 할 수 있는 이 거리는 '바우만 거리'로 불린다. 주변에는 다양한 식당과 상점들이 즐비하며, 곳곳에 기념물들도 전시돼 거리 자체가 작은 박물관 같은 느낌을 받는다. 이곳 거리에서 기념품 가게에 들러 토속 상품들을 구입하거나 혹은 여러 식당들을 찾아다니며 다양한 이슬람 음식을 맛보는 재미도 쏠쏠하다. 전통적인 이슬람 요리 중에서 특히 차크차크(chak-chak)로 알려진 벌꿀을 바른 튀김 반죽을 추천한다. 음식은 식성에 따라 다르게 느껴질 수 있으니 한 가지 음식만 고집하지 않기를 바랄 뿐이다. 우리네 홍대 거리와 같이 길거리 버스킹을 즐기는 젊은이들의 모습도 쉽게 눈에 띈다.

카잔 밀레니엄 다리(사진: 위키피디아)

불락 운하(사진: 위키피디아)

바우만 거리 근처엔 카잔 우랄 연방 대학교(Kazan Ural Federal University)가 있다. 상트페테르부르크 대학교, 모스크바 대학교에 이어 1804년 러시아에서 세 번째로 설립된 종합 대학교이다. 설립 당시에는 '카잔 황실 대학'이었다가 1925년 '블라디미르 율리야노프 레닌 카잔 대학'으로 명칭이 변경됐다. 2010년에 카잔 우랄 연방대학교로 개칭됐다. 오랜 역사를 가진 대학이라는 명성 덕분에 카잔은 교육과 학문의 도시로 자리매김했다. 러시아의 대표적인 문호 레프 톨스토이가 카잔 대학교에 입학해 잠시 수학했다. 비(非)유클리드 기하학으로 유명한 니콜라이 로바체프스키는 카잔 대학교에서 수학한 후 이곳에서 교수로 재직했다. 러시아 혁명의 주역인 블라디미르 레닌도 카잔 대학교 법학부에 입학했다가 불법 시위 주도 혐의로 제적됐다. 시위를 주도했다기보다는 레닌의 친형이 알렉산드르 2세 황제 암살 사건에 연루된 이유로 연좌제에 걸린 것이다. 카잔은 새로운 한류 중심지로 부상하고 있다. 카잔 대학교 한국학 연구소 주관으로 매년 '한류 K-Culture 경연대회'를 개최하고 있기 때문이다. 한국에 관심 있는 학생들이 러시아 각지에서 도시로 온다. 2018년 현재 네 번째 대회가 열렸다.

카잔 우랄 연방대학교(사진: 위키피디아)

불락(Bulak) 운하를 가로 질러 위치한 카잔 중앙시장도 놓쳐서는 안 되는 필수 코스이다. 그곳에 자신이 떠난 여행의 흔적을 남기는 것도 의미 있는 일이다. 재래시장을 통해 과거와 현재가 공존하는 모습을 볼 수 있다. 도시 자체가 유네스코 문화 유산에 등록돼 있어서인지 카잔은 과거와 현재, 그리고 미래를 한 번에 볼 수 있는 독특한 공간이다.

러시아의 카잔 정복 이야기

1547년 모스크바 우스펜스키 성당에서 대관식을 치른 이반 4세는 교회로부터 공식적으로 차르라는 칭호를 받는다. 차르는 로마 제국의 '율리우스 시이저'에서 유래한 러시아식 이름이다. 러시아 최초의 차르가 된 이반 4세는 안으로는 개혁 정책을 펼쳐 왕권을 강화하고 국가의 기틀을 완성해 나가며, 밖으로는 활발한 대외 정복 활동을 통해 국가 영토를 확장했다.

이반 4세는 '선발 의회'라는 기구를 통해 개혁 정책을 추진했다. 이 기구에는 이반 4세의 최측근들이 가담했는데, 수좌대주교 마카리, 군사령관 안드레이 쿠릅스키 공후 등이 중심인물이었다. 전 계층의 국민이 참여하는 '젬스키 소보르(전국회의)'를 개최해

이반 4세의 카잔 점령(표트르 샤신, 1894)

정책을 결정하기도 했다. 당시 러시아가 영토 확장이라는 대외 목표를 달성하는 데에는 주변에 넘기 힘든 걸림돌이 있었다. 모스크바를 중심으로 하는 러시아 주변에 존재했던 카잔 한국, 아스트라한 한국, 크림 한국 등이 러시아의 위협 세력이었다. 이들은 몽골의 후예들이 건설한 국가들로서 러시아 국경을 자주 침범하며 사람들을 살해하고, 러시아인의 재산을 약탈하는 등 국가의 안보를 위협하고 있었다. 그 후원 세력은 오스만 제국이었다.

이반 4세는 외부의 위협을 제거하고자, 볼가 중부 지역에 대한 공격을 개시한다. 그 결과 볼가 지역의 많은 땅들을 러시아로 편입시켰는데, 그 과정은 순탄치 않았다. 이반 4세는 카잔 한국을 점령하기 위해 볼가강 주변에 위치한 스비야스크 지역을 점령하고 그곳에 카잔 정복을 위한 전초기지를 구축했다. 니즈니노브고로드에서 출발한 러시아 부대는 볼가강을 따라 스비야스크를 거쳐 카잔을 공략하는데, 카잔을 정복하는 데에만 약 6주가 걸렸고, 이후 카잔과 그 주변 지역을 점령하는데도 더 많은 시간이 필요했다. 1552년 카잔 한국 정복에 성공한 이반 4세는 4년 뒤인 1556년에 아스트라한 한국을 정복하고 볼가강 유역을 러시아 땅으로 편입한다. 그 결과 러시아인들은 카스피해로 진출할 수 있었다. 카잔 한국을 점령한 이반 4세가 그 기쁨을 주체하지 못해 후대에 자신의 승전보를 전하기 위해 기념물을 건축하는데, 그 건축물이 모스크바 붉은 광장 위에 우뚝 쏟아있는 성바실리 성당이다. 모스크바 중심부 붉은 광장에 있는 9개 촛불 형상의 지붕을 가진 '바실리 성당'은 카잔 한국을 점령하고 그 영광을 후대에 영원히 보존하기 위해 세운 건축물이다. 우리에게도 잘 알려져 있고 전 세계적으로 유명한 성당이며, 러시아를 대표하는 상징적인 건축물 중 하나이다.

이반 4세의 카잔 정복과 관련해 카잔에는 슬픈 전설이 내려오고 있다. 이반 4세가 카잔 한국을 점령한 후 슈윰비케 황후의 미모에 반해 그녀에게 청혼했다. 그녀가 거절하자, 이반 4세는 카잔을 완전히 파괴해버리겠다고 위협했다. 어쩔 수 없이 황후는 그와 결혼하는 것에 동의했지만, 특별한 결혼 선물을 요구한다. 황후는 일주일 안에 도시에서 가장 높은 탑을 만들어주면 청혼을 받아들이겠다고 말한다. 탑은 하루에 한 층씩 올라갔다. 일곱째 날에 7층 석탑이 완성됐고 황후를 차지하겠다는 욕심에 서둘러 공사를 마친 이반 4세가 거들먹거리며 완성된 탑을 자랑하자, 결혼식이 열릴 예정이던 그날 황후는 탑 꼭대기에 올라가 어린 아이를 안고 뛰어내려 자살한다. 적장의 아내보다 황후의 자존심을 지킨 것이다. 크렘린 안 슈윰비케탑에 서린 이야기다. 슈윰비케탑은 이탈리아 '피사의 탑'과 비슷하게 높이가 약 58m이다.

스비야스크, 카잔 정복의 전초기지

땅이 넓은 러시아에는 정말 많은 도시들이 존재한다. 각각의 도시는 자체의 역사와 문화를 가지고 있다. 화려한 영광의 기억을 그대로 간직하고 있는 도시가 있는 반면, 과거의 영광을 상실한

스비야스크 성모승천 수도원

채 사람들의 기억 속에서 사라지는 도시들도 많다. 스비야스크도 유사한 역사를 가지고 있다. 스비야스크는 중세의 화려한 과거를 잃어버리고 2018년 기준으로 거주민이 약 250명에 불과한 작은 마을로 전락했다. 하지만 마을 전체가 유네스코 문화 유산으로 지정될만큼이나 역사적으로 중요한 곳이었다. 특히 스비야스크가 기억의 역사에서 중요한 위치를 차지하는 이유는 이곳이 이반 4세의 카잔 정복과 관련돼 있기 때문이다.

1550년 겨울이었다. 공식적으로 러시아 첫 번째 차르인 이반 4세가 이끄는 러시아 부대는 카잔 한국 정복에 실패하고, 본거지인 모스크바로 돌아갔다. 그 후 이반 4세는 재차 볼가 중부 지역을 정복하려고 시도한다. 카잔 한국의 수도가 모스크바로부터 너무 멀리 떨어져 있기 때문에, 군대를 이동하기가 쉽지 않았고, 보급품을 조달하기도 매우 어려웠다. 그런 까닭에 군대의 힘은 점점 약해졌다. 카잔 근처에 전초기지를 구축하는 것도 쉽지 않았다. 손실이 너무 컸기 때문이다.

역사에 기록된 이야기에 따르면, 러시아 부대는 볼가 지역 스비야가강의 합류 지점에 위치한 카라케르만 언덕에 주둔하고 있었다. 이 언덕은 원형의 작은 언덕이었다. 가파른 경사의 비탈진 언덕이었지만, 정상 부분은 평평했다. 이 언덕은 세 면이 강으로 둘러싸여 있었다. 스비야가강, 파이크강, 슈추예 호수로 둘러싸인 작은 언덕은 카잔에서 약 40㎞ 떨어져 있었다. 이반 4세는 진지 주변을 걷고 있었다. 카잔을 공략할 궁리를 하느라 이반 4세는 잠을 잘 수가 없었다. 그 때 차르의 머리 속에 번뜩이는 생각이 떠올랐다. 대부분 믿기를 거부했지만, 후에 유럽의 외교관들이 자신의 군주에게 보고할 정도로 이반 4세의 계획은 창의적이었다.

... 러시아군은 오카 강변에 있는 페레비스크토르조크의 작은 마을에 거주하는 사람들을 남쪽에 있는 우글리치 숲으로 이주시켰다. 그 숲에서 사람들은 무언가를 만들기 시작했다. 거의 대부분의 사람들이 무엇을 위해 자신들이 노동하는지 몰랐다. 시간이 흐른 후 강변에 대규모 목조 성채가 만들어졌다. 하나의 작은 도시와 같았다. 성채의 길이가 500m에 달했다. 성채 안에 커다란 탑들이 있었고, 여러 채의 교회와 주택이 있었다.

1551년 여름 거대한 성채는 볼가강을 따라 이동했다. 수 백명의 군인들도 타고 있었다. 이 성채가 도착한 곳은 스비야스크였다. 이곳으로 러시아 병사들이 모이기 시작했다. 러시아군의 공격이 시작됐다. 1552년 8월 23일 러시아군은 카잔을 포위했다. 러시

18세기 스비야스크 전경(사진: 위키피디아)

아군의 병력은 총 150,000명이었다. 포위된 카잔의 병사들은 고작 30,000명에 불과했다. 갑작스러운 대규모 성채의 출현에 카잔 병사들의 사기가 떨어졌다. 150문의 대포에서 카잔 크렘린 성벽을 향해 포탄이 수도 없이 발사됐다. 크렘린 주 성문을 향해서 공성포의 공격이 이어졌다. 강바닥 밑으로 터널을 뚫어 그곳에 폭약을 설치한 후 성벽으로 연결된 수로를 파괴했다. 카잔의 용사들은 필사적으로 대항했지만, 더 이상 버틸 수가 없었다. 1552년 10월 2일 카잔은 함락됐다. ...

대규모 목조 성채를 만들어 강을 따라 이동시켜 그 성채에서 카잔 크렘린을 공격하고, 강 밑으로 터널을 파서 폭탄을 설치하리라고 아무도 생각하지 못했다. 기발한 아이디어였다. 이반 4세는 자신의 전략을 방어하는 데에도 사용했다. 카잔 정복을 기념하기 위해 모스크바 붉은 광장에 성바실리 성당을 건축할 때, 성당 지하에 여러 개의 동판을 만들어 적이 지하에서 터널을 팔 경

카잔 부근 스바야스크 전경(사진: 위키피디아)

우, 그 소리를 들을 수 있게 만들었다. 자신의 경험을 살린 묘책이었다.

카잔 정복의 전초기지로 발전한 스비야스크에 새로운 수도원들이 건립되고, 교회들이 들어서면서 거주민들도 증가하기 시작했다. 스비야스크가 볼가 지역 수도 생활의 한 거점이 되면서 19세기말에는 약 3,000명이 거주하는 도시가 됐다. 그러나 20세기 초반 러시아 혁명 이후에 발생한 내전에서 백군들이 이 지역에서 활동했다는 이유로 스비야스크는 탄압받기 시작한다. 20세기 전반 이곳에 교도소가 설립되면서 도시 인구가 급감했고, 도시의 지위도 잃어버렸다. 1957년 쿠비셰프 수력발전소가 건설된 이후에 주변 지역이 수몰되면서 스비야스크는 고립된 외딴 섬이 돼버렸다. 이후 2008년에야 섬으로 연결된 댐이 완성되면서 자동차로 이동할 수 있게 됐다. 유적지를 보러 오는 관광객들의 수도 점차 증가하고 있다. 그나마 과거의 명성을 조금이라도 보상받고 있는 것이다.

카잔, 러시아 스포츠의 신흥 메카

카잔은 러시아 스포츠의 메카로도 불린다. 최근에 개최된 국제 행사만 거론하더라도 카잔이 얼마나 스포츠의 중심에 있는 도시로 거듭나고 있는지 알 수 있다. 2013년 하계 유니버시아드 대회 이후에 개최된 국제 체육 행사들이 카잔이 스포츠의 도시임을 증명한다. 2014년 유럽 배드민턴 선수권 대회, 2015년 세계 수영 선수권 대회, 2016년 유럽 유도 선수권 대회 등 헤아릴 수 없이 많다. 그 중 단연 최고의 국제행사는 '2018 러시아 월드컵'이다.

월드컵 경기가 개최된 볼가 강변에 위치한 카잔 아레나는 약 45,000명을 수용할 수 있는 경기장이다. 잉글랜드 축구 대표팀이 사용하는 런던의 '웸블리 스타디움'(Wembley Stadium)과 명문 아스날 팀의 홈경기장인 '에미레이트 스타디움'(Emirates Stadium)을 디자인한 건축회사 포퓰러스(Populous)가 설계했다. 2013년 제27차 하계 유니버시아드를 개최하기 위해 만들어진 이 경기장은 현재 러시아 프리미어 리그 소속 'FC 루빈 카잔'의 홈 경기장이다. 1958년에 창단한 FC 루빈 카잔은 김동현 선수가 뛴 팀으로 우리에게도 낯설지 않다.

카잔 월드컵 아레나(사진: 위키피디아)

원래 축구 전용 경기장으로 지어진 카잔 아레나는 개장 이후 홈팀인 FC 루빈 카잔과 모스크바 '로코모티브'(Lokomotive) 팀의 축구 경기뿐만 아니라, 다양한 이벤트를 개최한 곳으로 유명하다. 문화 공연, 음악 콘서트, 어린이 교육 센터 등 도시에서 열리는 축제의 허브 역할을 하고 있다. 평창올림픽을 성공리에 마친 우리들이 눈여겨 볼 대목이다.

특히 웅장한 곡선의 이미지를 살린 카잔 아레나의 외벽에는 유럽 최대 크기의 대형 스크린이 설치돼 있다. 대형 스크린은 총 4,200m^2에 달하는 3개의 플라스마 패널로 구성돼 있다. 경기장 안으로 입장하지 못한 축구팬들을 위한 배려이기도 하지만, 평소에는 다양한 광고와 홍보를 위해 사용된다. 월드컵 전초전으로 진행된 2017년 컨페더레이션 컵에서 이 대형스크린의 활용도가 높이 평가된 바 있다. 지붕 색깔은 이슬람의 성지답게 녹색으로 치장돼 있다. 러시아 이슬람의 메카다운 발상이다.

국제 행사를 원만하게 치르기 위해 연방정부도 재정적 지원을 아끼지 않았다. 도시의 관문이라 할 수 있는 공항이 새롭게 리모델링 됐으며, 공항에서 도심으로 연결되는 공항철도도 개통됐다. 신흥 스포츠 메카를 위한 하드웨어와 소프트웨어가 모두 갖춰진 셈이다.

참고문헌

김혜진, "러시아의 세 번째 수도, 카잔," Russia & Russian Federation, Vol.5, No.4 (Dec. 2014).

황성우, "독일전 열리는 카잔," 『조선일보』 (2018.6.26).

Martin Janet, *Medieval Russia 980-1584*. NY: Cambridge Univ. Press, 1995.

※ 이 글을 작성하는 데 도움을 주신 카잔 연방 대학교 넬리 길미예바 (Nelly N. Gilmieva) 교수님께 감사의 마음을 전합니다.

식팁카르, 광활한 원시림 속의 땅

김혜진

러시아 북서부의 코미 공화국

러시아는 하나의 거대한 국가지만, 그 안에는 수십 개의 주와 자치구, 공화국이 있다. 그 중 '민족 공화국'은 러시아의 세력이 확장되기 훨씬 이전부터 특정 민족이 조상대대로 거주하던 고유 영토를 기반으로 형성되었다. 러시아 북서 지역의 큰 부분을 차지하고 있는 코미 공화국은 독일 영토보다 조금 크고 프랑스 영토보다는 조금 작은 땅을 가지고 있다. 독일 크기의 공화국이 러시아의 작은 일부를 차지한다니, 러시아라는 나라의 광대함이 새삼스럽게 느껴진다. 코미 공화국의 북쪽으로는 네네츠 자치구가 있고, 바로 우랄산맥 너머 동쪽으로는 한티만시 자치구와 같은 시베리아의 시작을 알리는 지역이 있다. 산업화와 전지구화가 세계 곳곳에 침투해 있는 지금까지도 코미 땅에는 사람들의 발길이

닿지 않는 거대한 숲이 존재하고 있다. 이곳의 원시림은 러시아에서는 처음으로 1995년에 유네스코 세계 유산으로 지정되었다.

숲과 나무의 도시

코미 영토는 남북으로 긴 형태를 띠고 있는데, 공화국 수도 식팁카르는 꽤 남쪽에 위치한다. 11세기 무렵 '코미'라는 민족이 형성된 곳이 바로 현재의 수도가 위치한 코미 남부 지역이며 이곳을 중심으로 코미 민족은 발전했다. 식팁카르는 코미 땅의 오래된 행정 중심지이면서 코미인의 요람이라고 할 수 있다.

모스크바에서 식팁카르까지의 거리는 1,410㎞이다. 기차로 여행한다면 꼬박 하루하고도 몇 시간이 더 걸릴 거리이다. 비행기로는 2시간 정도 걸린다. 식팁카르에 가까워진 비행기 창밖으로 보이는 것은 대도시의 모습이 아닌, 넓은 들판과 드문드문 보이는 강과 호수, 그리고 올망졸망 모여 있는 집들이다. 창밖을 보고 있으면 코미 공화국 전체 영토의 70%가 산림인 것이, 그리고 이곳에 여전히 사람의 발길이 드문 원시림이 존재한다는 사실이 가까이 다가온다. 19세기 후반 러시아 작가이자 인민주의자로 활동했던 자소딤스키는 코미를 여행한 후 1878년 『숲의 제국』이라는 제목의 책을 썼을 만큼, 숲이 울창했던 이곳에는 여전히 숲과 나무가 많다. 수도인 식팁카르도 예외는 아니다. 하루가 멀다 하고 현대식 고층 아파트들이 세워지고 있지만, 식팁카르 중심부에 남아 있는 오래된 목조 가옥에는 여전히 사람이 살고 있다.

곧 240살 생일을 맞이할 '강 위의 도시'

1586년 '우스티시솔라'라는 작은 마을로 시작됐던 식팁카르는 1780년 예카테리나 2세의 칙령으로 '우스티시솔스크'라는 도시로 재탄생되었다. 1930년 도시 건립 150주년을 맞이하여 '식팁카르'라는 현재 이름을 갖게 되었다. '식팁카르'에서 '카르'는 핀-우그르어로 '둥지, 도시'를 뜻한다. '식팁'은 코미어로 이 도시에 흐르는 시솔라강을 뜻한다. 결국 식팁카르라는 말은 '시솔라강 위의 도시', 혹은 '시솔라 강가의 도시'라는 뜻이 되는 셈이다.

2010년 당시 도시 건립 230주년을 기념하는 플래카드

시솔라강 인근에는 스테파노프 광장, 공화국 정부 청사, 국가회의 건물, 내무부 건물 등 각종 공공기관 건물이 모여 있다. 여러 정부 부처 건물들이 광장을 둘러싸고 있어 스테파노프 광장에서 있노라면 코미 공화국 행정의 중심지에 있는 느낌을 받을 수 있다. 이 광장을 지나면 평화롭기 그지없는 시솔라강을 만날 수 있다. 울창한 자작나무가 반기는 강변 근처 공원에는 산책 나온

겨울의 시솔라 강변

가족들만 있을 뿐, 자동차 경적 소리 하나 들리지 않는다. 겨울의 시솔라강은 더욱 고요하다. 얼어붙은 강에서 하얗게 눈 덮인 공원으로 내보내는 바람 소리만 들릴 뿐이다. 볼거리나 편의시설이 많은 서울의 한강이나 모스크바강과는 전혀 다른 모습이다.

코미인과 러시아인의 도시

코미 공화국은 코미 민족의 고유 영토를 기반으로 형성됐다. '코미'라는 독특한 이름의 기원에 대해서는 카마강과 연관이 있을 것이라는 설과 인간, 인류를 나타내는 고대 페름어 '콤'에서 유래했다는 설이 있다. 그렇지만 코미 공화국 수도인 식팁카르는 코미 민족의 전통을 물씬 풍기기보다는 여느 러시아 지방 도시와 다를 바 없다. 서울이나 모스크바 등 대도시에서 흔히 볼 수 있는

식팁카르 중심가를 지나는 한국산 중고버스

교통 체증은 찾아볼 수 없다. 이곳의 주요 교통수단은 버스와 택시이다. 러시아에서 흔히 볼 수 있는 트램이나 트롤리버스도 없다. 대신에 태극기가 여전히 붙어 있거나 한글이 남아 있는 한국산 중고버스가 식팁카르 중심지를 지나다니는 것을 볼 수 있다.

거리에서 보이는 건물 간판이나 도로명은 러시아어와 코미어로 같이 표기되어 있다. 코미어는 핀우그르어족, 크게는 우랄어족에 속하는 언어이다. 그러나 식팁카르 거리에서 코미어를 듣기는 쉽지 않다. 기내 안내 방송과 TV 뉴스가 러시아어와 함께 코미어로 나오지만, 코미어로 방송되는 뉴스조차 오 분 정도의 짧은 시간에 한정되어 있다.

인구 230만 명이 조금 넘는 식팁카르는 코미인의 고유 영토지만, 실제로 이곳에 사는 코미인의 비율은 30%에 불과하다. 한때 코미인이 전체 인구의 90% 이상을 차지했던 적도 있었지만, 1930년대 스탈린 정부가 주도한 산업화 정책으로 코미 북부의

Ö 기념비

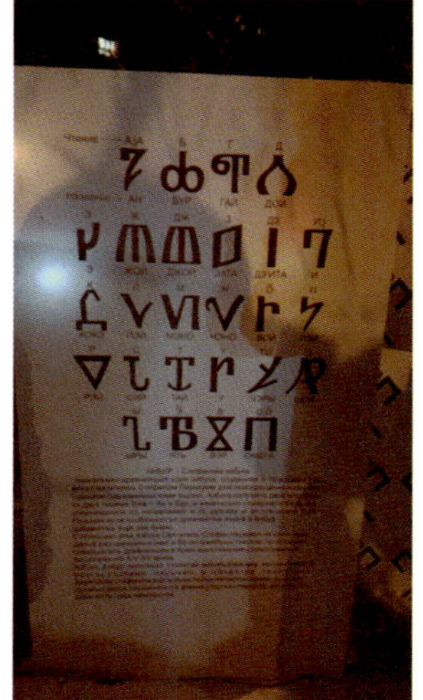
고대 코미 알파벳 기념비

탄광이 집중적으로 개발되면서 러시아 기술자들의 본격적인 이주가 시작되었고 이곳의 러시아인 비율은 점점 높아졌다. 현재 러시아인이 이 도시 인구의 약 60%이다.

소비에트 체제의 붕괴 이후 공화국 정부는 코미어 되살리기 정책을 시행하고 있다. 코미어가 학교 정규 과목으로 배정되었으며, 현지 언어학자들을 중심으로 1920년대 이후 코미어로 출판된 저널과 서적, 교과서 등의 데이터베이스 작업도 이뤄지고 있다. 1920년을 기준으로 삼은 것은 코미어의 역사와 관련이 있다. 14세기 후반 스테판 신부가 효과적인 정교 전도와 성경 번역을 위해 그리스 문자, 키릴 문자, 고대 페름어를 바탕으로 코미 문자를 만들었다. 18세기에는 키릴 문자가 혼용된 형태가 지역마다 다르게 만들어져 사용되기도 했다. 1920년에서야 언어학자인 몰롯초프에 의해 코미 문자와 문법이 통합되었고, 이때부터 코미어로 된 서적이 본격적으로 출판되기 시작했다.

1990년대 이후부터 계속된 코미어 교육에도 불구하고, 실질적으로 러시아어가 지배하는 언어 환경에서 민족어 확산이 얼마나 결실을 거둘 지는 의문이다. 그렇지만 민족어에 대한 정부의 관심을 반영하기라도 한 듯, 코미어와 관련된 기념비들이 식팁카르 거리에 등장하기 시작했다. 하나는 코미 문자 중 러시아어 알파벳에는 없는 'Ö'를 본뜬 기념비이며, 다른 하나는 14세기 스테판 신부가 만들었던 코미 알파벳을 새겨 넣은 기념비이다.

소비에트 시대의 흔적

식팁카르 거리에는 여전히 소비에트 시기의 흔적이 많이 남아 있다. 도시를 관통하는 중심 거리 이름이 '공산주의 거리'라고 하니 더 이상 무슨 말이 필요 있겠는가? 이 거리를 중심으로 방사형으로 작은 거리들이 생겨났는데, 이 거리들은 소비에트 시기의 전형적인 거리 이름들을 가지고 있다. 예를 들면, 러시아 거의 모든 도시에서 볼 수 있는 레닌 거리를 시작으로 건설자 거리, 승리 거리, 3월 8일 거리, 인터내셔널 거리, 칼 마르크스 거리, 콤소몰 거리, 콜호스 거리 등이 그대로 남아 있다. 정비공 거리, 금속공 거리 등 스탈린 시기의 산업화를 상징하는 거리 이름도 찾아볼 수 있다. 독특한 것은 임업자 거리, 제지공 거리 등 공화국의 특수 산업인 제지업과 임업을 반영한 이름도 있다는 것이다.

거리 이름 외에도 도시 이곳저곳에서는 소비에트의 흔적을 쉽게 찾아볼 수 있다. 주광장인 스테파노프 광장을 들어서면 바로 보이는 것이 레닌 동상이다. 대로변에 있는 아파트 벽면에는 소비

소비에트 시기에 지어진 아파트

에트 시기의 노동을 찬양하는 부조가 새겨져 있다. 소비에트 특유의 조각으로 장식된 건물도 꽤 있다. 거리에 아직 남아있는 목조 가옥들도 코미 전통 가옥이라기보다는 스탈린 시기의 '코무날카'를 연상시키는 다가구 전용 가옥이었다. 그나마 2010년까지도 역사 박물관 1층에 세워져 있던 스탈린의 대형 초상화와 전쟁 등 시급한 상황을 알렸을 거리의 확성기는 사라졌다.

물론 변화된 모습도 볼 수 있다. 도로는 점점 확장되고 깨끗하게 정돈되고 있다. 소비에트 시기 지어졌을 낡은 건물들의 리모델링도 이뤄지고 있다. 이곳도 세계화에 합류했다는 것을 보여주듯, 맥도널드와 배스킨라빈스 가게가 중심지에 들어섰다.

러시아 지방에서 제일 큰 변화를 볼 수 있는 곳 중의 하나는 공항일 것이다. 공항은 그 지방을 찾는 손님들에게 도시에 대한 인상을 처음 남기는 곳이니만큼, 공항의 변화는 오늘날 러시아 지방 도시의 변화를 대변한다. 2010년 식팁카르 공항은 시골 버스 터미널을 연상시킬 정도로 허름하고 낡은 모습이었다. 규모도 작았으며, 조명도 어두웠다. 비행기에서 내린 승객은 걸어서 공항 내부까지 들어와야 했으며, 수하물 컨베이어 벨트도 없이, 작은 방에 멋대로 놓여있는 수하물을 찾아가야 했다. 2017년 기준 식팁카르 공항은 다른 모습으로 바뀌었다. 작은 규모 탓인지 수하물 컨베이어 벨트는 여전히 없고, 비행기에서 공항 건물까지 직접 걸어가야 하지만, 공항 내부는 훨씬 깨끗하고 밝고 산뜻해진 모습으로 바뀌었다.

스테판 페름스키

식팁카르에서 가장 자주 마주칠 수 있는 역사적 인물은 스테판 페름스키이다. 12세기부터 러시아의 영향을 직간접적으로 받아왔던 코미 땅은 14세기 중반 모스크바 공국의 지배 하에 놓이게 됐다. 이와 함께 러시아 정교의 전도도 이루어졌다. 이때 전도를 맡은 인물이 스테판이라는 주교였다. 러시아의 지배를 받기는 하였지만, 사실상 코미 땅에 대한 본격적인 지배 체계는 한참 후에야 생겨났다. 그동안 주교는 종교적인 지도자의 역할 뿐만 아니라, 대내외 정책을 결정하는 행정 수장의 일도 맡았다.

Св. Стефан Пермский
1340-1396 г.г.
Христианский миссионер,
просветитель, создатель
коми письменности (1372г.)
1992

스테판 페름스키

앞서 언급했듯이, 스테판 페름스키는 코미인에게 문자를 선사해 주었다. 스페판 페름스키는 코미 공화국의 종교사에서뿐만 아니라, 역사와 문학사 등에서도 중요한 인물인 셈이다. 그래서인지 식팁카르 주광장의 이름도 '스테파노프 광장'이며, 가장 큰 사원도 '스테파노프 사원'이다.

스테파노프 사원은 1896년 스테판 페름스키의 선종 500년을 기념하여 건축됐다. 하지만 1933년 소비에트 정부의 억압으로 폐쇄됐다. 1996년 스테판 페름스키 선종 600년을 맞이하여 재건되었고, 오늘날 이곳은 공화국의 정교 중심지이자, 대표적인 유적지가 되었다.

코미 민족의 흔적은 이곳에서

식팁카르는 코미 공화국의 수도지만, 이곳에서 코미인만의 민족색을 강하게 느낄 수는 없다. 하다못해 코미 전통 음식을 취급하는 식당도 쉽게 찾을 수 없다. 코미 문화를 제대로 볼 수 있는 곳은 박물관이 유일하다. 식팁카르에는 역사 박물관, 자연사 박물관, 민속 박물관 등이 하나의 연결망으로 구축되어 있는데다, 박물관들이 서로 가까운 곳에 모여 있다. 여기에 코미 국립 미술관과 핀우그르 센터, 코미 문화원도 방문한다면, 코미 전통문화가 더 이상 낯설지 않을 것이다.

코미인이 어떻게 살아왔는지 볼 수 있는 곳은 민속 박물관이다. 단층 건물에 크지 않은 박물관이지만, 볼거리, 읽을거리가 많으며, 정기적으로 기획 전시회를 연다.

역사 박물관은 코미 역사에 집중되어 있기보다는 러시아 역사에 대한 전시품이 주를 이루고 있어 아쉽다. 코미 국립 미술관도 마찬가지이다. 서유럽 작품뿐만 아니라, 러시아 정교 미술, 19세기 작품, 아방가르드 전시관까지 나름 많은 전시관을 갖추고 있지만, 그 중 코미에 대한 전시관은 단 하나 뿐이다. 그렇지만 코미 신화나 민담 속 인물, 러시아 북부 풍습과 축제, 주변 민족들을 주제로 삼은 그림들에서는 유머러스함과 발랄함이 돋보인다.

코미 공화국 민속 박물관 모습

나무와 숲은 신이 준 선물

광활한 숲속에서 사는 코미인은 예로부터 수렵과 채취로 삶을 꾸려갔다. 다람쥐에서 수달, 여우, 순록에 이르기까지 많은 동물이 코미인의 사냥감이었다. 특히 다양한 동물의 모피는 높은 수익을 보장하는 중요한 경제 수단이었다. 코미인이 한때 '북부의 유대인'으로 불렸던 배경에는 훌륭한 모피가 있다. 사냥으로 얻은 모피는 오래전부터 코미 지역에서 외부로 나가는 주요 상품이었으며, 이곳으로까지 외국 상인들을 끌어들이는 매력적인 물건이었다. 러시아의 영향으로 농업이 자리 잡은 남부 지역과는 달리, 북부 지역과 동부 지역에서는 전통적인 사냥 방식이 오랫동안 유지되었다.

사냥꾼들이 주로 활동하던 시기는 가을과 겨울~초봄으로 나눌 수 있다. 가을에는 사냥꾼들이 집과 가까운 사냥터에서 홀로 사냥했다면, 겨울과 초봄에는 사냥꾼들이 모여 함께 장거리 사냥에 나섰다. 기본적인 가을 사냥감은 들꿩, 멧닭, 뇌조, 자고새와 같은 들새류, 담비, 다람쥐, 여우, 토끼, 수달, 해달과 같이 모피를 얻을 수 있는 동물, 그리고 오리, 거위와 같은 가금류이다. 겨울 사냥은 1월에 시작하여 3월 말에 끝난다. 겨울 사냥은 먼 곳까지 가서 이루어지는 만큼 모피를 얻을 수 있는 큰 동물을 사냥하며, 툰드라 지역에서는 북극여우나 흰 자고새 등을 사냥한다. 17세기 말 총이 보급되기 전까지 다양한 함정이나 그물을 사용하여 동물을 잡았다. 총을 사용하면서 재빠른 동물이나 몸집이 큰 동물의 사냥이 수월해졌다. 그러나 곰 사냥은 엄격히 금지됐다. 곰은 모든 야생동물 중에서 특별한 위치를 차지하기 때문이다. 옛 코미인은 곰이야말로 숲 속의 제왕이자, 하늘의 신인 '영'의 아들이며, 때때로 숲의 정령이 사람을 곰으로 바꿔 버린다고 믿었다. 이러한 믿음으로 코미인은 곰이 인간과 유사하다고 생각하여 존경심을 표했으며, '곰'이라는 단어 대신 사람의 이름으로 곰을 불렀다.

옛 코미인은 수렵 주기에 맞춰 독특한 수렵 달력을 만들었다. 수렵 달력은 1년을 열 두 달이 아닌, 아홉 달로 구분했다. 한 해의 시작은 1월이 아닌, 3월 21일 춘분이다. 수렵 달력은 고리 모양으로 생겼는데, 그 안에 각 달을 상징하는 동물이 새겨져 있다. 첫 달은 '곰의 달'로, 북우랄 곰들이 겨울잠을 끝내고 굴에서 나오던 시기를 뜻한다. 순록, 북방족제비, 오소리, 큰순록, 수달, 여우, 다람쥐가 각 달을 상징하며, 마지막 달은 '담비의 달'로 2월 22일에 시작하여 3월 21일 춘분에 끝난다. 춘분을 표시하기 위해 담비의 발치에 점선 모양으로 원을 그려 놓았다. 코미인의 수렵 달력은 계절과 일시를 알려주는 일반적인 달력의 기능도 했지만, 주요 사냥감이었던 다양한 동물의 생물학적 주기와 관련하여 동물이 상품으로 가장 가치가 높을 때를 나타내고 있다. 이러한 달력 모양의 고리를 가슴에 달고 다니는 사냥꾼에게는 항상 좋은 사냥감이 찾아온다고 믿었다. 오늘날 식팁카르 중심지에는 수렵 달력을 크게 형상화한 기념비를 볼 수 있다.

숲은 코미인에게 경제적인 부를 가져다 줬을 뿐만 아니라, 이들

수렵 달력 기념비

의 의식주와 정신 세계에도 큰 영향을 미쳤다. 숲과 관련된 수많은 신화와 미신이 코미인들 사이에서 전해 내려오고 있다. 다른 민족들처럼 옛 코미인도 동물이나 새, 나무 등 곳곳에 영혼이 있다고 믿었으며, 신들이 동물이나 새, 나무 등의 모습으로 변한다고 생각했다. 코미인이 사랑하는 옛날이야기에는 '이르캅'과 같은 훌륭한 사냥꾼들이 어김없이 등장한다.

오늘날에도 제지업과 목재업이 이곳의 주요 산업이며, 코미 공화국이 러시아 제지업에서 선두적인 역할을 맡고 있다는 것을 떠올려 본다면, 숲은 여전히 코미인에게 중요한 의미를 가진다고 할 수 있다.

코미 순록 유목자의 땅, 이즈마

코미인은 네네츠인과 함께 러시아 북서부에서 대규모 순록을 유목하는 민족이다. 그러나 순록을 유목하는 코미인을 수도인 식팁카르에서 만나기란 불가능하다. 이들을 만나려면 공화국 북부로 가야 한다. 공화국 북쪽에 위치한 이즈마, 우신스크, 인타, 보르쿠타 등에서 순록 유목을 접할 수 있다. 이 지역 중 코미 순록업자의 요람인 이즈마 지역은 식팁카르에서 꼬박 10시간 기차를 타고 이라욜이라는 작은 역에 도착한 후 또 다시 버스를 타고 100㎞를 더 들어가야 하는 곳이다.

러시아 북부의 큰 모기떼가 맞이하는 이즈마 지역은 전형적인 한적한 시골 모습을 하고 있다. 자동차와 오리떼, 그리고 말들이 도로를 공유하고 있다. 이 지역은 이즈마강을 중심으로 형성되었다. 이곳의 코미인은 18세기에 이웃한 네네츠인으로부터 순록 유목을 받아들였다. 순록 유목을 값진 모피를 얻을 수 있는 중요한 수단으로 봤던 코미인은 이를 상업적인 성격으로 발전시켰다. 유목 형태의 순록 사육은 소비에트 시기에 집단 농장의 형태로 변화됐다. 오늘날에는 순록업협동조합이 유지되고 있다.

여름이 되면 현역으로 일하는 대부분의 순록치기들은 순록 무리를 이끌고 툰드라 지역으로 나간다. 여름에 마을에 남아 있는 사람들은 소비에트 시기부터 순록 유목을 해 왔지만 지금은 은퇴한 노년층이거나 건강 문제로 툰드라에 나가지 못한 사람들이다. 코미어를 듣기 힘들었던 식팁카르과는 달리, 이곳 대부분의 사람들은 코미어로 말한다.

이즈마 지역에 순록치기들이 모여 산다고는 하지만, 사실 이곳은 유목을 하지 않은 시기에 정주하는 마을로, 이동천막 대신 2층으로 된 목조 가옥을 쉽게 볼 수 있다. 오히려 현대식 주택이나 벽돌로 만들어진 집을 찾아보는 것이 더 힘들 정도이다. 밝은 햇살 아래 펼쳐진 초원 위에 이층짜리 목조 가옥이 띄엄띄엄 서있는 풍경은 유명 휴양지 못지않은 평화로움과 아름다움을 선사해준다.

그러나 이곳에 끝없는 평화로움만 있는 것은 아니다. 이즈마 마을 사람들은 그린피스와 함께 인근 지역 내 석유 시추탑 건설을 반대하는 활동을 펼치고 있다. 코미 공화국 북부가 순록 유목이 이뤄지는 곳이지만 동시에 석유와 석탄을 채굴하는 산업중심지

이즈마 마을

인 까닭에 오늘날 코미 순록치기들은 환경오염 문제와 맞닥뜨리고 있다. 1994년에는 이즈마 지역과 멀지 않은 우신스크 지역 북부에서 송유관 파열로 인해 원유가 유출된 바 있다. 당시 세계 최대의 석유 유출로 기록된 이 사건은 유출 지역이 68㎢에 달하는 데다 북부 영토 특징상 늪지가 많은 탓에 헬기나 비행기로만 접근이 가능하여 기름 제거 작업에 큰 어려움을 겪었다. 또 유출이 화재로 이어지면서 주변 마을, 특히 어로와 순록 유목 등 전통 생업에 종사하는 사람들에게 막대한 피해를 안겼다. 신문으로만 접했던 대기업에 대항한 소수민족의 몸부림, 더 나아가 소수민족의 위기까지 이곳에서 피부로 느낄 수 있다.

코미 순록치기들의 의식주

순록은 이들의 삶에서 없어서는 안 될 존재이다. 순록의 가죽과 털은 이들의 이동천막 '춤'을 만드는 데 중요한 재료가 되어 북부의 혹독한 추위를 막아준다. '춤'의 겉뿐만 아니라, 안쪽도 순록의 가죽으로 두르는데, 이때 지붕 하나를 덮는데 필요한 순록 가죽의 수는 20~40개에 달한다. 여름에는 순록 가죽 대신 자작나무 판이나 넓은 천을 덮는다. 춤의 내부에는 불을 피울 수 있도록 중앙에 직사각형 형태의 구멍을 판다. 이것을 '노루'라고 부른다. 춤 안에는 잠을 잘 수 있는 낮은 판자 침상이 놓여 있으며, 이 위에 순록 가죽을 깐다. 꽤 규모가 큰 춤의 골조를 가지고 유목하는 것은 쉬운 일이 아니다. 순록이 끄는 썰매에 춤의 골조와 살림살이를 모두 실어 이동한다. 순록이 끄는 썰매는 계절에 따라, 그리고 용도(운반용, 이동용)에 따라 다르다. 썰매는 남성용과 여성용이 구별되어 있다. 여성은 아이와 함께 앉거나 임신한 경우를 고려해 썰매 본체가 높은 편이며 앞뒤 등받이도 높고 좌석도 더 넓다.

순록의 모피는 추운 겨울을 거뜬히 이겨낼 수 있는 따뜻한 옷과 신발의 재료로도 사용된다. 말리차가 대표적인 의상이다. 이 옷은 몸통, 소매, 모자까지 달린 일체형 의복이다. 추운 북부 기후에 가장 잘 적응할 수 있는 형태의 옷인 동시에 썰매를 타고 오랫동안 이동해야 하는 유목 생활에 적합한 옷이라고 할 수 있다.

순록 모피로 만든 순록치기의 가방

말리차는 남녀노소 공용으로 입는 옷이지만, 여성이나 아이들의 옷은 모자 부분이 더 밝고 화려한 색상으로 되어 있다. 이외 소비크나 파르카와 같은 순록가죽으로 만든 상의가 있다.

툰드라 지역을 오가는 사람들에게 또 하나 중요한 것은 신발이다. 핌미, 토보키와 같은 이들의 전통 신발은 목이 긴 모피 장화이다. 겨울뿐만 아니라, 여름에도 이 신발을 신는다. 여름 방목을 위해 툰드라 지역으로 떠나기 때문이다. 토보키는 보통 기름을 먹인 순록 가죽으로 만든다. 겨울용 신발은 목이 더 길며, 순록의 다리에서 떼어 낸 가죽으로 만든다. 겨울에는 토보키 안에 긴 양말을 신는다. 과거에는 부드러운 풀을 짓이겨 넣기도 했다.

순록은 툰드라 지역에서 양질의 단백질과 비타민을 제공하는 중요한 음식이다. 순록 요리 대부분은 네네츠인에게서 받아들인 것이다. 조리법이나 저장법도 네네츠인으로부터 차용되었다. 코미인 주변에 순록을 유목하는 여러 민족이 있었지만, 네네츠인의

토보키(사진: K.B. Istomin)

영향을 받을 수 밖에 없었던 이유는 주변 한티인이나 만시인은 애초부터 순록을 이동수단으로만 보았을 뿐 식용하지 않았기 때문이다. 순록 고기는 보통 익히지 않은 날것 그대로 섭취하거나 염장 처리하여 먹는다. 냉동한 고기를 얇게 썰어 차가운 상태로 먹는데, 이것을 '아이바르츠'라 한다. 북부 코미인은 이것을 진미로 여겼다. 순록의 피는 죽이나 수프에 넣어서 먹거나, 도살한 직후 온기가 남아있는 따뜻한 피를 그대로 마시기도 한다. 남은 순록 고기로는 국을 끓여 먹는다. 순록 뼈나 복강에서 얻어낸 순록 기름은 그 맛이 버터와 비슷하여 죽에 넣어서 먹거나, 고기를 구울 때 바르거나, 빵에 발라 먹기도 한다. 순록 기름은 어두운 집안을 밝히는 초의 재료가 된다. 춤에서 필요한 각종 세간은 순록의 뼈나 뿔로 만들어진다. 오늘날 순록 고기는 햄이나 소시지의 형태로 일반 대중에게 판매되고 있으며, 순록 모피로 만든 각종 물건은 코미 공화국의 주요 관광 상품이 되었다.

순록과 정신 문화

순록 유목은 언어뿐만 아니라, 구사하는 표현, 더 넓게 보자면 일정한 가치관에도 영향을 주었다. 플레숍스키는 이즈마 사람들이 여성에 대한 아름다움을 표현하는 흥미로운 관용구들을 소개한 바 있다. 이 표현은 주로 여성의 특정 신체 부분을 순록이나 순록 사육과 관련된 물건 등에 비유하는 것이다. 예를 들면, 이들은 '아가씨의 머릿결'을 '순록의 매끈한 털'에 비유하고는 했다. 그리고 큰 키를 아름다움의 기준으로 봤던 이들은 키가 큰 여성을 표현할 때 '춤만한 키를 가진 여성'라고 이야기한다.

북부 코미인의 장례 문화나 관습, 기타 미신에서도 순록 유목의 흔적을 찾아볼 수 있다. 이들은 죽은 이의 무덤 가까이에 작은 제사상을 차리고 순록 고기를 반드시 제사상에 올린다. 남부 코미인들은 개를 사냥꾼의 친구이자 가족의 일원으로 간주하고 장례음식까지 개를 위해 남겨줬던 데 반해, 북부 코미인들은 순록 떼가 강을 건널 때 빠져 죽지 않도록 물의 정령인 바사에게 개를 바치는 관습을 가지고 있었다.

순록 유목을 하는 다른 민족처럼 '순록치기의 날'이라는 축제가 생겨났다. 이 축제는 겨울 방목지로 이동하는 순록과 순록치기를 배웅하기 위한 것이다. 축제에서 빠질 수 없는 것이 순록 경주이며, 이외에도 사람들은 순록잡기, 올가미 던지기, 도끼 던지기, 썰매 뛰어넘기 등을 즐긴다.

순록을 유목하는 사람은 코미 공화국 인구의 일부에 불과하지만, 공화국 정부는 순록 유목을 공화국의 독특한 문화를 상징하는 매체로 사용한다. 공화국 공식 문장만 보더라도 여섯 마리의 순록 머리가 중앙에 있는 여성신의 얼굴을 둘러싸고 있다. 일찍이 러시아의 지배를 받으면서 러시아화되었으며, 소비에트 시기의 도시화와 산업화로 인해 코미인들의 많은 전통문화 요소가 사라지고 있는 상황에서, 오늘날까지 독특한 전통이 유지되고 있는 것은 바로 순록 유목 때문일 것이다. 소련 해체 이후 러시아 전

코미 공화국 문장

역에 정체성 되찾기 열풍이 불면서 코미인과 코미 공화국 정부는 순록 유목을 민족 정체성, 그리고 지역 정체성 복원의 수단으로 활용하였다.

글로벌 시대로의 합류

코미 공화국은 전통문화를 보존하려는 노력과 함께, 세계 여러 나라들과 활발하게 교류하고 있다. 그 중심은 당연히 수도 식팁카르이다. 에너지와 임업, 제지 분야에서의 경제적인 협력은 이미 1990년대부터 이루어지고 있다. 최근 사회 문화 분야의 협력도 눈에 띄게 증가했다. 2007년 4월 식팁카르에 설립된 '러시아연방 핀우그르 문화 센터'는 러시아 내 핀우그르 민족들(카렐인, 모르드바인, 마리인, 우드무르트인 등) 간의 문화 교류, 핀우그르 언어 및 문화 유산 보존 등을 목적으로 하고 있으며, 중앙 및 공화국 정부의 지원을 받고 있다. 러시아의 핀우그르 민족들뿐만 아니라, 해외 핀우그르 민족들(에스토니아인, 핀란드인, 헝가리인 등)과의 협력 또한 국제 학술대회 및 포럼, 세미나 등의 형태로 활발해지고 있다.

학술적인 측면이나 기술적인 면에서는 핀란드 등 가까운 북유럽 국가들과의 협력이 눈에 띈다. 식팁카르 국립대를 비롯해 여러 학술기관에서는 북유럽 국가의 여러 대학 및 연구 기관과 긴밀한 협력 관계를 맺고 있다. 이러한 관계가 인접 국가들에 한정된 것은 아니다. 최근에는 이곳의 대학이나 연구소로 교환학생 등으로 오는 해외 학생들의 수가 증가하고 있다고 한다. 특히 몇 년 전부터 아프리카 유학생들이 식팁카르를 찾는다고 하니, 식팁카르 시내에서 다양한 인종과 민족을 마주치는 일은 더 이상 낯설지 않을 것이다.

※ 이 글은 필자의 다음 글에서 발췌, 재구성한 것이다.
김혜진, 『원시림 속 부상하는 산업기지, 코미 공화국』 서울: 한국외대 출판부, 2013.

나리얀마르, 북극의 별

최우익

나리얀마르는 러시아에서 가장 대표적인 석유 채굴 지역 중 하나인 네네츠 자치구의 행정 수도이다. 네네츠 자치구는 네네츠인이 오래전부터 거주한 영토이며, '나리얀마르'라는 도시명도 네네츠어로 '붉은 도시'를 뜻하는 단어로부터 유래했다.

네네츠 자치구는 러시아의 북서쪽 북극해에 접해 있으며, 모스크바의 북동쪽에 있고, 행정적으로는 북서 연방관구에 속해 있다. 네네츠 자치구 면적은 러시아연방의 약 1%로 17만㎢가 좀 넘고 85개 연방주체 중 20번째 규모인데, 척박한 토양과 기후 탓에 상주인구는 약 4만 명에 불과하다. 하지만 최근 석유와 가스 생산량이 늘고 이에 따라 주민 소득도 높아져, 1인당 평균 소득은 러시아연방에서 가장 높다. 물론 사회와 경제 인프라가 탄탄하지 못하고 여전히 자연 상태에서 순록 유목을 하는 네네츠인이 많아 평균 소득 수치만으로 실제 생활 수준이나 삶의 질을 가늠하기는 힘들다.

네네츠 자치구를 양쪽으로 가르며 페초라강이 북극해로 빠져나가고 있는데, 나리얀마르는 바로 페초라강 하구의 북극권(북위 67도)에 있다. 모스크바로부터 나리얀마르까지 거리는 1,501㎞이다. 러시아의 유럽 지역 북극권의 중심 도시인 아르한겔스크로부터 이곳까지 거리는 수로로는 1,097㎞, 항로로는 650㎞이다. 나리얀마르까지는 철도가 닿지 않는데, 가장 가까운 철도역은 코미 공화국의 우신스크에 있으며 350㎞ 떨어져 있다. 이것만 보아도 이 자그마한 도시가 얼마나 외진 곳에 있는지 짐작할 수 있다. 공식적으로 기록된 최저 온도는 1978년 12월의 영하 48도였으며, 최고 온도는 1990년 6월의 영상 34도였다.

나리얀마르의 역사

나리얀마르의 역사는 공식적으로 1935년 3월 10일에 시작되었는데, 도시 건설이 문건에 처음 기록된 때는 1929년 10월 22일이다. 이 문건은 도시를 건설할 지점인 페초라강 오른편에 있던 벨로셸리에 부락의 '토지 임차' 건에 대한 것으로서 오를로프라는 기술자와 네네츠 자치구 집행위원회가 체결한 계약서이다.

1930년에 벨로셸리에 부락의 건설이 본격적으로 시작되어 165명의 인부가 정착지 건설에 동원되었다. 북방 무역 선단 대표인 파벨 베르시닌이 건설 노동 특별본부를 지휘했다. 미래 도시의 첫 번째 건물은 65명이 묵을 수 있는 임시 숙소였다. 그다음에는 방 8개짜리 주택, 식당, 우체국, 네네츠인 전용 주택, 순록 사육 집단 농장 사무실, 병원, 인쇄소가 지어졌다.

1931년 10월에 벨로셸리예는 '나리얀마르 부락'으로 개명되었다. 같은 해에 자치구 센터를 텔비스카 마을로부터 나리얀마르로 옮겨왔다. 1934년 부락 위원회의 결정에 따라 각 거리 이름이 처음 정해졌다. 그 거리 이름들은 바로 나베레즈나야, 파르티잔스카야(지금의 피레르카 거리), 자폴랴르니 대로(지금의 스미도비치 거리), 올렌나야(1936년부터 이 거리는 비우체이스키 거리로 불린다.), 폴랴르나야 등이었다. 바로 그 해에 시 지도부는 소비에트 청사

나리얀마르 스미도비치 거리

를 짓기로 했다.

1934년 4월 9일 네네츠 자치구 집행위원회 5차 대회에서 8,000명 이상 거주하는 나리얀마르 노동자 부락을 나리얀마르시로 승격하는 것에 대한 결의가 채택되었다. 동시에 페초라 항구를 나리얀마르 항구로, 강 선착장을 나리얀마르 해양 선착장으로 개명하였다. 네네츠 자치구 집행위원회의 요청에 따라 전 러시아 중앙 집행위원회의 결의가 뒤이어 채택되었는데, 1935년 3월 10일 지역 명칭을 공식적으로 '나리얀마르시'로 확정했다. 나리얀마르에는 코밀레스 51호 제재소, 벨로셸리예, 칼류시, 카치고르트(최초 거주자의 성을 따서 이전에는 '노소보'라고 불렸다.), 고로데츠키(최초 거주자의 성을 따서 이전에는 '카르마놉카'라고 불렸다.) 등과 요쿠샤 마을이 포함되었다. 1936년에는 10,288명의 주민이 거주했다.

1930년대에 나리얀마르는 네네츠 자치구의 행정 및 문화 중심지로 빠르게 변모해 갔다. 1932년에 순록 사육지 사무소가 문을 열었다. 1933년에는 수산업 사무소가 문을 열었고, 그에 따라 항구의 업무 처리 속도가 빨라졌다. 1934년부터 도서관을 통해 계몽 활동이 시작되었고, 그 후 지역 박물관이 문을 열었다. 1934년에는 사범전문학교에서 최초로 졸업생이 배출되었다.

도시가 발전하면서 교육 분야도 발전하기 시작했는데, 1934년부터 문화 계몽 학교와 두 군데의 일반 학교가 문을 열었다. 1936년에는 기상청이 세워졌고, 1937년에는 전문 드라마 극장이 문을 열었다. 상업 분야도 빠르게 발전하기 시작했는데, 그 예로 툰드라 지역민을 위한 특별 상품을 취급하는 백화점 두 곳과 전문

식품 매장 및 상점이 문을 열었다.

1933년 아르한겔스크, 우스티칠리마 마을(코미 공화국의 농촌 마을), 나리얀마르 사이에 처음으로 항공기 정기 노선이 개통되었다. 그리고 그곳들로부터 나리얀마르까지 육상으로 겨울 도로가 뚫렸다. 네네츠 자치구에는 늪과 강이 많아 도로 사정이 여의치 않지만, 겨울에는 모든 곳이 얼기 때문에 그 위로 차량이 다닐 수 있었다.

1932년에는 110개의 수신소를 갖춘 최초의 라디오 중계 유선 방송국이 세워졌고, 1937년에는 모르스 전신기와 음향기를 통해 아르한겔스크와 직통으로 통신할 수 있게 되었다. 1930년대와

나리얀마르 신시가지

40년대에는 요크샤 벽돌 생산 수공업체가 지역 산업을 주도했다. 1940년에는 하루에 100만 개의 벽돌이 생산되었고, 그 당시 도시 주택 총면적은 52,400㎡에 달하게 되었다.

나리얀마르 공업의 기초는 1940년 무렵 마련되었다. 제재소(전신 '스텔라 폴라레'), 북방 국영 어업 페초라 사무실, 요쿠샤 마을의 벽돌 제조 수공업체, 육류 가공 기업 네네츠 사무실, 네네츠 어업·집단 농장 협회 등이 나리얀마르에 설립되었다. 나리얀마르 항구를 통해 러시아의 동부와 중부로 목재, 석탄, 모피, 순록 제품이 수출되었다.

1940년대 말과 1950년대에는 비우체이스키 거리를 따라 주택 단지가 건설되면서 도시가 새로이 발전하기 시작했다. 1960년대 초부터는 도시 계획에 따라 나리얀마르시가 체계적으로 확장되었다. 최초의 벽돌 건물로 제3호 학교와 문화관이 각각 1963년과

나리얀마르 시청

1964년에 건설되었다. 최초의 벽돌 주택은 1972년, 패널 주택은 1981년에 건축되었다. 1974년부터는 중앙집중식 난방 공급이 가능해졌고, 중앙 급수 체계와 지역 하수 처리 체계가 구축되었다. 1975년에는 벽돌로 완공된 최초의 다층 건물이 세워졌다. 그 건물이 바로 현재의 시청 건물인 공산당 주위원회였다.

그리고 1981년에는 노동자 일부가 당시 도시에서 유일했던 패널 아파트에 입주하게 되었다. 건설업이 중심 산업이 되면서, 벽돌과 패널 집 건축이 붐을 이루게 되었고, 그와 함께 중앙 급수, 그리고 곳곳마다 정수 설비가 갖추어진 지역 하수 체계가 도입되었다.

또한 도시민을 위한 서비스 체계가 향상되었다. 1955년에는 최초의 노선버스가 생겼다. 1959년부터는 도시 내 디젤 발전소의 건설과 함께 전력 공급이 항시 가능하게 되었고, 1960년대 초부터는 중앙 난방식으로 주택이 지어지기 시작했다. 1973년부터 나리얀마르 주민은 '궤도' 방송국을 통해 모스크바 TV 프로그램을 볼 수 있게 되었다. 그리고 1978년에는 주거용 아파트에 가스가 공급되었다. 또한 가스 연료를 이용하는 각종 기관실이 생겨났다. 1973년에는 카치고르츠크 운하를 건너는 92m 길이의 다리가 건설되었고, 1983년에는 레소자보츠카야 쿠리야 하천을 건너는 57m 길이의 다리가 건설되었다. 1980년대에는 디젤 발전소와 석유 보급소 등 새로운 생산시설이 들어섰고, 빵 공장이 건설되었으며, 1984년에는 자치구 병원에 해부 병리 병동이, 1989년에는 외과 병동이 건설되었다.

1980년대에는 1일 150인을 수용할 수 있는 병원, 약국, 레스토랑이 있는 호텔, 침실이 갖춰진 기숙학교, 784명의 학생을 유치할 수 있는 중등학교, 백화점, 음악 학교가 문을 열었다. 그리고 현대식 건물로 이루어진 대규모 주택 단지들이 등장하게 되었다. 1993년 주택의 총면적은 317,000m^2에 달하게 되었으며, 그중 주택의 82%는 중앙 난방이 되었고, 48%는 상수도와 하수도가 연결되었다. 1990년대 말까지 시 행정부를 통해 사범전문학교 건물과 자치구 병원 건물이 개조되거나 대대적인 수리를 받았다.

1999년부터 나리얀마르 주택 44%에 중앙 급수가 공급되었고, 하수 시설은 47%, 중앙 난방은 91%, 가스 공급은 83%에 제공되었다. 아파트 43%에는 이 모든 것이 제공되었다. 1998년 도시 상

나리얀마르에 있는 루코일 석유 회사

수도는 18.1㎞, 하수도는 11.2㎞에 달하게 되었다.

나리얀마르의 각종 기관실과 발전소는 63㎞ 떨어진 바실콥스코에 산지로부터 가스관을 통해 천연가스를 공급받는다. 1999년 나리얀마르에는 빵과 과자 제품을 하루에 21.9t 생산하는 제빵 공장, 가연성 연료를 일시에 32,900㎥ 보관할 수 있는 석유 탱크, 정수 시설을 갖추고 하루에 4,800㎥의 양을 처리할 수 있는 급수 장치, 냐르야나 빈데르 지역 신문 편집실과 인쇄소, 공항터미널, 요양소, 지역 병원, 치과, 150개의 병동을 보유한 병원, 약국, 100개의 객실을 보유한 페초라 호텔, 어린이 음악·예술 학교, 스포츠 시설, 청소년 체육 학교, 기숙 학교, 5개 일반 학교, 네네츠 수의 학교, 종합기술전문학교 24호, 교육대학, 포모르 국립 대학 지부와 아르한겔스크 국립 기술대학교 지부, 네네츠 지역 박물관, 푸스토죠르스크 역사·자연 박물관, 지역 전시관, 민속 센터 등이 마련되었다.

역사가 깊고 규모가 큰 대도시들에 비해 나리얀마르는 보잘것없는 소도시로 보일 수 있다. 하지만 인간에게 쉬이 곁을 내주지 않는 툰드라의 척박한 자연환경 속에서 집 한 채를 짓고, 도로 하나를 뚫는 작업은 거대한 발걸음 하나하나였다. 그 결과 나리얀마르는 네네츠 자치구의 수도로서 오늘날 러시아 경제를 떠받치는 든든한 대들보가 될 수 있었다.

오늘날의 나리얀마르

네네츠 자치구의 가장 중심적인 산업 분야는 바로 석유 채굴업이다. 러시아에서 석유는 1970년대만 하더라도 볼가 연방관구에서 가장 많이 생산되었지만, 1980년대부터 현재까지는 우랄 연방관구에서 가장 많이 생산되고 있다. 소련 시대에 네네츠 자치구가 속해 있는 북서 연방관구에서는 그다지 석유 생산량이 많지 않았지만, 2000년대에 들어와 생산량이 늘어나기 시작하여 우랄과 볼가 연방관구 다음으로 북서 연방관구가 커다란 석유 생산지가 되었으며, 생산량도 2008년 시점에는 약 3,000만t에 달하게 되었다. 이 중 네네츠 자치구가 차지하는 생산량이 약 절반에 달한다.

네네츠 자치구에서는 1990년 석유 채굴량이 약 120만t에 불과했지만, 1995년에는 270만t, 2000년에는 450만t, 2005년에는 1,210만t으로 점차 늘어 2010년에는 1,790만t에 달하게 되었다. 2010년대에는 매년 약 1,500만t 정도의 석유를 채굴하고 있다. 네네츠 자치구의 석유 채굴은 1984년부터 시작되었는데, 2018년 2월 시점까지 누적 채굴량은 약 2억 5천만t이다. 하지만 네네츠 자치구의 석유 매장량은 약 30억t에 달할 것으로 추정되어 석유 채굴 전망은 여전히 크다.

행정 수도인 나리얀마르에는 네네츠 자치구의 다양한 국가 기관이 존재할 뿐만 아니라, 연방 기관의 각종 지역 분과와 여러 석유·가스 회사 지역 대표부도 나와 있다. 또한 나리얀마르에는 약

800개에 달하는 다양한 형태의 사기업이 있다. 전력 및 식품 산업이 오늘날 시 경제에서 주도적 역할을 담당하고 있다. 하지만 무엇보다도 오늘날 나리얀마르는 티만-페초라 석유·가스 지역 지질조사 실무기지이자, 툰드라와 바렌츠해 대륙붕 산지 개발 전초기지이다. 나리얀마르와 도시 주변에 있는 지질학자 거주지에는 편안한 주거 시설과 생활에 필수적인 기본 인프라가 조성되어 있다.

나리얀마르는 1992년부터 우크라이나의 마리우폴, 1991년부터 노르웨이의 케우토케이노, 1997년부터 코미 공화국의 우흐타와 자매도시 결연을 맺었다. 또한 나리얀마르는 러시아 소도시협회와 극지방 및 북극 도시 연합에 가입되어 있다.

나리얀마르 기(사진: 위키피디아)

러시아연방에서 네네츠 자치구의 위상이 격상됨에 따라 도시의 기와 문장이 2001년 5월 31일 법령으로 다시 제정되었다. 문장은 본래 1978년 나리얀마르 시의회 집행위원회에서 제정되었는데, 이 문장을 본떠서 기도 만들었다. 전통적으로 사슴 목축과 어업이 주요 산업인 나리얀마르의 기는 단순하면서도 강렬한 이미지를 주어 쉽게 기억된다. 기와 문장은 같은 도안과 색상을 사용하되 문장은 기보다 폭이 좁다. 윗부분의 3/4은 붉은색, 아래의 1/4은 푸른 바탕에 각각 흰색 문양이 있다. 붉은 바탕에는 순록의 머리와 뿔, 푸른 바탕에는 두 마리의 북극 물고기가 그려져 있다.

도시 내부는 레닌 거리, 10월 혁명 60주년 거리, 유빌레이나야 거리 등 도시를 관통하는 도로들로 서로 연결되어 있다. 도시의 주요 지역인 중앙구는 수로의 벽으로 경계가 형성되어 있다. 중앙구는 도시 계획에 따라 정확히 건설되었다. 중앙구의 북쪽에 있는 페초라 강변에는 강과 바다의 선착장과 도시 폐수 처리장이 있다. 서쪽과 남쪽에는 저층 건물들이 펼쳐져 있고, 중앙에는 고층 건물로 이루어진 소단지가 조성되어 있다. 레닌 거리에는 시의 중앙 광장이 있으며, 그곳에서 북쪽으로 항구까지 도시와 자치구의 각종 행정, 비즈니스, 문화 기관들이 늘어서 있다. 이곳은 인프라가 가장 발달한 지역이다.

2018년 나리얀마르에는 약 25,000명의 주민이 거주하고 있다. 1935년 시로 승격되어 1930년대에는 약 13,000명의 인구가 살

나리얀마르의 레닌 거리

았는데, 1979년에는 약 23,000명까지 늘었다. 하지만 시장 개혁기에는 러시아연방 전체적으로, 그리고 북서 연방관구에서도 일반적 현상으로 나타났던 인구 감소 현상이 이곳에서도 나타나 2002년 한때 약 18,000명까지 줄었다. 그러다 최근 인구가 완만하게 증가한 것이다.

2000년 네네츠 자치구의 1인당 월평균 소득은 3,426루블로 러시아 연방주체 전체 중에서 약 10위 정도에 해당했다. 하지만 2000년대 석유 채굴업이 발전하면서 2007년부터 1위를 차지하게 되었다. 2016년 네네츠 자치구의 1인당 월평균 소득은 69,956루블이며(1위), 1인당 월평균 임금은 71,850루블(3위)이다. 모스크바의 1인당 월평균 소득은 59,203루블이며(4위), 1인당 월평균 임금은 71,379루블(4위)인데 이보다도 높다. 이러한 몇 가지 사실만 보아도 현재 이곳이 얼마나 경제적으로 뜨거운 곳인지 잘 알 수 있다.

2015년에 도시 건설 80주년 기념제를 성대히 치른 나리얀마르는 이제 북극의 순결함과 맑은 자태를 뽐내며 21세기의 현대적 도시로 거듭나고 있다.

나리얀마르 80주년 기념 엠블렘 (사진: http://adm-nao.ru/press/?days=0&month=9&year=2015)

나리얀마르의 역사와 숨결이 깃든 명소

여기에 소개하는 나리얀마르의 명소는 그동안 이 땅이 어떠한 역사를 거쳐 오늘에 이르렀는지를 상징적으로 보여 준다. 이를 통해 나리얀마르와 네네츠 자치구의 역사와 문화, 이곳 거주민의 희로애락, 그리고 과거부터 현재까지 그들이 살아온 발자취를 엿볼 수 있다.

- 네네츠 지지학 박물관

지지학 박물관은 네네츠 자치구에서 가장 오래된 박물관이다. 이 박물관은 1934년 9월 6일 문을 열었다. 오늘날 박물관에는 독특하고 희귀한 인종적, 민속적 수집품을 포함하여 2만 점 이상

네네츠 지지학 박물관

의 소장물이 전시되어 있다. 그것들은 네네츠 자치구의 지역들인 '카닌', '티만', '소토지 툰드라', '대토지 툰드라'의 네네츠 문화를 잘 보여주고 있다. 전시물로는 여성과 남성 의류, 가죽 모자, 신발, 가죽 주머니, 생활용품, 장난감 등이 있다. 박물관에는 각 지역 유물도 다수 전시되어 있다. 그 외에 18~19세기 페초라 교회의 성상화도 소장돼 있다.

- 푸스토죠르스크 역사 및 문화 박물관

푸스토죠르스크 종합 자연사 박물관은 1991년 11월 5일 네네츠 자치구 집행위원회의 결정으로 건축되기 시작해 1993년에 완공되었다. 여기에는 푸스토죠르스크 유적과 고대 우스티에 건축물 유적이 전시되었다. 이 건물은 푸스토죠르스크에 있었던 독특한 북극 주택 양식으로 지어진 '셰벨레비의 집'을 본떠 만들어졌다. 1996년에는 고로데츠코예 호수 유적물이 박물관에 입수되어 전시되었다. 1499년 이 호수 주변에 이반 3세의 명령으로 푸스토죠르스크가 건설되었었다. 푸스토죠르스크 박물관은 바로 이 지역 최초 수도의 역사와 문화를 보존하고 지키는 역할을 수행하고 있다.

푸스토죠르스크 역사 및 문화 박물관
(사진: http://www.nvinder.ru/archive/2006/nov/18/05.shtml)

-성모 현현 사원

나리얀마르 건축물의 자랑거리 중 하나는 바로 러시아 정교회의 성모 현현 사원이다. 성모 현현 사원은 2001년 신도들의 기부로 건축이 시작되었다. 성모 현현 사원 최초의 종교 의식은 2005년 8월 19일 그리스도 변용제였다. 그 후 2005년 10월 16일 교회 봉헌식이 있었다. 오늘날 장방형으로 구획된 교회 단지 내에는 성

성모 현현 사원

모 현현 사원, 종루, 주일 학교, 사제 관구 등이 들어서 있다.

- 승리의 오벨리스크

승리의 오벨리스크는 도시 중심부에 있으며 1965년에 세워졌다. 탑에는 '1941-1945'라는 숫자가 장식되어 있고, 그 위의 중심부에 대조국전쟁 훈장이 달려 있다. 탑 하단에는 대조국전쟁의

승리의 오벨리스크

승리를 기념하는 내용의 글귀가 동판 형태로 붙어 있다. 또한 전쟁 기간에 네네츠 자치구에서 희생된 사람들의 명단이 새겨 있다. 1982년부터 가스 불꽃이 점화되었고 영원히 꺼지지 않도록 시설이 갖추어졌다.

- 견인선 '콤소몰레츠' 승무원 추모비

이 기념비는 1968년 11월 나리얀마르 항구 관리소 옆에 벽돌, 콘크리트, 강철 재료로 세워졌다. 이 비는 1942년 8월 19일 바렌츠해에서 일어난 비극을 추모하기 위해 세워졌다. 당시 화물을 탑재하고 하바로보 농촌형 부락으로부터 귀환해 항구에 정박해 있던 '콤소몰레츠'호와 '코밀레스'호에 독일 잠수함이 공격을 가했

견인선 '콤소몰레츠' 승무원 추모비

다. 그날 '콤소몰레츠'호에 승선했던 14인을 포함하여 약 300명이 사망했다.

- 부두 노동자 희생 추모탑

이 탑은 대조국전쟁 기간에 희생된 나리얀마르 부두 노동자를 추모하기 위해 1980년 알루미늄, 콘크리트, 주물을 이용해 세워졌다. 이 추모탑은 하탄제이스키 거리와 사프리긴 거리 사이에 있는 시립 공원에 있다. 이 탑에는 '1941 나리얀마르 부두 노동자에게 1945'라는 문구가 양각으로 새겨져 있다. 1987년에 추가 공사가 있었는데, 좌·우측으로 반원형 형태의 콘크리트 댓돌이 세워지고 그곳에 희생자들의 이름이 기록되었다.

부두 노동자 희생 추모탑

- 푸스토죠르스크 500주년 기념 조형물

1999년 과거에 붉은 광장이라 불렀던 장소에 조그만 목재 건축물이 세워졌다. 그 지붕 위에는 소형의 둥근 성당 지붕이 얹혀 있고, 그 위에 또 십자가가 서 있다. 사프리긴 거리에서 페초라 강변 가까이에 이 기념물이 서 있다. 이것은 바로 과거에 사라진 북극 최초 도시였던 푸스토죠르스크를 기념하기 위한 조형물이다. 이 도시는 1499년 이반 3세의 명령에 따라 건설되었으며, 16~18세기 페초라 변강주의 행정, 경제, 문화의 중심지였다.

푸스토죠르스크 500주년 기념 조형물

- '석유 굴착 망루 모형' 기념탑

철과 시멘트로 만들어진 이 기념탑은 호레이베르스키읍 탐사 지역에 있으며 1988년에 세워졌다. 1958년 네네츠 자치구에서 최초로 이 지점에 유정이 굴착되었다. 당시 굴착을 통해 석유층을 탐색하고 지질 구조를 파악할 수 있었으며, 이로써 네네츠 자치구는 중요한 석유 산지로 주목받게 되었다.

'석유 굴착 망루 모형' 기념탑
(사진: План-схема г. Нарьян-Мар (Нарьян-Мар: ООО Красный город, 2009.08.01)

나리얀마르의 미래

나리얀마르는 툰드라 지대로서 전통적으로 네네츠인이 자연 상태에서 농업, 수렵, 목축, 어업 등을 하며 살아왔던 지역이다. 네네츠인은 수 세기 동안 러시아의 지배를 받았고 저항도 했지만 결국 진압되었다. 20세기에 들어와서는 집단 농장화가 진행되면서 사회주의적 근대화 과정이 빠르게 전개되었다. 이 과정에서 네네츠 자치구는 소비에트 국가 체계로 편입되었으며, 네네츠인은 러시아인을 중심으로 외부로부터 온 이주민과 함께 정착 생활을 하게 되었다. 그런데 최근 시장 개혁기에는 석유 생산업이 급속히 발전하면서 엄청난 사회·경제적 격동의 바람 앞에 다시 서게 되었다.

네네츠 자치구는 이제 석유 생산지라는 국가의 기간산업 지역이 되었다. 아직도 매장되어 있는 석유 및 가스 자원이 충분하여 이곳에 대한 러시아 국내는 물론 서방 투자자의 관심은 앞으로 더 커질 것이다. 또한 네네츠 자치구는 향후 북극해 항로가 활성화될 때 러시아의 북방과 세계를 연결하는 주요 통로가 될 수 있을 것이다. 한국으로서도 네네츠 자치구는 에너지 자원의 수입과 자본 투자 대상지로서 아주 매력적인 곳이다. 이러한 점들로 볼 때 동토의 땅 네네츠 자치구는 사실 러시아의 가장 뜨거운 지역 중 하나이다.

하지만 동시에 이 과정에서 나타나는 여러 가지 사회 현상이나 부작용이 염려되고 있다. 예를 들어 소수민족의 억압 및 생활 지역의 축소, 삶의 질을 높이기에는 한계가 있는 사회적, 환경적 제약, 개발에 따른 환경오염, 소득 증대 이면에 있는 빈부격차의 심

순록과 목동

화, 급속한 산업화에 따른 문화적 마찰, 중앙과 지방의 갈등 등 현재 러시아가 안고 있는 여러 사회 문제가 이곳에서 집약적으로 나타날 것으로 예측된다.

나리얀마르에는 이제 고임금과 고소득이 보장되는 일자리와 사업체가 늘었지만, 오랫동안 자연 상태를 유지하며 살아왔던 네네츠인, 그리고 이곳 정착민의 운명이 어떻게 될지 누구도 알 수 없다. 이 땅의 자원이 축복이 될지, 재앙이 될지는 이제 인류의 지혜에 달렸다.

참고문헌

최우익, 『북극의 별 네네츠: 툰드라와 순록, 그리고 석유의 땅』, 한국외국어대학교 출판부, 2012.
최우익, 『러시아연방주체 개관 시리즈: 네네츠자치구』, 한국외국어대학교 러시아연구소, 2017.

살레하르트, 북극의 관문

최우익

살레하르트는 러시아의 천연가스 주요 산지인 야말네네츠 자치구의 수도이다. 살레하르트는 북위 66°32′, 동경 66°38′에 있으며, 정확하게 북극권 한계선에 위치한 세계 유일의 도시이다. 도시 안에 북극의 경계를 표시하는 첨탑이 서 있는데, 이곳에서 한 걸음만 내딛으면 북극으로 건너간 것이고, 한 걸음만 물러서면 북극에서 되돌아온 것이 된다. 마치 여기는 북극의 관문과도 같다.

러시아의 다른 주나 공화국에서는 보통 수도에 인구가 가장 많지만, 살레하르트(48,500명, 2017년 기준)는 야말네네츠 자치구에서 인구가 가장 많은 도시가 아니다. 야말네네츠 자치구에서 인구가 가장 많은 도시는 노비우렌고이(113,300명)이며, 그다음으로는 노야브리스크(106,900명)이다. 살레하르트는 행정 중심의 도시이고, 후자의 두 도시는 석유나 가스 매장지로 유명한 산업 도시이다. 이곳에서는 근로자가 많이 살아 인구가 많다. '야말네네

살레하르트 북극 경계 상징탑

츠'라는 자치구 이름은 이곳의 '야말' 반도 지명과 오래전부터 이곳에 거주해온 '네네츠' 소수민족명을 결합해 만든 것이다. '야말'은 네네츠어로 '땅끝'이라는 뜻이다. 실제로 야말반도는 북쪽으로 길게 쭉 뻗어 북극해에 다다르고 있다. '살레하르트'는 네네츠어로 '곶 위의 집'이라는 뜻이고, 과거에는 오비 강변의 도시라는 의미로 '오브도르스크'라고도 불렸다.

살레하르트 문장
(사진: https://www.salekhard.org/city/gerb.php)

살레하르트의 역사

시베리아의 툰드라와 북부 타이가 지역에 사람이 살기 시작한 것은 중석기 시대부터이다. 청동기 시대인 기원전 3000년경부터 오비강과 타스강 주변에 수렵민족이 등장했다. 기원전 2000~1000년대에는 우랄어 계통의 민족이 남쪽으로부터 북쪽으로 올라왔다. 이들은 주로 순록을 키웠는데 이들과 토착민이 결합해 발생한 민족을 네네츠인으로 본다. 또한 같은 민족 계열의 에네츠인과 은가나산인도 등장했는데, 이들을 모두 사모예드인이라고 불렀다.

러시아 역사에서 한티인과 네네츠인에 대한 첫 기록은 11세기에 나타났다. 러시아인이 이곳에 정주하기 시작한 것은 약 11세기

오브도르스크 요새 안의 사원

경이었고, 1187년부터 오비강의 하류 지방이 노브고로드 공국에 귀속됐다. 노브고로드 상인들은 이곳을 유그라(혹은 유크라) 땅이라고 불렀다. 이곳은 비교적 풍요로운 땅으로 여겨져 '야생의 동물원', '곳간의 부드러운 잡동사니들' 같은 별명이 붙었다.

노브고로드가 몰락한 뒤에 이 지역은 노브고로드를 흡수, 승계한 모스크바 대공들의 소유가 됐다. 16세기 말부터 카자크인이 야말에 새로운 요새들을 건설하기 시작했는데, 1595년에 시베리아 북부 오비 강가에 요새가 세워졌다. 그리고 예르마크의 시베리아 원정대를 따라온 러시아인들이 정착촌을 만들기 시작했다. 마을은 오비 강변에 터를 잡았고 강 이름을 따서 오브도르스크(지금의 살레하르트)라고 불렀다. 이로써 역사적으로 이 지역 최초의 중심 도시인 오브도르스크가 건설된 것이다. 이 마을을 중심으로 이 주변 지역은 제정 러시아 때는 '오브도르스키크라이', 또는 '오브도리야'로 불렸다.

1601년 타스강 하류에 만가제야가 생겼고 이곳은 세금 징수의 중심지가 되었다. 시간이 흘러 만가제야가 쇠락하자 오브도르스크가 다시 중요한 지역으로 등장했다. 오브도르스크는 1635년 '오브도르스크 관문'이라는 명칭을 얻게 되었고 주민이 상주하기 시작했다. 러시아 북부에서 오브도르스크는 오랫동안 러시아인이 거주하는 동쪽 경계의 도시로 여겨졌다. 1730년 안나 이바노브나 여제는 이 지역에 방어선을 세울 것을 명령했다. 이로써 유그라 지방이 러시아 제국에 공식적으로 속하게 되었는데 이것은 이 지역의 역사에서 중요한 의미를 지닌다. 네네츠인과 옴스크 북부 민족 간의 경제 교역도 더 활발해졌다. 이는 제정 러시아의 국력 강화로 이어졌다. 이 지역에 모피가 유통되면서 중요한 교역품으로 등장했다. 모피, 가죽, 새 깃털 펜, 수공예품 등이 유통됐고 야르마르카(정기 시장)가 섰다. 20세기 초에는 수산물 유통업이 발전했다. 내전 이후 새 정부는 이 지역에 생필품을 체계적으로 공급하고, 이곳을 북부지역 교역의 주요 공간으로 삼았다. 한편, 모스크바에서 수천 킬로미터 떨어진 이 외진 마을은 제정 러시아와 소련 시대에는 유배지이기도 했다.

혁명 이후 소비에트 시대 초기에 도서관, 보건소, 학교 등이 건설됐다. 1926년 토착민의 첫 소비에트가 구성되었으며, 1927년 토착민의 5개 구 집행위원회가 선정되었다. 이들은 1930년대 말까지 존속했다. 1930년 12월 10일 야말네네츠 민족구가 탄생했

야말네네츠 자치구 제2차 세계대전 희생자 추모탑

고, 오브도르스크는 행정 중심지가 되었다. 오브도르스크는 1933년에 살레하르트로 개칭됐으며, 1938년에는 도시로 승격되었다. 1939년 인구 조사에 따르면 야말네네츠 민족구의 인구는 4만 5,734명이었고 이중 유목민은 1만 5,438명이었다.

제2차 세계대전 이전 야말네네츠 자치구의 주요 산업은 수산업, 순록 사육 및 유목, 모피업 등이었다. 1930년대에 농업이 처음 발달하기 시작했다. 1940년에는 감자 363t과 야채 261t이 수확됐다. 1944년 8월 14일 튜멘주가 재편되어 한티만시 자치구와 야말네네츠 자치구가 튜멘주에 편입됐다. 1949년에 야말과 라비트난기에 철도가 깔렸고 전기, 전화, 우편 등의 통신수단이 생겼다. 1964년에 지역 라디오 방송이 시작됐고 1968년에 텔레비전 방송이 시작됐다.

현재 야말네네츠 자치구는 러시아 에너지 경제의 중추를 이룬다. 언론에서 반복적으로 회자되는 이 문구는 말 그대로 현실을 적절하게 반영한 표현이다. 국가의 주요 에너지 산업복합체로서 야말네네츠 자치구의 사명은 처음에는 지질학적 연구와 탐사로부터 시작되었다. 1958년 여름 살레하르트에 야말네네츠 복합 지질 탐사 원정대가 창설되었고 탄화수소를 발견하기 위해 집중적인 탐색이 시작되었다. 1962년 4월 14일 타좁스카야 툰드라에서 최초로 가스 분출이 탐지되었다. 1964년에서 1966년까지 야말에서는 매장량이 3,500억㎥에 달하는 굽킨스코예 산지와 세계에서 가장 큰 우렌고이스코예 산지를 포함해 5개 이상의 대형 산지가 발견되었다. 1967년에는 메드베지예 산지를 포함해 세 개의 산지가 발견되었다. 다음 해에도 또 다른 세 개의 석유 및 가스 산지가 발굴되었다.

살레하르트 신시가지

1972년에는 메드베지예 산지 가스가 파이프라인을 통해 우랄로 흘러갔다. 1978년에는 우렌고이-나딤 가스 파이프라인이 가동되었다. 빈가푸라 가스가 우렌고이-튜멘-첼랴빈스크 가스 본관에 합류되었다. 1980년대 초에는 수르구트와 우렌고이 간에 철도 및 가스관이 부설됐다. 땅속에 묻혀 있던 야말의 가스와 석유가 바야흐로 세상 밖으로 모습을 드러낸 것이다. 툰드라와 타이가에 끝없이 펼쳐진 작은 마을들의 이름(나딤, 노비우렌고이, 타르코살레, 노야브리스크)이 이제 전 세계로 널리 알려지게 되었다.

교통의 중심지 살레하르트

야말네네츠 자치구에서는 역사적으로 강과 바다를 이용한 수상 교통이 발달했다. 중심 도시 살레하르트 역시 강가에 위치한 항구 도시이다. 하지만 물이 얼지 않는 봄과 여름에만 강을 이용할 수 있어서 수상 교통은 한계가 많다. 남부에서는 길어야 4개월, 북부에서는 단 2개월만 수상 교통이 가능하다.

야말네네츠 자치구의 수로에는 내부 간, 그리고 내외부를 잇는 약 90개의 수상 운송 회사가 운영되고 있다. 2016년 수로를 통한 지역 간 여객 운송의 주요 노선은 다음과 같다. △ 베레조보-살레하르트-무지-살레하르트-베레조보, △ 옴스크-토볼스크-한티만시스크-살레하르트- 한티만시스크-토볼스크-옴스크.

철도망 역시 도로와 비슷한 이유로 발달하지 못했는데 주민 거

살레하르트 오비강 선착장 터미널

살레하르트-이가르카 철도 건설에서 희생된 사람들을 추념하는 기관차 조형물

주지 중 현재 철도가 깔린 곳은 1/3에 불과하다. 살레하르트에서 가장 가까운 철도역인 라비트난기는 오비강 건너편에 있다. 기록에 따르면 1949~1953년에 살레하르트-이가르카 철도 건설이 추진됐으나 공사에 동원된 죄수 수천 명의 목숨만 잃은 채 실패했다.

하지만 현재 시베리아 과학 분석 센터와 함께 야말네네츠 자치구 행정부의 '러시아 철도'는 철도 및 도로망과 통신 시스템 네트워크 개발을 위해 노력하고 있다. 그들은 야말 북극과 우랄의 대형 산업 지구를 연결할 목적으로 나딤행 철도를 건설하기 시작했다. 이 사업은 야말반도에 엄청나게 매장되어 있는 석유와 저압가스를 활용하기 위한 에너지 산업 개발을 염두에 두고 기획되었다. 야말반도에서는 대규모 LNG 플랜트가 건설되었고 이미 전 세계로 액화가스가 수출되고 있다.

최근 2018년 10월에는 러시아연방 교통청과 '북위도 운송' 사업단이 야말 지역 철도 건설 종합 투자 프로젝트 합의문에 서명했다. 철도는 야말네네츠 자치구 남부로부터 시작해 나딤을 지나 살레하르트의 오비강 철교를 건너 북쪽 사베타 항구까지 이어질 계획이다. '북위도 운송' 사업은 북극 개발과 관련한 많은 문제를 종합적으로 해결한다. 철도를 따라 야말네네츠 자치구의 거대한 석유 및 가스 산지의 생산물과 물자가 운송될 수 있다. 새로운 수송 시스템은 서부 시베리아로부터 주변으로 향하는 물자 수송 절차를 간소화하고 수송 시간을 단축할 것이다. 또한 러시아 국내 및 국제 상품 생산자들에게 유익한 효율적인 물류 체계를 구축할 수 있다. 더 나아가 야말 지역의 각 도시와 산업 지역 사이

북위도 운송 사업 청사진(사진: https://surfingbird.ru/surf/kakie-nadezhdy-perspektivy-i-vozmozhnosti-otkroet--6CRF85cF7)

살레하르트 공항

를 잇는 철도와 도로 연결 사업도 추진될 수 있다. 게다가 철도는 야말네네츠 자치구 주민의 일자리를 창출하는 데에도 기여할 것이다.

최근에는 항공 교통이 급속히 발달했다. 여객, 화물, 우편, 의료 서비스 역시 항공 교통에 크게 의지하고 있다. 특히 고립된 오지에서는 항공 교통이 필수적이다. 현재 야말항공과 튜멘항공이 이곳의 대표적인 지역 항공사이다.

불타는 가스

야말네네츠 자치구에는 가스가 44.5조m^3, 석유가 거의 50억t, 가스 콘덴세이트가 약 20억t 가량 매장되어 있는 것으로 확인된다. 10억m^3의 가스로 2억 5천만~2억 7천만 루블의 수입을 올릴 수 있기 때문에 야말네네츠 자치구가 지닌 천연자원의 자산 가치는 엄청나다고 할 수 있다.

세계 최대의 천연가스 산지인 야말네네츠 자치구에는 러시아 정부가 야심에 차게 추진하고 있는 노바테크 회사의 야말 LNG 프로젝트가 진행 중이다. 이 프로젝트의 목적은 이곳의 천연가스를 육상이 아닌 북극해를 통해 세계로 항시, 그리고 직접 수출하는 것이다. 육상의 가스 운송관은 국제적인 정치, 경제 분쟁으로 여러 차례 막힌 적이 있는데, 바로 이를 극복하기 위해 야말 LNG 프로젝트가 기획되었다.

이 프로젝트는 천연가스의 추출, 액화, 공급을 위한 통합 프로젝트이다. 이 프로젝트는 유즈노탐베이스코에 가스전에서 연간 약 1,650만 톤의 액화 천연가스를 생산하는 것을 목표로 하고 있다. 이 프로젝트를 위해 사베타 항구와 공항을 이용하는 운송 인프라가 구축되고 있다.

우리나라 대우조선해양도 이 프로젝트에서 쇄빙 LNG선(쇄빙 액화천연가스 운반선) 건조 수주를 따내 이 사업과 관련이 있다. 얼음이 녹는 기간이 길어졌다 해도 아직 한겨울에는 북극해 연안이 2m 두께로 얼어붙는데 이 얼음은 엔진 힘으로 밀어붙이는 일반 쇄빙선으로도 깨지 못한다. 쇄빙선의 뱃머리를 얼음 위로 들어 올렸다가 배 무게를 보태 내리쳐야 비로소 쪼개진다. 따라서 얼음을 깰 수 있도록 뱃머리엔 초강력 강판을 두르고 특수 엔진을 장착해 뱃머리를 들어 올릴 수 있어야 하고, 동시에 액화 천연가스가 충격으로 폭발하지 않도록 용기를 더 단단하게 만들

야말 LNG 프로젝트 모형도

필요가 있다. 이 선박은 길이 299m, 너비 50m의 규모로 17만m^3의 LNG를 싣고, 2.1m 두께의 얼음을 스스로 깨면서 극지인 북극해를 운항할 수 있는 선박이다. 17만m^3의 LNG는 우리나라 전체가 이틀간 사용할 수 있는 양이다. 쇄빙과 LNG 운반을 동시에 할 수 있는 이 쇄빙 LNG선을 대우조선해양이 세계 최초로 건조하게 됐는데, 대우조선해양은 2014년 척당 3억 2,000만 달러에 달하는 쇄빙 LNG선 15척(총 48억 달러, 약 5조 원)을 모두 수주해 화제의 중심이 되기도 했다. 2018년 가을 이미 6척을 인도했고 2020년까지 나머지 9척을 건조해 인도할 계획이다.

1차 야말 프로젝트가 순조롭게 진행되면서 2차 야말 프로젝트에 대한 기대도 커지고 있다. 대우조선해양은 2차 프로젝트에서도 쇄빙 LNG선 수주를 기대하고 있다. 다만 2차 프로젝트에서는 러시아 정부가 쇄빙 LNG선을 자국 조선소에서 건조하기를 요구하기 때문에 양자 간 협력 사업 방식으로 추진될 것으로 보인다.

환경의 역습과 북극의 눈물

2016년 여름 살레하르트 근처의 한 지방에서 탄저병 소동이 일어났다. 러시아에서는 탄저병을 시베리아 역병이라고도 부른다. 탄저병은 탄저균 감염 때문에 발생하는 급성 전염성 감염 질환이다. 탄저균은 세균전의 생물학 무기로 이용되기도 하는데, 9·11테러 직후 미국에서 탄저균을 이용한 것으로 보이는 의심스러운 테러 사건들이 일어나 전 세계가 떠들썩한 적이 있었다. 탄저균을 생물학 무기로 사용하면 그 위력이 수소폭탄을 능가한다는 평가도 있으며, 설탕 한 봉지만큼의 탄저균으로도 미국 전역을 초토화할 수 있다고 알려져 있다.

탄저균은 흙 속에 서식하며 주변 환경 조건이 나쁘면 포자를 만들어 건조 상태로도 10년 이상 생존한다. 탄저병은 탄저균에 감염된 동물과 접촉하여 피부로도 전염되고 공중에 퍼져 있는 탄저병 포자를 흡입해도 전염되는 감염성 질병이며 주로 소, 양 등의 초식동물에게 발생하고 육식동물이나 사람에게는 발생 빈도가 낮은 편이다. 하지만 탄저병에 걸리면 치사율이 높으며, 땅속에 묻은 시체에서도 탄저균이 몇 년간 생존한다.

야말네네츠 자치구에서 탄저병이 어떻게 발생했는지 정확한 원

탄저병으로 폐사한 순록(사진: https://informator.news/zronye-v-tsentre-stolytsyi-hrozyt-ly-kyevlyanam-epydemyya-sybyrskoj-yazvyi/)

인과 경로가 규명되지는 않았지만, 당시 이상 고온이 계속되면서 영구동토층이 녹아 과거에 탄저균에 감염됐던 동물 사체가 지표면으로 노출돼 병이 퍼진 것으로 추정된다. 러시아에서 탄저병이 마지막으로 보고된 시기는 1941년이다. 이 균이 영구동토층에 수십 년간 보존됐다가 고온으로 땅이 녹으며 활성화한 것이 아닌지 추측된다. 야말네네츠 자치구의 북극 연구 센터 발레리 키벤코 박사에 따르면 탄저병이 돌기 전 야말네네츠 자치구에서 30도가 넘는 이상 고온이 7월 초부터 상당 기간 지속했다고 한다.

살레하르트에서 북동쪽으로 189㎞ 떨어진 야르살레 마을에서 순록의 폐사가 처음 보고되기 시작한 시점은 대체로 2016년 7월 중순쯤이었다. 7월 초부터 툰드라 온도가 35도를 넘었기 때문에 처음에는 발병 원인을 열사병으로 보았다. 그런데 7월 20일경부터 폐사하는 순록의 규모가 점점 커지기 시작했고 목초지에서 감염 증상이 있는 8세 아동이 후송되는 일까지 벌어졌다. 7월 25일 이 전염병이 탄저균에 의한 것임이 실험 결과 밝혀졌고 발병 지역의 유목민들이 소개되기 시작했다. 하지만 순록의 폐사와 사람들의 감염이 더 늘기 시작해 급기야 8월 1일 시점에는 12세 아동 한 명이 사망했고, 20명이 넘는 유목민이 탄저병 확진 판정을 받았으며, 2,300여 마리의 순록이 떼죽음을 당했다. 사망한 아동은 툰드라 유목민의 전통적인 식습관대로 평소 순록의 생피와 생고기를 섭취했다고 한다.

러시아 정부는 전문 의료진과 세균전 특수부대 등을 현지에 파견하고 발병 지역과 외부를 차단하는 등 다각적 조처를 했다. 또한 순록 외의 야생 짐승에 대한 사냥도 금지했다. 이 과정에서 밝혀진 사실 중 하나는 각종 질병에 대한 순록의 예방 접종이 2007년부터 중단됐다는 점이다. 따라서 2016년 8월 31일 시점까지 야말네네츠 자치구에서 약 35만 마리의 순록과 약 14,000명의 주민에게 예방 접종이 다시 시행됐다. 그리하여 21세기에 누구도 예상치 못했던 이 툰드라의 탄저균 발병 상황은 8월 말에 진정됐다.

그런데 외국 언론에 자세히 보도되지는 않았지만, 이와 유사한 일이 2016년 7월경 인근 지역에서 또 벌어졌었다. 야말네네츠 자치구 타좁스키군 일대의 가축들에서 출혈성 패혈증이 발발해 약 600마리가 폐사한 것이다. 이것은 탄저병보다는 덜 위험하다. 열기와 모기떼로 쇠약해져 면역력이 떨어진 가축이 이 병에 걸리곤 한다. 사람에게는 극히 드물게 전염되는데 감염된 동물과 접촉하거나 박테리아로 오염된 물이나 음식물을 섭취하면 걸릴 수 있다.

살레하르트와 오비강

출혈성 패혈증도 탄저병처럼 항생제로 치료할 수 있다. 야말 지역에서 이 병이 가장 최근에 나타난 때는 2002년이었다.

이처럼 2016년 여름 야말네네츠 자치구에서는 생각지도 못한 전염병들이 돌아 러시아를 비롯해 세계를 놀라게 했다. 사실, 급속한 지구 온난화로 인한 북극의 환경 변화와 이로 인한 여러 부작용은 이미 오래전부터 주목받아 왔다. 우선, 수온이 높아지고 있는 북극해 때문에 해양 생태계가 무너지고 있다는 사실을 지적할 수 있다. 북극해에는 여기에만 존재하는 독특한 해양 생태계가 유지되고 있으며 해양 생물들은 오랜 시간 이에 적응해 왔다. 그러나 빠르게 사라지는 해빙(海氷)과 수온 상승은 해양 먹이사슬을 파괴하고 해양 생물의 삶의 터전을 사라지게 하고 있다. 예를 들면 해양 플랑크톤의 생산성이 감소하고, 순차적으로 먹이 사슬을 이루는 바다표범, 바닷새, 북극곰에 이르는 다양한 생태계 구조가 심각하게 훼손되었다.

또한, 결빙 기간이 줄면서 북극 항로의 개발과 북극권 지역의 산업 개발 속도가 빨라지고 있는데, 이로 인한 환경과 대기 오염 문제 역시 그동안 심각하게 지적되어 온 바이다. 새로운 북극 항구들이 건설되고 있고, 각종 철금속, 비철금속의 채굴을 포함해 최근에는 가스, 석유산지가 계속 개발되고 있다.

이처럼 북극권 지역의 산업 개발이 가속하고 있는 것이 현실인데, 이로 인한 다양한 환경 오염과 환경 파괴 문제는 오래전부터 경고되어 왔다. 그런데 이번에 터진 '탄저균 사건'은 그동안 우려했던 현상들과 다른 양상을 띠고 있음에 주목할 필요가 있다. 이제까지는 주로 해양 생태계의 파괴나, 산업 개발에 따른 인간의 고의 혹은 실수로 인한 환경 파괴가 문제점들로 지적됐는데, 육상의 자연 생태계가 자연 발생적 원인으로 이렇게 심각하게 위협받았던 사례는 없었다. 앞으로는 북극권 지역의 육상 생태계 파괴가 본격화되지 않을까 우려된다. 육상에는 인간의 거주 공간이 있으므로 그것은 훨씬 위협적일 수 있고, 게다가 그것이 전염병 발병과 같은 양상으로 진행된다면 북극 육상 생태계의 파괴는 인간에게 매우 치명적일 수 있다. 지구 온난화로 인한 육상 생태계의 파괴는 해양보다 훨씬 복잡한 양상으로 전개될 수 있고, 게다가 그동안 북극의 해양 생태계와 비교할 때 육상 생태계의 파괴는 크게 주목받지 못하고 상대적으로 덜 연구됐다는 점에서 우리를 더욱 불안하게 한다.

살레하르트로부터 오비강 건너 보이는 우랄산맥

그동안 지구 온난화로 인한 북극의 육상 생태계 파괴 문제를 우리는 상대적으로 덜 고민했었다. 즉, 인간의 산업 개발로 인한 환경 파괴와 오염에 초점이 맞춰졌지, 자연 발생적 원인에 의한 육상 생태계의 파괴에 대해서는 깊이 고민하지 않은 것이다. 그러나 2016년 여름 야말 지역의 탄저균은 우리에게 경종을 울리고 있다. 이것은 자연 생태계에서 먹이 사슬이 끊어지거나 정상적인 생태 영역이 축소되는 정도의 문제가 아니라 생태계를 일시에 위험에 빠트릴 수 있는 형태의 위협이다. 그러한 점에서 우리는 멈추지 않는 '북극의 눈물'을 더 경각심을 가지고 살펴보며 대책을 세울 필요가 있다.

참고문헌

최우익, “멈추지 않는 ‘북극의 눈물’: 육상 생태계 위협한 2016년 여름 탄저균”, 한국외대 러시아연구소 『Russia-Eurasia FOCUS』, 2017년 1월 23일 제408호.

최우익, 『러시아연방주체 개관 시리즈: 야말-네네츠자치구』, 한국외국어대학교 러시아연구소, 2018.

예카테린부르크, 혁명과 애도의 도시

이지연

순례의 길

2017년은 러시아 혁명이 일어난 지 100년이 되는 해였다. 이를 기념하는 문화 행사들이 세계 곳곳에서 열렸다. 그런데 정작 러시아에서는 최초의 사회주의 국가를 탄생시킨 혁명을 기리는 성대한 행사 같은 것을 찾아보기 어려웠다. 몇몇 서방 언론은 푸틴의 독재 시대 혁명이라는 자극적이고 위험한 단어가 자칫 체제에 대한 봉기로 이어질 수 있어 러시아 정부가 혁명을 기념하기를 꺼린다는 진단을 내놓기도 했다. 물론 이는 러시아와 러시아인, 그리고 푸틴 정권에 대한 이해 부족에서 나온 지나친 단순화일 것이다. 러시아가 자신의 혁명의 역사를 부정한 것은 절대 아니었다. 혁명의 선봉에 섰던 러시아 아방가르드 예술가들의 생애와 작품세계를 조명하는 다양한 다큐멘터리가 연중 TV 채널을 통해 방송되었고 트로츠키를 비롯한 혁명의 전사들에 대한 드라마가 만들어졌다. 그러나 정교가 러시아의 가장 중요한 정체성으로 대두되며 신앙의 부활을 목도하는 지금, 다름 아닌 정교를 부정함으로써 시작되었던 러시아 혁명을 적극적으로 찬양하기란 쉽지 않았다. 사회주의 국가를 탄생시킨 혁명 그 자체보다 오히려 혁명으로 죽음을 맞이하였고 그로 인해 시성(諡聖)된 니콜라이 2세와 그의 가족들에 대한 애도의 분위기가 더 큰 것은 당연했다. 혁명 100년을 맞은 러시아에서 혁명을 기억하는 방식은 오히려 그것으로 인해 파괴된 러시아 왕조의 역사에 대한 애수 어린 다시 쓰기인가 싶었다.

사실 로마노프 왕조를 복권하려는 움직임은 소련이 해체된 직후 이미 시작되었다. 1991년 현 모스필름 대표이자 생존하는 러시아 영화의 거장 중 한 명인 카렌 샤흐나자로프는 <차르 암살>이라는 제목의 영화를 만들었다. 미스터리 스릴러 분위기의 이 영화는 차르를 암살할 수밖에 없었던 인민주의자 유롭스키의 환생이라 주장하는 정신병자 티모페예프와 그를 치유하는 정신과 의사로서 이후 자신에게 환영처럼 나타나는 니콜라이 2세의 기억으로 괴로워하는 스미르노프의 대화를 통해, 살해된 황제와 그의 가족을 애도하며 동시에 황제 살해라는 역사적 임무를 피할 수 없었던 혁명가들의 고뇌와 분열을 드러내었다. 1993년에는 황제의 유골을 발굴하는 팀이 러시아 정부 주도하에 꾸려지고 1998년에는 급기야 황제와 그의 가족들의 것으로 추정되는 유해를 페테르부르크의 페트로파블롭스크 요새에 안장한다. 1998년

7월 17일, 러시아의 마지막 황제가 예카테린부르크에서 살해된 지 정확히 80년만이었다. 유해의 진위에 대한 논쟁이 있었지만 그것은 사실 중요하지 않았다. 황제의 복권이란 부정되었던 러시아 역사의 한 부분을 돌려놓는 것과 같았다. 당시 나는 마침 페테르부르크에서 폐위되었던 황제의 유골이 안장되는 역사적인 순간을 지켜볼 수 있었다. 그리고 2000년, 푸틴 집권과 함께 러시아가 포스트 소비에트의 혼란을 극복하고 새로운 민족 국가로서의 정체성 형성에 박차를 가하기 시작한 바로 그해 8월, 니콜라이 2세와 그의 가족들은 많은 논쟁에도 불구하고 러시아 정교의 성자로 추대되었다. 같은 해 그들이 살해된 장소로 알려진 예카테린부르크의 이파티예프 가옥터에는 "피 위의 성당", 온전히는 "러시아 땅의 빛나는 모든 성자들을 기리는 피 위의 성당"이 건립되기 시작했고 엄청난 위용을 자랑하며 완공되어 2003년 7월 16일 마침내 봉헌되었다. 예카테린부르크는 황제 살해와 그에 대한 애도의 도시이자 혁명으로 쇠퇴했던 러시아 정교의 부활을 알리는 성지가 되었다. 거의 동시에 황제 일가의 시신이 버려진 곳으로 추정되는 예카테린부르크 근교의 폐광산 가니나 야마(Ganina Yama)에는 순교자 니콜라이 2세와 그의 가족에게 봉헌된 수도원이 건립되기 시작해 역시 2003년 완성되었다. 수도원 영지 내에는 순교 당한 황제 가족의 숫자를 따라 7개의 성당이 지어졌으며 니콜라이 2세와 그의 부인 황후 알렉산드라 표도로브나, 그리고 황제의 자녀들에게 바쳐진 3개의 기념비가 세워졌다. 현재 피 위의 성당과 수도원은 니콜라이 2세를 섬기는 신도들과 순례자

피 위의 성당 전경

피 위의 성당 내부 로마노프 왕조의 가계도

가니나 야마 수도원(사진: 위키미디어)

들의 성지로서 매년 30만 명 이상이 방문하는 예카테린부르크의 명소로 자리 잡았다.

2018년 7월 말 예카테린부르크는 마침 황제 시해 100년을 추모하는 많은 행사들로 여전히 떠들썩했다. 황제가 살해된 날짜인 7월 17일 니콜라이 2세와 그의 가족이 시해된 장소인 피 위의 성당을 출발해 그들의 시신이 버려진 가니나 야마에까지 이르는 21㎞의 십자가 행렬에는 거의 백만 명의 사람들이 동참하였다. 대주교 키릴은 직접 예카테린부르크를 방문해 미사를 집전한 후 십자가 행렬의 선두에 섰다. 니콜라이 2세의 수난의 여정을 따라 토볼스크를 출발하여 예카테린부르크에 이른 행렬들, 일찌감치 3월 15일 정오 프스코프를 출발해 페테르부르크를 거쳐 예카테린부르크에 도착한 행렬들 또한 피 위의 성당을 출발하는 무리에 합류하였다. 거리를 뒤덮은 십자가 행렬은 장관을 이뤘다.

십자가 행렬(사진: TACC, 도나트 소로킨)

십자가 행렬(사진: 노바야 가제타)

니콜라이 2세 가족의 이콘

성당 내부. 니콜라이 2세 가족 이콘과 이코노스타스

유럽을 강타한 2018년 여름의 무더위에도 예카테린부르크의 7월은 상쾌하고 화창했다. 섭씨 14~15도의 맑고 서늘한 날씨 속에서 지대가 높은 곳에 전형적인 러시아 비잔틴 양식으로 지어진 피 위의 성당의 금색 지붕은 멀리서도 반짝였다. 사원의 규모와 웅장한 내부, 별도로 마련된 공간에서 진행되던 정교한 전시는 인상적이었다. 2개 층으로 이루어진 사원의 위층은 창문이 많아 햇빛이 환하게 들어왔고 그 안에 세워진 거대한 이코노스타스는 다른 정교 성당보다 더 밝게 빛났다. 성자의 아우라를 머리 뒤에 두른 니콜라이 2세 가족의 이콘과 로마노프 왕조의 가계도가 정교 성당의 전형적인 이코노스타스와 공존하는 밝고 환한 공간. 황제 시해의 바로 그 장소는 역설적이게도 혁명에 의해 부정된 러시아 제국의 역사와 뿌리 깊은 정교의 전통을 되살리고 이로써 러시아의 국가 정체성을 다시 한 번 각인하는 또 다른 의미의 순례이자 새로운 신화 창조의 여정이 되고 있었다.

러시아 구축주의 건축의 보고

예카테린부르크는 러시아 중앙부에 위치한 대도시로서 스베르들롭스크주의 주도이자 우랄 연방관구의 본부가 위치한 곳이다. 인구는 2016년 기준 약 144만명에 이르러 러시아에서 4위를 차지한다. 우랄산맥의 중심 도시로서 예카테린부르크는 유럽과 아시아의 경계라 일컬어진다. 유럽과 아시아의 경계를 표시하는 오

예카테린부르크 외곽 유럽과 아시아의 경계석 중 하나(사진: 위키피디아)

벨리스크가 예카테린부르크시 경계로부터 서쪽으로 40㎞ 떨어진 지점들을 따라 세워져 있다. 유럽 러시아에서 출발한 철도가 아시아로 이어지는 길목으로서 시베리아로 유형을 가는 소설의 주인공들이라면 한 번씩 들러야 했던 곳이기도 하다.

당연히 예카테린부르크는 유럽의 도시이자 동시에 아시아의 도시라 말하지만 사실 실제로 느낀 예카테린부르크는 러시아의 그 어떤 도시보다 유럽적이었다. 예카테린부르크를 작은 페테르부르크로 부르는 이유를 어렵지 않게 짐작할 수 있었다. 예카테린부르크는 1723년 표트르 대제의 명령에 따라 건설되었으며 도시 이름 또한 그의 부인이었던 예카테리나 1세의 이름을 따라 지어졌다. 사실 얼마 전까지도 도시의 이름이 그 유명한 예카테리나 2세가 아닌 표트르 대제의 부인이었던 예카테리나 1세로부터 따왔다는 사실을 알지 못했다.

예카테린부르크는 처음부터 철광석 가공을 위해 지어진 도시였다. 역사상 최초의 계획 도시 중 하나로서 르네상스기 이탈리아의 성곽 건축이나 17세기 프랑스 도시 건축 등을 참조하여 도시 계획이 수립되었다. 18세기 광산업을 통해 축적된 부를 기반으로 공업이 발달하였고 이는 상업과 금융업의 발전으로 이어졌다. 우랄산맥에서 채굴한 광물들을 재료로 한 보석 및 준보석의 가공 및 세공업 또한 도시의 주된 산업 중 하나가 되었다. 예카테린부르크 도시 곳곳에는 19세기에 지어진 화려한 건축물들이 지금도 보존되어 혁명 전까지의 도시의 부와 번영을 증거하고 있다.

공업과 상업의 중심 도시였고 도시에 거주하는 많은 이들이 공

세바스탸노프 가옥 전경(사진: 위키피디아)

장 노동자이기도 했던 예카테린부르크가 혁명의 거점이 되는 것은 자연스러운 일이었다. 황제가 살해된 도시는 혁명 이후 혁명가이자 전러시아 소비에트 대회 중앙집행위원회 의장이었던 스베르들로프를 기념하며 이름을 스베르들롭스크로 바꾼다. 스베르들로프는 1919년 젊은 나이에 스페인 독감으로 죽은 것으로 알려져 있지만, 오룔 인근에서 노동자들이 유대인이었던 그를 폭행했고 이것이 그의 죽음으로 이어졌으며 이는 여전히 반유대인 정서가 혁명에 대한 열정을 능가했던 현실을 감추기 위해 비밀에 부쳐졌던 것이라 주장하는 학자들도 있다. 황제 살해에 대해 모스크바의 승인이 있었는가에 대해서는 지금도 논쟁이 계속되고 있지만 많은 이들이 스베르들로프가 레닌과 함께 황제 가족의 암살을 승인한 주체였다고 믿는다. 황제가 죽은 이듬해 3월 그는 때 이른 죽음을 맞이하였고 같은 달 18일 크렘린에 안치되었다. 예카테린부르크가 스베르들롭스크로 명명된 것은 레닌 사후인 1924년 11월 14일이었다.

소련 해체 이후 1991년 도시는 옛 이름을 되찾았지만 예카테린부르크를 둘러싼 외곽 지역은 "스베르들롭스크주"라는 이름을 지금도 보존하고 있다. 중앙역 또한 예카테린부르크역이라는 명칭을 사용하기 시작한 2010년 3월까지는 스베르들롭스크역이라는 명칭을 유지했었다. 1927년 도시의 중심인 레닌 대로 위, 지금의 우랄연방대학교와 오페라발레극장 사이에 스베르들로프의 동상이 세워졌고 이는 지금도 그 웅장한 모습을 간직하고 있다.

레닌 대로를 중심으로 한 예카테린부르크 도심 곳곳에는 많은 기념비들이 존재한다. 스베르들로프와 레닌, 도시를 처음 건설한 바실리 타티셰프와 게오르그 빌헬름 드 헤닌의 거대한 기념비는 물론이고 주코프 장군, 과학자 포포프나 예카테린부르크 출신 초대 대통령 옐친에게 바쳐진 조각상들, 비소츠키, 비틀즈를 기념하는 친근한 조형물과 때로는 투명인간에게, 연인들에게, 최초의 증기기관차나 키보드에 바쳐진 기발한 기념비들이 넘쳐난다. 셀 수 없이 많은 아기자기한 박물관들이나 긴 역사와 이야기를 간직한 건축물들이 곳곳에 숨겨져 있다. 레닌 대로나 그와 나란히 뻗어 있는 말리셰프 거리를 걷다 보면 도시가 처음 건설될 당시로부터 19세기 중후반까지 유행했던 고전주의 양식은 물론이고 20세기 초반의 절충주의를 보여주는 화려한 건물들과 혁명 이후 지어진 구축주의 양식의 건축물들이 즐비한 것을 볼 수 있

레닌 대로에 위치한 스베르들로프 동상

다. 웅장한 레닌 동상이 서 있는 1905년 광장으로부터 시작되는 여행 루트 <붉은 길> 위에 그려진 표식을 따라 걸으면 도시의 대표적인 명승고적을 둘러볼 수 있다. 이러한 비상업적 프로젝트는 2012년에는 자전거나 스케이트보드를 타고 걷는 <노란 길> 프로젝트로, 2018년에는 황제 시해의 유적을 따라 걷는 <녹색 길> 프로젝트로 확대되었다.

사실 2018년 예카테린부르크에 가기로 마음 먹게 된 것은 우연히 이 도시가 1930년대 소련 구축주의 건축을 가장 잘 보존하고 있다는 이야기를 들었기 때문이었다. 혁명의 중심지이자 군수사업이 발달한 혁신적인 공업 도시로서 예카테린부르크는 혁명의 이상이 실현되기에 가장 좋은 조건을 가진 도시였다. 어쩌면 황제의 시해가 이루어진 장소라는 것이 도시를 보다 혁명적인 공간이 되게 한 것일지도 모르겠다. 혁명기 러시아 아방가르드로부터 시작되어 이후 구축주의라는 이름으로 발전한 건축적 이상은 사실 그 원대한 포부와 달리 실제로 건축되고 현재까지 남아 있는 것이 그리 많지 않다. 사회적 이상과 구조, 합리적인 사고의 결과를 건축물에 그대로 투영하고 그것을 건축의 구조적 측면을 통해 적극적으로 노출하며 건축물의 실용성보다는 사회적 기능성을 중시하는 구축주의의 기획은 때로 당대 건축공학이 감당하기 어려울 정도로 실험적이거나 지나치게 이상적이었으며 때로는 현실의 정치경제적 제약으로 인해 실현될 수 없었다. 예카테린부르크는 그러한 구축주의 건축 실험을 집약적으로 실현하였고 지금까지도 가장 잘 보존하고 있는 도시이다. 그러한 이유로 유네스코는 예카테린부르크를 구축주의 보존지구로 지정하였다. <붉은 길> 위의 35개의 기념비적 장소들 가운데에는 피 위의 성당이나 19세기에 지어진 고전주의 건축물들과 함께 다수의 구축주의 양식 건축물들이 포함되어 있다.

아마도 이중 가장 눈에 띄는 것은 레닌 대로와 루나차르스키 거리, 5월 1일 거리가 만나는 곳에 위치한 한 블록을 차지하는 건축물들인 <NKVD 주거단지>일 것이다. 흔히 이곳을 <비밀경찰들의 작은 도시>라 부른다. 1929년에서 36년에 걸쳐 당시 스베르들롭스크 지역의 대표적인 구축주의 건축가였던 이반 안토노프와 베냐민 소콜로프에 의해 지어진 이 작은 도시는 위에서 조망하면 낫과 망치의 모양을 형상화하고 있다고 한다. 이는 KGB(현재의 FSB)의 전신인 NKVD 소속 경찰들을 위한 주거용 건물과 유치원, 체육시설, 의료시설, 문화 공간 등을 포함하고 있는 한 구역의 독립된 복합 주거단지였다. 그 안에는 또한 체카의 창시자이자 NKVD의 수장이었던 제르진스키의 이름을 딴 문화 센터가 있었고 그 문화 센터는 가족이 없는 젊은 직원들이 거주하는 호텔식 기숙사와 긴 통로로 연결되어 있었다. 그 통로를 지나 문화 센터의 나선형 계단을 따라 내려가면 식당이 위치해 있었다. 이 나선형 계단은 소련 구축주의 인테리어 디자인을 잘 보존하고 있는 몇 안 되는 예들 중 하나이다. 호텔식 기숙사는 지금까지도 예카테린부르크를 흐르는 강의 이름을 따 <이세티 호텔>로 불리며 운영중에 있고(2018년에는 대대적인 수리가 이루어지는 중이었다) 제르진스키 문화 센터에는 우랄 지역의 역사와 유적들을 전시하

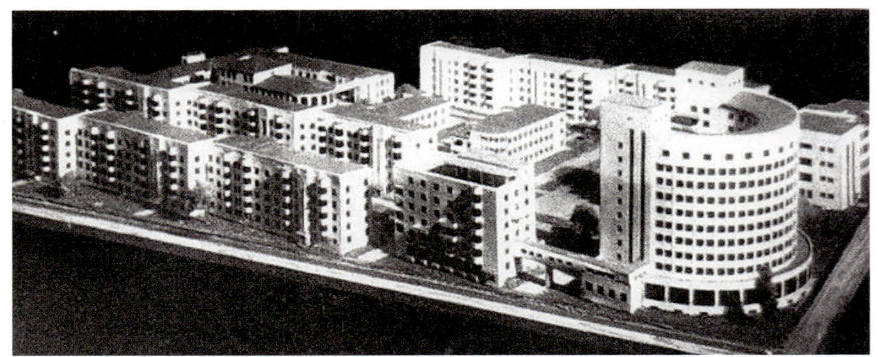

비밀경찰들의 작은 도시 조감도(사진: 위키피디아)

는 박물관이 위치해 있다. <비밀경찰들의 작은 도시>는 지금이야 낡고 볼품없는 주거단지로 보이지만 당시엔 그야말로 혁신적인 시도였다. 안쪽에 위치한 주거단지는 외부의 소음으로부터 차단된 고요하고 안락한 삶의 공간이 되었고 삶을 위한 모든 편의시설이 이를 둘러싸고 있었다. 공동체이면서 동시에 개인의 삶의 공간을 보장하려 했던 긴즈부르그 등의 소련식 공동주택의 이상이 실제로 이곳에 구현되어 있음을 확인할 수 있었다.

<비밀경찰들의 작은 도시>를 나와 바로 맞은 편 레닌 대로 50번지에는 현재 시티센터라는 이름의 쇼핑몰로 사용되는 건물이 있다. 이 역시 비슷한 시기 건설자들의 클럽이자 영화관으로 지어졌다. 소련 초기, 소비에트인들의 새로운 사회적 소통은 중요한 이슈가 되었고 구축주의 건축가들은 이를 실제 건축을 통해 구현해 내고자 했다. 그러한 이유로 현존하는 구축주의 건축물의 많은 부분을 차지하는 것이 바로 클럽이다. 그곳에서 서쪽을 향해 좀 더 걷다 보면 레닌 대로 51번지에 멀리서도 알아볼 수 있는

이세티 호텔

우랄 역사 박물관의 나선형 계단

구축주의 양식의 건물이 나온다. 창이 많은 반구형 모서리와 긴 파사드는 가장 고전적인 구축주의 양식이 되었다. 1929~30년 후일 스베르들롭스크의 수석건축가가 되는 게오르기 골루베프에 의해 지어진 <인쇄의 집>이다. 신문과 선전물을 제작 인쇄하는 곳으로 여기에는 <우랄의 노동자> 신문사가 입주해 있었다. 인쇄물 교정 및 제작이라는 노동의 성격상 실내가 밝아야 했고 그래서 건물에 유독 창을 많이 만들었다고 했다. 이 외에도 중앙우체국, 국방의 집 등 소련 시대의 여러 정부 기관 건축물들이 구축주의 양식으로 지어졌고 현재까지 보존되고 실제 건물로 사용되고 있다. 이러한 예카테린부르크 중심부 곳곳에 위치하는 구축주의 건축물들의 영향인지 그곳엔 최근 건축된 고층빌딩이나 아파트도 유독 반구형이나 원형을 띄는 것이 많다는 생각이 들었다. 가

인쇄의 집

국방의 집(사진:위키피디아)

령 시내 중심가에 있는 <비소츠키>라는 고층빌딩 같은 경우가 그렇다. "높은"을 의미하는 러시아어 "비소키"와 러시아인이 사랑하는 시인이자 가수, 배우였던 비소츠키의 이름을 교묘히 결합한 그 건물 역시 예카테린부르크 구축주의 양식과의 조화를 염두에 둔 것이 아닌가 싶었다.

레닌 대로를 따라 걸으면서 동과 서가 만나는 곳으로서의 예카테린부르크란 관성에 젖은 텅 빈 수사라는 생각이 들었다. 우랄산맥이라는 '만들어진' 동과 서의 경계가 예카테린부르크를 설명해 줄 수는 없을 것 같다. 오히려 예카테린부르크는 러시아의 역사가 교차하고 공존하고 있는 곳이라 말하는 것이 옳을 것이다. 황제의 명령으로 만들어진 계획 도시, 그 도시의 화려하고 부유한 19세기의 풍경과 그 뒤에 자리하고 있었던 노동 계급의 혁명의 열기, 황제 시해라는 극단적인 사건과 그를 통해 성취한 혁명의 기념비들, 다시금 죽은 황제를 애도하며 세워진 정교 사원과 순례의 길. 제정 러시아로부터 소련으로, 그리고 현대 러시아로의 변화 과정을 이처럼 극적으로 보여주는 도시가 있을까. 예카테린부르크 중심을 관통하는 레닌 대로는 그야말로 러시아 역사의 팔림세스트이다. 제정 러시아 시대로부터 도시가 겪어 온 시간이 그 위에 겹겹이 쌓여있다. 2018년, 예카테린부르크는 러시아 혁명을 부정하지 않되 그로 인해 살해된 황제를 애도하고, 러시아 정교를 매개로 국가 이데올로기를 메시아주의적 종교로 승화시켜야 했던 러시아적 정체성 정치의 당위를 그 어떤 도시보다 분명히 드러내고 있었다.

비소츠키 빌딩

예카테린부르크시티와 엑스포의 꿈

2018년은 러시아에서 월드컵이 개최된 해이기도 하다. 덕분에 월드컵이 개최되는 지방 소도시에 공항이 신축 혹은 재건되거나 기타 제반 인프라가 개선되었다는 이야기를 들었다. 월드컵 개최 후 얼마 지나지 않아 방문한 예카테린부르크 공항은 한산했지만 깨끗하고 편리했다. 숙소는 예카테린부르크시티 안에 있는 호텔이었다. 그런데 호텔에 묵는 처음 며칠간 그곳이 예카테린부르크시티라는 것을 전혀 눈치채지 못했다. 모스크바시티와 함께 2000년대 러시아의 대규모 건축 프로젝트의 예로 늘 설명되던 것이 예카테린부르크시티 건설이었기에 모스크바시티처럼 거대한 고층건물들이 늘어선 대단지를 상상했던 것 같다. 그런데 실제로 완전히 지어진 건축물은 머물고 있는 호텔을 제외하고는 단 두 개 뿐이었다.

나중에 확인하게 된 사실에 따르면 2006년 처음 이 기획이 시작될 당시에는 12개의 건물이 들어설 예정이었다. 호텔과 4개의 고층빌딩, 그리고 주거용 건물과 쇼핑몰 등으로 이루어진 상업지구와 인근의 고층빌딩을 더해 이세티강 서남쪽으로 만들어진 인공호수 주변으로의 풍경을 완전히 바꾸어 버릴 수 있는 거대한 기획이었다. 그러나 모스크바시티 건설 단계에서도 그랬던 것처럼 경제 위기로 인해 많은 계획이 중단되거나 취소되었다. 그나마 모스크바는 경제 위기 극복 이후 건설이 재개된 건물들이 많아 현재의 모습으로 완성이 되었지만, 예카테린부르크시티 계획

예카테린부르크시티 설계도(사진: 콤소몰스카야 프라브다)

현재의 예카테린부르크시티 모습(사진: 위키피디아)

은 사실상 대부분 취소되어 이세티 빌딩과 하얏트 호텔, 그리고 데미도프 쇼핑몰만이 완공되었다. 현재 예카테린부르크를 건설한 타티셰프와 드 헤닌의 이름을 딴 두 개의 빌딩이 건설 예정 중에 있다고 들었지만 그 역시 불투명한 상황이다.

예카테린부르크시티 맞은편에는 옐친 센터가 있었다. 건물 앞에는 우리가 알고 있는 옐친 대통령과는 전혀 닮지 않은 듯 보이는 훌쭉한 동상이 서 있었다. 오후에 호텔에 짐을 풀고 아무 계획 없이 동네를 걷다 들어간 곳이었지만 박물관이자 컨벤션 센터, 쇼핑센터가 결합된 흥미로운 장소였다. 옐친 대통령에 대한 많은 자료들이 체계적으로 전시되어 있어 소련 해체 이후 러시아에 대한 기억을 상기시킬 수 있다는 점도 좋았지만 그 공간이 보여주는 독특한 정체성이 인상적이었다. 그곳에는 슈퍼마켓 체인이나 유명 음식점이 있었고, 동시에 소상공인들이 자신의 아이디어를 전시 판매하거나 사람들이 모여 함께 게임을 하고 즐길 수 있는 공간이 마련되어 있었다. 매우 활성화된 상업시설이라 할 수 없음은 아쉬웠지만 생각해 보면 예카테린부르크시티가 중소상인들을 위한 쇼핑 갤러리를 표방했던 것 또한 바로 이러한 자유롭고 복합적인 공간을 만들려는 것이 아니었을까 싶다.

예카테린부르크시티 프로젝트는 위축된 상태였지만 도시 곳곳에는 새롭게 지어지는 아파트와 상업시설을 쉽게 볼 수 있었다. 예카테린부르크는 국제적인 도시이기도 해서 도심에는 많은 다국적 기업들의 사무실이 들어서 있기도 하다. 쇼핑몰이 밀집해 있고 지하철역이 있는 1905년 광장 주변이나 레닌 대로, 말리셰

옐친 센터의 옐친 동상

예카테린부르크서커스(사진: 위키피디아)

프 거리, 유명한 예카테린부르크 서커스가 있는 이세티강 서편은 평일 낮에도 매우 붐볐다. 모스크바만큼은 아니지만 도로 공사 등으로 인한 교통 체증도 상당했다. 호텔 밖으로 보이는 인공호수 주변에서는 주말을 맞아 함께 나들이를 나온 가족들을 위한 축제가 벌어지고 있었다. 도시는 전반적으로 활기차게 느껴졌다.

공항에서 멀지 않은 곳에는 예카테린부르크 엑스포가 위치해 있다. 1350석 규모의 홀을 갖춘 대규모 전시장이자 컨벤션 센터이다. 예카테린부르크에서는 2010년부터 우랄 지역 기업들을 중심으로 하는 국제 산업 박람회인 이노프롬을 개최해 오고 있다. 2018년에는 한러정상회담에 즈음하여 우리나라 대표단도 이 행사에 참가하였다. 2010년 처음 이노프롬이 개최된 이후 이노프롬을 위한 전용공간이자 2020년 국제 엑스포 개최를 위한 공간으로 급히 건설된 것이 바로 이 전시장이다. 늪을 메워 지은 건축물로서 부실 공사의 위험이 제기되는 등의 우여곡절이 많았지만 지금도 여전히 박람회장이자 상업 및 오락 시설로 사용되고 있다. 그러나 예카테린부르크는 2020년 엑스포에서 두바이에 밀려 개최지로 선정되지 못했다. 2017년 다시 <세계를 바꾸다: 이노베이션과 더 나은 삶 – 미래 세대를 위하여>라는 제목으로 2025년 엑스포에 도전했지만 이번엔 일본 오사카에 밀리고 말았다. 아마 예카테린부르크의 도전은 2030년에도 계속될 것이다.

예카테린부르크는 러시아의 여러 도시 중 시민들의 생활 수준이 가장 높은 도시 중 하나라고 한다. 그래서인지 도시 곳곳에 지나칠 정도로 많은 고층 아파트가 지어지고 있었다. 이노프롬 2017에서 알렉세이 코제먀코 시 행정부 제1차관은 2030년 예카테린부르크의 청사진을 다음의 세 가지 길로 제시하였다. 예카테린부르크의 기존 발전 방향을 유지하고 상업 및 서비스 산업을 육성하되 투자와 이주를 적절히 유치하는 것이 첫 번째 길이라면 두 번째는 산업 기반 조성의 측면에서 적극적으로 투자와 이주를 유치하는 것이고 세 번째는 혁신 산업 성장을 목적으로 한 투자와 기술 이주에 박차를 가하는 것이다. 이어 그는 현재 예카테린부르크의 건설 붐에 대해 언급하면서 곧 기존의 낡은 건물을 새롭게 고층빌딩으로 재건축하는 것과 관련한 제한조치를 확충하고 재건축 가이드라인을 만들겠다고 발표하였다. 이러한 기조는 2018년 재정비된 2030계획에서도 유지되었다. 상공업과 혁신 산업, 투자와 이주는 예카테린부르크의 미래에 있어 가장 핵심적인 개념이다. 도시 외곽으로 조금만 벗어나면 쉽게 볼 수 있는 낙후된 공업시설을 혁신하며 기간사업에 대한 투자를 적극적으로 유치하고 IT 및 첨단 산업의 거점이자 스타트업이 활성화된 도시로 변화시키는 동시에 지금의 도시 정체성을 유지하고 재건축 규제안을 확충하겠다는 2030계획은 18세기 처음 예카테린부르크가 공업 도시로 건설된 이후 지금까지 지속되어 온 이 도시의 정체성을 온전히 반영하고 있다. 여기에 더해 최근 예카테린부르크는 유럽과 아시아를 연결하는 물류의 거점 도시가 되겠다는 포부를 밝힌 바 있다. 아마도 유럽과 아시아의 경계라는 수사는 첨단 산업의 유치와 교통 인프라의 확충, 자유로운 인구 이동과 국제화를 향한 발전 계획 속에서 비로소 예카테린부르크의 새로운 정체성으로 거듭날 수 있을 것이다.

옴스크, 시베리아 개척의 역사가 시작된 곳

김준석

유럽과 아시아의 경계는 우랄산맥이다. 우랄산맥의 서쪽인 유럽 지역에 현재 러시아의 인구와 자본이 집중돼 있다. 16세기경 러시아는 금과 소금을 찾아 끊임없이 우랄산맥의 동쪽인 아시아 정복을 꿈꿨다. 우랄의 동쪽인 시베리아에서 러시아의 미래를 찾았기 때문이다. 시베리아 개척의 역사가 시작된 곳이자 북극 탐사의 최남단 기지, 카자흐스탄과 국경을 맞댄 서시베리아의 군사 요충지 옴스크를 가보자.

보리스 고두노프 시절 이미 강제 이주가 시작된 곳이자 2008년 호모사피엔스 유골이 발견된 세계 최북단의 땅이 지금의 옴스크주가 위치한 지역이다. 도시 옴스크는 18세기 시베리아 개척의 중심지로 자리 잡았고, 1894년에는 시베리아 횡단철도가 개통된 곳이다. 이후 도시에는 국제시장이 열렸고 덴마크, 스웨덴, 영국, 독일, 미국의 영사관이 개관한다. 러시아 최남단의 북극 탐사

기지, 그리고 북극 연구가이자 백군의 수반이기도 했던 알렉산드르 콜차크가 자신의 군대를 주둔시킨 곳, 그래서 제정 러시아 군사 정권의 수도(1918년)로 지정된 곳이 옴스크다. 도시는 20세기 러시아 군수산업과 정유산업의 중심지에서 이제 제3의 도약을 꿈꾸고 있다. 300년이 갓 지났지만 이미 풍성한 이야깃거리로 가득한 도시 옴스크. 시베리아 유형과 도스토옙스키의 이야기도 그 한 축을 채우고 있다.

옴스크는 이미 18세기부터 '유형지', '수용소의 도시'로 이름이 났다. 그로 말미암아 옴스크(Omsk)라는 도시명이 동일한 뜻의 러시아어 이니셜로 구성됐다고 알려지기도 한다(Отдалённое Место Ссылки Каторжников: 유형수들의 수용소가 위치한 오지). 실제 형기를 마친 대다수의 죄수들이 고향으로 돌아가지 않고 옴스크에 남아 정착하기도 했고, 여자 죄수들을 강제로 끌고 와선 이곳 군인들과 혼인시키기도 했다. 하지만 도시의 이름까지 그렇게 형성된 것은 아니다. 그보다 훨씬 이전 옴강 유역에 성을 쌓았고, 그래서 도시명이 옴스크가 된 것이다. 시베리아 남부 국경에 위치한 옴스크의 지역적 고립성, 제2차 세계대전 이후 출입 제한 도시로 지정된 옴스크의 군사·정치적 특수성이 이 낯선 인식의 원인이 되었을 것이라 추측된다.

옴스크가 '유형지'라는 인식에는 도스토옙스키가 기여한 바가 크다. 옴스크는 그가 4년간 유형 생활을 했던 도시고, 소설 『죽음의 집의 기록』의 배경이기도 하며, 『죄와 벌』의 주인공 라스콜리니코프가 깨달음을 얻은 곳이기도 하다. 유형 생활 중 도스토옙스키는 부친 살해의 누명을 쓴 인물을 만나는데 그가 바로 드미트리(『카라마조프가의 형제들』)의 원형이다.

도스토옙스키와 옴스크

러시아에는 총 6개의 도스토옙스키 박물관이 있다. 그중 규모가 가장 큰 박물관은 작가가 마지막 삶을 보낸 상트페테르부르크에 있다. 하지만 작가가 느꼈을 육체적이고 심리적인 고통과 위안, 인간 이해를 위한 작가의 성찰 과정을 가장 진실 되게 느껴볼 수 있는 곳은 이 옴스크 박물관일 것이다.

1849년 4월 22일 페테르부르크. 페트라솁스키와 그 친구들은

옴스크 소재 도스토옙스키 박물관 전경

1849년 12월 22일 세묘노프 광장의 모습

도스토옙스키가 사형 집행 시 입었던 옷

프리에주의와 공산주의를 연구하는 '페트라솁스키회' 마지막 모임을 갖는다. 그리고 이튿날 아침 도스토옙스키를 포함해 모두 체포된다. 그는 당시 금지된 편지였던 작가 고골에게 보내는 비평가 벨린스키의 편지를 낭독한 죄와 이 편지를 퍼뜨린 죄로 체포되어 사형 선고를 받는다. 같은 해 12월 22일 세묘놉스키 광장에서 사형수들의 형을 집행하기 직전, 황제의 특사로 형 집행이 중단되고 도스토옙스키는 강제 노동형으로 감형된다.

사형 선고와 황제의 특사 등 이 모든 것은 미리 짜인 각본이었다. 지식인들에게 공포심을 심어주기 위해, 황제가 귀족의 삶을 앗아갈 수도 다시 내어줄 수도 있다는 것을 알려주기 위한 각본이었던 것이다.

1849년 12월 혹한 속에서 도스토옙스키는 손발이 묶인 채 시베리아 유형지로 출발한다. 평민 죄수들은 오로지 걸어서 갔고, 귀족이었던 죄수들은 중간 중간 마차를 얻어 탈 수 있었다. 옴스크로 다다르기 전에 죄수들은 먼저 토볼스크에 며칠간 머물렀다. 토볼스크에 도착해서야 어느 수용소로 배정될지 알 수 있었다. 도스토옙스키는 옴스크 수용소로 배정된다. 이 토볼스크에서 작가에게 의미 있는 일이 발생한다.

1825년 '데카브리스트 봉기'에 가담했던 젊은 장교 대부분이 시베리아 유형에 처해진다. 그때 상당수의 부인 역시 남편의 시베리아 행에 동참한다. 그중 나탈리야 폰비지나와 프라스코비야 안넨코바가 도스토옙스키를 찾아왔다. 도스토옙스키에게 신약성경을 건네기 위해서였다. 수용소에서 유일하게 허락된 책이 성서였기 때문이다. 이 성경을 도스토옙스키는 유형 생활 내내 손톱으로 표시해 가며 읽었고, 이후 평생을 간직했다고 한다.

1850년 도스토옙스키는 옴스크 성의 북문인 타라의 문을 통해 도시로 들어온다. 모든 죄수는 막사로 배정되기 전 수형복을 지급받고, 머리를 깎았다. 여름 옷과 겨울 옷이 있는데 이 옷은 3

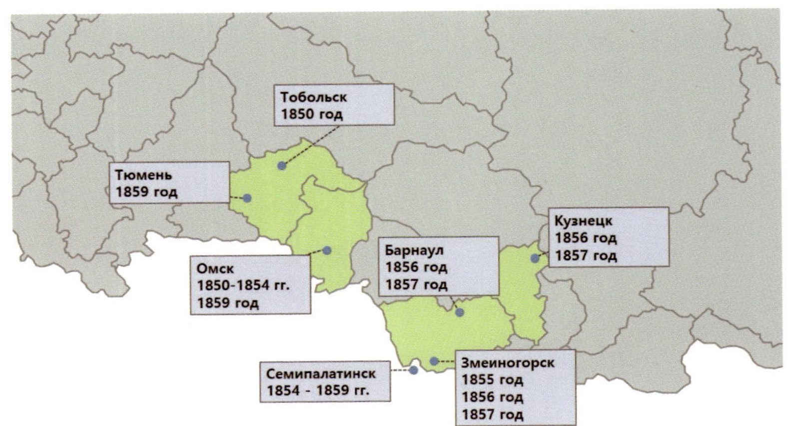

도스토옙스키가 머문 시베리아 도시와 그 연도

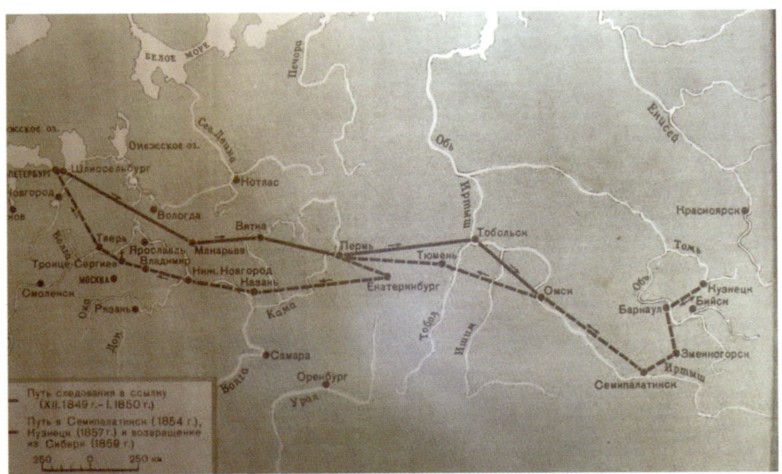

도스토옙스키의 시베리아 동선

년에 한 번만 지급되었다. 옷에는 다이아몬드나 원 모양의 표시가 있다. 이 표시는 탈옥했을 때 저격하기 위한 과녁으로 사용되었다. 그만큼 죄수들의 탈옥이 잦았다. 죄수마다 머리도 다른 모양으로 깎았는데 이도 탈옥을 방지하기 위함이었다고 한다. 머리 모양으로 죄수의 등급을 구분했다(총 8등급으로 구분). 도스토옙

토볼스크에서 받은 신약성경, 도스토옙스키가 받은 선물과 같은 해, 같은 출판사에서 출간된 판본

스키의 경우 양쪽 귀를 기준으로 앞부분의 머리를 모두 밀었다. 이발은 1주일에 한 번씩 했다고 한다. 그리고 족쇄를 채웠다. 족쇄는 대장장이가 채우는 작업을 하는데 형기를 마칠 때까지 풀 수 없었다. 4~5kg 정도의 무게이며, 돈이 있는 죄수는 가죽으로 만든 보호대를 구입해 발목에 댔다. 돼지 가죽 보호대는 고급 보호대로 쳐주었다고 한다.

도스토옙스키는 주로 벽돌 공장에서 일했고 일은 고됐다. 위생과 영양 상태는 끔찍했는데 여름엔 이가 득실거렸고 죽에선 바퀴벌레가 떠다녔다. 박물관에는 이러한 도스토옙스키의 유형소 생활뿐 아니라, 형기를 마치고 첫 아내 이사예바를 만나 결혼한 이야기 등 시베리아에서 일어난 그의 삶이 빼곡히 기록돼 있다.

타라의 문. 옴스크 성의 북문으로 1792년에 세워진 옴스크의 상징물 중 하나다.

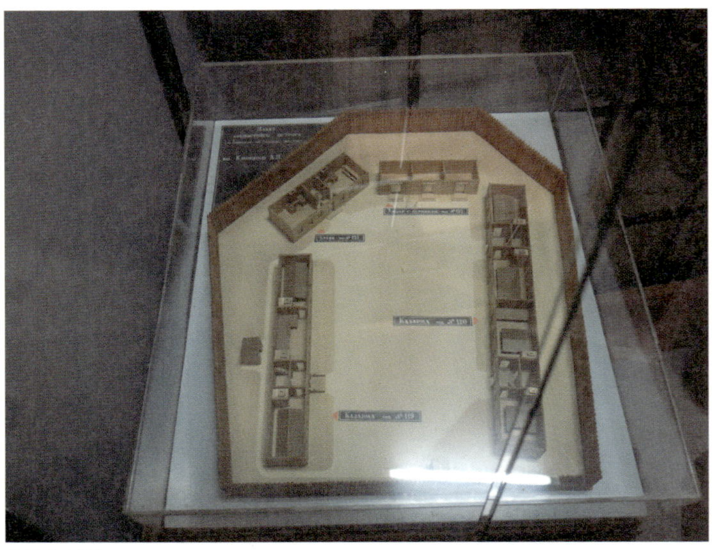
수용소 모형

겨울 옷과 여름 옷. 옷에는 다이아몬드나 원 모양의 표시가 있다.
이 표시는 탈옥수를 저격하기 위한 과녁으로 사용되었다.

도스토옙스키가 찬 족쇄와 돼지 가죽으로 만든 발목 보호대

주지하듯이, 도스토옙스키의 작품 세계는 '옴스크'를 기준으로 전기와 후기로 나뉜다. 후기 도스토옙스키가 한 말이 있다. "인간성의 회복은 차가운 이성으로 만들어진 제도적 형벌에 의해서 이루어지지 않는다. 그보다는 따뜻한 감정이 담긴 부드러운 '말 한마디'가 더 중요하다." 그리고 그는 그 '말 한마디'를 소싯적 푸리에주의가 아닌 기독교적 사랑에서 찾았다. 제도적 형벌을 받고 나서야 그 절실한 깨달음을 얻은 도스토옙스키. 한편으론 모순적이고 야속하다 할 수 있지만 그 깨달음의 과정이, 그의 삶의 여정이 얼마나 고되었을까를 생각해보면 다시금 그가, 그의 소설이 위대하고 소중하게 느껴진다.

호모사피엔스의 유해가 발견된 세계 최북단의 땅 옴스크주

옴스크 탄생에 있어 중요한 역할을 한 것이 이르티시강이다. 강은 중국과 몽골의 국경 부근에서 시작, 러시아 오비강과 만나는 한티-만시까지 거슬러 오른다. 총 길이가 4,248㎞다. 러시아 북방 탐험대의 시작점이기도 했다.

옴스크는 19~20세기 수많은 탐사의 시작점이었다. 북극 탐사도 마찬가지였다. 이르티시강을 통해서 말이다. 당시 북극 탐사의 주요 인물 중 한 명이 알렉산드르 콜차크 제독이었다. 내전 당시 백위군을 지휘한 수장으로 알려진 콜차크가 탐험가이자 학자로서 북극 탐사에 참여했다고 한다. 전시회는 강을 따라 행해진 탐사 과정과 역사는 물론 강 유역에 사는 북방 소수민족의 삶과 예술을 조명한다.

이르티시강 탐사는 21세기에도 계속되었다. 3만 년에서 만 2천 년 전에 걸쳐 분포했던 매머드 상아가 발견된다. 이곳은 더 북쪽에 위치한 야쿠츠크와 달리 영구동토층은 없다. 그렇기 때문에 상아의 겉 표면 색이 백색이 아닌 점토에 의해 착색된 흔적을 볼 수 있다.

2008년 이르티시강 탐사에서는 4만 5천 년 전의 인간 뼈로 추정되는 유골이 발견되었다. 키는 70㎝, 나이는 40세 정도로 추정된다고 한다. 이로써 옴스크주는 호모사피엔스가 거주했던 지구 최북단 땅으로 기록된다.

이처럼 옴스크주에는 구석기 시대부터 인간이 살았다. 청동기

<이르티시강은 북쪽으로 흐른다> 전시회 포스터. 옴스크 브루벨 미술관 앞.

백위군 제독인 콜차크가 1919년 내전 당시 머물렀던 관사

3만 년에서 만 2천 년 전에 걸쳐 분포했던 매머드의 상아

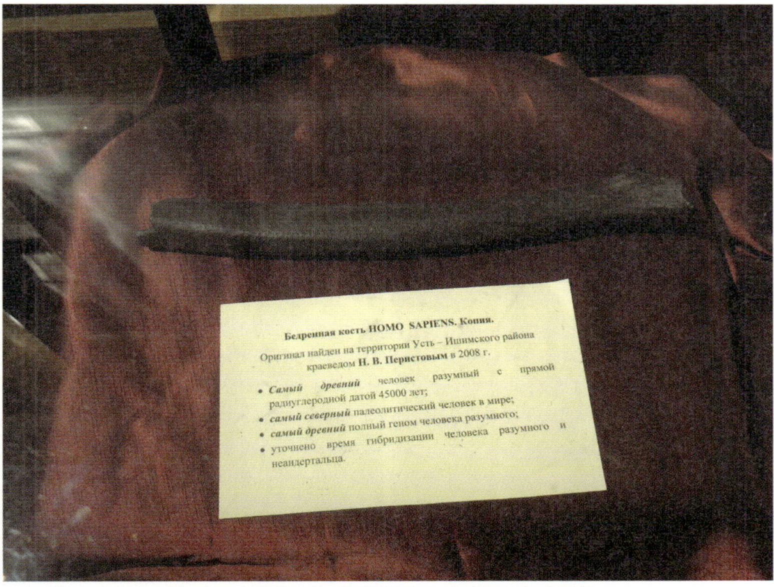

4만 5천 년 전 옴스크주 이르티시 강변에 거주했던 호모사피엔스의 뼈 모형

옴스크 지역에서 입던 여성복. 동시베리아, 크라스노야르스크에서 입던 여성복

시대 튀르크계 유민족의 흔적도 발견되었다. 이곳에는 원래 네네츠인, 한티인, 만시인이 거주한 곳으로 알려져 있다. 그들이 원주민인 셈이다. 하지만 백인들이 몰려오자 이후 원주민은 북쪽으로 이동한다. 예카테리나 2세 때 독일인과 폴란드인이 많이 들어왔고 그 이후로 우크라이나인, 벨라루스인 등이 수차례 다양한 이유로 이주해온다. 시베리아 문화 센터에는 18~19세기 옴스크에 이주한 여러 민족이 사용한 농기구, 생활용품, 옷 등이 전시되어 있다. 여러 민족이 꾸준히 이주해서 형성된 지역이니만큼 생활용품을 대하는 자세가 남달랐다고 한다. 가져온 물건들을 매우 소중하게 여겼고, 전통을 고스란히 전하려는 물질적·정신적 대물림 현상이 다른 지역보다 강하게 나타났다. 시베리아 오지였기 때문에 그러한 경향이 더 짙게 나타났다고 추정해 볼 수 있다.

금과 소금을 찾아 우랄을 넘어, “백인들과 함께 하얀 자작나무가 들어오다”

옴스크에는 정복의 역사가 있다. 이를 잘 보여주는 것이 바실리 수리코프의 그림 「예르마크 티모페예비치의 시베리아 정복」이다. 이 쟁탈의 역사는 16세기에 시작되었다. 러시아 제국은 카잔 한국(1552년)과 아스트라한 한국(1556년)을 정복하고 제국의 영토로 편입시킨다. 이로써 러시아는 우랄 너머 동으로 진격할 발판을 마련한다. 당시 유명한 대부호 스트로가노프 사람들은 특

「예르마크 티모페예비치의 시베리아 정복」(바실리 수리코프, 1895) 상트페테르부르크 국립 러시아 박물관 소장(그림: 위키피디아)

히 가문의 영토를 동쪽으로 넓히고 싶어 했다. 그들은 먼저 카마 변강의 땅을 소유했다. 하지만 더 이상의 이동은 쉽지 않았다. 그래서 카자크인들을 무장시킨다. 하지만 엄청난 비용이 드는 일이었다. 게다가 카자크인들은 말도 잘 안 들었다. 결국 막심 스트로가노프는 1574년 이반 4세에게 시베리아 영토 확장을 위해 카자크군을 보내달라고 공식적으로 요청한다. 당시 카자크 장군 예르마크 부대는 페름 지역을 차지한 상태였다. 스트로가노프가는 이들에게 자신의 부를 빼앗기기 싫었다.

결국 이반 4세의 허락 하에 군대가 결성된다. 예르마크 군이 동쪽으로 나아갔다. 그는 1581년 우랄산맥을 지나는데, 이로써 러시아에게 거대한 영토를 가져다 줄 시베리아 정복의 새로운 역사가 쓰이기 시작했다.

군대는 이르티시강의 북쪽 유역을 정복했다. 이 지역은 모피가 다량 생산되던 곳이었다. 군은 소금이 나는 이르티시강 상류 지역으로 진군하고자 했으나 쉽지 않았다. 남쪽에서 타타르인과 중가르인의 거센 공격을 받았다. 게다가 군인들이 먹을 식량이 부족했다. 때문에 이들은 더 이상 나아가지 못한다. 결국 원주민들의 도움을 받아 정착하게 된다. 힘을 비축하고 장기전에 대비해야 했다. 그러기 위해선 경작지를 만들어야 했고 이곳으로 농민들을 이주시켜야 했다.

러시아 최초의 이주 정책과 강제 이주

보리스 고두노프 시대에 시베리아 이주를 위한 첫 조치가 취해진다. "가족이 가축과 정착할 수 있는 장소를 선별하라."는 명령이 그것이다. 인당 주어지는 가축과 물건들의 목록은 다음과 같았다.

'인당 말 세 마리, 소 세 마리, 염소 두 마리, 돼지 세 마리, 양 다섯 마리, 오리 두 마리, 거위 두 마리, 1년간의 곡물, 개간에 필요한 기구, 썰매, 마차, 기타 살림에 필요한 물건들'

여기에 1인당 25루블씩을 주기로 한다. 하지만 농민들은 가려고 하지 않았다. 고향을 등지고 시베리아 벌판으로 간다는 것이 어찌 쉬운 일이겠는가. 첫 이주민은 대부분이 남자였다. 러시아 정부는 여성들을 이주시키기 위한 조치를 취한다. 차르의 명령으로 러시아 도시에서 처녀들을 모아 우랄 너머로 이주시킨다. 카자크인들은 스스로 문제를 해결했다. 그들은 원주민들에게 모피를 주고 그들의 여성들을 취한다.

하지만 여성 이주 정책은 별 성과가 없었다. 그러자 정부는 이르티시강을 따라 거점을 만들고 여자 죄수들을 보낸다. 자발적 이주와 강제 이주가 동시에 진행된 셈이다. 시베리아 남부 초원지대로 러시아의 국경이 확장되어 갔다.

옴스크의 탄생, 소금과 금을 찾아서

당시 소금이 나는 지역은 타라에서 야미시 호수까지의 길이었다. 현재 타라는 옴스크주 북단에 위치하고 야미시 호수는 카자흐스탄 파블로다르시 인근에 위치한다. 당시 이 지역으로 가는 길은 험난했다. 식량도 부족했고, 유목민들의 공격에도 속수무책이었다. 러시아의 시베리아 남부 국경은 확정되지 않은 상태였다.

이르티시강이 옴강과 합류하는 지역은 예로부터 교통의 요충지가 될 자리로 예견되던 곳이다. 차르 미하일 표도로비치는 1628년 옴스크 상류에 성을 지으라고 명한다. 하지만 이는 실현되지 못했다. 칼미크인들과 연계한 국경지대 이민족들이 반발했기 때문이다. 이 명령은 그렇게 88년이나 지연된다. 하지만 옴강 유역의 지리적 이점은 잊히지 않는다.

표트르 1세는 국고를 늘리기 위한 방법을 모색하다 이르티시강 유역의 평원에 주목한다. 이르티시강은 당시 금이 있다는 소문으로 들끓던 부하라(우즈베키스탄)로 가는 길이었다. 금을 캐기 위해 1715년 부흐골츠 장군이 원정대를 이끌고 시베리아로 향했다. 금이 첫 번째 목적이었다면, 두 번째 목적은 야미시 호수 근처의 소금을 얻는 것이었다. 3천 명의 병사, 32개 뗏목, 27개의 소함정를 이끌고 이르티시강 상류로 향했다.

하지만 원정의 목적이 원주민인 중가르인들의 저항을 불렀고 평화 협상이 결렬된다. 전투가 시작된다. 중가르인들이 수적으로 우세했고, 지형도 익숙했다. 러시아 군대는 넉 달 동안이나 포위되어 추위에 떨어야 했다. 시베리아 전염병도 돌았다. 부흐골츠는 후퇴를 결정한다. 그리고 1716년에 살아남은 700명 정도의 병사들과 옴강의 왼편 기슭에 성을 쌓는다. 이것이 옴스크시의 기초가 된다.

처음에 그것은 단순히 군을 위한 본부 개념, 즉 5개의 종루를 갖추고 참호로 둘러싸인 진영이었다. 하지만 시간이 지나자 점차 성곽 주위로 사람들이 정착하기 시작했다. 주민 대부분은 군인이었고, 여기에 보내진 죄수와 인근 상인, 잡계급층이 더해졌다.

도시의 발달은 매우 느렸다. 1725년 인구 조사에 따르면 옴스크에는 992명, 1742년에는 1,092명의 사람이 거주했다. 물론 당시 인구 조사에서는 남자만 셌을 것이다. 하지만 여자나 아이의 수는 별로 없었을 것이다. 도시 발생 이후 50년간 세워진 집이 200채가 안 되었다고 한다. 1770년 기록된 문서에 따르면 남녀 합산 1,186명이 거주했다고 한다. 강제적인 방법으로 인구를 늘릴 수밖에 없었다. 타라의 군사무소에 다음과 같은 명령문이 걸린다.

> "관리자는 여자 유형수들을 잘 모아서 관찰하라. 40세 이하의 여성은 옴스크 성으로 보내라. 그곳에서 선택된 지역으로 분산시켜라."

서부 시베리아의 중심지로

지리적 위치는 옴스크를 곧 남부 시베리아 국경의 중심지로 만들었다. 때문에 도시에는 국경에 파견된 장교들의 숙소가 대거 지어진다. 이에 성이 확장되고 옴강의 왼편이 아닌 오른편으로 이전된다.

시간이 경과하고 시장이 생겨났다. 이 시장은 다른 시베리아 도시들의 상인들만 오는 것이 아니라 유목민들도 들어와 장사하는 거대 시장으로 성장한다. 1804년 옴스크는 도시 지위를 받는다. 이때 군인 인구가 3천 5백 명이었다. 일반 시민은 매우 적었다고 한다. 이후 도시는 빠르게 발전한다. 1822년에는 서시베리아 총독지구가 지정되는데 총독지구에 토볼스크주, 톰스크주, 옴스크주가 포함된다. 옴스크는 장군-주지사가 거주하는 곳으로, 시베리아에서 제2등급의 성이 있는 유일한 도시가 된다. 이후 옴스크의 시장이 더욱 빠르게 발전한다. 1861년 옴스크 인구는 2만 명에 이른다. 2,122채 가운데 31채만이 석조 건물이었고 나머지는 목조 건물이었다. 도시에는 34개의 크고 작은 공장들이 가동되었다. 6개의 '살로'(비계) 공장, 2개의 비누 공장, 1개의 담배 공장, 4개의 가죽 공장, 4개의 양초 공장, 12개의 벽돌 공장, 3개의 도기(그릇) 공장, 4개의 맥주 공장, 1개의 버터 공장 등이 있었다.

1877년 옴스크에 첫 번째 인구 조사가 이루어진다. 조사에 따르면 1877년 옴스크에는 24,818명이 거주했으며, 그중 9,259명이 이곳 태생이었다(37.3%가 이곳 태생, 62.7%가 이주민). 30세 이상 중년 남성의 비율이 압도적이었다. 이는 외부 인구가 유입됐다는 증거이기도 했다. 15세 이상부터 남성이 여성보다 많았다. 20~24세 그룹에서 남성 비율이 72%나 되었다. 당시 옴스크에는 장교와 공무원이 많아서 다른 지역보다 문맹률이 낮았다. 글을 아는 사람의 비율이 남성 51%, 여성 27%인데, 이는 굉장히 높은 수치였다.

철도역 건설과 옴스크의 전성기

시간이 지남에 따라 옴스크의 군사적 성격이 점차 옅어진다. 일반 시민의 비율이 늘고, 민간 기관도 생겼다. 우체국, 교회, 관공서, 상점 등이 그것이다. 하지만 인구가 적지 않았음에도 상업이

옴스크 기차역(사진: 위키피디아)

크게 번성하지는 않았다. 철도가 들어오기 전까지는 말이다.

1894년 도시 발전의 새로운 역사가 시작된다. 철도가 연결된 것이다. 시베리아 횡단열차다. 이 사건은 옴스크뿐 아니라 전 러시아의 삶을 변화시켰다. 경제 성장의 열망과 시베리아 자원 개발에 대한 꿈이 이제 실현될 터였다.

배가 드나드는 이르티시강이 남에서 북으로 흐른다면, 철길은 서에서 동으로 놓였다. 사통팔달의 이점이 옴스크의 경제 발전을 가속시켰다. 경제 발전에 밑거름이 될 소시민과 상인 계층이 늘어났다. 군사적 요소의 비중은 이들 사이로 흡수되고 줄어든다. 1897년 옴스크의 인구는 3만 7천 376명으로 늘어난다. 교육기관도 늘고 도서관이 들어섰다. 신문이 발행되고 호텔이 늘어났다. 이는 옴스크에 관심을 갖고 투자할 사람들이 찾아온다는 것을 의미했다.

모스크바 상인들은 상품의 중간 창고를 옴스크에 지었다. 도시는 군사 도시에서 상업 도시로 빠르게 변했다. 도시에 800개의 상업 거래소가 있었고, 거래 금액은 3백 5십만 루블에 달했다. 외국 기업들도 이곳에 농기계를 팔기 위한 사무소, 식용기름을 사기 위한 사무소를 두기 시작한다. 농기계 판매 증가는 이곳에 많은 면적이 개간되고 있음을 말하는 것이다.

시베리아에 흩어져 살던 이주민들이 이곳의 곡창지대로 이주해 온다. 대부분의 사람들은 남쪽에서 올라온 독일인이었다. 부유하고 문화를 아는 이 독일인들이 도시 살림의 수준을 끌어올렸다. 이때 경작 방법도 현대적으로 바뀌었다고 한다. 옴스크 땅값도 같이 뛴다. 철도가 놓이고 10년 동안 1평방 사젠(대략 4.7평방미터)의 1등급 땅 가격이 1루블에서 100루블까지 상승했다고 한다.

철도 건설로 옴스크로 들여온 물건들은 대부분 가공품, 철 주조품, 건설 자재, 농업 도구 및 기계였고, 옴스크로부터 나가는 상품들은 대부분 모피와 식용유, 비계, 고기, 가죽 등이었다.

이제 도시에는 113개의 공장이 가동되었다. 원료 가공 공장, 특히 밀가루와 기름(식용) 가공 공장이 늘었다. 이들이 국제 시장과 연계되며 덴마크, 스웨덴, 영국, 독일, 미국의 영사관이 도시에 문을 연다. 이에 자본이 들어왔다. 기반시설이 지어졌다. 자본주의적 발전이 가속화 되며 1900년에 이르면 인구가 5만 명이 넘는다. 1917년에는 시베리아에서 가장 큰 도시가 된다.

1874년과 1907년에 세워졌던 극장과 도서관이 석조로 다시 지어진 모습

백위군의 수도에서 소비에트 곡창지대로

1917년 11월 30일 옴스크에도 소비에트 권력이 들어온다. 이후 3년간 옴스크는 격렬한 혁명 투쟁 지역이 된다. 1918년 10월 9일 콜차크는 옴스크를 제정 러시아 군사 정권의 수도로 지정한다. 이는 옴스크 시민들도 전혀 예상치 못한 일이었다. 이로부터 5일이 지나 우파에서 군용 열차 2대로 러시아의 국고가 들어온다. 백위군에 의해 옴스크 국립은행으로 금은보화가 가득 실린 상자 8,399개, 보따리 2,468개, 가방 18개가 운반된 것이다.

수도의 지위는 1년간 이었다. 1919년 11월 14일 제5 붉은 군대가 도시로 진입했고, 이후 1920년 백위군들은 도시에서 사라진다.

1920년 8월 28일 인구 조사 결과 도시에는 103,200명의 사람이 살고 있었다. 이 조사에서 이 지역에는 50개 이상의 민족이 거주하는 것으로 나타났다. 러시아인 외에 유대인, 폴란드인, 타타르인, 독일인, 리트비아인, 스웨덴인 등이 있었다. 81%가 러시아인이었다.

제1차 세계대전과 내전을 겪었지만 옴스크는 비교적 후방이었기 때문에 큰 타격이 없었다. 이전부터 여러 민족과 여러 종교가 공존한 지역이었다는 점이 전쟁 후 인구 증가에 기여한 면이 있다. 게다가 곡창지대의 파괴도 적었다. 피난민들이 몰려들었다. 1921년에서 1926년까지 들어온 이주민이 4만 1천명이었다. 1926년 자료에 따르면 옴스크 인구는 161,500명이며, 토착민의 비율은 45%에 불과했다고 한다.

1934년 12월 7일 옴스크주가 지정되었다. 서시베리아 변강, 오비이르티시주와 첼랴빈스크주의 지역들이 통합돼 옴스크주가 형성된다. 옴스크주는 소련에서 가장 큰 주 중에 하나였다. 백 50만 ㎢에 인구는 2백 5십만 명이었다. 1939년 조사에서 옴스크시 인구는 29만 1천 3백 명으로 집계되었다.

군수 산업의 중심지로, 그리고 인구 백만 도시로

제2차 세계대전 당시 옴스크는 군수 산업의 중심지였다. 소련의 서부지역에서 옴스크로 100개 이상의 산업기지와 공장이 이전해 온다. 공장 노동자들과 가족들이 함께 들어는데 이들만 15만 명으로 추산하고 있다. 단기간 인구 증가로 도시 문제, 식량 문제 등이 발생했으며 군수품을 신속히 생산해야 하는 문제도 발생한다. 여기에 1941~1943년 동안 칼미크인, 독일인 등 여러 민족들이 옴스크로 강제 이주를 당한다.

전쟁 이후 옴스크도 도시 정비와 산업 재편이 필요했다. 1954년 옴스크주에 대규모 집단 농장이 건설되고, 처녀지 개간을 위해 6천 명의 젊은이들이 이곳으로 파견된다. 그로부터 1년 후에는 석유 가공 공장들이 들어선다. 도시 인프라 건설과 공장 건설을 위해 청년공산당원들이 유입된다. 도시 경제가 다시 활기를 띠기 시작한 것이다.

1955년 후반 인구가 50만 명이 된다. 그리고 이후 22년 동안 옴스크 인구는 2배가 된다. 인구 백만 도시가 된 것이다. 1978년 1월 1일 조사에 따르면 백만 1천 1백 명이었다. 1970~80년대 도시 인구는 출산율 증가로 서서히 늘어나 1989년에 이르면 114만 8,485명이 된다.

하지만 옴스크는 제2차 세계대전 이후 1980년대 후반까지 외국인 출입 제한 도시로 지정된다. 군수 산업 기지가 된 것이다. 그리고 이것이 도시의 역동성까지 제한시킨 결과를 초래했다. 시베리아 제1의 도시 자리를 노보시비르스크에 빼앗긴 결정적 계기가 된다.

다시 도약을 꿈꾸다

소련 붕괴와 함께 인구가 대폭 감소되었다. 정치·경제적 불안정이 인구 감소와 직결되었다. 1993년 옴스크 역사상 처음으로 자연적 인구 감소가 나타났는데 이는 향후 18년간 계속되었다. 1990년대 후반부터 2000년까지 자연적 손실(사망)이 급증했다.

하지만 더 큰 문제는 이주 문제였다. 강제 이주의 부작용이 나타나기 시작했다. 좋지 않은 경제적 상황이 이를 뒷받침했다. 1990년대 이민의 물결이 인 것이다. 독일로 이민 간 사람의 수가 러시아 전체에서 옴스크가 제일 많았다. 이후 20세기 후반 지속적으로 인구가 감소되었다. 러시아 경제 위기도 계속되며 이러한 경향을 가속화시켰다. 이 현상은 2000년대 초까지 지속된다.

년도	1989년	1994년	1995년	2000년	2005년	2010년	2015년	2017년	2018년
인구수	1,148,5 백 명	1,170,1 백 명	1,168,6 백 명	1,160,8 백 명	1,149,0 백 명	1,154,1 백 명	1,173,9 백 명	1,178 ,391 명	1,172, 070 명

하지만 위 표에 나타나듯이 2010년 이후 점차 인구 상황이 좋아지고 있다. 출산율 증가와 사망률 감소가 원인으로 꼽힌다. 2012년에는 인구 유입도 양수로 전환되었다. 옴스크 역사상 가장 높은 수치를 2017년에 기록했다. 2018년에 1172,070명으로 러시아 전체 도시에서 인구 수로 8위를 차지했다.

옴스크의 민족 구성은 소련 시기에 변화를 겪는다. 볼가강 유역에 살던 독일인들이 옴스크로 강제 이주당하는 사건이 있었고, 제2차 세계대전 당시 독일군에게 점령당했던 우크라이나 지역에서 우크라이나인들이 옴스크로 피난오면서 우크라이나인 정착 마을도 생겼다. 옴스크는 과거 카자흐스탄의 아크몰린스카야주에 속한 적이 있고, 지리적으로도 국경을 마주해, 도시에 카자흐인의 분포도 높은 편이다.

2010년 러시아 인구 조사에 따르면 옴스크에는 120개 이상의 민족이 거주하고 있다. 물론 대다수는 러시아인으로 89퍼센트를 차지한다. 그 뒤를 이어 카자흐인(3.4%), 우크라이나인(2%), 독일인(1.3%), 타타르인(1.9%) 등이다. 2000년 대 들어 독일인, 우크라이나인, 벨라루스인의 비율이 줄고, 아시아계 민족인 키르기스인, 우즈베크인, 타지크인, 카자흐인의 비율이 늘었다.

옴스크도 인구 고령화 문제, 여성 인구 증가 문제를 안고 있다. 현재 주민 평균 나이가 39세(여성 36세, 남성 41세)로 계속 고령화되

가스프롬의 도움으로 정비 사업이 진행되었다. 레닌 거리의 풍경.

고 있다. 2015년 조사에서 기대 수명은 72세로 나타났다(여성 77세, 남성 66세). 현재 옴스크 평균 임금은 31,100 루블로 노보시비르스크보다 19% 낮은 금액이다. 이로 인한 노동 인구의 유출도 있다.

하지만 긍정적인 부분은 출산율이 점차 늘어날 것이라는 전망과 함께 2015년 조사에선 인구가 유입되는 추세로 돌아섰다는 점이다. 인구 유입 수가 다른 도시로 이주한 수보다 많은 주요 원인으로 인근 구소련 국가와 동시베리아 노동자들의 유입을 들 수 있다. 이와 관련 최근에는 외국 유학생들의 수도 크게 증가한 것으로 조사되었다. 반면, 옴스크에서 노동 인구가 유출되는 지역으로는 모스크바주, 상트페테르부르크, 크라스노다르 변강, 노보시비르스크주, 튜멘주 등이 꼽히고 있다.

인구 문제는 도시의 경제·사회적 발전과 맞물려 있다. 시베리아에서 인구 수는 도시의 생존과도 직결된 문제다. 인구 문제 해결을 위해 도시 수뇌부의 역할이 중요해 보인다. 시급히 산업 체질 개선으로 일자리 창출을 일궈내야 할 것이다. 그 동안 활발했던 정유 공장과 군수 산업 공장의 가동률이 이젠 바닥이라고 한다. 오랜 기간 외국인 출입 제한 도시로 지정돼 지역 역동성도 저하되어 있다. 옴스크는 시베리아의 중심 도시였고, 1년 동안이지만 러시아 제국의 수도였다. 유럽의 자본이 모이기도 했다. 그만큼 도시의 면적 자체도 방대하고 인구는 백만이 넘는다. 구시가지 건물은 상트페테르부르크의 그것 못지않게 웅장하다. 새로운 도약을 꿈꿔야할 때다.

옴스크 푸시킨 도서관 지하철역

이 글의 마지막 사진은 옴스크의 푸시킨 도서관 지하철역이다. 지하철은 없는데 지하철역 하나가 건설돼 있다. 5년째 같은 상태로 진전이 없다. 지하보도로 밖에 쓰임새가 없는 지하철역이 옴스크의 현실을 대변하는 것 같아 안타깝다.

톰스크, 고전미로 빛나는 품격 있는 도시

강덕수

대학 도시로서의 톰스크

톰스크에서 제일 먼저 찾아야 할 곳은 시내 중심에 있는 '노보소보르나야 광장'이다. 이 광장이 시작되는 지점 한가운데 동상이 서 있다. '성녀 타티야나 조각상'이다. 러시아에서 성녀 타티야나는 학생의 수호자로 숭배되고 있다. 톰스크에서 성녀 타티야나가 도시 제일 중심에 서 있는 것은 이 도시에서 학생들이 얼마나 중요한 지를 보여주는 상징이라 할 수 있다.

성녀 타티야나 옆에는 눈처럼 하얀 백색의 대리석 기둥이 서 있다. 이 기둥은 문화와 계몽을 상징한다. 기둥 꼭대기에는 펼쳐진 책이 놓여 있다. 그 옆에는 소년과 소녀가 앉아 있다. 젊은이들이 갖는 생각의 순수성과 지식에 대한 탐구욕을 의인화한 것이다. 2004년 8월에 세워졌다.

성녀 타티야나 동상

중심에서 변방으로

톰스크는 1604년을 도시 건설 원년으로 기념한다. 16세기 말~17세기 초는 러시아 역사에서 매우 중요한 전환기였다. 당시 차르는 보리스 고두노프였다. 16세기 말 류리크 왕조는 막을 내렸다. 대가 끊긴 류리크 왕조를 대신하여 당시 대귀족 중 한 사람인 보리스 고두노프가 차르로 등극하였다. 그러나 그는 통치 기간 내내 정통성 문제로 시달렸다. 고두노프의 통치 기간을 포함하여 류리크 왕조가 붕괴되고 로마노프 왕조가 성립되기까지의 기간을 러시아 역사에서는 '혼란의 시기'라 부른다.

정치적 혼란에도 불구하고 1605년 보리스 고두노프는 시베리아 개척을 위한 전진기지로 톰강 연안에 성채를 세웠다. 이 성채가 톰스크의 시작이 되었다. 이후 톰스크는 시베리아 횡단철도가 완성되기까지 시베리아의 중심이 되었다. 18~19세기 시베리아는 모피의 공급처였다. 톰스크는 모피 외에 중국의 차를 모스크바로 공급하는 중간 기지였다. 이러한 사실은 '프로스펙트 레닌' 거리에 있는 민속 박물관의 그림으로 확인된다.

톰스크는 1950년대 시베리아 횡단철도가 오비강 연안에 세워진 노보시비르스크를 관통하면서 시베리아의 중심으로서의 기능을 잃게 되었다. 도시의 운명이 철도로 인해 바뀌게 된 것이다.

톰스크가 세워진 톰강은 러시아 4대 강 중 하나인 오비강에 합류되는 지류이다. 이 지역은 타이가의 침엽수림대로서 소나무, 잣나무, 낙엽송, 자작나무 등 다양한 수종의 나무들이 자란다.

19세기 풍의 톰스크 시내

MAKE LOVE PIZZA
367

보리스 고두노프의 초상화

기후는 대륙성으로 평균 기온이 1월에는 영하 19~21도, 7월에는 영상 17~18도이다. 대부분 습지로 농경지는 7%에 불과하다. 여기서 주로 호밀, 귀리, 감자 등을 재배하며, 밀, 옥수수, 아마도 생산된다.

톰스크를 둘러싸고 흐르는 톰강의 이름은 타타르어에서 유래되었다. 17세기 이전에 이 지역은 타타르족의 킵차크 한국이 지배하였다. 칸에게는 예쁜 딸이 있었다. 공주는 사랑에 빠졌다. 상대는 출신이 비천하였다. 공주는 아버지 칸의 반대로 사랑을 이룰 수가 없었다. 비관한 공주는 흐르는 강물에 몸을 던졌다. 이 사실을 뒤늦게 안 사내도 따라 강물에 몸을 던졌다. 공주의 이름이 '톰'이었다. 그 이후 이 강을 톰강으로 부르게 되었다.

톰강

자유와 지성의 도시

톰스크는 철도 교통이 주는 혜택을 잃고 발전에 뒤처지게 되었다. 바로 정치적 주도권을 잃고 경제적 발전의 기회도 날려 버렸다. 대신 톰스크는 다른 것을 얻었다. 그것은 자유와 지성의 분위기이다. 교육과 문화의 도시로서 톰스크의 위상은 시베리아의 어느 도시도 넘보지 못한다. 도시의 인구는 약 50만 명이다. 그중 6만 명이 학생이다. 톰스크 주민 중 75%가 학교와 관련 연구기관에 종사하는 사람들이다. 1만 명당 학생 수 비율은 러시아에서 모스크바, 상트페테르부르크 다음으로 가장 높다.

톰스크 사람들은 '대학 도시'라는 점을 자랑스러워한다. 톰 강변에서 시작되는 '프로스펙트 레닌' 거리를 따라 1시간 정도를 걸어 보면 그 이유를 알 수 있다. 톰 강변의 공원에서 길을 건너면 레닌 거리가 시작된다. 그 시작점에 재학생 수가 2만이 넘는 톰스크 공과대학교 캠퍼스가 좌우 양쪽으로 늘어서 있다. 2~3㎞를 가다 보면 우측에 사범대학교 건물이 보인다. 1㎞정도를 더 걸으면 좌측으로 톰스크 국립 대학교의 아름다운 캠퍼스가 나타난다. 우측으로는 기숙사와 대학교 관련 시설들이 배치되어 있다. 30분 정도를 걸어가면 좌측에 의과대학이 위용을 자랑한다. 맞은편에 '노보소보르나야' 광장이 넓게 자리하고 있다. 그 입구 정면에 학생 수호 성인 '타티야나 성녀' 상이 보인다. 거리를 따라 계속 가면 연극 전용 극장, 오케스트라 공연장, 푸시킨 도서관 등을 볼 수 있다.

시베리아에 대학교를 세워야 한다는 아이디어가 처음 제안된 것은 1803년이다. 7개의 도시가 경합하였지만 승리자는 톰스크였다. 1878년 5월 28일 알렉산드르 2세는 시베리아 황립 대학교를 톰스크에 설립한다는 칙령을 발표하였다. 10년의 건설 기간을 거쳐 1888년 개교하였다. 제정 러시아 전체에서 아홉 번째이고, 시베리아에서 첫 번째였다. 이 학교는 19세기에 이미 유명한 독일의 훔볼트 대학교를 모델로 하였다. 교육과 학문 연구를 하나로 통합하는 엘리트 교육기관으로 창의적 학자를 양성하는 것을 목표로 하였다. 학교가 정식으로 개교되기에 앞서 1880년 도서관을 세우고, 식물원을 개원하였다. 1888년 가장 먼저 개설된 학과는 의학부였다. 1898년에는 법학부가 설립되었다. 톰스크 대학교

톰스크 국립 대학교 본관

톰스크 국립 대학교 본관 내부 2층

톰스크 국립 대학교 설립자 플로린스키 총장과 멘델레예프 교수 동상

의 초대 총장은 유명한 물리학자 플로린스키(V.M. Florinskij) 교수였다. 누구나 다 아는 멘델레예프 교수도 한 때 이곳에서 강의와 연구를 하였다. 2018년 QS BRICS 평가에 의하면, 이 대학교는 러시아 전체 대학교 중 4위를 차지한다.

톰스크 공과대학교는 1896년에 착공하여 1900년에 개교하였다. 시베리아에 설립된 최초의 기술공과대학교로 러시아의 아시아권 지역에서 가장 오래된 대학 중 하나이다. 1930년에는 5개 단과대로 분리되었다. 그 중 2개 학과는 이웃 신생 도시인 노보시비르스크와 노보쿠즈네츠크로 이전되었다. 그 뒤 3개 단과 대학은 시베리아 산업대학으로 통합되었다가 몇 년 뒤 톰스크 공과대학으로 개명하였다. 현재 이 대학은 26만 평방미터에 달하는 캠퍼스에 10개 이상의 학부, 8개 단과 대학, 100개의 학과, 12개의 센터를 두고 있다. 이 대학교 출신 중 카자흐스탄 학술원의 초대 원장이 배출되었다는 것을 자랑스럽게 여기고 있다.

이밖에 톰스크 의과대학교의 공식 명칭은 시베리아 국립 의과

대학교이다. 러시아에서 가장 오래된 대학 중 하나이다. 이외에 톰스크에는 수송 기술 대학교, 토목공학 대학교, 사범대학교들이 있다. 현재 톰스크 국립 대학교를 중심으로 공과대학과 의과대학의 통합이 진지하게 논의되다가 최근 중단되었다고 한다.

인본주의 철학이 숨 쉬는 도시

- 체호프 동상

레닌 거리에서 학교 캠퍼스가 끝나는 지점에 연극 전용 극장이 보인다. 거기서 톰 강변으로 500미터를 걸어가면 강변에 우스꽝스런 모습의 동상을 볼 수 있다. 뭔가 장난스런 몸짓을 하지 않으면 섭섭해 할 것 같은 모습이다. 바로 체호프 동상이다.

체호프는 1890년 사할린으로 가는 길에 톰스크에서 1주일 머물렀다. 톰스크는 그의 마음에 들지 않았다. 작가는 톰스크를 부정적으로 묘사하였다. 작가의 마음에 든 유일한 곳은 "슬라뱐스크 바자르"라는 식당이었다.

2004년 8월 21일 톰스크 시민들이 돈을 모아 조각상을 세웠다. 자리는 그가 유일하게 인정한 '슬라뱐스크 바자르' 식당 옆이었다. 그 이전에도 체호프 동상은 있었다. 레온티 우소프(Leontij Usov)의 목재 조각상이었다. 이를 본 따 청동 조각상을 만들었다. 조각상이 있는 강변에서는 창작 페스티벌인 '체호프의 금요일'이 열린다.

체호프 동상

체호프동상에서 장난을 치는 소녀들

- 임산부 기념상

레닌 거리를 따라 걷다 국립대학교 캠퍼스를 조금 지나면 19세기 풍의 시베리아 의과대학교 건물이 나타난다. 의과대학교 건물 중간 부분 앞에 임산부의 건강을 기원하는 청동 기념상이 서 있다. 산부인과 개원 115주년을 기념하여 전위적 스타일로 세워졌다. 임산부의 배 안으로 태아가 보인다. 이 임산부 상에 기원을 하면 임산부가 순산한다는 속설이 있다고 한다. 그래서 이 기념상에는 탯줄 같은 줄들이 울긋불긋 항상 매달려 있다.

- 배추 소년 조각상

임산부의 건강 못지않게 태어난 아기도 건강해야 한다. 레닌 거리 중간 지점의 국립 대학교 건너편에 산부인과 병원이 있다. 병원 정문 앞에 강보에 싸여있듯 배추 속에 누워 있는 아기가 형상화되어 있다. 기본 모티프는 양배추 통이 반쯤 벌어진 속에서 행복을 꿈꾸는 듯 누워 있는 아기의 모습이다. 여기선 아기를 데리

고 와서 조각상에 손을 대고 기도하는 여자의 모습을 자주 볼 수 있다.

- 행복 기념상

시내에서 좀 떨어진 쉐프첸코(Shevchenko) 거리에 있는 아파트촌 한가운데 있다. 이 청동상은 톰스크 건설 400주년을 기념하여 목재회사 '톰레스스트로이'가 후원하였다. 화가 레온티 우소프의 그림을 주물공 막심 페트로프(Maksim Petrov)가 만들었다. 작가의 의도는 인기를 끌었던 만화영화 "한때 개가 살았노라. ......"의 주인공 늑대를 모티프로 하였다.

늙은 개가 쓸모없다고 주인에게서 쫓겨났다. 숲에서 개는 늑대를 만났다. 개의 사연을 들은 늑대는 개가 집으로 돌아가는 것을

도와준다. 늑대가 그 집에 숨어들어 닭을 잡아가려고 하는 것을 개가 와서 쫓아낸다. 이것은 늑대가 꾸민 연극이었다. 주인은 개가 쓸모 있다는 것을 깨닫고 다시 집에서 살게 해 준다. 그해 겨울 눈이 많이 와 숲에는 먹을 게 없었다. 굶주린 늑대 앞에 개가 나타난다. 개는 늑대가 집에 숨어들게 해 준다. 마침 집에선 딸 생일 잔치로 떠들썩했고 먹을 것도 많았다. 개는 늑대가 실컷 먹을 수 있게 해 준다. 그때 주인이 늑대를 발견하고 기겁을 한다. 이때 개가 나타나 짖어댄다. 늑대는 도망가면서 개에게 감사를 표하며 행복하라고 노래한다. 그래서인지 늑대 청동상의 가슴 오른쪽에 있는 혹을 누르면 소리가 나온다. "나는 행복을 노래해! ......"

- 루블 목조상

소나무로 만들어진 루블 목조상은 2008년 6월 10일 제4회 톰스크시 축제 개막식에서 노보소보르나야 광장에 세워졌다. 이 조각상은 1997년에 발행된 1루블짜리 동전의 100배 크기로 만들어졌다. 지름은 2.1m, 중량은 250kg에 달한다. 뒤에 이 조각상은 투명 유리상자에 넣어 보스크레센스카야산 정상에 있는 향토 박물관으로 옮겨졌다. 이 조각상을 제안한 것은 미디어 회사인 '레클람니이 다이제스트'이다. 행운과 재물을 가져다준다는 믿음으로 러시아에서 가장 큰 화폐 모형으로 기록된 이 조각상에 동전을 던지곤 한다.

- 맥주 장인 기념상

이 조각상의 모티프는 그림엽서에 그려진 그림이었다. 엽서에는 양조 기술자인 독일인이 앞치마에 모자를 쓰고 맥주통을 굴리는 모습이 그려져 있다. 이 그림을 바탕으로 블라디미르 로마노프(Vladimir Romanov)가 모델을 만들고, 막심 페트로프가 금속

으로 주조하였다. 이 조각상은 2010년 6월 9일 '피보바르' 거리에 있는 '크류게르' 식당 옆에 세워졌다.

과거를 문화로 만드는 품격

- 보스크레센스카야산

이름은 산이지만, 실제로는 전혀 산처럼 보이지 않는다. 주변이 모두 개발되었다. 알려진 사실은 17세기에 이 주변이 개간되기 시작하여 성채가 만들어졌다는 것이다. 그 다음 보스크레센스카야 교회가 세워졌다. 그리고 이 교회를 기념하기 위해 이 지역에 '산'이라는 명칭을 붙였다고 한다. 이 산 정상에 화재 감시탑을 세웠

보스크레센스카야산의 톰스크 성채 건설 초석

다. 아마도 이 지역이 톰스크에서 제일 높은 지대였기 때문으로 짐작된다. 지금 화재 감시탑은 없어지고 그 자리에 톰스크 향토 박물관이 설립되었다. 루블 목조상은 현재 이 박물관에 보관되어 있다.

- 슬라브 신화 박물관

보스크레센스카야산에 있는 민속 박물관에서 시내 뒤쪽으로 내려오면 슬라브 신화 박물관이 있다. 슬라브 신화에 대한 기대를 가지고 이 박물관을 들어서면 바로 실망을 할 수 있다. 슬라브 신화에 대한 스토리텔링을 위한 곳이 아니다. 톰스크 시내에 세워진 조각상의 모조품들을 전시하고 판매하는 곳이다. 러시아의 특산품인 마트료시카도 빠지지 않고 전시되어 있다.

- 목조 건축 박물관

톰스크를 품격 있게 만드는 것 중 하나가 잘 보존된 목조 건축들이라 할 수 있다. 18세기와 19세기에 세워진 목조 건축물들을 주정부 차원에서 보존하기 위해 노력하고 있다.

- 향토 박물관

레닌 거리 중심부에 있다. 톰스크 국립 대학교에서는 걸어서 10분 거리에 있다. 여느 도시에서나 볼 수 있는 그 지역의 동식물들, 생활상에 대한 기록들을 볼 수 있다. 특이하다고 할 만한 것은 17~18세기에 대한 기록물들이 그림으로 전시되어 있다. 이 그림들은 당시 역사에서 톰스크가 차지하던 정치경제적 가치를 보여준다.

목조 건축 박물관

모피 수집을 강요하는 러시아 제국 관리(향토 박물관 소장 그림)

톰스크의 몽골 상인(향토 박물관 소장 그림)

- 비밀경찰 본부 박물관과 스탈린 박해 희생자 추모비

이곳은 정치범들을 고문하던 곳이다. 작은 방에선 당시의 고통과 신음 소리가 들리는 듯 했다. 이곳은 저녁 늦게까지 많은 사람들이 볼 수 있도록 개방되어 있다. 복도에선 지팡이에 몸을 의지한 할머니 두 분이 과거를 회상하며 거기에 누가 있었는지를 얘기하고 있었다. 작은 방에는 역사 가이드의 설명을 듣고 있는 젊은 학생들로 가득 차 들어갈 수가 없었다. 가이드의 설명은 역사의 한 페이지를 넘기듯 차분하였다.

비밀경찰 본부 박물관을 나서면 작은 공원이 있다. 그 공원 한 가운데에는 비석들이 줄 지어 있다. 그 비석들에는 스탈린 박해로 희생된 사람들의 이름들이 국적과 함께 적혀 있다. 비석으로 이들의 영혼을 위로하고 있다.

폴란드인 협회 정기 모임에 참석할 기회를 가졌다. 톰스크 대학교 언어학 실험실 연구원 중에 폴란드계가 있었다. 필자가 폴란드어를 공부했다는 말을 듣고 초대하였다.

비밀경찰 본부 박물관 입구

비밀경찰 본부 박물관 내부 복도

1930~1956년 사이 톰스크에서 희생된 폴란드인들에 대한 위령비

에스토니아인 위령비

애도의 돌

칼미크인 위령비

푸시킨 도서관 강당에 폴란드 출신 러시아인 100여 명이 모였다. 80세가 넘어 보이는 할머니로부터 초등학생들까지 연령은 다양하였다. 폴란드어 학습 과정 수료식을 가지며 폴란드어로 노래하고 모노드라마도 하고 낱말 맞추기 게임을 하였다. 모든 출연자들에게는 폴란드어 사전과 같은 선물을 주었다. 30년 만에 다시 해 보는 폴란드어가 낯설지 않았다. 합창할 때에는 같이 참여도 하였다.

이 사람들은 제정 러시아 때부터 소련 시대까지 정치범으로 시베리아에 유형된 사람들의 가족이거나 후손들이다. 이들은 이제 러시아 시민이지만 자기 뿌리를 잊지 않기 위해 자손들에게 말과 문화를 가르치려고 노력하고 있었다.

톰스크 국립 대학교 언어학 특별 강좌에 강사로 초대받아 톰스크에서 지낸 1주일 동안 많은 것을 보고 들었다. 그중에서 마지막 날 폴란드인 후손들의 모임이 많은 것을 생각하게 해 주었다.

다른 측면에서 러시아는 박해받은 자와 박해한 자들 간에 화

폴란드인 커뮤니티

해가 이루어지고 지금은 서로 미래를 향해 함께 가고자 하는 건 아닌지? 러시아에서 소수민족은 다양성의 또 다른 인적 자원이라는 것을 톰스크 방문 마지막 날 확인하였다.

해방전사 기념비

전선에 나가는 아들을 축복하는 어머니.
(톰 강변, 레닌 거리 시작점)

목조 건물들이 늘어선 쿠즈네초프 거리

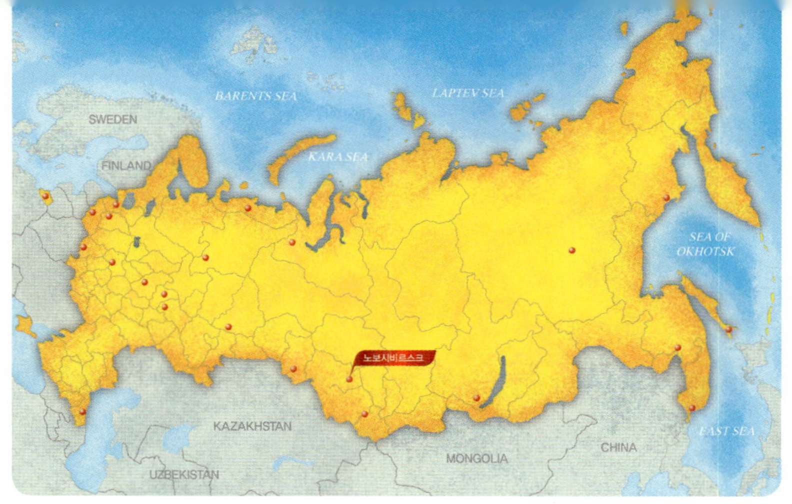

노보시비르스크, 시베리아의 수도가 된 젊은 도시

라승도

젊은 도시의 탄생

명칭에 '새로운 시베리아'라는 뜻이 담겨 있는 데서 짐작되듯이, 노보시비르스크는 토볼스크나 옴스크, 이르쿠츠크, 크라스노야르스크 등 다른 시베리아 도시처럼 그렇게 유서 깊은 도시가 절대 아니다. 예를 들어 과거 한때 '시베리아의 수도'로 불렸던 토볼스크가 1587년에 세워졌다는 사실과 비교하면, 1893년에 건설된 노보시비르스크의 역사는 상당히 짧다. 실제로 노보시비르스크는 120여 년의 역사로 2019년 현재 인구 100만 명 이상의 러시아 16개 대도시 중에서 가장 젊다. 그러나 '젊은 도시' 노보시비르스크는 오늘날 인구 160만 명 이상으로 수도 모스크바와 상트페테르부르크에 이어 러시아에서 세 번째로 큰 도시다.

노보시비르스크의 역사는 크라스노야르스크의 예니세이강,

야쿠츠크의 레나강과 함께 광활한 시베리아 땅을 남북으로 관통하고 있는 오비강을 가로지르는 시베리아횡단철도(TSR) 교량 건설과 함께 시작했다. 이후 20세기에 들어와서 1915년 투르크스탄-시베리아철도(Turksib) 건설과 함께 시베리아가 카자흐스탄 등 중앙아시아까지 연결되면서 철도 교통의 허브로서 노보시비르스크의 위상도 훨씬 더 커졌다. 더 나아가 노보시비르스크는 1917년 10월 사회주의 혁명이 발발하고 소비에트 정권이 수립된 이후 시베리아를 넘어 러시아 전체에 걸쳐 가장 현대적인 도시로 탈바꿈하기 시작했다. 도시 탄생 이후 사반세기도 지나지 않아 러시아 제국이 몰락하고 소비에트 정권이 들어섬에 따라 노보시비르스크는 러시아의 전통적인 색채가 가장 옅고 소비에트의 현대적인 색채가 가장 짙은 도시로 급속히 발전했다. 러시아 혁명

노보시비르스크를 가로지르는 오비강과 철교

이 일어난 지 10년도 채 지나지 않은 1926년에 도시 이름이 제정 러시아의 마지막 황제였던 니콜라이 2세를 기념해 지은 노보니콜라옙스크에서 현재의 노보시비르스크로 바뀌게 된 것도 러시아 제국의 잔재를 털어내고 현대적인 소비에트 도시로 새롭게 발전시키고자 한 볼셰비키 정권의 계획에서 비롯됐다. 시베리아의 다른 도시들과 사뭇 대조적으로 노보시비르스크에서 19세기 러시아의 전통 양식으로 지은 건축물을 발견하기 어려운 이유도 바로 이런 배경에서 찾을 수 있다.

노보시비르스크가 역사는 짧지만, 오늘날 인구 160만 명 이상으로 명실상부한 러시아 3대 도시로 급성장하게 된 핵심 계기는 러시아에서 대조국전쟁으로 불리는 제2차 세계대전 당시 전선으로부터 멀리 떨어져 있어 안전했던 이곳에서 전차와 항공기, 화학무기 등 대규모 군수품 생산과 산업 발전 과정에서 나왔다. 이와 함께 전쟁이 한창이던 1943년에는 소련 과학아카데미 시베리아 지부가 이곳에 문을 열었고 스탈린 사후 1950년대 니키타 흐루쇼프 공산당 서기장 시대에는 '작은 과학 도시'를 뜻하는 아카뎀고로도크가 노보시비르스크 도심에서 29km 떨어진 외곽에 조성됐다. 노보시비르스크가 소련 붕괴 직전인 1980년대 말까지 '시베리아의 수도'이자 '시베리아의 심장' 등으로 불리면서 시베리아 산업과 과학, 문화, 교통 중심지로 발돋움하며 전성기를 구가하기 시작한 것도 바로 이때부터였다.

소비에트 도시

1917년 러시아 혁명 이후 볼셰비키들은 소비에트 정권 수립과 함께 도시 현대화 계획을 세워 본격적으로 추진한다. 도시 현대화 사업은 소비에트 체제에서 수도의 위상을 새롭게 회복한 모스크바에서만 아니라 지방 도시들에서도 대대적으로 진행됐다. 이 과정에서 가장 소비에트적인 색채를 띠며 공산주의 이상 도시로 발전하기 시작한 곳이 바로 노보시비르스크였다. 이미 언급했듯이, 노보시비르스크는 탄생한 지 불과 25년도 되지 않아서 볼셰비키 정권이 러시아 제국의 흔적을 지우기에도 아주 쉬웠고 소비에트 도시의 이상적 모델로 새롭게 조성하기에도 시베리아에서만 아니라 러시아 전체에서도 가장 좋았다. 그래서 볼셰비키 정권이 노보시비르스크에서 소비에트 이상 도시 건설을 위해 가장 먼저 시작한 일이 1920년까지 제정 러시아 황제 니콜라이 2세를 기념하여 니콜라옙스키 대로로 불렸던 시내 중앙로의 이름을 크라스니 대로로 바꾸고 약 7km에 걸쳐 길고 넓게 길을 확장하여 좌우에 신고전주의나 구성주의 양식으로 장엄한 느낌의 기념비적인 건물들을 짓기 시작한 것이었다. 이와 관련하여 1930년에 스탈린 정권은 1904년 노보시비르스크 철도 착공 10주년을 기념하고 니콜라이 2세 즉위를 경축하기 위해 니콜라옙스키 대로 남쪽 분기점에 지은 성 니콜라이 예배당도 파괴했다. 이 예배당은 소련 붕괴 이후 2년이 지난 1993년에 복원됐다.

노보시비르스크에서 소비에트 도시 이미지의 백미는 크라스니 대로를 따라 시내 한복판에 조성한 레닌 광장에서 찾을 수 있다. 레닌광장은 러시아의 크고 작은 도시 어디에 가든 쉽게 찾아볼 수 있다. 그러나 노보시비르스크의 레닌광장은 좀 더 특별한 의미가 있었다. 노보시비르스크는 러시아 혁명 이후 도시 재구성 과정에서 소비에트 국가의 위대한 업적을 선전할 목적으로 모든 것을 큼직하고 웅장하게 지었다. 도시 한복판에 레닌광장을 조성하고 여기에 거대한 레닌 동상을 세운 것도 선전 효과를 노린 데서 찾을 수 있다. 한 손을 외투에 꽂고 왼쪽으로 시선을 향하고 있는 레닌의 단호한 모습에서는 혁명가의 굳은 의지가 읽힌다. 이처럼 결연한 느낌을 자아내서 그런지 이곳 레닌 동상은 러시아 방방곡곡에 서 있는 수많은 레닌 동상 중에서도 가장 인상적이다. 레닌 동상 양 옆으로는 혁명 세력의 주축으로 레닌과 공산주의를 지키는 것으로 보이는 붉은 군대 병사와 노동자·농민 동상이 서 있다. 레닌 오른쪽의 병사들은 모두 세 명으로 각각 총을 들고 메고 받치고 있다. 레닌 왼쪽에서는 남자 동상이 횃불을 들고 있고 여자 동상은 들판에서 이삭을 줍고 있다. 이 모든 동상은 정교하고 세밀하게 만들어져 있지 않아 예술성이 떨어져 보이는 것이 사실이지만, 여기서는 예술성보다는 공산주의 이념 선전 효과가 훨씬 더 중요했다. 그러나 소련 붕괴 이후 레닌광장 주변은 공산주의 이념이나 혁명 사상과 관련된 행사보다는 세계화 시대와 소비자본주의 문화 속에 사는 신세대 청소년들이 모여 다양한 모습으로 즐겁게 시간을 보내는 여가 장소로 더 많이 기능하고 있어 시대의 변화를 실감케 한다.

노보시비르스크 오페라발레극장 앞 레닌 동상

러시아 최대 오페라발레극장

레닌광장 뒤편으로는 러시아에서 가장 큰 오페라발레극장이 웅장한 자태를 뽐낸다. 1931년부터 1944년까지 13년에 걸쳐 건설된 노보시비르스크 오페라발레극장은 웅대한 규모로 1930~40년대 스탈린 시대의 신고전주의 건축 양식을 대표한다. 건축 면적 11,837㎡, 내부 공간 면적 294,340㎥로 압도적 규모를 자랑하는 극장 건물은 주변에 있는 다른 기념비적인 건축물들과 함께 소비에트 국가의 위대함을 찬미할 목적으로 세워졌다. 물고기 비늘 같은 느낌의 금속 외장으로 이뤄진 원형 지붕은 높이 35m, 폭 60m이다. 이 극장은 규모도 엄청나게 크고 형태도 둥글게 되어 있어 사람들 사이에서 '시베리아의 콜로세움'이라고 불리기도 한다. 이런 큰 규모 덕분에 한 번 공연할 때 천 명 이상의 공연자를 수용할 수 있다. 러시아에서 가장 인기 있는 오페라 가운데 하나인 세르게이 프로코피예프의 오페라 『전쟁과 평화』 공연에 참여하는 인원이 많아야 5백 명에 그친다는 것과 비교한다면, 이 극장이 얼마나 큰지 어렵지 않게 짐작할 수 있다. 소련 시절 예술은 사회주의 리얼리즘 강령의 인민성 원칙에서 강조하고 있듯이 무엇보다도 인민을 위한 것이었다. 이 오페라발레극장이 노보시비르스크에서 러시아 최대 규모로 건설된 이유 가운데 하나도 최대한 많은 사람이 예술과 문화를 최대한 많이 즐기고 누릴 수 있도록 하려는 데서 찾을 수 있다.

1945년 5월 12일 극장 개장 기념작은 『황제를 위한 삶』이라는 제목으로도 알려진 미하일 글린카의 오페라 『이반 수사닌』이었다. 이처럼 노보시비르스크 오페라발레극장은 개장 기념작부터 현재까지 수십 년에 걸쳐 러시아 국내외 유명 오페라와 발레 공연을 무수하게 선보였다. 이 과정에서 크고 작은 일화나 사건이 터지기도 했는데, 그중에서 가장 유명한 사건은 2014년 12월 티모페이 쿨랴빈 감독의 연출로 노보시비르스크 국립오페라발레단이 공연한 리하르트 바그너의 오페라 『탄호이저』를 둘러싸고 벌어졌다. 예를 들면, 이 공연에서 예수 그리스도가 두 다리를 쩍 벌리고 있는 여자의 품에 안긴 모습이 러시아 정교회 성직자와 평신도들의 분노를 사는 등 신성모독과 창작의 자유 논란을 불러일으켰다. 이 스캔들은 블라디미르 메딘스키 문화부 장관까지 논란에 끼어들면서 노보시비르스크 오페라발레극장이 전국적

노보시비르스크 오페라발레극장 전경

관심 대상으로 떠올랐다. 이때 벌어진 스캔들은 포스트소비에트 시대 러시아에서 표현의 자유를 둘러싸고 교회와 국가, 예술 사이의 갈등을 보여주는 대표적인 사례 가운데 하나로 기록되고 있다.

영국 출신으로 금세기 최고의 여행기 작가로 유명한 콜린 더브런은 1991년 소련 붕괴 이후 예카테린부르크를 출발하여 마가단까지 시베리아의 주요 지역을 여행하고 나서 1999년에 출판한 책 『시베리아』에서 노보시비르스크의 광대한 규모에 주목하면서 당시 넓이는 노보시비르스크의 사치라고 말했다. 지금으로부터 정확히 20년 전인 1999년만 해도 노보시비르스크는 넓디넓기만 할 뿐 텅 빈 거대한 도시였던 것으로 보인다. 그래서 더브런은 특히 여름에 노보시비르스크의 평평한 거리들이 텅 비어 조용하다고 책에서 쓰고 있다. 이와 반대로 이곳은 겨울이 돼야 살아 움직이기 시작한다. 당시 더브런의 눈에 비친 노보시비르스크는 고립된 건물들 사이로, 광장 건너로 고함소리가 오갔다. 노보시비르스크는 폐소 공포증 환자에게는 꿈같은 도시였다고 한다. 수 킬로미터에 걸쳐 펼쳐져 있는 아파트 단지와 스탈린 시대에 지은 건물들 사이로 텅 빈 거리가 시원스럽게 뻗어 있었다. 당시는 노보시비르스크 인구가 지금보다 20만 명이 더 적은 140만 명이었지만, 도시가 워낙 넓어서 사람들이 눈에 잘 띄지 않았다고 한다. 일터로 가기 위해 보도를 걷는 행인이 더러 보일 뿐이었고 거리를 오가는 차량도 드문드문 보일 뿐이었다.

그로부터 20년이 지난 현재 노보시비르스크는 러시아의 다른 대도시들처럼 크고 작은 거리 곳곳에서 인파와 차량이 넘치면서

현재 노보시비르스크 중심부 도로는 자동차들로 붐빈다.

활기와 생기로 가득 차 있다. 그래서 노보시비르스크에 일단 한 번 가서 보면 시베리아 한복판에 이렇게 큰 도시가 있다는 것을 실감할 수 있다. 예를 들면, 노보시비르스크에는 모스크바와 상트페테르부르크 다음으로 큰 기차역이 있는데, 요즘 이곳 역내와 역전은 사시사철 인파로 북적인다. 2018년 늦여름에 본 노보시비르스크 기차역 주변 풍경도 여느 때와 다름없었다. 특히 역전 광장에서는 크고 작은 짐을 들고 어딘가로 떠나는 여행객들만 아니라 시내버스를 타고 도시의 다른 곳으로 가려는 사람들, 각종 물건과 음식을 파는 사람들로 붐볐다. 그래서인지 해질녘 노보시비르스크 기차역은 붉은 석양 속에서 훨씬 더 멋진 풍경을 연출했다.

외관을 민트색으로 화려하게 색칠한 노보시비르스크 기차역은 1893년에 짓기 시작하여 1년 만인 1894년에 완공됐다. 이곳은 처음에 오비강의 이름을 따서 1909년까지 오비역으로 불렸지만, 그 이후 당시 도시 이름을 따서 노보니콜라옙스크역으로 개명됐다. 그러나 1926년 노보니콜라옙스크가 노보시비르스크로 개명되면서 기차역 이름도 똑같이 현재의 이름으로 바뀌었다. 러시아 전체에서는 세 번째로 크고, 시베리아에서는 가장 큰 노보시비르스크 기차역은 문을 연 지 100여 년만인 지난 2000년에 사상 처음이자 최대의 보수 공사를 거치면서 역내를 대리석과 화강암으로 꾸미면서 외관만 아니라 내부도 현대식으로 산뜻하게 탈바꿈했다. 노보시비르스크 기차역이 소련 붕괴 이후 새천년을 맞아 내외부를 새롭게 단장한 것은 어쩌면 노보시비르스크 도시 자체의 변화를 대변하는지도 모른다. 노보시비르스크의 대표적인 상

노보시비르스크 기차역 풍경

징 가운데 하나인 기차역의 탈바꿈은 노보시비르스크가 러시아 제3의 도시이자 시베리아의 수도로서 21세기에 발맞춰 거듭나는 과정을 알리는 신호탄으로 해석할 수도 있다. 특히 1932년부터 1939년까지 7년에 걸쳐 건설된 기차역 청사 중앙홀에서는 해마다 봄이면 이곳을 이용하여 시베리아를 오고 가는 사람들을 위해 부활절 자선 음악회가 열린다. 이런 점에서 노보시비르스크 기차역은 시베리아 교통의 요지일 뿐만 아니라 문화의 공간이기도 하다.

노보시비르스크 기차역에서는 커다랗고 멋진 기차 역사만 눈길을 사로잡은 것은 아니었다. 기차 역사에서 얼마 떨어지지 않은 곳에 지하철역이 있었는데, 빨간색 별 모양으로 선명하게 빛나고 있는 지하철역 표시가 한눈에 들어왔다. 그래서 노보시비르스크에도 모스크바나 상트페테르부르크와 비교해서 규모가 크지는 않더라도 지하철이 있다는 것을 알았다. 더욱더 흥미로운 사실은 노보시비르스크 기차역 바로 옆에 오비강 철교를 설계하여 시베리아 횡단철도 건설 과정에서 빼놓을 수 없는 인물로 역사에 이름을 올린 작가이자 엔지니어였던 니콜라이 가린미하일롭스키의 이름을 딴 지하철역이 있다는 사실이었다. 정확하게 말하자면, 이 지하철역 이름은 가린미하일롭스키 광장역이었는데, 이곳을 처음 봤을 때부터 가린미하일롭스키는 노보시비르스크와 시베리아 횡단철도의 역사에서 중요한 위치를 차지하고 있다는 것을 짐작할 수 있었다.

지하철역 광장은 원래 '역전 광장'이었는데, 1956년에 가린미하일롭스키를 기념하여 현재의 이름으로 바뀌었다. 노보시비르스크 역사에서 그는 오비강을 가로지르는 철교를 어디에 건설해야 할지 위치를 결정한 인물로 기억되고 있다. 우리가 흔히 알고 있는 가린미하일롭스키는 니콜라이 게오르기예비치 미하일롭스키(1852~1906)를 말한다.

이미 언급한 것처럼, 노보시비르스크는 인구 160만 명의 러시아 3대 도시답게 지하철도 보유하고 있다. 특히 노보시비르스크는 우랄 지역의 예카테린부르크 서쪽에 있는 시베리아 지역에서는 유일하게 지하철이 있는 도시이다. 모스크바와 페테르부르크, 카잔, 사마라, 예카테린부르크 등 인구 100만 명 이상을 보유한 러시아 대도시에는 대부분 지하철이 있는데, 이런 점에서 노보시비르스크도 예외가 아니다. 1986년에 건설된 노보시비르스크 지하철은 당시 소련에서 네 번째 지하철이었다. 2017년 통계 자료에 따르면, 노보시비르스크 지하철은 러시아에서 모스크바와 상트페테르부르크 다음으로 가장 분주한 지하철로 기록되고 있다. 약 16㎞ 길이에 걸친 두 개 노선에서 13개의 역이 있는 노보시비르스크 지하철에서 가장 주목할 만한 점은 이곳이 시베리아 유일의 지하철답게 시베리아의 지역 정체성을 분명하게 강조하고 있다는 사실이다. 예를 들면, 레닌 노선에 있는 시베리아역은 역명에서 이미 뚜렷하게 드러나 있듯이 시베리아의 지역적, 문화적 특성을 확실하게 보여준다. 특히 역내 승강장 양쪽 벽면에는 시베리아에 넓게 분포해 옛날부터 대대로 거주하고 있는 소수 토착민족들에 관한 모자이크 그림들로 장식돼 있어 눈길을 끌고 있다. 시베리아 유일의 지하철에서 시베리아역이 있다는 사실은 별로 놀랄 일이 아니지만, 모스크바나 상트페테르부르크의 지하철역들만 보던 눈에는 매우 이색적이었다.

시베리아역 승강장 벽화

노보시비르스크 철도박물관

시베리아 과학과 문화, 교통 중심지인 노보시비르스크에는 시베리아횡단철도의 역사가 고스란히 담겨 있는 철도박물관이 있어 눈길을 끈다. 노보시비르스크 철도박물관은 2000년 8월 3일 조성됐다. 아카뎀고로도크에서 멀지 않은 작은 기차역 주변에 마련된 철도박물관에는 러시아 혁명 시대 증기 기관차와 러시아 황제 전용 기차, 2차 세계대전 당시 사용된 병원 기차 등 시베리아와 러시아 전역을 종횡무진 누볐던 온갖 종류의 실물 기차가 과거의 다양한 사연을 품고 선로에 펼쳐져 있다. 이곳 박물관에 전시돼 있는 기차는 110여 개에 달한다. 철로를 뒤덮고 있는 눈을 치우는 제설용 열차 등 기능이 각기 다른 특수열차들도 있다. 이와 함께 시대와 용도가 다른 러시아산 자동차와 군용차들도 한쪽에 전시되어 있어 관람자들에게 소련 시대 자동차 문화를 추억하고 상상하게 하는 기회도 제공한다.

철도박물관에 전시돼 있는 열차 중에는 기관차나 객차 안에 직접 들어가서 내부 모습을 자세히 살펴볼 수도 있다. 이런 열차들은 호기심 많은 아이들 사이에서 특히 인기 있다. 예를 들면, 1등석 객차 등 수술실과 검사실이 완비된 의료용 기차가 어떻게 운영됐는지 상상해 볼 수 있다. 또 19세기부터 20세기까지 온갖 종류의 죄수를 시베리아 유형지로 호송할 때 사용한 기차에 들어가 보면 기차 내부가 달리는 감방으로 만들어져 있는 것을 실물 그대로 볼 수 있다. 어쩌면 죄수 호송용 기차는 시베리아 역사와

노보시비르스크 철도박물관 모습

문화의 일부로 불가분의 관계에 있어 더 많은 관심을 불러일으키는지 모른다. 노보시비르스크 철도박물관이 특히 흥미롭고 중요한 의미가 있는 까닭은 이곳에 소련 시절 카자흐스탄 등 중앙아시아 지역에서 운행된 기차들까지도 옮겨와 전시하고 있는 데서 찾을 수 있다.

노보시비르스크 기차역은 바로 옆에 가린미하일롭스키 광장 지하철역도 끼고 있지만, 마린스 파크 호텔이 넓은 광장을 사이에 두고 맞은편에 거대하게 버티고 있어 독특한 풍경을 연출한다. 특히 이 호텔은 2000년대 들어와서 서구식으로 탈바꿈했지만, 1990년대까지만 해도 노보시비르스크 호텔이란 이름으로 외관도 꾀죄죄하여 소련 시대의 유물처럼 보였다. 이곳은 1990년대에 수백 개에 달하는 객실이 많이 비어 있어 콜린 더브런이 지적한 것처럼 노보시비르스크의 공허한 풍경을 보여주는 대표적인 장소 가운데 한 곳으로 꼽히기도 했다. 그러나 2000년에 노보시비르스크 기차역이 완전히 새롭게 단장하여 교통과 문화의 공간으로 탈바꿈한 것처럼 맞은편에 있는 이 호텔도 서방 자본의 투자를 받아 현대식으로 거듭나면서 노보시비르스크를 대표하는 숙소 가운데 하나로 인기를 끌고 있다. 특히 이 호텔 건물은 19세기 러시아 전통 건축 양식으로 지은 기차역 청사와 많은 면에서 대비를 이루면서 기차역 광장을 중심으로 독특한 풍경을 연출하는 데 일조한다. 노보시비르스크 기차역에서 시베리아 횡단열차를 타고 내리든, 가린미하일롭스키 광장 지하철을 타고 내리든 이곳에 오면 시베리아의 혹독한 자연환경과는 대비되는 문화 공간을 경험할 수 있다.

노보시비르스크 기차역 맞은편에 있는 마린스 파크 호텔

아카뎀고로도크, 과학기술 혁신의 요람

모스크바 외곽순환도로(MKAD)에서 서쪽으로 2km 떨어진 지점에는 2010년 3월 드미트리 메드베데프 대통령이 미국 캘리포니아 실리콘밸리에 버금가는 최첨단 과학기술 단지로 조성한 스콜코보(SKOLKOVO) 혁신센터가 자리 잡고 있다. 이 혁신센터는 당시 메드베데프 대통령이 러시아 경제 현대화를 통해 선진국을 따라잡으려고 야심차게 추진한 대표적인 과학기술 혁신 프로젝트다. 하지만 메드베데프 이후 푸틴 대통령이 다시 권좌로 돌아오면서 스콜코보는 원래 기대했던 것만큼의 혁신 동력을 발휘하지는 못하고 있다. 어쨌든 스콜코보 혁신센터 조성 과정은 많은 사람에게 이보다 약 반세기 전에 있었던 소련의 과학도시 아카뎀고로도크 건설 프로젝트를 떠올리게 했다. 두 프로젝트는 과학기술 혁신을 통해 국내 경제 발전을 도모하고 국제 경쟁력을 높이려 한다는 점에서 비슷하기 때문이다.

평소 응용과학을 아주 좋아했고 아카데미 학자들을 존경했던 니키타 흐루쇼프는 물리학자 겸 수학자였던 미하일 라브렌티예프 박사 같은 학자들과 자주 만나 소련 과학 발전에 대해 의견을 나누곤 했다. 이들은 특히 모스크바와 레닌그라드(현재 상트페테르부르크)에서 멀리 떨어진 곳에 여러 분야의 재능 있는 젊은 학자들이 모여 연구하는 과학센터 설립을 논의했다. 이 논의는 1958년 당시 소련 과학아카데미 시베리아 총지부장을 맡고 있던 라브렌티예프 박사의 주도로 노보시비르스크 남쪽 29km 지점

노보시비르스크의 과학 도시 아카뎀고로도크를 설립한 라브렌티예프 박사 동상

아카뎀고로도크 부활을 상징하는 아카뎀파크 건물

에 과학도시를 건설하는 것으로 현실화됐다. 흐루쇼프는 라브렌티예프 박사가 과학도시 부지로 물색해 놓은 곳을 방문하여 주변을 살펴보고 나서 곧바로 오른쪽 팔을 번쩍 들어 도시 건설 프로젝트 실행을 승인했다고 한다. 울창한 소나무 숲과 최신 수력발전소, 오비강 수원지 등 천혜의 주변 환경이 과학기술 연구에 전념하는 데 안성맞춤이었다. 이렇게 시작된 아카뎀고로도크는 젊은 연구자들을 중심으로 자유로운 분위기 속에 지성의 전당으로 전성기를 누리다가 소련 붕괴 이후 1990년대에 두뇌유출 등으로 심각한 존립 위기를 겪기도 했지만, 지금도 여전히 시베리아만 아니라 더 나아가 러시아 전체를 대표하는 과학기술 혁신의 요람으로 남아 있다.

콜랴 아저씨… 오비 강가에서 만난 노보시비랴크

1926년 전까지 노보니콜라옙스크로 불렸던 노보시비르스크에는 시베리아의 또 다른 큰 강인 오비강이 흐른다. 하지만 오비강은 첫눈에 봐도 더러웠고 시궁창 냄새 비슷한 악취를 풍겼다. 크라스노야르스크를 가로지르며 흐르는 예니세이강이 적어도 육안으로 봤을 때 매우 깨끗하고 강가에 다가가자마자 시원한 기운과 함께 신선한 냄새가 기분 좋게 느껴졌던 것과 매우 대조적이었다.

그래서 오비 강가에서 70대 연금생활자 콜랴 아저씨(사진 오르

노보시비르스크 오비 강가에서 만난 콜랴 아저씨(오른쪽)

쪽)를 보자마자 인사말을 건네면서 "오비 강물이 깨끗하지 않네요."라고 말했더니 콜랴 아저씨만 아니라 옆에서 쾌속보트에 걸터앉아 경비원으로 일한다고 밝힌 아저씨도 한 목소리로 강물이 매우 더럽다고 대꾸했다. 흥미로운 점은 강물이 육안으로 보기에도 아주 더럽고 악취가 풍기는데, 강변은 잘 정돈돼 있고 사람들도 많이 나와 있다는 사실이었다. 이들에게는 강물 오염과 강변 산책은 별개의 문제인 듯했다.

콜랴 아저씨는 현재 연금 생활자인데, 은퇴하기 전에는 47년 동안 운전기사로 일했다고 자랑스럽게 말했다. 그래서 요즘 러시아의 연금 개혁에 대해서는 어떻게 생각하느냐고 물었더니 그건 사람마다 각자 생각이 다르다고 잘라 말해서 더는 묻지 못했다. 그 대신 옛날에는 살기가 어땠는지 물었더니 과거에는 일자리 걱

정도 없었고 특히 질서가 정연해서 지금처럼 불결하고 무질서한 것과 비교하면 훨씬 좋았다고 말했다.

한편, 한국 사람을 보고 콜랴 아저씨는 난데없이 한국이 미국을 박살내라고 하면서 미국에 대한 적대감을 강하게 드러냈다. 이런 점에서 볼 때도 콜랴 아저씨는 예나 지금이나 프로파간다에 취약한 계층이 아닌가 싶었다. 옆에 있던 경비원 아저씨는 자기 전화기가 오리지널 삼성 제품이라면서 주머니에서 전화기를 꺼내 보이고 자기는 전화기만큼은 중국산을 절대 사용하지 않고 한국산만 사용한다고 했다.

오비 강가에서 만난 두 아저씨가 친구나 지인 사이냐고 물었더니 그냥 지나가던 길에 만나 이것저것 얘기하던 것뿐이었다고 말했다. 두 사람은 전혀 모르는 사이였지만, 지나가다 우연히 만나 허물없이 얘기를 주고받을 수 있는 사람들이었다.

고르노알타이스크, 천혜의 자연을 가진 알타이의 중심

김선래

알타이

알타이 하면 떠오르는 단어가 알타이산맥, 알타이어, 알타이 민족 그리고 한국과 연관된 고대 역사이다. 알타이산맥은 북쪽인 서시베리아 지역에서 시작하여 남쪽 고비 사막까지 약 2,000㎞ 뻗어져 내려간다. 북쪽 러시아 지역인 알타이에는 산림 지역과 스텝 지역이 번갈아 나타나고 있지만, 남쪽인 고비 사막 쪽은 삼림이 존재하지 않는 건조 기후 지대로 스텝과 사막이 있다. 알타이산맥에서 가장 높은 봉우리는 북쪽 러시아 지역에 있는 벨루하산으로 높이는 4,506m이며, 만년설과 빙하로 뒤덮여 있다. 산 정상 부근은 고도가 높아 일 년 내내 눈이 내리며, 해발 2,000m 위쪽부터 빙하가 시작된다.

알타이라는 명칭은 황금을 의미하는 알타이어 알탄에서 유래되었다. 이 지역은 북쪽의 러시아 스텝 지역과 남쪽의 중국 스텝 지역을 잇는 교통로로서 선사시대 이래 수많은 문명과 민족이 머물고 지나갔다. 알타이산맥 북쪽 알타이 지역은 18세기경 제정 러시아 영역으로 흡수되어 알타이 변강으로 존속해 왔다. 소련이 붕괴된 후 알타이 변강주에서 알타이 공화국이 분리되어 알타이 공화국과 알타이 변강주를 통틀어 러시아 알타이 지역이라 통칭한다.

알타이 변강주의 주도 바르나울

알타이 지역은 한국에서 접근하기가 불편하다. 몽골 쪽 알타이로 접근하기가 수월하다고 한다. 한국에서 러시아 알타이 지역으로 접근하는 가장 쉬운 방법은 노보시비르스크까지 비행기를 타고 가는 노선이 있다. 인천공항과 노보시비르스크 톨마체보 공항까지 시베리아 항공사인 S7 직항이 뜬다. 노보시비르스크에서 바르나울을 거쳐 철도 남쪽 종착지인 비이스크까지 열차로 가야 한다. 그리고 비이스크에서 버스로 한 시간 반을 달려야 알타이 공화국 수도 고르노알타이스크에 도착한다.

사실 고르노알타이스크는 비이스크에서 70여 킬로미터 밖에 안 떨어져 있으나 도로가 2차선인 관계로 시간이 많이 걸린다. 러시아 국내선의 경우 고르노알타이스크와 모스크바 간 직항이 있어 관광 시즌 중에는 매일 비행기가 뜬다. 비수기에는 일주일

바르나울 중심을 흐르는 오비강

에 두 번 모스크바 노선이 유지된다. 노보시비르스크 버스터미널에서 약 250㎞, 시간으로는 4시간 20분 정도 버스로 달려야 바르나울에 도착한다. 바르나울까지 가는 버스는 하루 6회~8회 정도 운행하고 있으며 도로는 2차선으로 잘 포장되어 있다. 다만 도로가 2차선인 관계로 앞차 추월 시 긴장하게 되는 단점이 있다.

서시베리아 남쪽 지역인 노보시비르스크부터 바르나울까지 이어진 러시아 스텝과 산림 지역은 끝이 보이지 않을 정도로 광활하다. 서시베리아 대평원의 크기와 규모는 한국인이 상상할 수 없을 정도로 드넓다. 가도 가도 끝이 없는 대평원 위로 한가로이 풀을 뜯는 소들과 초지는 수채화의 한 장면처럼 차창 밖에 고정되어 있다. 수십 킬로미터를 달려야 조그마한 마을이 나타나는 드넓은 서시베리아 남쪽 평원을 한참 달려야 섬처럼 등장하는 도시를 만날 수 있다.

오비강 강 언덕에 서 있는 인구 60여 만의 바르나울은 여느 러시아 지방 도시처럼 잘 정비되어 있었고, 소비에트 냄새가 남아 있는 고즈넉한 도시였다. 바르나울이 건설된 지 280년이 넘어서 그런지 구시가지는 거의 흔적 없이 사라지고, 강변 쪽 한구석에 골목길 정도가 남아있다. 그 대신 구시가지 부근에 다양한 지역 박물관들이 있다. 도시 박물관, 자연사 박물관, 역사 박물관, 녹용을 전시하고 있는 마랄 박물관 등이 도로에 연이어 있다. 바르나울은 표트르 대제 시절 러시아가 필요로 하는 철광석을 탐사하기 위하여 개발되었다. 지하자원 탐사 결과 찾고자 하는 철광석 대신에 막대한 은이 발견되어 바르나울 도시가 형성되었고, 은광으로 인하여 번창하였다고 한다. 그래서인지 바르나울은 도시 창립일을 1730년으로 기념하고 있다.

제정 러시아는 바르나울을 황제 직할령으로 통치하면서 이곳에서 생산된 막대한 은을 황실에서 직접 관리하였다고 한다. 그 시기 바르나울에서 남쪽으로 190㎞ 떨어진 비이스크는 러시아의 전초기지로서 지금의 알타이 공화국 주민들과 국경선에서 대치하고 있었다. 현재도 러시아 철도는 비이스크까지 연결되어 있고 알타이 공화국의 수도 고르노알타이스크는 여기서 버스로 연결되어 있다. 청나라에 의하여 중가르국이 멸망하면서 현재 알타이 공화국에 살고 있었던 주민인 알타이족들이 제정 러시아에 의탁하게 되었다고 한다. 1750년대 청 제국에 의하여 대량 학살된

바르나울 국립 대학교

중가르국 알타이족들은 현재 알타이 공화국을 구성하는 주민 중 겨우 5만 5천 명만 남아 있다.

러시아의 지방 도시에 가면 항상 마주치는 날파리들과 모기들이 바르나울에서도 낮에는 안 보이다가 해가 지면 무섭게 달려든다. 잘 정비된 바르나울 프로스펙트 길가에 알타이 국립 대학교가 자리 잡고 있었다. 바르나울은 한국 대학생이 불량배에게 폭행당해 사망한 사건이 있는, 한국인에게 안 좋은 기억이 남아 있는 도시이긴 하다. 그러나 최근 10년 사이 러시아 치안은 매우 좋아졌고 지금은 훨씬 안정되어 있다.

알타이 변강주 비류조바야 카툰 관광 휴양 특별 경제 구역

알타이 변강주에 있는 이 특별 경제 구역은 2007년 지정되었으며, 알타이 변강주와 알타이 공화국을 구분하여 흐르는 카툰강의 알타이 변강주 쪽 기슭에 위치하고 있다. 알타이 공화국 주도로인 추야 연방국도가 카툰강 기슭으로 이어져 있어 관광 경제 구역에 들어가려면 어쩔 수 없이 알타이 공화국 쪽에서 다리를 건너가야 한다. 알타이 변강주의 자연을 그대로 살린 비류조바야 카툰 공원을 비롯한 주변 관광지를 러시아 정부가 관광특구로 지정한 이후, 약 100억 루블을 투자하여 인프라 시설을 갖추어 나가고 있었다.

이 지역 관광특구 중에 비류조바야 카툰 공원이 가장 대표적인 장소이다. 주 정부는 이 공원을 먼저 개발한 이후 관광 특구 구역을 주변 지역으로 확대해 나갈 계획이다. 총 투자 금액으로는 비류조바야 공원을 비롯하여 지금까지 78억 루블이 소요되었다. 그러한 투자에 힘입어, 2017년 한해 이 지역을 방문하는 관광객은 300만 명을 헤아린다. 앞으로 400억 루블을 추가로 투자하여 이 지역을 방문하는 관광객 수를 500만 명 까지 끌어 올릴 계획이다.

비류조바야 카툰 경제 구역 내 가장 유명한 명소 중 한곳이 타브딘스크 동굴이다. 자그마한 현수교가 알타이 공화국과 알타이 변강주 사이를 흐르는 카툰강 위에 놓여있다. 자동차로 추야연방국도에서 현수교를 넘어가면 잘 정비된 공원이 나온다. 공원에

알타이 카툰강과 산

서 산 정상으로 쳐다보면 동굴이 보인다. 알타이 변강에는 이러한 동굴들이 많이 있다. 그래서인지 이 지역에 선사시대부터 인류가 많이 거주하였고, 청동기 문화를 비롯하여 다양한 문명을 꽃피웠던 것 같다. 여러 사람이 공동으로 거주하기에 아늑한 형태의 동굴은 인간의 천적인 곰과 호랑이와 같은 맹수로부터 그리고 폭우와 강렬한 태양 빛으로부터 보호를 받을 수 있는 천혜의 보금자리였을 것이다. 알타이 변강주에는 길이가 2,500m 깊이가 340m의 큰 동굴들이 여러 개 존재하고 있다.

타브딘스크 동굴은 두 부분으로 나누어져 있다. 동굴로 가는 입장권을 끊고 언덕으로 약 70~80m 올라가면 산 중턱에 위치한 동굴 입구가 나온다. 안으로 들어가면 선사시대 원시인들이 살기엔 딱 맞는 조건의 아늑한 동굴이 나오고, 동굴 안 첫 광장의 길이는 23m며, 안으로 들어갈수록 아늑한 원형의 광장이 나온다. 높이 약 5m 폭 약 10여 m의 광장을 지나, 계단을 타고 올라가면 동굴의 중간지대 끝에 다른 동굴로 이어지는 조그마한 구멍이 있다. 기어서 한사람 겨우 빠져 나갈 수 있는 굴을 지나면 약 40m 길이의 다음 굴의 광장이 나온다. 이 굴은 예전에 선사시대 인들이 살았을 것으로 추정되며 이곳에서 청동기 유적들이 발견되었다고 한다. 소비에트 내전시대 때에는 백위군이 동굴 내에서 진을 치고 있었다고 하였다. 지금은 수많은 관광객들이 이 동굴을 보러 언덕을 올라온다.

동굴을 나와 조금 내려가면 카스트 지형에서 흔히 볼 수 있는 아치가 나온다. 돌로 자연스럽게 형성된 아치는 높이가 5m 정도

카스트 지형의 아치

고르노알타이스크시 정부 청사

이며, 폭은 10여 미터인데 이 아치 기둥을 세 번 돌면서 소원을 빌면 그 소원이 이루어진다고 한다. 그것도 꼭 시계 반대 방향으로 돌아야 된다고 했다. 알타이산맥의 북쪽 끝에 위치한 알타이 변강주는 알타이의 아름다운 계곡과 산, 맑은 물을 그대로 뽐내고 있는 지역이다. 굽이쳐 흐르는 강물은 겨우내 쌓인 만년설의 산 정상에서 녹아 내린 물이다. 그래서인지 회색빛을 띠고 있고 급류로 강이 거세게 흐르고 있다.

그러나 이 강들이 오비강으로 합류하는 순간 도도한 러시아 강들이 그러하듯이 흐름이 완만해지고 검은색 빛깔을 띤 폭 넓은 강으로 변한다. 바르나울시가 알타이산맥의 북쪽 끝에서 한참 북쪽으로 올라간 유럽 대평원인 초원지대에 위치해 있기 때문일 것이다. 알타이산맥 계곡에 흐르는 물이 에메랄드색으로 바뀌는 9월 이후 알타이 주민들도 감탄하는 황금의 계절이 도래한다. 이 기간 알타이를 방문하는 관광객들은 그 자연의 위대함에 넋을 잃는다고 한다.

동양의 알프스 알타이 공화국

바르나울에서 남쪽으로 260여 ㎞ 떨어져 있는 알타이 공화국의 수도 고르노알타이스크를 오가는 버스가 있다. 바르나울에 위치해 있는 시외버스 터미널은 한국의 어느 시골 터미널처럼 사람들로 북적였지만, 이곳에서 북쪽으로는 노보시비르스크, 남쪽으로는 고르노알타이스크까지 인근 작은 도시들로 이어지는 노선들이 거미줄처럼 연결되어 있다. 5시간 가까운 시간을 달리면 알타이 공화국 국경선이 나타난다. 국경선은 자동차 도로 톨게이트처럼 구조물이 구축되어 있었으나 아무런 검문과 검색없이 통과한다.

알타이 공화국 수도인 고르노알타이스크는 인구 5만 5천여 명의 작은 도시로 산악 지형에 맞게 완만한 계곡을 따라 길게 이어져 있다. 맑은 공기와 청명한 하늘, 선선한 기온, 사람이 살기에는 쾌적한 환경을 갖추고 있다. 시베리아 전역에서 그렇게 사람들을 괴롭히는 날파리들과 모기들이 여기엔 거의 없다. 건조하고 맑은 날씨 때문인지 아니면 알타이 지방에 존재하는 소나무 군락 때문인지는 몰라도 날파리들의 존재가 거의 없어 천혜의 휴양지 조건을 갖추고 있다. 알타이 변강과 알타이 공화국에는 시베리아에서 보기 드문 거대한 소나무 군락이 있다. 한국에선 적송이라고 부르는 황금송이 이 지역에 산재해 있으며, 현지 주민들은 이를 소나무 벨트라고 부르고 있다.

알타이 공화국의 면적은 92,600㎢로 한국과 비슷하지만 인구는 22만 명으로 아주 적다. 이중 알타이어를 사용하는 알타이 민족은 약 5만 5천 명으로 전체 인구에서 30%가 채 되지 않는다. 그러나 알타이 공화국의 중심 민족으로 공화국의 주요 위치와 직책을 독점하다시피 하고 있다. 이러한 경향은 시간이 흐를수록 강해져 공화국 내 다수 민족인 러시아인들과 미묘한 갈등 관계를 형성하고 있다.

첼레스크 호수 전경

알타이 공화국의 주요 관공서와 학교에 알타이족들이 자리를 차지하여 러시아인들은 밀려나는 형국이라고 한다. 러시아인들은 특별한 산업이 없고 기업이 없는 알타이에서 돈을 벌기 힘들어 인근의 바르나울이나 노보시비르스크, 멀게는 사하 공화국으로 돈을 벌러 떠난다고 한다. 알타이 공화국은 자연환경 이외에 산업이 발달해 있지 않으며 유일하게 외화를 벌어들이는 것이 녹용산업이다. 알타이 하면 러시아 사람들 사이에서 떠오르는 단어는 알타이산 꿀이다. 꿀조차도 대량으로 생산하지 못하고 집집마다 양봉을 친다. 추야 연방도로를 자동차로 달리면 도로 인근에 있는 집 앞 가판대 위에 꿀과 다양한 야생초를 내다 팔고 있는 것을 볼 수 있다.

알타이 첼레스크 호수

알타이 공화국은 알타이산맥이 그러하듯이 중국과 몽골, 카자흐스탄과 국경을 맞대고 있으며, 알타이산맥의 북쪽 끝에 위치한 관계로 대부분의 영토가 산악지형이다. 영토의 80% 이상이 산악지형으로 해발 3천 미터 이상의 고산지대이다. 가장 큰 산은 알타이 민족이 신성한 산으로 모시는 벨루하산으로 높이는 4,506m이다. 벨루하산은 만년설로 덥혀 있으며, 사면에는 빙원들이 두껍게 형성되어 있다. 남쪽에서 북쪽으로 공화국을 횡단하며 흐르는 강은 카툰강과 비야강으로 이 두 강은 알타이 변강에서 만나 오비강으로 이어진다. 겨울 내내 쌓인 눈이 여름을 맞이하여 녹아내리고, 그 물은 공화국을 관통하여 오비강으로 흐른다.

산악 지형에서 흐르는 강물의 특성상 급류가 많고, 호수들이 많으며, 폭포들이 많이 형성되어 있다. 시베리아의 타이가 기후와, 몽골의 사막 기후, 그리고 카자흐스탄의 스텝 기후가 복합적으로 나타나고 있는 알타이 공화국은 겨울이 길고 추우며, 여름이 짧은 전형적인 시베리아 기후를 나타내고 있다. 여름기간에는 뜨거운 햇살이 내리 쪼여 모자를 쓰지 않고는 다닐 수가 없다. 여름은 덥고 건조하고 겨울은 습하고 춥다. 알타이 공화국에는 약 7천여 개의 크고 작은 호수가 있으며, 그중 가장 유명한 호수가 첼레스크 호수이다.

지역민들은 바이칼 호수와 비교하여 이 호수를 작은 바이칼 혹은 동생 바이칼호라고도 부른다. 호수의 넓이는 230.8㎢이며, 깊

첼레스크 호수 기슭에 있는 폭포

파트모스 사원과 현수교

은 곳은 325m나 된다. 이 호수는 서쪽으로만 접근 가능하여 호수를 제대로 보려면 서쪽 면에서 보트를 타야만 한다. 고르노알타이스크시에서 한 시간 반 자동차를 달리면 호수 선착장에 도착한다. 선착장에는 관광객들을 맞이하기 위하여 여러 대의 쾌속정이 호객 행위를 한다. 쾌속정을 타고 20여 분을 달려 호수 중심으로 가면 폭포들이 있다. 이 호수는 혹독한 시베리아 겨울에도 잘 얼지 않는다고 한다. 겨울철 영하 30도의 강추위에 가끔 얼기도 하지만, 세찬 남풍으로 파도가 심하여 잘 얼지 않는다고 한다. 수심 깊은 곳은 항상 영상 3~4도를 유지한다고 하니 굉장히 큰 호수이다.

알타이 공화국에는 천혜의 자연보호구역 4곳이 있다. 그중 첼레스크 호수를 중심으로 한 알타이 특별 자연보호구역은 유네스코에서 지정한 구역으로 태곳적 자연을 유지하고 있는 곳이다. 이 지역으로 사람의 접근을 금지하고 있다. 쾌속정을 타고 첼레스크 호수 안쪽 깊숙이 들어가면 알타이 공화국이 지니고 있는 천혜의 관광자원이 왜 동양의 알프스라는 별칭을 갖게 되었는지 이해할 수 있다. 공화국 내 카툰과 우콕, 알타이 그리고 벨루하 자연보호구역 중 벨루하와 알타이 두 곳이 유네스코에서 지정한 자연보호구역이다. 호수 한쪽 사면에서 건너편을 바라다보면 알타이 자연보호구역이 보인다. 산 정상에는 한여름에도 눈이 쌓여 있다. 산 높이는 2,000m가 조금 넘는다. 그 산에는 마랄 사슴과 늑대 그리고 곰들이 산다. 이 구역에는 지질학자와 생물학자 그리고 보호구역을 담당하는 관리인만 출입이 가능하다. 호수 우편과 좌편에 있는 폭포 부근에 관광객을 위한 카페와 조그마한 식당들, 그리고 데크와 계단이 설치되어 있다.

치말 관광지대에 있는 파트모스 사원

알타이 공화국이 중점 관광지로 육성하고 있는 곳이 치말이다. 알타이 공화국 관광지구인 치말 지역에서 가장 유명한 곳은 카툰 강 한가운데 우뚝 솟은 돌로 된 조그마한 섬이다. 이 섬은 강 중간에 있으나 사방이 깍아 지른 암벽으로 되어 있어 접근이 불가능하다. 섬 안에 있는 러시아 정교 사원으로 들어가려면 현수교를 통하여야 한다. 이 섬은 로마시대 때 사도 요한이 요한묵시록을 저술한 그리스 에게해에 있는 섬 이름에서 따왔다.

섬 안에는 삼나무로 지어진 작은 정교회 사원이 있다. 1849년에 최초로 에레모나흐 요안나에 의하여 지어졌으며, 19세기 초이 지역에서 활동했던 정교회 사제 마카리 네프스키와 마카리 글루하레프를 위하여 건설되었다. 그 이후 허물어지고 흔적만 남아있던 이곳에 2000년 유명한 사진작가 빅터 파블로프가 전 재산을 투자하여 사원을 재건하였다. 성당을 잇는 기존의 나무다리 대신에 현수교를 건설하였다. 파트모스 사원은 사원안에 보존되어 있는 성상화로부터 기적과 같은 일들이 발생하여 러시아 전역에 널리 알려지게 되었다. 파트모스 사원은 알타이를 방문하는 관광객들이 찾는 필수 코스이다. 파트모스 사원은 현수교로 연결되어 있는데 현수교를 동시에 건너갈 수 있는 인원이 15명이어서 많은 사람들이 현수교를 건너기 위하여 줄을 선다. 파트모스 사원은 40~50명만 섬에 머무를 수 있을 정도로 좁다.

알타이 문명과 얼음공주

한국인이라면 누구나 알타이를 가보고 싶어 한다. 한국인들은 바이칼 호수와 더불어 알타이가 한민족의 근원과 깊은 관계가 있다고 보고 있다. 역사시대 이전 선사시대 한민족의 뿌리에 대한 연구는 지금도 계속되고 있다. 현재 만주로 동시베리아로 그리고 몽골과 알타이 지방으로 많은 학자가 한국인의 근원을 찾기 위하여 노력하고 있다. 몽골 쪽 알타이는 전형적인 사막 기후이다. 중국 쪽 알타이도 사막 기후이다. 그와는 달리 알타이산맥 북쪽 지방은 사람들이 살기 좋은 알타이 공화국이 있다.

그러나 많은 학자들이 우랄알타이어족, 특히 알타이어족에 대한 한국인들의 환상에 선을 긋고 있다. 지금까지 나타난 바로는 알타이어군에 한국어가 포함되어 있다고 보는 견해보다는 아니라는 연구 결과가 더 우세하다. 한국어는 세계에 존재하는 여러 언어 군과 연결고리가 없는 고립된 언어라는 것이 현재 학계의 대체적인 논지이다. 그럼에도 불구하고 한국인에게 있어서 알타이란 중요한 지역임이 틀림없다. 현지 주민들의 말에 의하면 알타이 지역에는 1만 3천 년 전부터 대규모 거주 지역이 존재하고 있었

파지리크 고분군 전경

으며, 그 주민의 수가 1만 명이 넘어갔다고 이야기한다. 신석기 시대에 관한 고고학적 연구의 결과로 이곳은 문명이 싹틀만한 환경을 지니고 있었다고 보고 있다. 1만 3천년 전 문명을 차치하고라도 한국인에게 잘 알려진 빗살무늬 토기와 스키타이 문명 그리고 이어진 홍산 문명도 알타이를 중심으로 동서가 연결되어 탄생했다는 학설이 지배적이다. 이 지역에는 100만 년 전 구석기인들이 살았던 흔적이 있으며, 그 이후 신석기 시대와 청동기시대 그리고 철기시대까지 인류가 거주해 온 유적들이 남아있다.

알타이 공화국 중앙 지역인 울라간시 북동쪽에 자리 잡고 있는 대규모 고분군에서 스키타이인들의 흔적이 남아 있으며 이곳에서 초기 철기시대의 부장품들이 대거 발견되었다. 특히, 파지리크 지역 동토층에 적석 목곽분(쿠르간)형태로 수십 기의 고분군이 집중되어 존재하고 있다. 파지리크 고분군으로 널리 알려진 돌무

얼음 공주와 복원된 두상

더기 무덤은 큰 것이 높이 22m, 지름 47m나 되며 막대한 양의 돌들이 사용되었다.[1] 기원전 5~3세기에 만들어진 이 유적지가 세계인들의 주목을 받게 된 것은 파지리크지역에서 남서쪽으로 300㎞ 떨어진 우코크 지역에서 발굴된 얼음 공주의 무덤 때문이다. 1993년 러시아 고고학자 나탈리아 폴로스마크가 우코크 고원에서 고분을 발굴했는데 그곳에서 냉동 형태의 25세 여성 미이라를 발견하였다.[2]

그 이후 2003년 10월 알타이 공화국이 7.3 규모의 강진과 연이은 자연재해에 시달리게 되었는데 알타이인들은 이러한 자연재해가 얼음 공주의 저주라고 믿었다. 알타이 주민들에게 전해 내려오는 전설에 의하면 이 공주는 자신의 부족을 위하여 전쟁에 나가 싸운 전설 속 공주이며 공주가 죽기 전에 자신의 무덤이 열리는 순간 지옥의 문이 열

1) http://news.khan.co.kr/kh_travel/khan_art_view.html?artid=200908181732405&code=900306
“초원 실크로드를 가다(28)동토의 파지리크 고분군,” 경향신문, 2009년 8월 18일.
2) http://fb.ru/article/347537/pazyiryikskie-kurganyi-altaya Пазырыкские курганы Алтая

릴 것이라는 말을 남겼다는 구전이 전해져 오고 있다고 한다.[3] 한때 노보시비르스크로 이전되어 갔던 얼음 공주는 얼마 전 알타이로 돌아왔으며, 2015년에는 이 얼음 공주의 두상이 복원되었다. 이러한 무서운 예언 때문에 지금도 재매장을 주장하는 알타이 주민들의 요청이 계속되고 있다. 알타이 공화국은 현재 알타이 지역에 수천 개가 넘게 널려있는 적석목곽분의 발굴이 알타이 조상의 노여움을 불러일으킨다고 생각해서인지 더 이상의 발굴을 허용하고 있지 않다.

한국의 고고학계에서는 알타이 적석 목곽분과 똑같은 형태의 매장 문화가 신라시대에 나타났었다고 보고 있다. 4세기에서 6세기까지 신라 시대에 나타났었던 적석목곽분과 파지리크 고분 형태와 매장 풍습이 비슷하기 때문이다. 신라와 초원과의 연관 관계는 이 외에도 신라 금관과 황금보검 등에서 많이 나타나고 있다. 초원의 스키타이 문명과 한반도와의 문화적 상관성을 보여주고 있다.[4]

한국인이 좋아하는 녹용, 그 중 마랄 녹용이 이곳에서 생산된다. 사슴의 한 종류인 마랄 사슴은 300㎏이 넘는 황소와 체구가 비슷하다. 세계적으로 마랄 녹용은 그 약효가 뛰어나기로 유명하다. 알타이 공화국은 하루에 1㎝ 씩 자라는 녹용을 주요 수출품목으로 공화국 차원에서 관리하고 있다. 최근까지 한국의 한의

---

3) http://www.newsen.com/news_view.php?uid=201111061212051001 “8년 전 알타이 공화국 지진..알고보니 조상 저주 때문? ‘오싹’” 뉴스엔, 2011년 11월 6일.

4) 강인욱, 『유라시아 역사기행』, 민음사, 2015

사 협의회에서 공화국 지도층과 면담을 하고 마랄산 녹용을 한국으로 들여온다고 한다. 여기서 생산되는 녹용은 호주산이나 캐나다산 그리고 중국산에 비하여 월등히 품질이 높다. 한국 내에서 다른 녹용보다 30~40% 비싼 가격에 판매되고 있다. 현지에서 판매되는 녹용 가격과 한국의 가격이 비슷하다. 그 이유는 러시아인들에게 녹용은 별 인기가 없고, 녹용 대부분을 수출하고 있기에 그렇다고 한다.

알타이의 화석 인류 데니소바인

동서 문명 교류의 허브 지대인 알타이 지역은 그 특성상 수백만 년 전부터 인류의 조상들이 살았던 흔적들이 남아있다.

기원전 20만 년~ 3만 년 사이 구석기 시대를 통틀어 이곳에는 세 인종이 존재하고 있었다. 현생 인류인 호모 사피엔스와 네안데르탈인 그리고 제3의 인종이다. 2008년 7월 알타이 데니소바 동굴에서 발견된 제3의 인종에 대하여 과학자들이 관심을 갖고 연구 중이다. 데니소바인이라고 부르는 제3의 인종은 현생 인류의 유전자에 흔적을 남기고 있으며, 특히 동양계에 그 흔적이 뚜렷하게 남아 있다. 2018년 독일 막스플랑크 진화인류학 연구소 팀이 게놈 분석을 통하여 이 동굴에서 발견된 13세 어린 소녀의 뼈에서 네안데르탈인과 데니소바인의 유전자가 반반씩 섞여 있는 것을 해독하였다. 4만 1천 년 전 빙하기가 계속되던 어느 추운

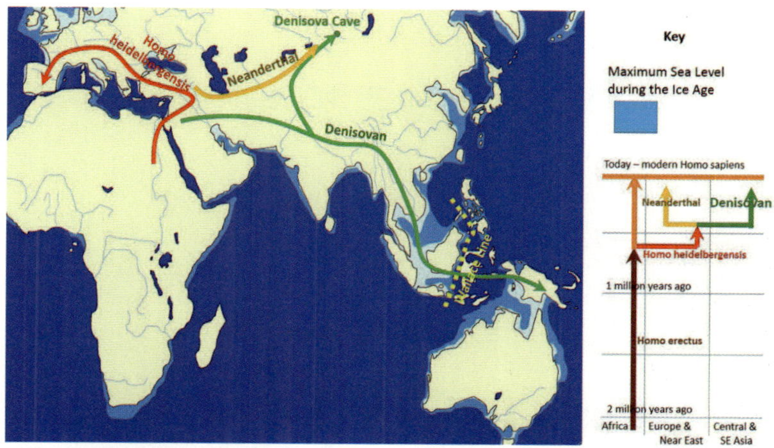

데니소바인의 진화 계통과 이동 경로
(사진: [BBC Learning] Indo-European mummy in the Altai, http://www.rusanthropology.ru/index.php/informatsiya/novosti/707-drugaya-arkheologiya-pazyrykskaya-kultura-momentalnyj-snimok-2015-g-ukok

겨울날 숨진 한 소녀의 유전자에서 데니소바인 아버지 게놈을 발견한 것이다. 현생 인류인 호모 사피엔스 유전자 속에 남아있는 고인류의 DNA 중 한 부분을 발견한 것이다. 이 발견으로 호모 사피엔스와 네안데르탈인, 호모 하이델베르켄시스 세 인종만이 존재했던 구석기 시대에 또 다른 인종이 같이 살고 있었다는 증거를 발견하게 되었고 그 명칭을 데니소바 동굴에서 따 데니소바인이라고 명명하게 되었다.[5]

5) http://metas.tistory.com/102, "고대 인류 데니소바인의 정체가 드러나다.", 2012.09.03.

백조의 민족 쿠만딘인들

알타이 공화국 중앙 박물관

백조의 후예 쿠만딘족

현재 알타이 공화국에 살고 있는 5만 5천 명의 알타이족은 한 종족으로만 구성되어 진 것이 아니다. 적게는 수백 명 많게는 수천 명 단위의 여러 종족이 모여 알타이족으로 통칭되며, 이들은 수천 년 간 알타이 지역을 거쳐 간 수많은 종족에 의하여 남겨진 유산이다. 대체로 몽골로이드 특징을 띠고 있는 알타이족들은 고유의 문자를 지니고 있었다.

이들 종족 중 현재 3,000명도 채 안남은 쿠만딘인이 있다. 알타이 산기슭 어느 곳에 얼지 않는 호수가 있다. 매년 겨울 이 호수로 수십 마리의 백조가 날아든다. 쿠만딘 민족은 자연의 정령이 백조의 모습으로 날아온다고 믿는다. 전설에 의하면 호수로 내려앉은 백조들이 아름다운 아가씨들로 변하여 수영을 할 때 지나가는 사냥꾼이 그 광경을 보고 반하여 한 여인의 날개를 훔쳐 날아가지 못하게 하였다고 한다. 날아가지 못한 백조의 여인과 사냥꾼이 혼인하여 쿠만딘 종족이 탄생하였다. 잃어버린 쿠만딘 종족의 문화를 복원하고 점점 사라져 가는 쿠만딘어를 계승하기 위하여 젊은 쿠만딘인은 지금도 쿠만딘 노래를 부른다.[6]

6) https://kr.rbth.com/society/life-in-russia/2017/01/16/baegjoyi-huyein-altai-kumandininyi-oneul_679933, '백조의 후예'인 알타이 쿠만딘인의 오늘, 러시아포커스, 2017. 01.16.

알타이와 한국, 그 상념

4년 전 수도 고르노알타이스크 한복판에 공화국이 자랑하는 중앙 박물관이 건설되었다. 알타이의 역사와 자연 환경 그리고 문화를 전시한 최신 박물관은 알타이를 찾는 이방인들에겐 꼭 들러야 하는 장소이다.

알타이의 역사는 동서양 길목에 위치한 지리적 특성답게 전쟁과 수많은 이민족들의 발자취로 얼룩져 있다. 철기 문화인 스키타이인들이 그리고 역사적으로 훈족이 그다음에는 돌궐족이 이 지역을 장악하고 있었다. 칭기즈칸의 몽골족이 지배했던 이 지역이 근대에 들어와 러시아와 청국과의 영토 팽창에서 그 중간지대에 놓이게 되었다. 러시아 표트르 대제 시기 스웨덴과의 전쟁에 필요한 철광석을 찾기 위해 알타이산맥을 조사하기 시작하였다. 바르나울 남쪽 비이스크를 경계로 대치하고 있었던 중가르국과 제정 러시아는 중가르국의 멸망과 함께 청나라와 국경을 접하게 된다.

1757년 청나라의 건륭제는 30만 대군을 파병하여 중가르국을 멸망시켰으며, 이 과정에서 남녀노소 가리지 않고 60만 명 혹은 100만 명에 가까운 알타이족을 학살했다고 한다. 청나라의 공격으로 알타이족이 멸족 위기에 처했을 때 지금의 알타이 공화국이 러시아에 도움을 요청하였다. 이 이후 알타이는 러시아의 보호 하에 존속하였으며, 러시아 혁명 이후 오이라트 자치주 그리고 소련 붕괴 이후 1992년 알타이 공화국으로 탄생하게 되었다.

알타이 공화국의 자연

지금도 알타이 민족은 자신을 오이라트족이라 부르고 있다. 그들은 1757년 청에 의한 대학살을 기억하고 있으며, 이를 오이라트 제노사이드로 부른다. 중앙 박물관에 가면 그 당시 러시아 황실에 도움을 요청하기 위해 알타이어로 쓴 편지가 노어본과 함께 전시되어 있다. 이후 러시아에 도움을 청한 알타이 쪽 영토를 제외한 신장 위구르, 몽골 지역은 청의 점령하에 놓이게 된다.

알타이 공화국의 주요 산업은 목축업과 농업, 임업 그리고 관광업이다. 목축업은 마랄 사슴을 방목하여 중국과 한국, 그리고 아시아 지역으로 녹용을 수출하고 있으며, 임업은 목재 가공업으로 알타이의 풍부한 산림에서 나오는 목재를 가공하여 상품화하는 것이다. 알타이 지역 많은 부분이 세계 생태 보존지구로 묶여 벌목에 제한이 있음에도 지역 행정부와 기업들이 결탁하여 무제한 벌목을 한다고 지역 주민들의 원성이 높은 실정이다. 관광업의 경우 러시아 정부에서 알타이 지역을 관광 휴양 특별 경제

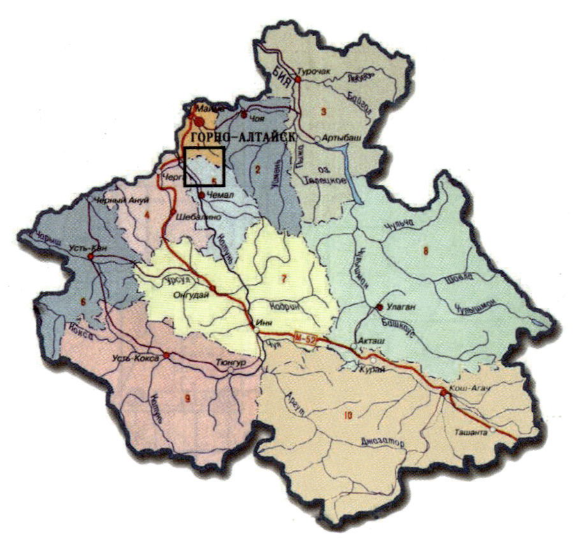

몽골로 연결되는 추야 연방국도
알타이 공화국의 수도 고르노알타이스크는 북쪽 끝 알타이 변강쪽에 위치해 있다. 붉은 선은 몽골로 넘어가는 M-52 추야 연방국도이다.

구역으로 선포하여, 지역 경제 활성화를 위하여 노력하고 있다.

2017년 한 해 동안 3백만 명의 외지 관광객들이 이곳을 찾았다고 한다. 자연이 빚은 훌륭한 자연조건, 그 자체만으로도 관광 자원이 될 수 있지만 그에 걸맞은 관광 프로그램과 인프라가 형성된다면 충분히 공화국의 주요 산업으로 자리매김할 수 있을 것이다. 현지 주민들에 의하면 몇 년 전에 비하여 많은 호텔과 위락시설 그리고 상점과 음식점이 개업하여 많이 달라졌다고 한다. 관광 산업이 알타이 공화국에 좋은 사업이나, 시즌이 일 년에 3개월밖에 되지 않아 확대 발전하기에는 한계가 있다. 알타이는 다른 계절에 비하여 봄과 가을이 훨씬 아름다우며 휴양하기 좋은 시즌이다. 러시아인들은 여름휴가 기간에만 몰려오기에 공화국 정부도 이러한 한계를 극복하기 위하여 농업 부문 육성에 초점을 두고 접근하고 있으나 작물 생육 기간이 짧아 어려움을 겪고 있다.

한국의 90년대 초 위락시설 정도의 관광 인프라가 구축되어 있지만 동양의 알프스라 불릴 정도의 아름다운 자연환경은 외국 관광객을 불러들이기엔 충분하다. 고르노알타이스크에서 몽골로 넘어가는 긴 도로가 그 유명한 추야 연방국도이다. 572㎞의 이 도로는 그 옛날 선사시대부터 역사 시기 내내 수많은 문명이 오고 갔던 길이며, 끊이지 않는 전쟁의 피비린내로 얼룩져 있는 도로다. 그리고 동쪽 몽골 초원지대와 서쪽 유럽 초원지대를 연결하는 길이기도 하다. 한국인들에게도 잘 알려진 알타이 그 황금의 산맥에서 한국인의 기원을 찾기에는 너무 많은 시간이 흘렀다. 그러나 알타이 지역 공기와 자연에는 알타이 지역에 넓게 퍼져 군락을 이루고 있는 황금 소나무와 같이 한국인의 정서에 일치하는 무엇인가가 있다.

이르쿠츠크, 시베리아의 파리

김민수

동시베리아의 중심 도시 이르쿠츠크

바이칼 서부에 위치한 이르쿠츠크주의 주도 이르쿠츠크는 동시베리아의 교육, 과학, 문화 중심지로서 인구는 약 623,000명이다. 주변의 앙가르스크, 셸레호프 등 위성 도시 인구까지 합치면 약 1백만 명이 이르쿠츠크를 중심으로 거주하고 있다. 이르쿠츠크라는 도시 명칭은 이르쿠트강의 이름에서 기원되었다. '이르쿠트'는 이 지역 원주민인 부랴트족의 말로서 '힘' 또는 '구불구불하다, 휘어지다'는 의미를 가진다. 이름 그대로 이르쿠트 강줄기는 굴곡이 심하다.

이르쿠츠크는 대규모 지진의 진원이 될 만한 바이칼 저지와 동사얀산맥 사이의 상대적으로 안전한 곳에 위치하고 있다. 그러나 연간 평균 304회의 진도 4 이하의 지진이 발생하며, 진도 6 이상의 지진은 15년에 한번 꼴로 발생한다. 1862년에는 바이칼의 진원에서 진도 10에 달하는 지진이 발생하였고 이는 2m 높이의 쓰나미를 일으켰다. 이 지진에 의해 이르쿠츠크에도 진도 8 의 지진이 발생했다.

이르쿠츠크의 기후는 혹심한 대륙성 기후로 일교차와 계절별 기온 차이가 크다. 여름과 겨울의 기온 차이가 70℃에 달한다. 10월 하순에 기온이 영하로 내려가기 시작해서 다음 해 4월 초순까지 영하의 온도가 이어져 추운 겨울이 5개월 이상 지속된다. 겨울철에는 시베리아 고기압의 영향으로 맑고 추우며 바람이 없는 날씨가 지속된다. 연중 1월이 가장 추우며, 평균 기온은 –17.8℃이다. 4월부터 봄이 시작되어 눈이 녹기 시작한다. 기온은 5월이 되어야 영상으로 올라간다. 여름철 상반기는 덥고 건조하고, 하반기에는 비가 자주 온다. 연중 7월이 기온이 가장 높으며, 평균 기온은 +18.3℃이다. 가을은 따뜻하고 건조하며, 일교차가 매우 큰 것이 특징이다.

이르쿠츠크는 1661년 이르쿠트강 근처에 야콥 포하보프가 이끄는 부대가 설치한 요새로부터 기원하였다. 이 요새 역시 동시베리아 지역에서 담비를 주로 한 공물을 징수하기 위한 목적으로 설치되었으며, '동방으로의 창'으로서 태평양으로 나아가는 길을 내는 전초기지 역할을 했다. 이르쿠트 요새는 1686년에 도시의 지위를 얻었으며, 네르친스크 조약에 따라 러시아와 중국 간 관계가 정립된 후에는 중국으로 가는 러시아 상단이 주로 이곳을 거쳐 갔다. 바이칼과 셀렌가강을 거쳐 중국으로 모피가 수출되었고, 차와 설탕, 옷감이 중국에서 수입되었다. 또한 이르쿠츠크는 극동, 야쿠티야, 몽골, 중국, 알래스카로 향하는 탐사대의 거점이자 기점으로서의 역할을 했다. 아무르강을 따른 러시아의 동진도 이르쿠츠크에서 시작되었으며, 베링 탐사대의 식량과 물품 조달 기지도 이곳에 있었다.

담비가 그려진 이르쿠츠크시 문장

1762년 황실의 모피 수출 독점이 철폐되면서 이르쿠츠크는 상업의 황금기를 맞이했다. 많은 거상들이 중국과의 무역으로 막대한 부를 쌓았다. 1764년에는 이르쿠츠크주가 형성되었으며, 1770년대에는 관 주도의 시장과 은행이 문을 열었다. 1780년대에는 공공 도서관, 신학교, 일반 학교, 인쇄소 등이 설치되었다.

18세기 말부터 이르쿠츠크는 유럽 도시의 면모를 갖추기 시작했다. 유럽식 문화가 발달해 남자들은 머리를 짧게 깎고 턱수염을 자르고 유럽식 의복을 입었다. 상업과 공업의 발달로 다양한 분야의 공장이 들어섰으며, 러시아와 미국의 합작기업도 설립되었다. 1822년에는 이르쿠츠크에 동시베리아 총독부가 설치되었으며, 1826년부터 데카브리스트들이 유형을 오기 시작했다. 1848년부터 1861년까지 동시베리아 총독을 지낸 니콜라이 무라비요프 아무르스키는 아무르강 유역을 러시아 영토에 편입시켰다.

18세기 말에는 러시아인 정치범뿐 아니라 폴란드 정치범들도 이르쿠츠크까지 유형을 오기 시작했다. 이에 따라 당시 이르쿠츠

알렉산드르 3세 동상

알렉산드르 3세 동상 측면에 새겨진 무라비요프 아무르스키

크시의 인구가 28,000명이었는데, 유형자 수는 3,768명에 달했다. 1890년에는 안톤 체호프가 이르쿠츠크를 방문했고, 이르쿠츠크에 '인텔리의 도시'라는 별명을 붙여주었다. 1898년에는 시베리아 횡단철도가 연결되면서 처음으로 이르쿠츠크에 기차가 들어왔다. 이에 따라 여러 운송업체들이 생겨났으며, 채탄, 벌목 산업이 활성화되었고 많은 인구가 유입되었다.

이런 과정 속에서 이르쿠츠크에는 러시아 유럽 지역의 문화적 요소들이 시베리아와 극동의 그 어느 도시보다도 더 일찍부터 전파되고 발전되었다. 그런 이유에서 소비에트 혁명 전까지 이르쿠츠크는 '동방의 파리', '시베리아의 페테르부르크', '시베리아의 아테네'라고 불리기도 했다.

20세기 초에는 여러 차례 대규모 노동자 파업이 발생했고, 1917년 적군이 백군과의 전투에서 승리해 잠시 소비에트 정권이 들어서기도 했지만, 1918년 7월 체코슬로바키아 군대와 시베리아 임시정부군이 이르쿠츠크를 점령했으며, 1920년에야 적군이 탈환하여 소비에트 정부를 세웠다.

이후 이르쿠츠크는 이르쿠츠크 관구의 수도, 몽골-부랴트 자치주의 수도, 동시베리아 변강의 수도 등 여러 차례 행정 개편 과정을 거쳐 1937년에 이르쿠츠크주의 주도로서의 위상이 정착되었다. 소련시절부터 1990년대 초까지 이르쿠츠크는 기계제작, 항공기제작, 전파공학의 중심지이자 채광 및 야금 산업, 자동차 부품, 공작기계 생산의 중심지였다. 야금 산업은 주로 철도 동차, 하상운항 선박, 항공기 수리를 위한 부품 생산 공장에 집중되었다. 건축자재 생산, 가구 제작, 인쇄업, 경공업, 식품공업도 발달했다.

유형지로서의 이르쿠츠크

이르쿠츠크가 일찍부터 동시베리아의 중심 도시가 된 요인으로 교역의 발달로 인한 부의 축적이라는 경제적 측면과 러시아 동진의 거점이라는 정치적 측면 외에 이르쿠츠크로 유형 온 데카브리스트 등 당대 인텔리들의 문화적 역할을 들 수 있다.

역사적으로 시베리아 유형은 12세기 칭기즈칸 군대에서 시작되었다고 한다. 길고 혹심한 겨울과 황량한 대지의 시베리아는 오랫동안 유형지의 대명사였다. 러시아 정부는 다양한 시기에 귀족 출신 정치범인 데카브리스트와 페트라솁스키 서클 가입자뿐 아니라 폴란드 혁명가들, 유랑민, 볼셰비키 등 다양한 계층과 성분의 죄수들을 이르쿠츠크로 유형 보냈다. 이에 따라 19세기 말 주민 2명 가운데 한명이 유형자였을 정도라고 한다.

이르쿠츠크에 유형된 최초의 정치범은 A. 라디셰프였다. 그는 "페테르부르크에서 모스크바까지의 여행"을 집필한 죄로 1791년에 두 달 동안 이르쿠츠크에서 유형 생활을 했다. 황제가 영구 추방을 명령했던 80인의 최초 러시아 혁명가들 가운데 약 40명이 이르쿠츠크로 유형 보내졌다. 데카브리스트 가운데 N. M. 무라비요프, S. P. 트루베츠코이, S. G. 볼콘스키, M. S. 루닌, V. F. 라옙스키, N.A. 파노프, A. I. 오도옙스키 등이 이르쿠츠크로 유형 보내졌다. 그들의 부인들도 자발적으로 이르쿠츠크로 함께 와서 지내기도 했다.

이오시프 스탈린(1903년, 이르쿠츠크주 발라간 현 노바야 우다 마을), F. E. 제르진스키, M. F. 프룬제, V. V. 쿠이비셰프, V. M. 몰로토프, G. I. 오르존니키제 등 소련 정치사에 커다란 족적을 남긴 정치인들도 이르쿠츠크주 내에서 유형 생활을 했다.

정치적 유형은 아니지만, 대규모 일본군 포로들이 1945~1956년에 이르쿠츠크주에서 포로 생활을 했다는 점도 유형지로서의 이르쿠츠크의 면모에 한 가지 색채를 더해준다. 1945년에 만주에서 포로가 된 약 60만 명의 일본 군인이 시베리아와 극동의 수용소로 이송되어 포로 생활을 했으며, 그 중 약 1/10이 포로 생활 중 사망하는 등의 이유로 귀국하지 못한 사실이 있다. 이르쿠츠크주 내의 타이셰트-브라츠크 구간 철도를 건설한 것이 바로 이 일본군 포로들이었다. 또한 그들은 샤만카 마을에서 벌목에 동원되었고, 이르쿠츠크 시내 칼 마르크스가 도로 아스팔트 포장을 했으며, 이르쿠츠크 최초의 전차용 철로도 건설했다. 이르쿠츠크, 셀레호프, 리스트뱐카에 이들의 묘지와 기념비가 있다.

이르쿠츠크의 교육, 과학, 문화, 종교의 명소

이르쿠츠크는 동시베리아에서 가장 오래되고 가장 큰 교육 도시라고 할 수 있다. 이르쿠츠크에는 112개 취학 전 아동 교육기관이 있고, 약 6만 명이 재학 중인 77개의 일반 교육기관이 있어 인구의 약 1/10이 학생인 도시이다. 대학교로서는 이르쿠츠크 국립대, 이르쿠츠크 국립 공대, 이르쿠츠크 국립 의대, 바이칼 국립대, 이르쿠츠크 국립 교통대, 이르쿠츠크 국립 농대 등이 있다.

이 가운데 역사가 가장 깊은 이르쿠츠크 국립대는 시베리아와 극동 최초의 고등 교육기관으로 1918년에 설립되어 예니세이강 동쪽 지역 교육의 중심적인 역할을 수행해오고 있다. 이르쿠츠크 국립대는 8개 단과 대학, 8개 학부, 1개 분교, 도서관, 석사과정, 박사과정 그리고 사이버 대학으로 구성되어 있으며, 산하에 응용물리학 연구소, 생물학 연구소, 천문대, 식물원 등 10개의 연구기관을 두고 있다. 학생 수는 14,500명이며, 그중 약 770명이 외

이르쿠츠크국립대 본관

국인 학생이다. 이르쿠츠크 국립대가 그동안 배출한 졸업생 수는 115,000명 이상이 된다.

이르쿠츠크의 이르쿠츠크 국립의대, 바이칼 국립대, 동시베리아 국립 교육 아카데미, 부랴트 사범대(현 부랴트 국립대), 우랄 국립법대 등은 모두 이르쿠츠크 국립대를 모체로 하여 설립되었다. 최근에는 러시아의 국가 교육 개혁 과정에서 2014년에 동시베리아 국립 교육 아카데미가, 2016년에는 모스크바 국립 언어대 이르쿠츠크 분교가 이르쿠츠크 국립대에 통합되어 이르쿠츠크 국립대의 위상과 역할이 더욱 커지고 있다.

이르쿠츠크에도 과학아카데미 산하 연구소들이 집중되어 있는 '아카뎀고로도크'가 있다. 이르쿠츠크 아카뎀고로도크는 시의 중심가에서 멀지 않은 남서부에 위치하고 있다. 1949년 소련 과학아카데미가 이르쿠츠크에 동시베리아 지부를 설치했고, 약 200명의 연구원이 배치되었다. 1957년부터는 소련 과학아카데미 시베리아 지부 소속이 되었으며, 이에 따라 아카뎀고로도크는 소련 과학아카데미 시베리아 지부 이르쿠츠크 연구 센터로 명칭이 변경되었다.

이르쿠츠크 연구 센터는 러시아 과학아카데미 시베리아 지부 소속으로 지각 연구소, 식물생리 및 생화학 연구소, 태양-지구 물리 연구소, 암석학 연구소 등 12개 연구소와 중앙 도서관, 바이칼 박물관 등으로 구성되어 있다.

이르쿠츠크의 주요 박물관으로 이르쿠츠크 주립 향토 박물관, 수카쵸프 미술관, 데카브리스트 박물관 그리고 건축-민속 박물관 '딸찌' 등을 들 수 있다.

이르쿠츠크 아카뎀고로도크 55주년 기념 조형물

이르쿠츠크 주립 향토 박물관은 칼 마르크스가 1번지에 위치한 이르쿠츠크 국립 대학교 본관 건너편인 2번지에 위치하고 있으며, 역사 분과, 자연 분과, 발렌틴 라스푸틴 박물관, 쇄빙선 '앙가라' 등 7개 분과로 구성되어 있다. 연간 약 30만 명이 방문한다. 이 박물관은 1782년에 러시아 지리학회 동시베리아 분과로서 개관되었다. 1879년의 대화재로 건물을 비롯해 수많은 전시물과 서적이 소실되었다. 현재의 건물은 1891년에 지어졌다.

이르쿠츠크 국립 수카쵸프 미술관은 사회활동가이자 자선가였던 블라디미르 수카쵸프가 페테르부르크에서 수집한 미술품을 1920년 시에 기증하면서 시작되었다. 레핀, 베레샤긴, 시시킨, 레리흐 등 저명한 러시아 화가들의 작품과 도자기, 은 세공품 등

이르쿠츠크 주립 향토 박물관

이르쿠츠크 국립 수카쵸프 미술관

이 전시되어 있다.

데카브리스트 박물관은 이르쿠츠크 유형을 마친 뒤에도 계속 이르쿠츠크에 남아 살았던 세르게이 트루베츠코이와 세르게이 볼콘스키의 저택을 박물관으로 활용하고 있는 것을 통칭하는 이름이다. 1925년부터 데카브리스트와 관련된 물품을 수집하여 전시하고 있다. 과거에는 이르쿠츠크 주립 향토 박물관 소속이었지만, 2000년부터는 국가 문화기관으로서의 독립적인 지위를 가지게 되었다. 데카브리스트들의 유형지에서의 생활 및 동시베리아 주민들의 생활과 관련된 물품이 전시되어 있으며, 다양한 문화 행사, 교육 활동도 이루어지고 있다.

건축-민속 박물관 '딸찌'는 이르쿠츠크에서 바이칼 리스트뱐카로 이어지는 도로의 약 42㎞ 지점에 위치하고 있다. 1960년대 초 우스트-일림스크 수력발전소 건설 시 역사적인 건축 기념물인 1667년에 건축된 스파스카야 관문과 1669년에 건축된 일림스크의 카잔 성당이 침수 위기에 처하자 그것들을 보존하는 방법으로 노천 박물관 건축을 기획하여 박물관 '딸찌'가 건설되었다. 그 외에 박물관에는 이르쿠츠크주 전역의 역사, 건축 기념물, 소수민족 관련 기념물들을 이전하여 설치했으며, 1980년 7월에 문을 열었다. 러시아인 전통 농가, 야쿠트인 전통 농가, 에벤크인의 전통 가옥 등 러시아인 외에 다양한 민족들의 건축물, 생활 도구 등도 전시되어 있다. 민속 명절에는 다양한 민속 축제와 놀이도 진행된다.

이르쿠츠크에는 러시아 정교회의 이르쿠츠크 교구, 가톨릭의

테카브리스트 볼콘스키의 저택

데카브리스트 트루베츠코이의 저택 내부

"딸찌"에 전시된 스파스카야 관문

러시아인 전통 농가 내부

가톨릭 성 요셉 교구 주교좌 성당(성모 성심 성당) 전면

가톨릭 성모 승천 성당(현재 필하모니 연주회장으로도 사용되고 있음)

이르쿠츠크 교구가 설치되어 있어 동시베리아 러시아 정교회와 가톨릭교회의 중심지로서의 역할을 하고 있다. 그리고 그 두 가지 종교 외에 침례교, 루터교 등 개신교 교회, 유대교 공동체, 이슬람교 사원, 불교 사원이 있으며, 샤머니즘을 믿는 사람들도 있다.

세계에서 가장 깊은 담수호, 바이칼

바이칼은 동시베리아 남부에 위치한 담수호로 연령은 약 2,500만 년에 달한다. 깊이 1,637m로 세계에서 가장 깊은 호수이며, 면적 31,500㎡, 용적 23,000㎦에 호변의 총 연장 길이가 2,000㎞이다. 바이칼의 최대 너비는 79.5㎞이고, 최소 너비는 27㎞이다. 바이칼로 유입되는 강의 숫자는 보통 336개로 알려져 있는데, 학자에 따라 544개로 보기도 한다. 유입되는 강 가운데 가장 큰 것은 바이칼 동부에서 흘러들어가는 셀렌가강이다. 바이칼에서 흘러나가는 강은 단 하나 앙가라강 뿐이다.

바이칼은 세계의 호수 가운데 여러 가지 면에서 수위를 차지한다. 세계에서 가장 깊은 호수, 세계에서 가장 큰 담수호, 세계에서 가장 오래된 호수, 세계에서 생물의 다양성이 가장 큰 호수가 바이칼이다. 원주민들은 고대로부터 바이칼을 성스러운 바다라고 불렀으며, 바이칼은 '시베리아의 푸른 눈', '지구상 처녀지의 오아시스', ' 북아시아의 성지' 등의 별칭도 가지고 있다. 1996년에 바이칼은 유네스코 세계 유산 목록에 등재되었다.

바이칼 지도

바이칼이라는 명칭의 기원에 대해서는 여러 가지 설이 있다. 부랴트-몽골인이 '커다란 저수지'라는 의미로 '바이가알-달라이'라고 부른데서 기원했다는 설, 튀르크어로 '풍부한'이라는 뜻의 '바이'와 '물'이라는 뜻의 '쿨'을 합친 말에서 기원되었다는 설이 있다. 그리고 먼 옛날 깊은 웅덩이에 계속해서 불이 타고 있어 에벤크인들이 살기에 불편하자 샤먼이 그 구덩이를 향해 '불이여 멈추어라'라는 뜻의 '바이-갈'이라고 외치자 불이 그치고 물이 차올라 호수가 되었다는 설도 있다. 러시아인들은 바이칼 지역에 도착한 초기에는 에벤크식으로 '라무'라고 불렀으며, 후일 부랴트식 명칭 '바이가알'을 러시아식으로 발음해 바이칼로 부르게 되었다고 한다.

바이칼은 지구상에서 가장 오래된 호수로서 약 2,500~3,000만

년 전에 형성되었다. 일반적으로 호수는 1만~1만5천년이 지나면 퇴적물이 쌓여 지상에서 사라진다고 하는데, 바이칼은 오랜 세월이 지났어도 노화의 흔적은 전혀 보이지 않으며, 오히려 1년에 2㎝씩 더 넓어진다고 한다.

바이칼의 물은 일부 지역에서의 오염원 유출 등 문제가 있다고 하지만 아직은 지상에서 가장 깨끗한 음용수가 가장 많이 저장되어 있는 곳이다. 바이칼의 물은 맑고 차다. 약 40m 깊이까지 들여다보이는 것으로 알려져 있으며, 표면의 수온은 여름에도 대개 8~9℃정도여서 일부 지점을 제외하고는 장시간 발을 담그고 있기조차 어렵다. 바이칼의 물은 용존 무기물 또는 부유 무기물 함량이 적고 유기 혼합물의 양도 극히 적다. 또한 용존 산소량이 많아 결빙 직전 그리고 해빙 직후 바이칼 물의 활발한 수직적 대류 현상을 초래하여 청정 상태 유지에 커다란 작용을 한다. 특히 성체 크기가 1.5㎜ 정도인 바이칼 에피슈라(Epischura baicalensis)라는 바이칼 자생종 새우군이 물속 이끼류를 먹어치워 수질을 정화하는데 커다란 역할을 한다. 현재 러시아를 비롯한 각국에서 바이칼 물이 판매되고 있는데, 보통 수온 4.2℃가 유지되는 400m 깊이의 물을 채취해 판매하고 있다.

바이칼은 매년 결빙되는데, 기온이 –20℃ 정도로 내려가면 결빙이 시작된다. 10월 말에 수심이 낮은 곳부터 결빙이 시작되어 1월 상반기에 수심이 깊은 곳까지 결빙된다. 바이칼 남부는 4~5개월, 북부는 6~7개월 동안 결빙 상태가 유지된다. 얼음의 두께는 지점에 따라 70㎝에서 113㎝에 이른다. 두께 50㎝의 얼음은 15t

바이칼의 맑은 물

의 무게를 지지할 수 있다. 이에 따라 겨울철에는 바이칼의 얼음판 위로 자동차가 다닐 수 있으며, 얼음의 균열이나 소위 숨구멍을 피한 안전한 노선을 찾아 양측에 나뭇가지를 꽂아 둔 자동차 도로가 열린다. 얼음은 4월 말 이후부터 녹기 시작하며, 7월 중순이 되어야 북부까지 다 녹는다.

바이칼의 동식물

바이칼과 주변의 동식물과 관련하여 일반인들에게도 널리 알려진 것으로 잣나무, 진달래, 체렘샤, 담비, 물개, 오물 등을 들 수 있다. 시베리아 잣나무는 높이 30~40m, 직경 1.8m까지 자라며 수령이 최대 500년에 이른다. 다양한 방식으로 먹을 수 있는 잣이 풍성하게 달리는 시베리아 잣나무는 예부터 귀하게 여겨졌고 잣나무를 시베리아 빵나무라고 부르기도 했다. 봄이 되면 바이칼 주변 야산에 진달래가 많이 피며, 현지에서도 진달래는 봄의 전령사로 취급된다. 봄철 진달래가 가득 피어있는 바이칼 주변 야산의 풍경은 한국의 봄 풍경과 다를 바 없다. 바이칼 주변 지역 주민들이 봄에 반가이 맞이하는 것으로 체렘샤라는 풀이 있다. 체렘샤(Allium viktorialis)는 마늘 맛이 나는 풀로 '곰의 마늘', '야생 마늘'이라고 부르기도 하는데, 바이칼 전역에서 자란다. 5~6월이 되면 새로 돋아난 체렘샤를 시장에서 파는데, 긴 겨울을 난 현지 주민들에게 상큼한 봄의 맛을 안겨주는 귀중한 풀이다. 생으로 먹기도 하고 샐러드를 만들거나 파이의 소로 넣어 먹거나 고기 요리에 양파 대신 사용하기도 한다.

담비는 러시아가 시베리아로 진출하는데 커다란 동기가 된 모피 동물로서 러시아 황실의 재정 충당에 중요한 부분을 차지했다. 시베리아로 진출한 러시아는 원주민들에게 공물로 담비 모피를 받았다. 담비는 우랄에서 태평양 연안까지의 타이가 지대 전역에 서식하며, 모피가 아름답고 튼튼하고 값이 비싸기 때문에

바이칼의 진달래

바이칼의 체렘샤

바르구진 흑담비

'부드러운 금'이라고도 불렸다. 담비 모피는 색이 검을수록 가격이 더 비싼데, 바이칼 동부 바르구진 지역의 담비가 시베리아 담비 가운데 색깔이 가장 검어 국제적으로 가장 값진 것으로 알려져 있다.

바이칼에는 물개가 서식하는데, 세계에서 유일하게 민물에서 서식하는 물개종이다. 바이칼 물개는 주로 바이칼의 중부와 북부에 분포되어 있다. 물개가 어떻게 바이칼에서 살게 되었는지는 정확하게 밝혀지지 않았으며, 주로 빙하기 때에 바이칼의 물고기 오물과 함께 예니세이-앙가라 수계를 통해 북빙양에서 바이칼로 들어왔다고 추측된다. 물개는 6월에 바이칼 중북부 중간 지점에 위치한 우슈카니섬 근처에서 많이 볼 수 있다. 현재 약 12만 마리가 서식하고 있는 것으로 알려져 있다. 과거에는 토착민들이 물개의 모피, 지방, 고기, 내장을 취하기 위해 사냥을 했었는데, 1980년부터 산업적 사냥이 금지되었다.

또 하나의 바이칼 명물로 오물을 들 수 있다. 오물은 연어류의 물고기로 바이칼 자생종이며, 바이칼 어업의 주요 대상이다. 무게는 0.25~1.5kg, 성체의 길이는 30~60cm이며 수명이 최대 25년에 이르는 것으로 알려져 있다. 바이칼 내 오물의 총량은 25,000~30,000t으로 추정되며, 2,000~3,000t 범위에서 어획이 가능하다고 한다. 오물은 보통 굽거나 훈제하여 먹으며, 소금으로 간을 하여 건조시키거나 얼린 오물을 얇게 저며 바로 먹기도 한다. 오물의 서식 개체 수는 바이칼에 대한 산업 활동의 영향, 유입되는 강물의 오염, 바이칼 수계의 기상 환경 변화, 인간의 남획 등으로 줄어드는데, 그런 경우에는 일정 기간 동안 오물 어획이 금지된다. 1969~1975년에 오물 어획이 금지된 적이 있으며, 2017년 10월 1일부터 또 다시 어획이 금지되고 있다.

오물

오물이 그려진 우표

훈제 오물

바이칼의 심장, 올혼섬

올혼섬은 바이칼의 심장이라고 불린다. 올혼섬은 바이칼 최대 수심에서 가까운 바이칼 중간 지점에 위치하고 있으며, 생김새도 바이칼의 모양과 비슷하다. 섬 내부는 스텝 지역 풍경과 유사하며, 사구와 언덕도 있다.

올혼섬은 지리적으로 그리고 역사적으로 바이칼의 성스러운 중심이며, 고대 유적과 전설이 집중되어 있다. 부랴트인 호리도이가 하늘에서 내려온 백조 아가씨와 결혼해서 11명의 아들을 낳고 호리 부랴트족의 시조가 되었다는 전설도 이곳과 관련된다. 또한 부랴트족 전설에서 올혼섬을 바이칼 정령들의 거주지라고 부른다. 전설에 따르면, 이곳은 칸들 가운데 가장 주요한 칸후테 바바이가 더 높은 신들의 지시에 따라 하늘에서 내려온 곳이며, 그의 아들 칸슈부우노용이 하늘로부터 처음으로 샤먼의 능력을 부여받고 흰 독수리 모습으로 이곳에서 살고 있다. 칭기스칸 시대에는 라마승들에 의해 핍박 받은 몽골의 샤먼들이 북부 샤머니즘 세계의 신성한 중심지로 여겼던 이곳으로 피신하기도 했다. 지리적으로 고립된 올혼섬은 북아시아 샤먼들의 은신처가 되었다.

또한 올혼섬은 고대 튀르크족, 퉁구스족, 원부랴트족 연합체로서 6~10세기 바이칼 주변, 앙가라, 레나강 유역에 확산되었던 쿠리칸족의 문화 중심지로서 분묘, 암각화 등 다양한 문화 유적이 남아있다. 최소 143개 이상의 고고학 유적이 발굴되었으며, 고대 분묘, 고대도시 흔적, 185m에 이르는 돌로 쌓은 쿠리칸족 방어벽

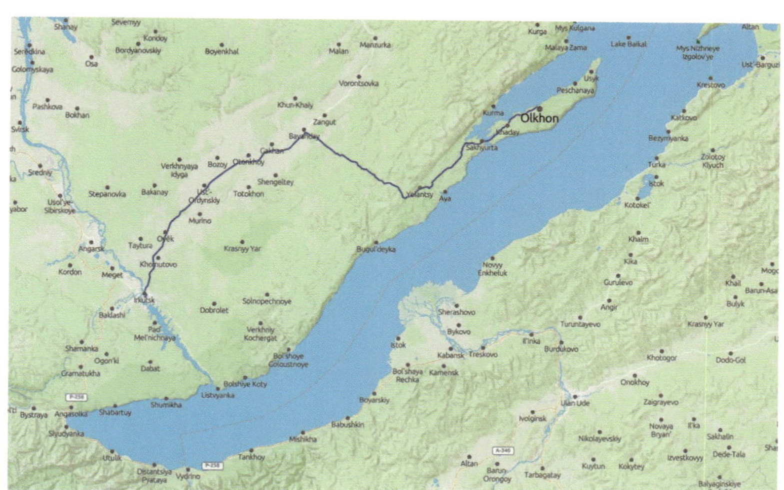

이르쿠츠크에서 올혼섬까지 지도

올혼섬 샤먼 바위(부르항곶)

등이 남아있다.

이르쿠츠크에서 올혼섬의 최대 마을인 후지르까지는 약 300km 거리이다. 5월 중순 이후 얼음이 풀리면 사휴르타 마을의 포구에서 올혼섬까지 약 3.5km 거리의 물길을 정기 화물-여객선이 운항한다. 겨울철에는 얼음이 완전히 얼기 전에는 후버크래프트를 타고 올혼섬으로 갈 수 있으며, 2월에 얼음이 완전히 얼게 되면 얼음길을 따라 버스와 자동차가 오갈 수 있다.

이르쿠츠크에서 올혼섬까지는 자가용, 노선 버스, 노선 마이크로버스를 타고 갈 수 있으며, 4시간 반 정도의 거리이지만 정체와 배를 타는 대기 시간을 고려하면 실제로 7시간 정도 걸려야 도착할 수 있다. 이르쿠츠크 앙가라강 포구에서 정기 여객선을 타고 올혼섬까지 갈 수도 있다. 최근에는 이르쿠츠크에서 올혼섬까지 경비행기가 운항된다. 비행기를 타면 1시간이면 올혼섬에 도착할 수 있다.

동시베리아 철도의 중심지 이르쿠츠크

이르쿠츠크에는 주식회사 러시아 철도 소속 동시베리아 철도 본부가 위치하고 있다. 이르쿠츠크에 기차가 처음 들어온 것이 1898년이었으며, 동시베리아철도는 톰스크 철도와 자바이칼 철도로부터 1934년에 독립했다.

동시베리아철도는 이르쿠츠크주, 부랴트 공화국, 자바이칼 변강, 사하(야쿠티야) 공화국 등 4개 연방주체에 걸쳐 있는 시베리아 횡단철도와 바이칼-아무르 철도를 관리하고 있다. 관리 대상 철도는 총 연장 5,312㎞이고, 실제 운영 구간의 총 연장은 3,800㎞이다. 동시베리아철도의 직원 수는 약 4만 명이며, 동시베리아철도

올혼섬 샤먼 바위의 용 무늬

를 통한 화물과 여객 수송에는 약 3천개 이상의 기업이 참여하고 있다.

2018년 동시베리아철도는 약 6,400만 톤의 화물을 수송했으며, 그중 석탄이 8.3%, 컨테이너 화물이 22.8%였다. 여객은 약 1,290만 명을 수송했는데, 그중 290만 명이 장거리 여행객이었고 1,000만 명이 근거리 여행객이었다.

시베리아 횡단철도 건설의 역사적 흔적

- 환바이칼 철도

역사적으로 환바이칼 철도는 기본적으로 이르쿠츠크역에서 바이칼역, 슬류댠카역을 거쳐 미소바야역까지 바이칼 호변을 따라 이어지는 철도를 말하는데, 현대적인 의미에서는 슬류댠카역에서 바이칼역까지 이어지는 구간을 말한다. 이 구간은 시베리아 횡단철도에서 맨 마지막에 건설되었으며, 터널 39개(길이 31m~778m), 교량 470개, 약 280 개소의 지지벽으로 구성되어 있다. 이 구간은 기술적 어려움과 물리적, 재정적 지출 면에서 러시아 철도 가운데 특별한 구간이다. 이 구간 설계와 공사에는 러시아 최고 엔지니어들이 투입되었고, 러시아 전문가들과 노동자들뿐 아니라 이탈리아, 알바니아, 그리스, 터키, 오스트리아, 일본, 중국인 등도 참여했다. 정부의 허가에 따라 유형된 죄수들도 건설 공사에 참여했다. 이 구간은 1950년대까지 사용되었는데, 지

시베리아 횡단철도를 달리는 컨테이너 수송 열차

러시아 철도 동시베리아철도 지부

이르쿠츠크 철도역

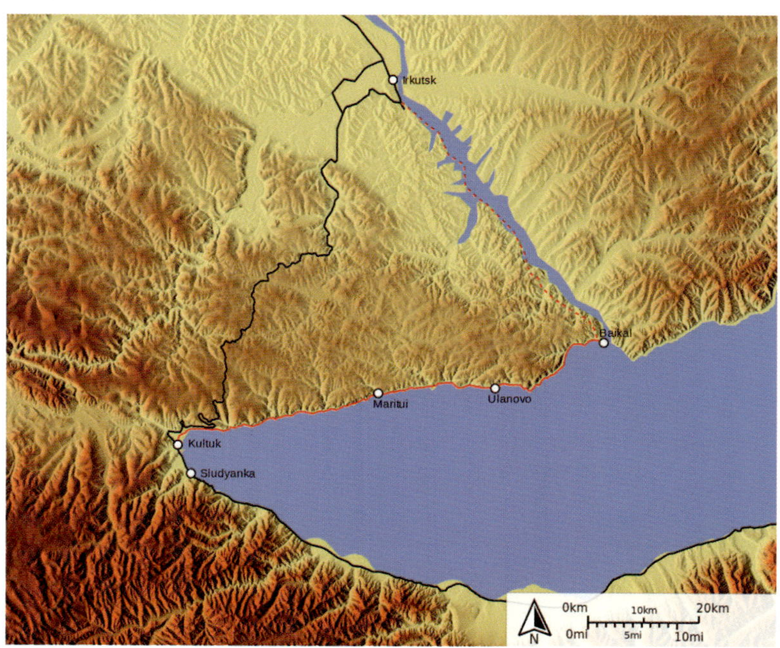

환바이칼 철도 바이칼-슬루댠카 구간 지도

반이 약해져 산사태가 발생하고 바이칼 호수의 물이 넘치거나 얼음이 뒤덮는 등 철도에 부정적인 현상이 계속 발생했다. 게다가 이르쿠츠크 수력발전소 댐 건설로 이르쿠츠크역에서 바이칼역까지의 구간이 침수될 예정이었다. 이에 따라 올하강 계곡을 따라 우회하는 이르쿠츠크-슬류댠카 철도 구간을 건설하여 1956년 7월부터 현재까지 사용하고 있다. 이에 따라 1956년에 기존의 이르쿠츠크-바이칼 구간 철도가 철거되었고, 바이칼역에서 슬류댠카-II까지의 구간은 막힌 선로가 되었다.

현재 89㎞의 바이칼-슬류댠카-II 구간은 관광 노선으로만 사용되고 있으며, 관광 열차가 구간 내 4개 역에 정차한다. 국내외 관광객이 해마다 늘어나고 있으며, 2017년에 9,400명이었던 관광객이 2018년에는 12,000명으로 늘어났다. 증기기관차로 운행되는 환바이칼 관광 열차는 매주 수요일과 토요일에 슬루댠카역에서 바이칼역을 향해 출발하며, 목요일과 일요일에 반대 방향으로 운행된다.

- 바이칼 쇄빙선 '바이칼호'와 '앙가라호'

시베리아 횡단철도는 전략적인 목적에 따라 여러 방향에서 동시에 공사가 진행되었다. 1891년 블라디보스토크에서, 1892년에 첼랴빈스크에서 오비 방향으로, 1893년에 오비에서 이르쿠츠크 방향으로 공사가 시작되었으며, 1895년에 바이칼 남부의 미소바야-스레텐카 구간이 착공되었다. 그러나 환바이칼 철도 구간 공사는 기술적인 어려움과 인력 부족 때문에 계획에 맞추어 진행되

환바이칼 관광 열차

지 못했다. 따라서 선박을 사용해 바이칼을 지나는 연계 수송을 결정했고, 1895년에 영국 회사에 쇄빙선 제작을 발주하여 1896년 봄에 바이칼 호변의 리스트벤니츠노예 마을에서 쇄빙선 조립을 시작했다. 그 후 1899년에 쇄빙선 '바이칼호' 조립이 완료되었으며, 그동안 또 한 척의 쇄빙선을 추가로 건조하기로 결정했다. 1899년 7월 중순에 에스토니아의 레벨(현재 탈린)에서 두 번째 쇄빙선 부품이 수송되어 조립에 착수했다. 1900년 7월 바이칼호보다 규모가 작은 보조 수송용 쇄빙선 '앙가라호'가 진수되었다.

1900년부터 '바이칼호'와 '앙가라호'는 철도와 연계된 시간표에 따라 운행을 시작했다. 1905년 환바이칼 철도 완공까지 매일 두 차례 바이칼 포구와 현재의 부랴트 공화국 미소바야 포구(이후 탄호이 포구로 변경)까지 운항되었다. 쇄빙선 운항은 보통 4

바이칼 쇄빙선 바이칼호

바이칼 쇄빙선 앙가라호

월 중순에 시작되어 다음해 1월 중순에 끝났으며, 바이칼이 완전히 얼어붙는 겨울 3개월 동안에는 얼어붙은 바이칼 위로 마차를 사용해 화물을 연계 수송했다. 쇄빙선 바이칼호는 러시아 내전 당시 백군의 포탄을 맞아 소실되었으며, 앙가라호는 1949년까지 운항되었으며, 대규모 보수를 거쳐 1960~1962년에도 활용했다. 이후 바이칼에 침수된채 방치되던 앙가라호를 1988년에 인양해 1990년 이르쿠츠크 시내 앙가라강 포구로 견인하여 여러 기관, 단체들이 '쇄빙선 앙가라호 박물관' 등 다양한 용도로 사용했었다. 2015년에는 이르쿠츠크 주정부가 소유권을 확보하여 다시 '쇄빙선 앙가라호 박물관'으로 사용하고 있다.

하바롭스크, 아무르 강변의 낭만적 유럽풍 도시

손현익

하바롭스크 변강은 유럽과 러시아 내륙으로부터 태평양으로 통하는 교역로의 교차로에 위치해 있어 극동 지역에서 지형학적 중심지에 해당한다. 하바롭스크 변강의 주도인 하바롭스크는 극동 지역의 정치·행정·경제·문화·교육 중심지이다. 하바롭스크는 러시아가 동진 정책으로 극동 지역 진출에 열을 올리던 1858년 청나라와의 영토 분쟁 가운데 군사 전초기지로 세워졌다. 도시명은 17세기 러시아 탐험가 예로페이 하바로프(1603-1671)의 이름을 따서 명명되었다.

서쪽으로는 중국과 인접해 있으며, 시베리아 횡단열차가 관통하는 극동의 주요 구간이다. 푸틴 대통령은 2000년 러시아를 8개의 연방관구로 나누어 대통령이 임명한 전권대표 중심으로 관리하기 시작하였는데, 하바롭스크는 이중 극동 연방관구의 중심지로 지정되었고 2018년 블라디보스토크로 관구 중심이 옮겨질 때

하바롭스크 기차역과 하바로프 동상

까지 극동 지역의 심장 역할을 수행했다. 시베리아 횡단철도 건설과 더불어 급속히 성장한 하바롭스크는 오늘날 러시아 극동 지역의 주요 도시로서 인구 약 62만 명에 달하며 면적은 386㎢에 이른다.

공항에서 시내로 가는 길

인천공항에서 출발한 비행기는 2시간 45분 만에 하바롭스크 공항에 도착한다. 하바롭스크에 대한 첫인상은 다소 실망스러울 수도 있다. 국제공항임에도 불구하고, 그 규모와 시설은 우리나라 지방 도시에 있는 고속버스 터미널 수준이다. 공항의 국내선 청사와 국제선 청사는 따로 떨어져 있다. 국제선 청사가 국내선

러시아 하바롭스크국제공항 마스터플랜 수립용역 계약체결식(사진: 연합뉴스, 2009.12.22)

청사보다 더 클 것이라는 막연한 선입견은 러시아에선 통하지 않는다. 거대한 영토를 가지고 있는 러시아의 특성상 국내선 청사가 국제선 청사보다 더 웅장하다.

시내에서 동쪽으로 약 10㎞ 떨어진 하바롭스크 공항은 시내와 가까워 이동이 편리하다. 공항 인근에서는 한창 공사가 진행 중인데, 2030년 완공을 목표로 개발이 추진되고 있다. 주목할 점은 2009년 우리나라의 인천국제공항공사가 하바롭스크 국제공항 개발 마스터 플랜 수립 용역을 체결하여 참여하고 있다는 사실이다. 향후 새롭게 거듭날 하바롭스크 공항의 모습이 기대된다.

비행기 도착시간이 그리 늦은 시간이 아니라면 대중교통을 이용해 시내로 들어가는 것도 나쁘지 않다. 공항에서 1번 트롤리버스를 타면 하바롭스크 시내를 관통하여 아무르 강변까지 갈 수 있다. 대중교통을 타고 가며 현지인들의 삶의 모습을 엿볼 수 있다는 점은 큰 매력이다. 창밖의 낯선 풍경과 여러 사람이 타고 내리는 모습을 구경하는 일 자체가 흥미롭다.

무라비요프아무르스키 공원과 한글 기념비

콤소몰 광장에서 계단을 내려가면 아무르 강변 산책로를 따라 나무와 잔디로 조성된 공원이 나온다. 하바롭스크의 명소 중 하나인 무라비요프아무르스키 공원이다. 공원 이름은 19세기 중반 동시베리아의 총독을 지낸 니콜라이 무라비요프아무르스키

무라비요프아무르스키 백작 동상

(1809~1881) 백작의 이름으로부터 명명되었다. 그는 1858년 중국 청나라와 아이훈 조약을 맺어 러시아 극동의 영토를 되찾아오는 데 큰 공을 세웠다. 무라비요프아무르스키 백작이 아니었다면 오

전망대에서 바라본 아무르강

늘날의 러시아 극동 지역은 존재할 수 없었을 것이다.

넓고 잔잔하게 흘러가는 아무르 강변 주위로 아름답게 조성된 산책로는 하바롭스크 연인들과 시민들의 휴식처다. 아무르강을 보기 위해 하바롭스크를 찾는다는 말이 있을 정도로 러시아 사람들의 아무르강에 대한 사랑은 각별하다. 중국의 흑룡(헤이룽)강으로도 널리 알려진 아무르강은 바다를 연상케 할 정도로 넓다. 길이로는 세계 8위, 면적으로는 세계 10위의 엄청난 위용을 자랑하는 아무르강은 중국의 만주와 하바롭스크를 거쳐 북쪽 오호츠크해로 유유히 흘러간다. 아무르강 전망대에서 바라본 아무르강은 한 폭의 그림과 같다.

전망대 우측에는 검은색 대리석에 한글 문구가 새겨진 기념 표지판을 볼 수 있다. 바로 2001년 북한 김정일 국방위원장의 하바롭스크 방문 기념 표지판이다.

하바롭스크는 북한과의 관계에서 주목할 점이 있다. 백두혈통의 정통성을 강조하며 김정일이 백두산 삼지연에서 출생했다는 북한 측의 주장과는 달리 하바롭스크 북쪽에 위치한 뱌트스코에 마을이 김정일의 실제 출생지로 추정되고 있다. 1932년 일

북한 김정일 국방위원장 하바롭스크 방문 기념 표지판

본은 만주를 침략해 만주국을 세우고, 중국공산당과 조선인 항일 독립군에 대한 강력한 토벌 작전에 나섰다. 일본의 공세를 피해 만주를 탈출한 조선인들은 아무르강 건너의 러시아 영토 하바롭스크와 주변 지역에 정착했다. 이들 가운데 김일성이 있었으며, 그는 하바롭스크를 근거지로 소련군 산하 한인들로 구성된 88 저격 여단의 일원으로 활동했다. 2001년 김정일 국방위원장의 하바롭스크 방문, 2004년 하바롭스크에 북한 도서 기증, 2014년 김정일 국방위원장 방문 기념비 건립 등과 같은 일련의 사실들은 이 같은 추정에 신빙성을 높이고 있다.

풍성한 자료의 보고 – 향토 박물관

전망대 뒤편으로 공원길을 따라 걷다 보면 하바롭스크 향토 박물관이 나온다. 하바롭스크 향토 박물관은 1894년 당시 아무르 연안 지역 총독 니콜라이 그로데코프(1843~1913)의 주도로 지어졌다. 하바롭스크의 자연과학과 고고학, 민족학, 역사학 전시품들이 잘 보존되어 있는 곳으로 2개의 건물로 나눠져 있다. 우측 건물에는 자연과학 전시물이, 좌측 건물에는 고고학, 민족학, 역사학 전시물들이 집중되어 있다.

이곳에서는 극동과 아무르강 연안의 역사를 소개하고 있다. 러시아인들의 이주 전부터 하바롭스크 지역에 살았던 아시아인들의 삶과 문화, 러시아인들의 이주 이후부터 러시아 혁명을 거쳐

КРАЕВОЙ
МУЗЕЙ
им. Н. И. ГРОДЕКОВА
ОСНОВАН В 1894 г.
МУЗЕЙ АМУРА
ДЕТСКИЙ МУЗЕЙ
ВЫСТАВОЧНЫЕ ЗАЛЫ

하바롭스크 향토 박물관

하바롭스크 변강의 유용 광물

지금에 이르기까지 고증 자료와 더불어 당시의 생활 모습들을 재현해 놓았다. 아무르강 연안의 다채로운 지방문화와 러시아 혁명의 치열함을 묘사한 전투 장면, 심지어 일본 관동군 사령관의 포로 생활 사진을 비롯하여 각종 금속 광물과 화석 연료 광물 등이 지역에서 채집된 모든 지질 시대의 화석과 표본 등 풍성한 자료들을 전시하고 있다.

하바롭스크에서 가장 번화가인 무라비요프아무르스키 거리를

레닌 동상

따라 펼쳐지는 아기자기하면서도 아름다운 도심 풍경은 유럽의 어느 도시에 와 있는 것 같은 착각을 불러일으킨다. 하지만 시내 중심가인 레닌 광장의 붉은 건물 앞에 우뚝 서 있는 레닌 동상을 마주하는 순간 러시아가 세계 최초의 사회주의의 국가였음을 깨닫게 된다.

하바롭스크 주정부 청사 앞에 위치한 레닌 광장은 러시아에서 두 번째로 큰 규모를 자랑한다. 광장의 명칭은 역사의 부침이 고

레닌 광장

스란히 반영되어 있다. 도시 건설 초창기에는 '니콜라옙스키 광장', 1917년 러시아 혁명 이후에는 '자유 광장', 제2차 세계대전 기간인 대조국전쟁 이후로는 '스탈린 광장'으로 불리다가, 1957년에서야 현재의 '레닌 광장'의 명칭을 가지게 된다. 시기별로 열리는 다양한 축제와 행사로 많은 시민들이 광장을 찾는다.

다시 아무르강 방향으로 되돌아오다 좌측으로 꺾어 투르게네프 거리를 끝까지 따라가다 보면 언덕 끝자락에 위치한 명예 광장에 도달하게 된다. 아무르 강변의 고지대에 자리 잡고 있는 명예 광장에서는 예수 변모 성당을 비롯해 극동 방송국, 대조국전쟁 기념비, 꺼지지 않는 불꽃을 볼 수 있다.

광장에서는 러시아 정교회 특유의 황금색 둥근 지붕의 예수 변모 성당이 제일 먼저 눈에 들어온다.

어마어마한 규모의 이 성당은 높이가 무려 83m에 달하는데, 모스크바의 구세주 성당과 상트페테르부르크의 이삭 성당에 이어 세 번째로 크다. 성당은 2001~2004년에 걸쳐 지어져 비록 역사가 짧지만 하바롭스크 시민과 단체의 모금으로 건설되었다는 점에서 의미가 크다. 돔형 천장 안에는 성자가 그려져 있고, 아래쪽 둘레의 창문을 통해 들어온 빛줄기가 성당 안을 가른다.

명예 광장에서 극동방송국 방향으로 계단을 내려오면 제2차 세계대전에서 희생된 32,662명의 이름이 빼곡히 새겨진 반원형의 기념벽들을 중심으로 전사자들의 넋을 기리는 꺼지지 않는 불꽃이 타오르고 있다. 이곳은 대조국전쟁 기념비이다. 이 조형물은 승전기념 40주년인 1985년에 세워졌다.

"전사자들의 수색은 계속되고 있다."라는 문구에서 역사의 소용돌이 속에서 국가와 가족을 위해 희생한 이들을 기억하고 감사할 줄 아는 러시아 사람들의 숭고함이 느껴진다.

하바롭스크는 요동치는 역사 속에서도 늘 한결 같이 그 자리를 지키며 정돈된 모습을 유지해왔다. 시베리아의 차가운 이미지를 단숨에 씻어버릴 만큼 고풍스러운 건물들, 많은 언덕과 강을 따라 산책하기 좋은 오솔길, 그리고 극동의 역사를 잘 간직한 시내는 많은 관광객들의 발길을 이곳으로 향하게 하고 있다. 아무르 강의 평화로움과 유럽의 정취를 느낄 수 있는 하바롭스크야말로 아시아에서 가장 가까운 유럽이 아닐까?

예수 변모 성당

꺼지지 않는 불꽃

대조국전쟁 기념비

야쿠츠크, 시베리아의 진주

강덕수

야쿠티야의 지리적 특성과 생태계

야쿠츠크는 사하 공화국(야쿠티야)의 수도이다. 야쿠티야는 '야쿠트인의 땅'이라는 의미로 1992년 공화국이 되기 전까지 이 지역을 일컫는 통칭이었다. 1992년 사하 공화국은 러시아연방 내 21개 공화국 중 하나로 자치권을 얻었다. 사하 공화국의 영토는 약 300만 ㎢의 넓이로 인도와 비슷하고 한반도의 15배에 달한다. 시간상으로는 사하 공화국의 동쪽과 서쪽이 3시간 차이가 난다,

지리적으로 야쿠티야는 동토대에 위치한다. 동토의 두께는 1,500m 이상이다. 북극 지역의 연교차는 100°C이다. 북위 62도에 위치한 야쿠츠크는 겨울에 보통 영하 50°까지 내려가고, 여름엔 영상 35°에 이르는 날도 있다. 겨울엔 1월이 가장 혹한이지만, 바람이 없고 건조해 방한복만 잘 입으면 해가 비치는 낮에는 혹

한의 추위를 느끼기 어렵다.

야쿠티야는 강과 호수의 나라이다. 가장 큰 강인 레나강은 길이 4,400㎞ 이르는 세계 5대 강 중 하나이다. 이 강의 발원지는 바이칼 호수 북쪽에 있는 산이다. 야쿠티야에는 크고 작은 강이 70만 개, 호수가 80만 개가 있다. 그래서 주민 한 명이 자기 호수 하나를 소유하고 있다는 말이 있다.

야쿠티야의 생태계는 타이가와 툰드라로 구분된다. 이 지역에는 포유동물 64종, 조류 280종이 서식한다. 이중 상당수는 희귀종이거나 멸종 단계에 있다. 겨울에 한국에 왔다가 여름에 야쿠티야로 돌아가는 철새로 두루미, 황새, 백조, 청둥오리가 있다. 대표적인 동물은 순록과 산양이 있다. 밍크, 여우와 같은 동물들은 17~18세기 집중적인 모피 사냥의 표적이 되어 이 지역에서는 거의 사라졌다. 지금은 시베리아의 원시성을 보존하기 위한 자연보호정책이 연방 차원에서 실시되고 있다. 사하 공화국 내에는 동식물 보호구역 2개, 국립자연공원 4개가 있고, 수렵 금지구역이 100개 이상 있다. 자연보호구역의 총 면적은 사하 공화국 영토의 21%에 이른다.

시베리아는 자원의 보고이다. 사하 공화국에는 4만 개 이상의 광산이 있다. 현재 개발 중인 곳은 약 900개 정도이다. 지하에 매장되어 있는 유용 광물은 실제로 100종 이상이지만, 현재 개발되고 있는 것은 17종 정도이다. 주요 광산으로는 금, 은, 주석, 안티몬, 석탄, 천연가스가 있다. 사하 공화국의 경제를 뒷받침하는 광물은 다이아몬드이다. 다이아몬드 생산은 세계 생산량의 50%를 차지한다. 토륨과 같은 희토류의 매장도 상당하지만, 아직 개발은 되지 않고 있다.

사하 공화국의 확립

연방정부로부터 자치권을 획득한 사하 공화국은 1992년 4월 27일 사하 공화국 헌법을 발효시키고, 고유한 문장과 국기도 정하였다.

사하 공화국 국기

사하 공화국 국회는 일 투멘(Il Tumen)이라 부르며 양원제이다. 초대 대통령 미하일 E. 니콜라예프(재임 1992~2002)는 야쿠트인으로서 교육제도와 행정체계의 확립을 위해 노력하였다. 그는 러시아인과 마찰을 빚지 않으면서 야쿠트인 우선 정책을 펼쳐 야쿠트인이 사하 공화국을 주도할 수 있는 기반을 만들었다. 모든 학교에서 야쿠트어 교육을 의무화하고, 야쿠트어의 일상화 정책을 폈다. 그 덕분에 지금은 사하 공화국에서 야쿠트어가 러시아어와 같은 공용어로서의 역할을 한다.

사하 공화국의 인구는 약 97만 명으로 그 가운데 도시 인구가 66만 명에 이른다. 이중 절반이 야쿠트인이고, 러시아인이 38%이다. 이밖에 북방 소수민족으로 에벤, 에벤키, 유카기르, 축치, 돌간족이 있다. 고려인도 2천~3천 명 정도 있는 것으로 추정된다.

행정구역으로는 우리나라 군에 해당되는 라이온이 34개 있고,

야쿠츠크, 미르니, 네륜그리의 3개 시가 있다. 야쿠츠크는 사하 공화국의 수도이지만, 미르니는 '다이아몬드의 수도'라고 불리운다. 남부에 있는 네륜그리는 석탄 산업의 중심지이다.

야쿠티야에는 왜 보석이 많은가

2018년 봄 야쿠츠크 비행장에서는 희한한 사건이 일어났다. 대형 수송기 1대가 활주로에서 움직이기 시작했다. 곧 비행기는 굉음을 내며 모스크바를 향해 이륙하려고 동체 앞 머리를 하늘을 향해 들어올렸다. 순간 비행기 뒷문이 열렸다. 거기에서 무언가 번쩍이는 것들이 쏟아져 내렸다. 금괴였다. 그것도 수백 개! 하늘에서 떨어지는 금괴 덩어리들이 햇빛에 반사되는 광경을 상상해 보자! 그리고 어떤 소동이 일어났을지? 비행기는 비상 착륙을 하고, 공항에서는 비상 사태가 선포되었다. 경찰이 출동하여 몰려드는 사람들을 격리시키고 흩어진 금괴를 모으느라 법석을 떨었다.

신화 속에서도 비슷한 사건이 전해진다. 옛날에도 지구에서는 싸움이 끊이지 않았다. 그 원인은 금은보화를 더 많이 차지하려는 인간들의 욕심이었다. 천상세계에서 인간들이 싸우는 것을 보다 못한 조물주가 싸움을 그치게 할 수 있는 묘안을 생각해 내었다. 그것은 지상의 보화들을 전부 수거해 하늘에 쌓아 두는 것이었다. 조물주는 천사에게 지구상의 모든 보화들을 거두어 하늘로 가져 오도록 명했다. 조물주의 명을 받은 천사는 땅에 내려와 모든 보화들을 모았다. 다 모은 보화들을 가지고 하늘로 올라갔다. 하늘로 가는 길에 야쿠티야 지역을 지나게 되었다. 야쿠티야 지역은 한겨울 기온이 영하 50도 보다 더 내려갔다. 마침 겨울의 야쿠티야를 지나게 되었다. 그런 추위를 경험해 보지 못한 천사는 견딜 수가 없었다. 손부터 얼어들기 시작했다. 보화 자루가 손에서 미끄러져 내려 지상으로 떨어졌다. 그 보화들이 떨어져 땅 속에 깊이 박혔다. 그곳이 바로 야쿠티야였다. 야쿠티야에 다이아몬드부터 에메랄드까지 모든 보화들이 다 있게 된 신화적 이유이다.

야쿠츠크의 역사와 문화

야쿠츠크는 '야쿠트인의 도시'라는 이름이다. 그러나 실제로 처음 야쿠츠크를 세운 것은 러시아인이다. 1632년 러시아인들이 처음 레나강 중류 지역에 발을 디뎠다. 그들은 몇 년간 원정을 하며 이 지역을 탐사하였다. 1638년 예니세이 지역의 백인대장 베케토프(P.I. Beketov)의 부대가 현재의 야쿠츠크에서 70㎞ 정도 떨어진 우측 강변에 요새를 세웠다. 처음엔 이 요새를 '렌스크'라 불렀다. 이 요새는 북부 지역이나 태평양 방면으로 떠나는 러시아 원정대의 출발지가 되었다. 그로부터 야쿠츠크는 야쿠티야 서부 지역으로부터 베링해까지, 북빙양으로부터 아무르강에 이르는 넓은 지역을 개척하는 전초기지가 되었다.

1638년 야쿠츠크의 요새를 근거로 자치사령부가 건설되었다. 최초의 사령관은 골로빈(P.P. Golovin)이었다. 1642~1643년 그는 요새를 레나강 서쪽 강변으로 옮겼다. 그곳은 야쿠트족의 전설적인 족장이었던 트근의 영토였다. 그때부터 야쿠츠크는 러시아 북동부 지역의 행정, 경제, 문화의 중심지 지위를 얻게 되었다.

20세기에 들어와 야쿠츠크는 매우 빠르게 발전하고 있다. 2002년에 약 24만 명이던 인구가 현재는 30만을 넘고 있다. 야쿠츠크시 주민의 민족은 70개 이상이다. 그중 러시아인과 야쿠트인이 90%를 차지한다. 북동 시베리아에서 가장 큰 도시로 성장한 야쿠츠크는 정치, 행정, 산업, 교육, 문화의 중심지가 되었다. 20년 전에는 주로 목재 건물이던 시내 광경이 이제는 모두 10층 이상의 현대식 건물로 바뀌었다. 문화시설도 많이 지어졌다. 종합운동장, 빙상장, 종합 실내 체육관이 세워졌다, 야쿠트어 전용 극장인 '사하 극장'은 이 지역의 자부심이다. 연극의 수준도 높아 러시아 연극계의 명예인 황금가면상을 수상한 유일한 지방 극장이기도 하다. 사하 극장에서는 영웅서사시 올롱호를 악극으로 각색하여 정기 공연한다. 매년 6월 하지에 열리는 하지 축제 '으스아흐'는 기네스북에도 오른 민속 축제이다. 북동 연방 대학교는 러시아 10개 연방 대학교 중 하나로 국제적인 대학교로 도약하기 위해 외국 학생들을 위한 많은 장학 제도를 제공하고 있다.

야쿠츠크에는 136개의 거리가 있다. 이 거리들의 명칭은 러시아인, 야쿠트인, 우크라이나인, 폴란드인, 유대인과 다른 소수민족 대표들의 이름을 따 붙여졌다. 동토대에 세워진 도시 야쿠츠크는 북부 시베리아의 문화를 대표하며, 시베리아에 퍼져 사는 다양한 민족들의 문화를 포용하여 독특한 문화를 만들어 내었다. 17세기 러시아인의 도래와 함께 들어온 러시아식 건축 양식들도 야쿠츠크의 역사성을 보여주고 있다. 대표적인 것은 1643년 세워진 야쿠츠크 요새 첨탑이다. 2002년 불에 탄 이 첨탑을 원형 그대로 복원하였다. 1707년 표트르 1세의 칙령으로 세워진 군사령부 석조건물도 복원되었다. 이것은 동토에 지어진 세계 최초의 석조 건축물이다. 정교회 성당인 트로이츠카야 교회는 18세기 러시아 동북부 동토 위에 세워진 유일한 석조 건물이다.

90년대까지만 해도 야쿠츠크는 목조 건물이 대부분이었다. 시베리아는 목재가 흔하여 목조 건축이 보편화되었다. 그러나 목조

러시아인 도래 기념 첨탑

야쿠츠크의 LG센터 건물

건축은 동토대의 지반이 기후에 따라 불안정해지기 때문에 세월이 지나면서 기울어지고 오래 지탱할 수 없다. 2000년대부터 주택개량 사업을 전개하여 노후한 목조 건물들을 콘크리트 고층 아파트로 재개발하였다. 10년 전까지만 해도 고층 건물은 9층까지가 한계였지만, 최근엔 건축술이 발전되어 20층 아파트가 건설되었다.

야쿠츠크에는 LG센터 건물이 있다. 한국적 형태를 건물에 담아달라는 시정부의 요청에 따라 건물 입구 현관에 단청을 올렸다. 현재 이 건물은 야쿠츠크의 랜드마크로 유명하다.

야쿠티야에 사는 사람들

사하 공화국에서는 러시아인과 야쿠트인이 주요 민족이다. 이들과 함께 에벤키, 에벤족이 각 2~3만 명씩 있다. 유카기르, 축치, 돌간족은 만 명도 되지 않는다. 소수민족 대부분은 야쿠츠크에서 멀리 떨어진 변방에서 산다. 이들 간에 민족적 갈등은 표면적으로 존재하지 않는다. 오히려 에벤키, 에벤, 유카기르, 축치족을 보호하기 위해 공화국 정부가 여러 가지 정책적 배려를 하고 있다.

야쿠트인은 누구인가

야쿠트인의 기원에 대해서는 정확한 정설이 없다. 분명한 것은 중앙아시아와 남 시베리아에 있던 고대 투르크족과 관련이 있다는 것이다. 야쿠트인의 구전 영웅설화를 살펴보면, 야쿠트인의 조상은 남쪽에서 온 것이 틀림없다. 그 시기를 6~10세기까지 올려잡는 주장도 있다. 적어도 12세기 경 몽골 초원이 칭기즈칸에 의한 통일되기 이전에 이미 북쪽으로 이주한 투르크족이 있었던 것으로 보인다.

야쿠티야 중부 지역에는 투르크족과 유사한 문화를 가진 민족이 있었다고 한다. 그들을 '쿠르칸' 또는 '굴리간'이라고 불렀다. 이 민족은 소, 양, 낙타, 말을 사육했던 것으로 보인다. 오늘날 야쿠트인이 소와 말을 사육하는 것도 이 영향으로 보인다. 이 사람들이 중부 야쿠티야에 정착하면서 원래 이 지역에서 순록 목축을 하던 원주민인 퉁구스족은 변방으로 밀려나거나 이민족인 쿠르칸족에 동화되어 섞이게 되었다.

야쿠트 민족은 주로 레나강 중류의 분지 지역에서 형성되었다. 차츰 야쿠트인들의 영역이 야쿠티야의 서부와 북부로 확대되면서 퉁구스어 사용 민족과 뒤섞이게 되었다. 쿠르칸 문화의 후예들은 소와 말을 사육하면서 자연스레 정착민이 되었다. 그러면서 유목민인 퉁구스어 사용 민족들을 받아들이게 되었다. 퉁구스어 사용 민족들은 순록을 사육하는 유목민이었다. 순록은 산 중턱에서 자라는 이끼만을 먹었다. 소나 말은 건초를 먹지만, 순록은 건초를 먹지 않는다. 산에서 자라는 싱싱한 이끼만을 먹는다. 따라서 순록은 집에서 사육할 수 없었다. 순록을 사육하는 퉁구스인들은 순록떼를 따라 한겨울에도 1~2천 ㎞를 이동해야 한다. 이러한 차이가 자연스럽게 야쿠트인과 퉁구스인의 문화적 차이를 만들었다. 야쿠트인들은 마을에 정착하여 정착 문화를 발전시킬 수 있었다. 그들은 퉁구스인 문화도 수용하여 자기네 것으로 만들었다. 자연히 야쿠트 문화는 풍성해지고 다양해질 수 있었다. 그 결과가 "올롱호"이다.

올롱호는 무엇인가

올롱호는 구전 영웅 서사시이다. 우리의 판소리와 같은 것으로 자유로운 멜로디에 영웅담을 즉흥적으로 쏟아내면 시간가는 줄 모르고 한겨울 긴 밤을 새우게 된다. 대표적인 올롱호로 〈뉴르군 보오투르〉, 〈엘레스 보오투르〉가 있다. 올롱호는 유네스코에 의해 2005년 정신 문화 유산으로 지정되었다. 사하 공화국에서는 올롱호가 문화 유산으로 지정된 11월 25일을 '올롱호의 날'로 기념한다.

올롱호는 문헌으로 기록된 역사를 갖지 못한 야쿠트인에게 매우 귀중한 문화 유산이다. 이것은 한국어를 비롯해 6개 외국어로 번역되기도 하였다.

올롱호의 주제는 여섯 가지로 구분된다. 첫째는 중간 세계에 사는 인간의 협력과 단결에 관한 사상이다. 영웅들의 모든 행위는 자기 종족의 통일과 민족들 간의 우의와 협력을 이끌어낸다. 둘째는 명예와 애국심에 관한 것이다. 셋째는 행복과 번영이다. 넷째는 권선징악으로 귀결되는 관대함과 인내심이다. 다섯째는 자연과의 조화이다. 여섯째는 종족의 보호이다.

야쿠트의 국민작가 십체프수오룬 오몰론(Siptsev-Suorun Omollon)은 올롱호를 야쿠트인들의 꿈과 희망이 담긴 서사시라고 평가했다. 야쿠트인에게 올롱호는 지혜와 예술과 시의 백과사전으로 간주된다. 여름은 뜨겁고 겨울은 혹독한 자연 조건과 싸우며 높은 이상을 가지고 민족을 위해 자신을 희생하는 영웅들에 대한 찬미를 들을 수 있다. 올롱호를 영웅서사시라고 하지만, 역사에 나오는 영웅의 이야기는 아니다. 올롱호에는 역사성은 없다. 오히려 야쿠트인의 생활상, 윤리적 측면, 지리적 환경, 정신적 문화에 대한 이야기이다.

올롱호에서 인간은 힘과 지혜로 자연을 극복한다. 올롱호에 등장하는 인간은 수정처럼 맑고 아름답고 강한 신체와 정신의 소유자이다. 이기심, 탐욕, 허세와는 거리가 멀다. 무소불위의 인간으로서 구름을 타고 공중을 날고, 불길이 솟는 강을 잠재우며, 천둥같은 목소리로 세상을 놀라게 하고, 눈 깜짝할 사이에 우주 저편으로 날아간다. 야쿠트인은 아마도 칭기즈칸의 칼날을 피해 북쪽으로 밀렸을 수도 있다. 그러면서 문자 없는 세월을 수 세기 보내었다. 그러나 음악으로 풀어내던 야쿠트인들의 고유한 정서가 세월 사이에 쌓이고 쌓여 구전 민중시가로 발전하여 야쿠트인의 정신 문화를 대표하는 서사시가 되고 음악극이 되었다.

올롱호 〈엘레스 보오투르〉의 마지막 소절을 인용해 본다.

황금빛 종다리여
구릿빛 작은 새여
우리의 축복이
바람과 안개로 가득 차고
교차로가 여덟이나 되는
먼길을 인도하고
행운이 동반하여
저 먼 둥지에 이를 때까지
건강하게 하소서.
말과 힘이 하나되게 하소서.
삶의 빛을 태우소서.
강한 민족의 조상이 되게 하소서.
가축을 기르게 하시고
아이를 생산하게 하소서.
행복의 운명을 누리게 하소서.
뜨거운 시선의 표적이
되지 않게 하소서.
날카로운 말에 우연이라도
다치지 않게 하소서.
불행과 재난이
당신을 비켜가게 하소서. (필자 역)

엘레스 보오투르, 축복

야쿠티야의 관광 산업

야쿠티야의 훼손되지 않은 천혜의 자연 환경이 바로 무궁무진한 관광자원이다. 유네스코가 인류 유산으로 지정한 레나강 석주는 창조 시대의 신비를 그대로 간직하고 있다. 레나강 석주는 수만 년 동안 풍화와 기온차로 인해 형성된 기암절벽이 수 킬로미터에 걸쳐 제각기 다른 모습을 연출하고 있다. 레나강 석주 정상에 올라가면 레나강의 위용이 한 눈에 펼쳐진다. 처음 그곳에 오르면 자연이 빚은 위용에 자신도 모르게 숨이 멈추어진다. 그곳에 가는 방법은 계절마다 다르다. 여름에는 2박 3일 코스의 레나강 크루즈를 이용하여 갈 수 있다. 겨울에는 차를 타고 강 위로

레나강 석주(사진: www.culture.ru)

툰드라에서의 겨울사냥

블루우스(영구결빙지역)

투클란(움직이는 모래섬)

생긴 빙상길을 따라 갈 수 있다. 사냥과 낚시를 좋아하면 이곳 보다 더 좋은 장소를 찾기가 쉽지 않다. 레나강은 충부한 수량만큼 물고기들이 많다. 낚시대를 드리우면 바로 팔뚝 보다 더 큰 물고기들이 미끼를 물고 끌려온다. 10월에서 12월 사이, 3월에서 5월 사이는 사냥에 적합하다. 트럭을 개조한 사냥용 차를 몰고 타이가와 툰드라의 평원을 헤치고 다니는 경험은 잊혀진 원시적 야성을 일깨운다.

야쿠츠크에서 3시간 거리 이내에 블루우스와 투클란이라는 곳이 있다. 블루우스는 영구결빙지역이라는 말이다. 계곡 사이로 한여름에도 찬바람이 불어 얼음이 녹지 않는 곳이다. 이곳에서 한여름의 더위를 식혀 볼 수 있다. 투클란은 '움직이는 모래성'이란 뜻의 에벤키 말이다. 바람이 실어오는 모래들이 쌓여 레나강변에 모래성을 형성하고 있다. 이 모래성 위에 오르면 갑자기 사하라 사막에 온듯한 기분을 느낄 수 있다. 부오투마라는 섬에 내려 약 7㎞를 숲길을 따라 가면 투클란이 나온다. 그곳에서 들소 서식지를 방문할 수도 있다. 야쿠티야는 맘모스와 들소가 서식하던 곳이었다. 고대 생태계를 복원하기 위해 캐나다산 들소를 가져다 들소 서식지를 조성하였다. 들소때 사이를 사파리하면서 시베리아의 원시성을 경험할 수 있다.

야쿠츠크시내에는 다이아몬드 박물관, 맘모스 박물관, 민속 박물관, 전통악기인 호무스 박물관, 사하 국립 미술관이 있다. 이런 박물관들에서는 야쿠츠크 아니면 볼 수 없는 전시품들이 전시되어 있다. 특히 다이아몬드 박물관에서는 야쿠티야에 얼마나 많은 희귀금속들이 있는지 알 수 있다.

레나강을 거슬러 북쪽으로 가면 에벤키족의 마을을 방문할 수 있다. 그곳에서 민속 박물관도 방문하고 민속춤 공연도 볼 수 있다. 한겨울에 비행기로 레나강 하구의 북극권 도시인 틱시를 방문하면 오로라도 볼 수 있다.

서쪽으로 비행기로 2시간 거리에 미르니가 있다. 미르니는 '다이아몬드의 수도'라는 별칭이 붙어 있다. 이곳에선 다이아몬드 채광장도 방문할 수 있다.

야쿠츠크에서 북동쪽에 있는 오이먀콘은 세계에서 가장 추운 곳이라는 기록을 가지고 있다. 한겨울 보통 영하 65도까지 내려간다. 과거 영하 71도까지 내려간 기록이 있다. 이곳에선 4월에 겨울 축제가 열린다. 이 축제에는 외국에서 많은 관광객들이 방문한다. 축제와 함께 야쿠츠크-오이먀콘 간 자동차 경주 대회가 열린다. 자동차 경주는 총 1,270㎞를 달리며, 그중 430㎞는 자동차 랠리가 열린다. 자동차 경주는 관광 탐방 성격을 겸하여 박물관, 유적지 등 문화인류학적으로 의미있는 장소들을 방문한다. 이 지역은 매우 가파른 산들이 많아 익스트림 스포츠를 즐기는 사람들에게는 환상적인 코스이다. 이와 함께 자전거 경주도 개최되기도 했다. 이러한 행사 기간에 민속 공연, 민족 예술 전시회, 민족 전통 음식 시식회, 순록 축제, 순록 썰매 경주, 올가미 던지기, 모의 수렵 등의 다양한 행사들이 열린다.

풍부한 관광자원에 비해 관광 산업은 활성화되지 못하였다. 관광 인프라가 아직 부족하기도 하지만, 해외 홍보가 미흡한 탓도

미르니의 다이아몬드 광산

다이아몬드 원석

오이먀콘의 기상 관측상 최저 기온 기념비

있다. 야쿠츠크에는 여행사가 꽤 많지만, 대개 아웃바운드 여행 상품을 다루는 회사들로 영세하다. 호텔도 10여 개 있지만, 설비 수준에 비해 가격이 비싼 편이다. 최근 사하 공화국 정부는 국가 차원에서 관광 산업 발전을 위해 노력하고 있다. 2016년부터 인천과 야쿠츠크를 연결하는 직항이 운항되고 있다. 야쿠티야 항공이 여름에 주 2회, 비수기에 주 1회 운항한다. 항공사 사정으로 2019년 봄까지 잠시 운항이 중단되었다가, 현재는 다시 운항되고 있다.

교육 도시로서의 야쿠츠크

야쿠티야는 사하 공화국으로 자치권을 부여받은 이후 교육을 중심 전략 분야로 선정하고 교육 인프라 구축을 위해 많은 정책을 수립하고 투자를 해왔다. 지난 25년간 새로운 김나지움, 특수 학교, 영재 학교가 지속적으로 설립되었다. 의무 교육의 연한도 확대되고, 창조 교육과 영재 교육을 지원하였다.

야쿠츠크에서는 1994년부터 매년 여름 수학, 물리, 화학, 정보에 관한 국제 올림피아드가 실시되어 왔다. 여기에는 한국, 중국, 루마니아, 카자흐스탄, 벨기에 등 외국 학생들뿐만 아니라, 모스크바, 상트페테르부르크 등 러시아의 전 지역에서 참여한다. 2018년에는 전 러시아 청소년 지식 게임 대회도 유치한 바 있다.

야쿠츠크의 대표적 고등교육 기관은 북동 연방 대학교이다. 이

대학교는 1934년 설립된 야쿠츠크 국립 대학교를 기반으로 주변의 몇 개 교육 및 연구기관을 통합하여 북동부 시베리아 지역 발전의 거점 대학교가 되었다. 연방의 전 교육부 장관 프루센코(A.A. Frusenko)는 과거 야쿠츠크 국립 대학교를 가리켜 "야쿠츠크의 진정한 다이아몬드"라고 한 바 있다. 북동 연방 대학교는 러시아의 10개 연방 대학교 중 하나로 시베리아에서뿐만 아니라 국제적으로도 인정받는 글로벌 대학교가 되기 위해 많은 노력을 하고 있다. 학생들의 영어 수학 능력을 향상시키기 위해 인문, 사회, 자연 분야를 포괄하는 국제학 프로그램을 만들었다. 이 프로그램을 바탕으로 2019년 국제학 융합대학원을 개설할 예정이다. 시베리아에는 다양한 소수민족들이 살고 있다. 이 소수민족 언어들을 연구하고 보존하기 위한 프로그램도 운영되고 있다. 그 일환으로 북동언어학회를 결성하여 알타이언어에 관한 국제 학술대회를 2년마다 개최하고, 학술지를 출판하고 있다. 2014년부터 한국-사하

북동 연방 대학교

친선협회와 공동으로 한국-사하 대학생 포럼을 개최하였다. 2018년에는 한국외국어대학교 러시아연구소와 공동으로 한국에서 이 포럼을 열었다. 대학교의 학문 연구 수준을 높이기 위해 자연과학 분야에서는 한국인 교수들을 초대하여 프로젝트 책임자로 위촉하기도 하였다. 대표적인 프로젝트로는 복제 분야의 권위자인 황우석 박사를 초빙하여 연구 센터의 운영을 맡기기도 하였다. 2018년에는 한국외국어대학교 러시아연구소와 협력하여 한국 학생들을 대학원 과정 장학생으로 선발, 초빙하기도 하였다.

교육 분야에서 야쿠츠크의 자랑거리 중 하나는 야쿠티야 고등 음악학교이다. 이 학교는 1993년에 개교하였다. 이 학교의 목적은 클래식 음악 연주 분야에서 우수한 전문 음악인을 양성하는 것이다. 이 학교는 '초중고등학교-전문학교-대학교'로 이어지는 3단계의 일관된 전문 음악 교육 학교이다. 개별 지도체계, 몰입

사하-한국학교(1994년 개교)

식 교육과정을 갖춘 이 학교는 음악 영재들을 조기 발견하여 집중적인 과정을 통해 사하 공화국을 대표하는 음악가를 양성하는 데 성공하였다. 야쿠츠크의 전폭적 재정 지원으로 학생들은 현대적 시설을 갖춘 기숙사에서 음악에만 몰두할 수 있다. 이 학교 출신들은 모스크바, 상트페테르부르크 등에 있는 유명 음악대학에 진학한다.

한국과 사하 공화국, 서울과 야쿠츠크를 잇는 중요한 가교는 사하-한국학교이다. 이 학교는 11년제 공립학교로 1994년에 개교하였다. 한국-사하 친선협회는 이 학교 학생들을 1994년부터 매년 2~3주간 초청하여 한국 문화를 익히는 기회를 제공하였다. 현재 야쿠츠크의 대표적인 영재 학교로 자리잡은 이 학교 출신들은 사하 공화국 여러 분야의 중요한 자리에서 활동하고 있다.

인구 구성의 다양화

러시아에서는 인구 문제가 심각하다. 야쿠티야도 예외는 아니다. 그러나 다른 지역에 비하면 공화국의 전체 인구수가 감소하지는 않고 있다. 1990년대 초 소련이 붕괴되고 공화국이 수립되면서 많은 러시아인들이 야쿠티야에서 떠났다. 특히 공업 지역에서의 이탈이 심각하였다. 그러나 2000년대 들어서 인구수는 안정적으로 더 이상 줄어들지는 않고 있다.

야쿠티야는 이민에 관해 매우 자유롭고 열린 지역이다. 인구 감소를 억제하고 경제 인구의 증가를 촉진하는 주요 요인이 이민에 대해 매우 수용적이라는데 있다.

야쿠츠크에서 가장 큰 시장은 '스톨리치니'는 시장이다. 그 뜻은 '수도 시장'이다. 그러나 통상 사람들은 그 시장을 '중국 시장'이라고 부른다. 그 시장 상인의 대부분이 중국에서 온 사람들이기 때문이다. 중국인이라고 부를 수 없는 것은 그들 중 상당수가 연변 지방에서 온 조선인들이다. 그런 사람들 중 야쿠츠크에서 비즈니스맨으로 자리잡은 사람이 바로 '한국관' 식당 주인이다. 최근에는 중국의 경제가 발전되면서 야쿠츠크로 오는 중국인들의 숫자가 현저히 줄고 있다. 그 빈 자리를 중앙아시아 사람들이 채우고 있다.

LG가 야쿠츠크에 빌딩을 지을 때 사하 공화국 정부는 LG에 두 가지 조건을 내세웠다. 첫 번째는 건물을 한국적으로 지을 것. 두 번째는 한식당을 만들 것. 첫 번째 조건은 억지로 맞추었지만, 두 번째 조건은 쉽지 않았다. 2011년 LG센터 빌딩이 완공된 후 한식당을 운영할 사람을 찾았다. 당시 그건 불가능해 보였다. 할 수 없이 중국 시장에서 식당업을 하던 조선족에게 부탁을 해서 한식당을 내었다. 그리고 '한국관'이라는 간판을 내걸었다. 음식 맛과 관계없이 이 식당은 야쿠츠크의 주요 인사들이 찾는 명소가 되었다.

사하 공화국의 오이먀콘군과 마가단주의 경계 지점에 우스티네라라는 도시가 있다. 그곳은 오이먀콘군의 군청 소재지로 인구가 7천 명 되는 꽤 큰 도시였다. 우스티네라는 30년대 이곳에 금광이 발견되며 세워진 도시로 한 때 만 명이 넘는 주민들이 살았다. 그곳에 '코리아'라는 간판을 내건 상점이 하나 있다. 주인은 조선족이다. 가게를 운영한 지 이미 20년이 넘었다. 지금 그 사람의 아이들은 서울에서 공부를 하고 있다.

야쿠츠크 중앙통에 '크리스티얀스키'라 불리는 식품 시장이 있다. 이 시장의 주요 상인들은 키르기즈, 아제르바이잔 같은 중앙아시아에서 온 사람들이다. 이 사람들은 식품 유통업을 지배하고 있다. 야쿠츠크에서 1,000㎞ 북동쪽에 한디가라는 큰 마을이 있다. 이 마을은 톰포군의 군청소재지이다. 인구는 대략 3천 명 정도이다. 이 도시에는 이슬람 사원이 있다. 이 도시에도 그만큼 중앙아시아 사람들이 많다는 얘기이다. 야쿠티야의 식품 유통업은 전국적으로 이들이 장악하고 있다.

토폴리노예라는 에벤족 마을이 있다. 이 마을은 큰 강과 험준한 산으로 둘러싸인 고립된 곳이다. 야쿠츠크에서 이곳을 가자면 차로 이틀이 꼬박 걸린다. 야쿠트인들도 가기를 두려워 할 만큼 험한 곳이다. 그런 곳에서 나흘을 지내며 경험한 에피소드가 하나 있다.

그곳 학교를 방문하였다. 교실 벽에서 에벤어 성적표를 보았다. 한 아이의 성적이 다른 아이들보다 월등하였다. 이름은 러시아식도, 에벤식도 아니었다. 베트남 사람 이름 같기도 하였다. 그 의문은 다음 날 아침 풀렸다. 토폴리노예에서 야쿠츠크로 돌아가는 봉고버스를 탔다. 얼굴 생김이 분명 에벤족이 아니었다. 그래서 야쿠트인이냐고 물었다. 조금도 망설이지 않고 즉각 대답을 하였다. 그것도 아주 짧게. "중국인이오!" 깜짝 놀랐다. 이런 곳에서 중국인을 만나다니! 사연은 아주 길었다. 그의 할아버지가 소련 시절 중국에서 소련으로 왔다. 노동자로. 아마 스탈린과 모택동 시절에. 할아버지, 아버지를 거쳐 3대째가 되는 그는 토폴리노예에 자리잡았다. 그는 야쿠츠크에서 생필품을 사다가 토폴리노예에서 거의 3배의 가격으로 파는 장사꾼이었다. 그러면서 두 지역을 오가며 택시 운송업도 겸하고 있었다. 야쿠츠크에도 아파트가 있었다. 아들과 딸은 야쿠츠크에 있는 북동연방대학교 학생이었다. 어제 본 어린애는 손녀였다. 이 사람은 이곳에서 태어나 러시아 사람으로, 사하 공화국 사람으로 살아가고 있다. 그러나 중국인으로서의 정체성은 여전히 간직하고 있다.

야쿠츠크는 시내버스망이 꽤 편하게 운영되고 있다. 택시도 콜택시 제도로 아주 편하다. 시내버스와 택시에 종사하는 사람들은 대부분 중앙아시아 사람들이다. 이들은 자기들만의 카르텔을 형성하여 현지 야쿠트인들도 끼어들기 어렵다는 말을 공공연히 들을 수 있다.

야쿠츠크의 한국인

러시아에 뿌리를 내린 한국인을 고려인이라고 한다. 사하 공화국에 고려인이 오게 된 것은 역사가 꽤 길다. 1930년대 이전부터 사하 공화국 남부에 있는 알단 지역에서 사금이 많이 난다는 소문이 연해주 지역까지 퍼진 것 같았다. 이런 소문을 듣고 고려인들이 야쿠티야 남부의 알단 지역에 있는 사금 광산에 몰려 오게 된 것 같다.

고려인 중 안 안나 할머니가 있다. 안 할머니는 1925년 블라디보스토크에서 태어났다. 부모는 함경북도 길주 출신이었다. 1929년 아버지는 금광에서 일하기 위해 알단에 왔다. 이곳에서 자리를 잡은 후 1932년 식구들을 알단으로 데리고 왔다. 당시 알단에는 200여명의 고려인들이 모여 살았다고 한다. 모여 산 덕분에 한국어를 사용하고 풍습도 한국식으로 지켰다고 한다. 이들은 야쿠티야에 정착한 덕분에 1937년 중앙아시아로의 강제 이주를 피할 수 있었다. 할머니를 포함한 4남매 형제들은 모두 한국인과 결혼을 하였다. 안 할머니는 26세가 되던 1951년 동갑내기 밀양 박씨와 결혼을 하였다. 영화 기술자였던 남편은 2005년에 사망하였다. 슬하에는 아들 둘, 딸 둘을 두었다. 큰딸은 야쿠트 사람과 결혼하고, 둘째딸은 유대인과 결혼하여 이스라엘로 이민을 갔다. 아들 둘은 러시아 여자와 결혼하여 야쿠츠크에 살고 있다. 안 할머니는 혼자 살고 있지만, 이들 식구들이 자주 들르고, 설날이나 제사 때에 모인다. 제사는 부모 제사만 지내는데 평소의 음식을 차리고 사진을 놓고 절을 한다. 안 할머니는 음식 솜씨가 좋아 TV 방송에서 한국음식 만드는 법을 보여주기도 한다. 1995년 운동선수였던 손자를 따라 서울에 와서 열흘간 서울 구경을 했다고 한다.

사하 공화국에는 고려인 협회가 있다. 하지 축제 때에는 한복을 입고 나와 소수민족 대열에 서서 한국 문화를 소개하는 것을

야쿠츠크시의 고려인 원로들

고려인 안씨 농장

고려인 안씨 가족

볼 수 있다. 사하-한국학교가 설립된 동기도 1990년 대 초 고려인들이 시정부에 낸 청원 덕분이었다. 고려인들은 시정부에 고려인들도 후손들이 자기네 말과 글을 익히고 문화를 배울 수 있는 학교를 세워줄 것을 청원하였다. 사하 공화국의 수도 야쿠츠크의 교육청에서는 이러한 청원이 일리 있다고 받아들여 사하-한국학교 설립이 추진된 것이다. 이 당시 시 교육감은 최초의 주민투표로 당선된 미하일로바(Evgenija I. Mikhajlova)였다. 이분은 이후 사하-한국학교의 강력한 지원자 역할을 하였다. 이후 교육부 장관으로서 당시 야쿠츠크 국립 대학교에 한국학과를 개설하는데에도 영향을 끼쳤다.

레나강 건너편 파클롭스크라는 곳에는 '안씨 농장'이 있다. 90년대 이후 우즈베키스탄에서 이주해 와 농장을 일구었다. 수만 평에 달하는 농장에서는 감자, 배추 등 여러 가지 야채와 수박을 온실 재배 한다. 이 농장의 작물들은 야쿠츠크 주민들에게 상품으로 대접을 받는다.

야쿠츠크의 고려인들은 대부분 전문직으로 대학교, 연구소 등에서 성공한 경력을 가지고 있다. 사하 공화국에서 최고 부자 반열에 드는 사람도 있다. 그런 사람들은 이곳 야쿠트인의 주류 사회에 자리를 잡았기 때문에 자신의 정체성을 잘 드러내지 않으려 한다.

고려인과 구별되는 사람들이 조선족이다. 이들은 90년대 이후 주로 연변 지역에서 온 사람들이다. 이들은 '중국 시장'을 근거지로 중국의 생필품 공급을 독점하고 있다. 최근엔 중국 경제가 좋아지면서 조선족의 숫자가 급격히 줄어들고 있다고 한다.

야쿠티야의 경제 구조

야쿠티야가 다이아몬드 생산지로서 세계 최대라는 사실은 아직도 잘 알려져 있지 않다. 야쿠티야에서 다이아몬드가 처음 발견된 것은 1949년이다. 그 후 10년 간 집중적인 지질 조사에 의해 야쿠티야의 서부지역이 다이아몬드 매장 지역이라는 것이 밝혀졌다. 본격적인 개발은 1990년대 초부터 시작되었다. 1992년 국가의 통제, 관리를 받는 다이아몬드 채굴전문회사 알로사(ALROSA)가 설립되었다. 러시아 연방의 대기업 중 하나로 산하에 수십 개의 자회사, 공동기업, 은행, 호텔 및 사회 기여 기관들을 거느리고 있다. 알로사 밑에 7개의 가공 판매 회사가 연결되어 있다. 이 회사들 중에는 인도계와 일본계가 하나씩 있다. 제일 큰 가공회사는 에플(EPL)이다. 다이아몬드 산업은 야쿠티야 경제를 떠받치는 가장 중요한 산업이다. 다이아몬드와 보석류의 가공 기술을 보여주는 곳으로 시내 한복판 트근다르한 호텔 옆 재무부 빌딩 2층에 다이아몬드 박물관이 있다.

석탄 산업은 야쿠티야의 노동력을 가장 많이 수용하는 분야이다. 생산에서는 석유 다음으로 많다. 매년 평균 1,040만 톤을 생산하며, 그중 800만 톤 이상을 수출한다. 야쿠티야의 전체 석탄 매장량은 25조 톤으로 러시아의 예상 매장량의 40%, 전 세계

매장량의 10%에 달한다. 이 매장량은 극동 지역 전체 매장량의 48%를 차지한다. 석탄 광산지는 주로 남부 지역에 집중되어 있다. 그 중심은 남부 야쿠티야의 네륜그리이다. 네륜그리는 철도로 하바롭스크까지 연결되어 있다.

다이아몬드와 함께 야쿠티야의 경제를 받치고 있는 산업은 석유와 천연가스이다. 천연가스 추정 매장량은 10조 ㎥를 넘는다. 특히 천연가스는 최근 채굴이 본격화되어 중국으로 수출되고 있다. 원유 채굴 회사들로는 '수르구트네프테가스'(Surgutneftegaz), '타아스-유랴흐 원유채굴회사', '이렐랴흐네프티', '레나네프티가스'가 있다. 해외 자본 유치를 위해 애를 쓰고 있어 이스라엘, 벨기에 같은 전통적 투자국가 외에 인도, 일본, 중국 등의 투자가 점차 증가하고 있다.

네륜그리의 노천 탄광

야쿠티야가 한국에 중요한 이유

러시아의 미래는 극동 지역과 동 시베리아를 개발하고 이곳에 인구가 유입되도록 만들 수 있느냐에 달려 있다고 해도 과언이 아니다. 이 지역의 기후와 자연 조건은 불리하지만, 이 지역에 매장된 지하자원들은 러시아의 미래에 매우 큰 의미가 있기 때문이다. 자원이 없는 대한민국으로서는 야쿠티야가 지리적으로 아주 가까운 곳에 있다는 점이 매력적이다.

이곳의 천연가스나 희토류는 자연조건만 극복할 수 있다면 먼 나라에서 수입하는 것보다 물류상의 잇점이 있다. 이밖에 이곳의 삼림자원은 거의 무궁무진하다고 할 수 있다. 사하 공화국 정부는 한국의 기업이 투자해 주기를 매우 기대하고 있다.

역사와 문화적으로도 이 지역에 대해서는 대한민국이 관심을 가

초론(야쿠티야의 전통 그릇)

질 이유가 있다. 야쿠트인뿐만 아니라 이곳의 주민들은 한국에 대해 문화적, 역사적 유대감을 갖고 있다. 야쿠트인이나 에벤키, 에벤인들은 고대에 만주와 바이칼 부근에 살다가 북쪽으로 이주해 간 민족들이다. 한국인의 뿌리가 북방 어딘가에 있다고 가정한다면, 아주 먼 옛날 하나의 공동체를 이루고 있었을 수도 있다. 북방계 민족 중 오늘날 경제적으로, 문화적으로 가장 선진화된 나라가 대한민국이다. 대한민국은 북방 민족 문화에 대해 연구할 수 있는 능력과 연관성을 가진 유일한 나라이다. 이런 점에서 사하 공화국(야쿠티야)와 그 수도 야쿠츠크는 대한민국에 중요한 지역이다.

마가단, 콜리마의 관문

김민수

콜리마 지역 지하자원 개발을 목적으로 조성된 도시, 마가단

마가단은 러시아 북동부 오호츠크해 해안의 언덕을 중심으로 형성된 항구 도시이며, 마가단주의 주도이다. 마가단시의 인구는 약 92,000명이다. 1929년 콜리마 지역에 매장된 금 등 유용 광물 개발을 위해 형성된 마을에서 기원했으며, 1939년에 도시로 승격되었다. 마가단카강이 도시를 두 부분으로 나누고 있으며, 도심에는 1950년대 레닌그라드 건축가들이 네오클래식 스타일로 설계한 건물들이 조화롭게 자리 잡고 있다.

마가단이라는 명칭의 기원은 명확하게 밝혀지지 않았다. 일설에 따르면 해안의 퇴적물을 의미하는 에벤어 '몬고단'에서 기원되었다고 하고, 마른 나무라는 의미의 에벤어 '몬고트' 또는 마른 나무 더미라는 의미의 '몬고단'에서 기원되었다는 설도 있다. 에벤어로 바람이 부는 곳이라는 의미의 '몽그단'에서 기원되었다는 설도 있다. 어원 자체가 에벤어에서 기원되었다는 여러 가지 설은 이 지역의 원주민이 에벤인이라는 점을 말해준다.

20세기 초 제정 러시아 정부는 금, 은 등의 귀금속 매장지를 찾기 위해 추콧카와 오호츠크해안에 관심을 두고 지질 탐사대를 파견했다. 그러나 산업적 의미를 가지는 금광은 발견하지 못했다. 그러던 중 1915년에 스레드네칸강 유역에서 혼자 금을 찾아다니던 샤피굴린이라는 사람이 콜리마 지역 최초로 금을 발견했고, 1926년 소비에트 정부가 파견한 오브루체프 탐사대가 금이 매장되었을 것으로 보이는 지질 구조를 확인했다.

이에 따라 1928년에 유리 빌리빈이 이끄는 제1차 콜리마 탐사대가 임차한 일본 선박 다이보시마루호를 타고 올라강 어귀에 상륙하여 콜리마강 유역을 상세하게 탐사하기 시작했으며, 지리적 탐사 결과 항구 입지와 도시 건설의 기점으로 나가예프만이 추천되었다. 한편, 당시 식량과 장비 그리고 광부와 지질학자 등은 올라 해안에 상륙하여 올라 지역의 오솔길을 통해 수송되었다. 그런데 말탄강과 바합차강을 건너야 했기에 수송에 많은 시간이 걸렸다. 이에 따라 1928년 10월 올라군당 집행위원회가 나가예프만에 동부 에벤인 문화기지를 건설하기로 결정했다. 1929년 6월 22일 그곳에 주택, 학교, 동물 진료소, 병원, 기숙학교 등이 건설되기 시작했는데, 그것이 바로 마가단시의 기원이 된 마가단 마을이었다. 1931년 11월에는 소련 극동군 출신 제대 군인들이 '슬라브스트로이'호를 타고 마가단에 상륙하는 등 지하자원 개발을 위해 지질학자, 광부 등 인력이 모여들었고, 마가단 마을 인구가 500명에서 2천명으로 급증했다. 이후 인구가 지속적으로 증가했으며, 마가단 마을은 1939년에 인구 27,000명의 시로 승격했다. 1954년부터 현재까지 마가단주 주도의 역할을 하고 있다.

마가단은 오호츠크해 나가예프만과 게르트네르만 사이에 위치하고 있다. 마가단과 마가단주 내 주요 인구 밀집 지역인 수수만, 소콜, 팔랏카, 야고드노예 등과는 R504 콜리마 연방도로를 통해 연결된다. 마가단에는 철도가 없다. 마가단에서 모스크바까지 거리는 항로로 5,900㎞, 약 8시간 비행 거리이고, 육로로는 약 7,110㎞에 달한다.

마가단은 아북극기후대의 해양성 기후이다. 따라서 겨울은 춥고 길며, 여름은 짧고 선선하며 바람이 잦다. 5월이 되어야 평균 기온이 0도를 넘는다. 10월 초부터 4월말까지는 평균 기온이 영하에 머문다. 가장 따뜻한 8월에 최고 기온이 +15℃에 이르기도 한다. 연중 가장 추운 달은 1월로 평균 기온이 -16.4℃이다.

마가단시 문장은 상부 적색 바탕에 튀어오르는 전설적인 황금 순록이 묘사되어 있고, 순록의 발 아래에는 황금색 별 두 개가 그려져 있다. 황금색 순록은 마가단주의 두 가지 주요 산업, 즉 순록 유목과 금 채광을 상징한다. 바탕의 붉은색은 용감성, 헌신, 영웅심, 공정한 투쟁과 삶을 의미한다. 아랫부분은 하늘색 바탕에 은색 파선이 그려져 있고 테두리 역시 은색이다. 이

것은 콜리마 지역 해양 관문으로서의 마가단을 상징한다. 파란색은 숭고함, 사려, 진실성과 선행을 상징하며, 은색은 순수함, 지혜, 평화, 상호 협력을 상징한다.

마가단의 인구는 20세기 초부터 지속적으로 완만한 증가세를 보이다가 소연방 붕괴 이후 지속적으로 소폭 감소 경향을 유지하고 있다. 현재 인구는 약 92,000명이다. 마가단의 기본 산업으로 어류 가공, 광산 장비 생산, 기계 제작 등을 들 수 있다.

마가단주의 인구는 2018년 기준 약 145,000명이며, 러시아인이 약 84%를 차지하고 우크라이나인, 벨라루스인, 타타르인 등 러시아 서부지역 이주민 외에 에벤족, 코랴크족, 이텔멘족, 축치족, 캄차달족, 유카기르족, 추반족 등 현지 및 인접 지역의 다양한 원주민들이 거주하고 있다.

콜리마 지역 개발은 '달스트로이'라는 조직에 의해 이루어졌다. 1931년 11월 소연방 노동국방위원회는 콜리마 상류 지역 개발, 즉 현재의 마가단주 내 올가, 세임찬 지역의 금광 탐사 및 개발 그리고 나가예프만에서 채금 지역까지의 도로 건설을 목적으로 국영 트러스트인 '달스트로이'를 설치했다. '달스트로이' 본부는 나가예프만 해변에 조성된 마가단 마을에 자리를 잡았다. 그러나 마가단 지역에는 도로와 건물 건설 및 광산 개발에 필요한 노동력이 되는 상주 인구가 부족했다. 이에 따라 소련 정부는 죄수들을 투입해 '달스트로이'의 활동에 필요한 노동력을 조달하기로 결정했다.

1932년 2월 4일 제1차로 100여명의 죄수들이 호송 임무를 맡은 군인들 그리고 '달스트로이'에 고용된 노동자들과 함께 '사할린'호를 타고 나가에프만에 도착했다. 이후 1932년 4월에 북동교정노동수용소가 설치되었고, 그 때부터 죄수들이 본격적으로 이송되기 시작했다. 1932년 7월 약 10,000명의 죄수가 이송되었는데, 죄수들은 물론 감시원, 감시견까지 그해 겨울을 견디지 못하고 모두 사망했다. 그 다음해인 1933년에는 제2차로 약 27,000명의 죄수가 이송되었는데, 그해 겨울동안 살아남은 인원은 1/50에 불과했다. 1934년에 제3차로 이송된 약 32,000명의 죄수들은 대부분 겨울동안 살아남았고, 바로 그해에 죄수들의 육체 노동을 활용한 콜리마 대로 및 기타 도로, 하상포구, 활주로, 마을 건설이 시작되었다. 이후 1956년까지 매년 최대 176,000명에서 최소 23,000명의 죄수가 이송되어 노동에 투입되었다.

마가단주 교정국 자료에 따르면, 1932년부터 1953년까지 콜리마 수용소에 수용된 죄수는 총 740,434명이었으며, 이후에도 매년 수만 명씩 수용되었지만 총 수는 80만 명을 넘지 않았다. 이 가운데 약 12만 명에서 13만 명가량이 부상, 피살, 자살 등 다양한 이유로 사망했고, 그 중 약 1만 명이 총살당했다. 1951년에는 당시 소연방 내무부의 국 단위 부서로 존재했던 달스트로이가 모든 기능을 상응하는 부서와 조직에 이관했으며, 1953년에는 달스트로이가 관리하던 영토 내에 마가단주가 형성되었다. 이로써 마가단시가 해당 지역의 행정, 경제, 과학, 문화의 중심지가 되었다. 1957년에 달스트로이가 해체되고 마가단 경제지구가 설치되었다.

달스트로이가 활동한 약 25년 동안 콜리마 지역 중심 도시인 마가단은 소련 내무 인민위원회 북동 교정 노동 수용소 운영의 중심지였다. 수많은 수형자들이 선편으로 수송되어 크루타야 언덕에 위치한 임시수용소에서 부티기차그 우라늄 광산, 말댜크, 하틴나흐 지역의 광산, 그리고 가장 악명이 높았던 세르판틴카 수용소로 배치되었다. 북동 교정 노동 수용소와 해안 교정 노동 수용소는 마가단을 중심으로 200개 이상의 교정 노동 수용소를 운영했다.

마가단의 자동차 도로

마가단은 오호츠크 해안의 해로, 육로, 항로의 교차점에 위치하고 있다. 연방도로인 콜리마 대로가 서쪽 사하 공화국으로 이어지고 있고, 니즈니베스탸흐에서 남쪽으로 이어지는 연방도로 '레나'와 연결된다. 그리고 마가단에서 서쪽으로 발라간노예를 거쳐 탈론까지 이어지는 지방도로 R481과 마가단에서 동쪽 올라까지 이어지는 지방도로 R482가 주요 도로이다. 이 두 개의 지방도로는 마가단주를 벗어나지 않는다. 콜리마 대로가 마가단에서 다른 지방으로 연결되는 유일한 도로이다.

마가단 버스터미널에서는 올라, 아르만, 팔랏카, 소콜, 웁타르, 야고드노예, 수수만, 우스트옴추그, 마트로소보 등으로 시외버스가 운행된다.

마가단 시외버스 터미널

마가단의 항구

마가단 시내에서 나가예프만으로 이어지는 길 끝에는 항구가 위치하고 있다. 마가단항은 러시아 북동 지역에서 페트로파블롭스크 캄차츠키 항구에 이어 두 번째로 큰 상업항이다.

마가단 항구는 콜리마의 관문이라고도 불린다. 콜리마 지역으로 가는 모든 화물이 이 항구를 통하기 때문이다. 콜리마 대로 건설 이전에는 철도가 없는 마가단의 유일한 출입구가 바로 항구였다. 과거에는 이 항구를 나가예보 항구라 불렀으며, 1977년부터 공식적으로 마가단 항구라고 부르기 시작했다. 이 항구가 콜리마 지역에 대해 가지는 의미는 지대하다. 콜리마 지역으로 공급되는 연료, 건축자재, 각종 장비를 포함한 화물의 99%가 해로

나가예프만 좌측 항구

나가예프만 우측 항구

를 통해 운송되기 때문이다.

마가단 항구는 오호츠크해 타우이만 내의 나가예프만 좌우측에 위치하고 있고, 나가예프만은 스타리츠키반도를 사이에 두고 게르트네르만과 이웃해 있다. 나가예프만과 게르트네르만의 해안은 세리곶과 치리코프곶 사이에서 타우이만 쪽으로 낮아진다. 나가예프만 내의 해류는 약한 편이며, 흘러들어가는 강이 없어 토사의 퇴적도 없다. 만 내 해수의 결빙일은 연중 거의 200일에 달한다. 그러나 항구가 결빙되는 12월에서 5월까지는 쇄빙선이 얼음을 깨며 선박 행렬을 이끄는 방식으로 선박이 운행되므로 일 년 내내 항구 사용이 가능하다. 마가단 항구의 통과 능력은 279만 톤이며, 그 중 20만 톤이 액체 화물이다. 항구의 물동량은 2014년 기준 140만 톤이다. 항구가 건설된 1960년대에는 주로 건설 자재나 주민 생필품이 주를 이루었는데, 최근에는 모든 종류의 화물이 운송되고 있다. 현재 항구에는 13곳의 접안 시설, 10~40톤급의 이동식 크레인 15개가 설치되어 있고, 캐터필러나 바퀴가 달린 하역 장비들도 운영되고 있다. 마가단항을 통한 해상 수송은 대부분 바니노, 나홋카, 보스토치니항과 연계된다. 수출 화물이 마가단항을 통해 미국과 한국의 항구들로도 운송된다.

마가단항에는 세관, 출입국 관리소, 관세 창고가 설치되어 있어 모든 국적의 선박이 출입할 수 있으며, 항구의 물동량이 지속적으로 증가하고 있다. 그러나 아직 정기 여객선은 운항되지 않고 있다.

마가단의 국제 공항

마가단 국제 공항은 마가단에서 콜리마 대로를 따라 56㎞ 떨어진 소콜이라는 마을에 위치하고 있다. 이 공항에서 멀리 상트페테르부르크, 모스크바, 크라스노다르, 시베리아의 노보시비르스크, 이르쿠츠크, 울란우데, 극동의 블라디보스토크, 하바롭스크까지 항공편이 운항되며, 가까운 페트로파블롭스크 캄차츠키,

마가단 국제 공항 청사

애도의 마스크 전면

애도의 마스크 후면

아나디르, 케페르베옘, 야쿠츠크 그리고 옴숙찬, 세임찬, 수수만, 오몰론, 에벤스크로 운항되는 항공편도 이용할 수 있다. 연간 약 30만 명의 여객이 공항을 이용하며, 지리적 입지로 인해 전 세계 항로의 약 1/3을 관제하고 있다.

마가단의 명소

- 애도의 마스크

스탈린 시대에 수형자들을 모아 교정 노동 수용소로 배치했던 장소인 마가단시 크루타야 언덕에는 콜리마 북동 교정 노동 수용소에 수용되었던 정치 탄압 희생자들을 추모하기 위한 건축물이 세워져 있다. 조각가 에른스트 네이즈베스트니와 건축가 카밀 코자예프가 큐비즘 양식으로 제작하여 1996년 6월 12일에 공개하기 시작했다. 이 건축물의 중심 형상은 사람의 얼굴이다. 그 얼굴의 왼쪽 머리에는 인간의 기억을 상징하는 5개의 작은 마스크들이 새겨져 있고, 눈에서는 작은 마스크 형태의 눈물방울이 흐르고 있으며, 오른쪽 눈은 창살이 쳐진 창문의 모습으로 창살 너머에는 바람에 흔들리는 종이 달려 있고 그 아래에는 937이라는 수형자 번호가 달려있다. 건축물의 반대편 상부에는 십자가와 남자가 뒤엉킨 독특한 형상이 만들어져 있고 하부에는 무릎을 꿇고 앉아 울고 있는 여인의 모습이 만들어져 있다. 계단을 타고 올라가 기념물 내부로 들어가면 실제 감방의 모습이 재현되어 있다.

스바토트로이츠키 성당

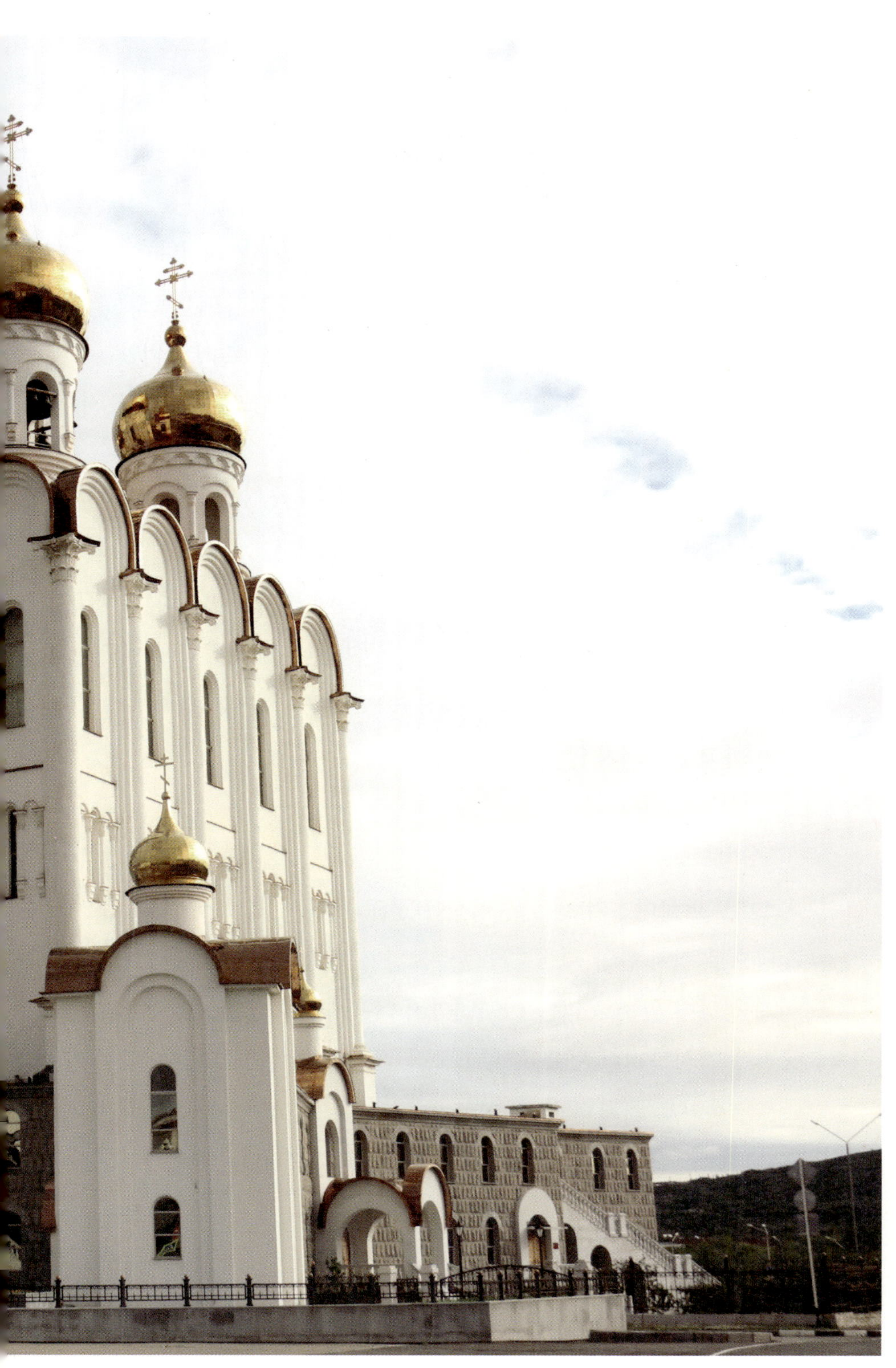

기념물은 높이 15m, 총 면적 56㎡이다. 기념물 아래쪽에는 콜리마 지역에서 가장 악명 높았던 말댜크, 부투기착, 헤니칸자, 젤갈라, 엘겐, 드네프롭스키, 세르판틴카, 세베르니, 마글락, 카뇬, 킨잘 등 11개 수용소 명칭이 적힌 콘크리트 덩어리가 놓여있다. 이 기념물은 노보시비르스크, 사마라, 탐보프, 상트페테르부르크, 마가단의 주민들 그리고 제작자 자신들의 기부금으로 제작되었으며, 마스크 제작자들이 기획한 '애도의 삼각점'이라는 프로젝트의 일환으로 세워졌다. 그들은 스탈린 시대 정치적 탄압의 희생자들을 추모하기 위해 교정 노동 수용소로 악명이 높았던 마가단, 예카테린부르크, 코미 공화국의 보르쿠타 등 세 지역에 애도의 마스크를 설치하는 프로젝트를 기획하여 추진하고 있다. 마가단의 애도의 마스크에 이어 2017년 예카테린부르크 근교에 '애도의 마스크: 유럽-아시아'가 세워졌고, 보르쿠타의 애도의 마스크는 아직 설치되지 않았다.

- 스뱌토트로이츠키 성당

스뱌토트로이츠키 성당은 러시아 정교회 마가단 교구 주교좌 성당으로 정치 탄압 희생자들을 추모하기 위해 건립한 성당이다. 현재 성당이 있는 자리는 1985년까지 14층짜리 거대한 소비에트 궁전을 건설하려던 곳으로서, 건물의 골조가 설치되었지만 페레스트로이카로 인해 건설이 중단되었다. 이후 2001년도에 기존의 골조를 활용한 성당 건축이 시작되었다. 성당은 2008년에 완공되어 2011년 9월 1일에 축성되었다.

이 성당은 중앙의 십자가가 세워진 돔 지붕까지의 높이가 71.2m에 달하여 러시아 내에서 가장 높은 성당 가운데 하나이며, 극동 지역에서는 가장 높은 성당이다. 성당은 백색의 벽 위에 다섯 개의 황금색 돔 지붕이 설치된 모습으로 고대 러시아 블라디미르와 노브고로드의 건축 양식에 따라 건축되었다. 성당 내부의 성상화는 팔레흐의 장인들이 그렸다.

- 마가단 주립 향토 박물관

마가단 주립 향토 박물관은 러시아 북동 지역 최대 규모의 박물관이다. 이 박물관은 1934년에 개관되었으며, 1953년까지 오호츠크-콜리마 향토 박물관이라는 명칭을 사용했다. 이 박물관에 전시된 전시물의 기반이 된 것은 제1차 콜리마 콜호즈인 대회에 즈음해 최초로 개최한 전시회의 전시물품이었다. 박물관 설립 당시에는 에벤인과 야쿠트인 민족지학 관련 물품, 자연사 관련 물

마가단주 향토 박물관 콜리마 전시실 입구

품 등 오호츠크-콜리마 향토 연구 클럽 회원들이 자발적으로 수집한 600점의 물품이 전시되었다. 이후 지질학자, 건축가, 교사, 의사 등 각 분야 전문가들의 적극적인 협조로 콜리마 지역의 희귀 역사 자료들도 수집되었다. 1953년 마가단주가 설치되면서 이 박물관은 마가단 주립 향토 박물관으로 개명되었다.

박물관의 상설 전시실로는 '북방의 자연', '암석의 세계', '콜리마. 북방 교정 노동 수용소 1932~1956', '달스트로이', '땅과 바다의 사람들' 등이 있다. '북방의 자연' 전시실에는 이 지역 고대 및 현대 동식물, 매머드의 상아, 코뿔소, 말 등 고대 동물의 유골, 각종 식물 화석 등이 전시되어 있다. '암석의 세계' 전시실에는 이 지역에서 발견되는 광물 원석과 가공품, 고고학과 민족지학 석제 유물들이 전시되어 있다. '콜리마, 북동 교정 노동 수용소 1932-1956' 전시실에는 1932년부터 운영된 북동 교정 노동 수용소와 관련된 작업도구, 철망, 죄수들의 의복과 신발, 생활도구, 각종 문서와 사진 등 과거 수용소가 있던 곳에서 수집한 물품들이 전시되어 있다. 이 전시실은 1992년에 설치되었는데, 정치 탄압의 역사를 보여주는 전시실로는 러시아내에서 처음으로 개관된 것이다. '달스트로이' 전시실에서도 달스트로이의 조직 및 수형자들의 도로, 항구, 광산 건설 노동과 관련된 자료들과 사진들을 볼 수 있다. '땅과 바다의 사람들' 전시실에는 에벤인, 코랴크인, 유카기르인을 비롯하여 에스키모인에 이르기까지 콜리마 주변 지역 여러 원주민족들의 전통 민속 문화 자료들이 전시되어 있다.

- 철제 매머드 상

나가예프만 해변에는 기계 부품, 철사, 톱니바퀴 등 고철로 만든 거대한 매머드 조형물이 설치되어 있다. 작품의 명칭은 '시간'이다. 2013년 9월에 설치된 이 작품의 제작자는 유리 루텐코다. 그는 4년에 걸쳐 다양한 철제 기계 부품들을 사용해 실물 크기의 매머드 상을 만들었다. 작품의 크기는 높이가 4m, 길이가 6m이다. 매머드 조형물 표면에는 주로 시계 부품을 연상시키는 볼트, 너트, 톱니바퀴를 부착하여 시간의 흐름을 상징하고 있다. 이 작품은 철로 만들었지만 의도적으로 표면에 코팅을 하지 않아 해풍을 맞으면서 자연스럽게 녹이 슬게 했다. 따라서 수년이 지난 현재 조형물 표면은 녹이 슬어 있는데, 그것이 실제 매머드 털 색깔과 유사하다고 한다. 그리고 바닷바람이 세게 불 때 매머드

철제 매머드 상

의 울음소리 같은 특이한 소리가 나도록 구조물 내부에 특별한 장치를 해두었다고 한다.

마가단 주변 주요 마을, 올라와 가들랴

- 올라

올라는 올라 군청 소재지로 마가단 동쪽 33㎞ 거리의 오호츠크해 타우이만 해변으로 흘러들어가는 올라강 하구에 위치한다. 인구는 약 6,200명이다. 1716년에 이곳에 처음으로 마을이 조성되었고, 1926년에 올라 군청 소재지가 되었다. 1928년에는 황금을 찾아오는 사람들이 급격히 늘어나 이 지역 전체가 심한 기근에 시달리기도 했다.

1928년 7월 유리 빌리빈이 이끄는 콜리마 탐사대가 상륙한 곳도 바로 이곳 올라였고, 이 마을 주민인 경험 많은 야쿠트인 사냥꾼 마카르 메도프가 탐사대를 안내했다. 이후에도 올라 주민들이 탐사대를 안내했고 말을 사육하여 제공하는 등 콜리마 지역 개발에 커다란 역할을 했다. 그러나 나가예보 마을에 항구가 조성되면서 콜리마 지역 개발 기점으로서의 올라의 역할이 축소되었다.

그 후 1950년대 들어서 올라-마가단 도로가 건설되었으며, 올라는 어로와 어류 가공 중심지, 감자, 당근, 비트를 재배하는 농업 지역이 되었다. 현재도 올라에서는 감자, 채소 재배와 우유 생산 등 농업과 목축업이 주된 산업이다. 1960년대에는 농업 전문가 양성을 위해 올라 농업 전문학교가 설치되어 마가단 지역은 물론, 캄차카, 야쿠티야 등 인접 지방 원주민족 출신 학생들이 주로 입학하여 교육을 받았다.

올라군 영토 내에는 에벤인, 오로치인, 이텔멘인, 캄차달인, 나나이인, 울치인 등 다양한 극북지역 소수민족들이 거주하고 있다. 그들은 얌스크, 타흐토얌스크, 타우이스크, 가들랴 등의 마을에 밀집되어 있다. 이들은 순록 유목, 해양 포유류와 야생 동물 사냥 등 전통 산업을 유지하고 있기도 하다. 올라 향토 박물관에는 이들 원주민의 전통 생활과 관련된 물건들이 전시되어 있다.

올라군 지역 내에는 금, 은, 구리, 보석, 건축용 골재가 매장되어 있으며, 현재 올라군의 경제, 산업에서 유용 광물 채굴이 우선적인 발전 방향이 되고 있다. 금, 갈탄, 석유 채굴 전망도 크다.

올라군 향토 박물관 전시물

- 가들랴

가들랴는 올라군에 속하는 마을로서 올라강 하류 우안에 위치하고 있다. 올라에서 9㎞, 마가단에서 44㎞ 떨어져 있다. 인구는 약 440명이다. 이 마을은 1893년 야쿠트인 이주민들이 처음 조성했으며, 1927년에는 어부 조합이 조직되었고 얼마 후에는 어업 콜호즈로 개편되었다. 그와 더불어 마가단주 최초로 흑여우 사육 농장이 설치되기도 했다.

가들랴 마을 소재 초등학교에서는 10년째 매년 7월에 '일출'이라는 뜻의 '뇰텐 헤데켄'이라는 이름의 민족 문화 캠프가 열린다. 이 캠프는 학생들에게 다양한 원주민족들의 민속춤, 관습, 응용예술 등을 가르치는 것을 목적으로 하는데, 다양한 원주민족의 언어와 문화를 가르칠 수 있는 교사 수급이 쉽지 않은 관계로 현

가들랴 마을 초등학교 캠프에서 민속춤을 배우는 아이들

재는 학생들에게 에벤어와 에벤 민속춤, 민속 공예, 민속 놀이만 가르치고 있다. 또한 학생들에게 타이가와 툰드라 생활에 필요한 기초 지식도 가르치고 있다. 캠프는 북방 소수 원주민족 지원을 위한 지방정부 재원으로 운영되고 있다.

마가단주의 원주민족

마가단 지역의 주요 원주민족은 에벤인이며, 에벤인 민족 공동체는 레나강 중류 지역의 여러 순록 유목 그룹을 바탕으로 발생했다. 현대 에벤인의 조상인 순록을 유목하는 퉁구스인은 13~14세기에 동쪽인 오호츠크해안 지역으로 이동하기 시작했다. 그것은 야쿠트인들의 이주 때문이었다. 러시아인이 콜리마 지역에 도래하기 전 퉁구스어를 사용하는 순록 유목민들은 작은 그룹별로 콜리마강, 인디기르카강 상류 지역에서 유목했으며, 17세기 후반 그들의 총 수는 약 3,500명이었다. 그들은 코랴크인의 일부와 유카기르인 대부분을 동화시켰고, 19세기 말 인구가 약 9,500명까지 늘어났다. 후일 마가단주 영토가 되는 지역에 20세기 초까지 적어도 3,500명의 순록 유목 에벤인이 분포했다.

유카기르인은 17세기 중엽까지 콜리마강과 오몰론강 유역 대부분 지역을 차지했었다. 그러나 17세기 말 전쟁과 전염병 그리고 주변 민족들에 동화됨에 따라 인구가 대폭 감소되었다. 18~19세기에는 순록을 유목하는 에벤인들의 영향을 받았다. 특히 19세기 말 무렵 유카기르인은 야생 순록의 이동 경로 변화, 큰사슴의 개체 수 감소 등 생태계 변화로 인해 극심한 기근을 겪게 되었고, 러시아인이나 순록을 유목하는 에벤인들의 도움으로 살아남았다.

코랴크인은 19세기 말 무렵 콜리마 지역에 두 개의 유목 그룹이 있었고 그들의 총 수는 약 300명이었다. 그러나 전염병과 주변 민족으로의 동화에 따라 인구가 급격히 감소하고 민족적 독자성도 상실하게 되었다.

현재 마가단주에 거주하는 야쿠트인은 다양한 시기에 이주한 이주민의 후손이다. 야쿠트인은 17세기 말부터 콜리마 지역으로 이주하기 시작했고, 틸라흐강, 발리기찬강, 세임찬강 어귀의 목초지를 개척했다. 19세기말 현재의 마가단주 영토 내 야쿠트인의 수는 약 500~600명이었다. 그 외에도 야쿠트인은 1909~1910년에 올라-콜리마 도로 건설 인부로, 1920년대 초에는 어업에 종사하기 위해 이주했다.

캄차달인은 러시아인 개척자들이 이주하면서 원주민과의 결혼으로 형성된 민족이다. 이들은 주로 아우이스크, 아르만, 올라, 얌스크, 기지가 마을에 거주했으며, 19세기부터 다른 원주민들 보다는 주로 러시아인 이주자들과 결혼했다. 1910년 오호츠크 지역 캄차달인 총 인구는 약 1,300명 이었다.

1930~1940년대 콜리마 지역이 달스트로이의 활동 영역에 포함되면서 집단화를 회피한 에벤인의 대규모 이동, 캄차달인의 러시아인화, 인구 상황 악화 등의 결과로 원주민 인구가 감소했다. 그러나 전과 마찬가지로 원주민 가운데 에벤인이 가장 높은 비율

을 유지했다. 1930~1940년대 오호츠크-콜리마 지역 원주민 인구 변화는 다음과 같았다.

오호츠크-콜리마 지역 원주민족 인구 변화[1)]

민족	연도별 인구(명)			
	1932	1936	1944	1949
에벤	3,523	3,612	2,139	1,888
유카기르	136	150	175	141
캄차달	1,057	514	784	741
야쿠트	784	631	592	541
합계	5,500	4,907	3,690	3,311

1930년대에 안정적이었던 오호츠크-콜리마 지역 에벤인 인구는 1940년대에 급감했는데, 그것은 그들이 여러 행정 단위에 속하는 대단히 넓은 지역에서 유목을 했기 때문이며, 계절적 유목 이동도 원주민족 인구수 통계에 영향을 주었다. 20세기 후반 마가단주 내 이들 원주민족의 인구는 다음과 같이 변동되었다.

민족	연도별 인구(명)				
	1959	1979	1989	2002	2010
에벤	1,960	1,949	2,433	2,527	2,635
유카기르	31	55	68	79	71
캄차달	-	-	-	314	280
야쿠트	710	768	643	469	407

현재 마가단주 전체 인구는 지속적으로 감소하고 있다. 2010년 158,000명에서 2017년 145,000명으로 감소했으며, 매년 약

1) Л.Н. Хаховская, Коренные народы магаданской области в XX - начале XXI вв. Магадан: СВНЦ ДВО РАН, 2008. с. 11.

14,000명 정도가 다른 지방으로 이주하고 있다. 극지 보조 수당 지급 중단으로 인구가 유출되고 인구 자연 증가 지수가 하락하는 것이 인구 감소의 주된 원인이다.

유즈노사할린스크, 잊히면 안 될 시간의 기억

어건주

대륙에서 떨어져 나온 곳, 사할린주

사할린주는 러시아의 85개 연방주체 가운데 유일하게 섬으로만 이루어진 연방주체이다. 일본의 홋카이도 북쪽에 위치한 사할린섬과 캄찻카반도에서 홋카이도 쪽으로 뻗어있는 쿠릴 열도로 이루어져 있다. 면적은 8만 7100㎢로 러시아 전체 영토의 0.8%를 차지한다. 이는 남한 면적의 약 88%에 해당한다. 대륙성 기후와 해양성 기후가 병존하며 1월 평균 기온은 -13.8℃이고, 7월 평균은 +15.5℃ 정도이다.

전체 인구는 약 47만 명이다. 민족 간의 비율은 러시아인들이 가장 많고(84%), 한인(5%, 약 2만 6천명)이 두 번째 자리를 차지하고 있으며, 그 다음은 우크라이나인(4%)들이다. 소수민족들의 수는 그리 많지 않다. 주도는 사할린섬에 위치한 유즈노사할린스크이다.

'사할린'이란 지명은 13세기 몽골인들이 붙인 이름으로 '검은 강으로 들어가는 바위'라는 의미를 가지며, 아이누인의 말로는 '자작나무의 섬'이라는 뜻을 가지고 있다고 한다.

사할린주를 이루는 핵심은 사할린섬이다. 사할린섬은 사람이 거주하는 섬으로는 러시아에서 가장 큰 섬이다. 오호츠크해와 동해에 둘러싸여 있다. 남북의 길이는 948㎞로 한반도의 남북 총길이인 1178㎞와 크게 차이가 나지 않으나, 면적은 한반도의 절반에도 채 미치지 못한다. 섬의 너비는 가장 넓은 곳이 160㎞, 가장 좁은 곳이 30㎞이다. 대륙과 최단거리로 연결되는 네벨스키 해협은 그 거리가 7.3㎞ 밖에 되지 않아 한겨울에는 얼음이 언다고 한다. 예전에 원주민들은 한겨울에 썰매를 타고 얼어붙은 바다를 건너 대륙으로 건너다니기도 했다고 한다.

사할린섬은 대부분이 산간 지형이다. 사할린섬의 대부분이 침엽수림 지대에 위치하고 있으며 숲으로 뒤덮여 있다. 사할린주의 산림은 690만ha로 전체 영토의 87%를 차지한다. 침엽수림이 특히 많다. 사할린은 러시아 극동 지역에서 산림자원 분야의 핵심지역이다. 사할린 숲에는 족제비, 여우, 밍크, 다람쥐, 산토끼, 곰과 사슴이 서식하고 있다. 과실, 약초와 고사리 등이 풍부하다.

쿠릴 열도는 태평양 북서부 캄찻카반도와 일본의 홋카이도 사이 1,300㎞에 걸쳐 있는 열도이다. 56개의 섬과 바위섬들이 줄지어 늘어서 있으며, 태평양과 오호츠크해를 나누는 경계가 된다. 쿠릴 열도에는 약 160개의 화산이 있으며 40여 개 정도가 활화

산이다. 쿠릴 열도 남쪽의 이투루프, 쿠나시르, 시코탄, 하보마이 네 개 섬은 '북방 4개 섬'으로 불리며 일본과 영토 분쟁을 빚고 있는 섬들이다.

19세기까지만 해도 사할린 지역에는 국가가 존재하지 않았고 원주민인 길랴크족과 아이누족이 살던 곳이었다. 그 당시에는 러시아도 일본도 이곳의 영유권을 주장하지 않았다. 19세기 이후 일본의 에도 막부와 러시아 제국이 영유권을 놓고 다툰 결과 1855년 러·일간의 조약이 체결되어 사할린은 양국의 공동 소유가 되었고, 쿠릴 열도에서는 프리자 해협이 양국의 경계가 되었다. 그러다가 1875년에 상트페테르부르크 조약으로 사할린섬 전체와 그 부속 도서들이 러시아 영토로 인정되어 러·일 국경이 확정되었다. 그러나 러·일전쟁 말기인 1905년 7월에 일본군이 사할린섬에 진주하면서 북위 50도 이하 지역의 사할린섬 남부를 양도받았다. 그러나 제2차 세계대전에서 일본이 패망하면서 소련이 이 지역을 점유하였다. 소련은 사할린 전체를 소련 영토에 포함시켰다. 그렇게 '도요하라'는 유즈노사할린스크가 되었다. 1946년 이 지역을 병합한 소련은 1947년에 사할린섬 남부와 쿠릴 열도를 사할린주로 편입시켜 현재에 이르고 있다.

지리적 특성상 사할린주는 어업이 발달해 있다. 러시아 최대의 어장으로서 연어를 비롯하여 청어, 가자미, 고등어, 대구, 넙치 등이 풍부하게 잡힌다. 그런데 최근에는 석유, 가스, 석탄 등이 엄청나게 매장되어 있음이 확인되면서 유전 및 가스 개발과 관련된 에너지 산업이 각광받고 있다. 사할린 지역은 2007년부터 지역

내 자원 개발에 착수하였으며, 현재 사할린 프로젝트를 통하여 유전 및 가스전 개발을 단계적으로 시행 중이다. 이렇듯 에너지 산업을 중심으로 산업이 개편되면서 지역 주민의 소득은 증대되었다. 그 결과 사회 기반 시설이 확충되는 등 생활 수준이 전반적으로 향상되고 있다. 현재 사할린 주정부는 에너지 산업 발전에 노력을 기울이고 있으며, 관광업과 어업 등의 발전에도 주목하면서 사할린 경제 개발 프로젝트를 시행 중이다.

그럼에도 불구하고 사할린 지역을 다니다 보면 대륙의 러시아에서 느낄 수 있는 역동성은 느낄 수 없다. '2018 러시아 월드컵' 특수를 누린 유럽 지역 러시아의 소도시들 또는 극동의 중심으로 떠오르며 새롭게 발전의 동력을 얻어가는 블라디보스토크 등과는 다른 분위기를 느끼게 된다. 대륙에서 고립된 섬 그리고 육지의 대부분이 산지라는 지리적 특성, 그로 인한 교통의 불편, 그리고 적은 인구수, 이와 같은 요소들은 사할린의 발전과 변화를 가로 막는 장애 요인이 되고 있다. 비록 최근에는 문화, 관광 분야에서 새로운 바람을 일으키려 하고 있으나, 아직은 어설프고 서툴러 보인다. 차라리 어설픈 '빨리빨리' 개발 보다는 '느림'과 '힐링'이 보탬이 되지 않을까 생각된다.

유즈노사할린스크

사할린섬 남부에 위치한 도시로 사할린주의 주도이다. 주도답게 사할린 제1의 도시이다. 주민 수도 약 20만 명에 달한다. 사할린주의 거의 절반에 가까운 인구가 유즈노사할린스크에 살고 있는 셈이다. 사할린주의 주도이자 제1의 도시지만 도시의 모습은 소련 시절 비슷한 규모의 지방 소도시를 연상케 한다. 이 도시에서는 높은 고층 건물도, 바쁘게 돌아가는 시간도 찾아볼 수 없다. 최근에 와서 개발의 바람이 군데군데 불고 있기는 하지만 도시 전체의 분위기를 바꾸기에는 역부족이다.

이 도시의 역사는 1882년으로 거슬러 올라간다. 러시아인들에 의해 건설된 이 도시는 당시에는 '블라디미로프카'라고 불렸다. 일본의 통치 하에 있던 1905년부터 1945년까지는 '도요하라'라는 지명으로 불렸다. 제2차 세계대전을 거치면서 소련의 영토가 되었다. 그 후 1946년에 현재의 유즈노사할린스크로 이름이 바뀌었다. 1947년부터 사할린주의 주도가 되었다.

도시의 중심은 레닌 광장이라고 말할 수 있을 것이다. 주청사가 주변에 위치하고 있고 기차역과 버스터미널이 자리 잡고 있다. 사할린의 교통은 유즈노사할린스크를 중심으로 뻗어있다. 철도는 이곳에서 남북으로 그리고 서쪽으로 뻗어있다. 철도는 섬의 북쪽으로 가는 가장 편리한 수단이지만, 노글리키까지 밖에 개통되어 있지 않아서 더 북쪽의 오하 등으로 가려면 버스로 갈아타야 한다.

유즈노사할린스크 기차역의 모습

유즈노사할린스크를 중심으로 뻗어있는 도로들은 포장이 잘 되어 있으나 해안가의 도시를 연결하는 해안 도로들은 비포장도로가 대부분이다. 그나마 철도도 버스도 시외로 다니는 노선은 운행 횟수가 많지 않다. 이용객수가 많지 않은 탓이겠지만 대중교통을 이용하는 사람들에게는 매우 불편한 일이다. 대중교통을 이용해 다른 도시를 여행하려는 관광객들은 버스 시간을 우선적으로 고려해야 하는 불편을 감내하여야 한다. 사할린주를 구성하는 섬들은 천혜의 자연환경을 지니고 있어 그것만으로도 관광객들을 끌어들일 충분한 요소가 될 수 있지만 불편한 교통 환경이 그것을 가로막는 장애가 되고 있다.

레닌 광장의 커다란 레닌 동상 뒤로 넵테고르스크 추모비를 볼 수 있다. 석유 생산을 주로 하던 이 도시에 1995년 5월 28일 진도 7.6의 강진이 덮쳤고 전체 인구 3500명 가운데 2000명 이상이 사망하였다. 그 이후 도시는 폐쇄되었고, 유즈노사할린스크의 레

넵테고르스크 추모비

'세계의 끝' 영화제가 열리고 있는 체호프 극장의 모습

닌 광장에 추모비가 건설되었다. 사할린은 지진으로부터 안전한 지역이 아니다. 오히려 가끔씩 발생하는 지진으로 주민들이 지진에 대한 불안감을 지니고 있는 지역이다.

유즈노사할린스크에서는 '세계의 끝'이라는 이름의 국제영화제가 매년 8~9월에 열린다. 러시아로만 보았을 때 동쪽의 끝에 대륙과 떨어져 존재하는 사할린섬은 '세계의 끝'이라 할 만하다. 재미있는 것은 쿠릴 열도의 남동쪽 끝자락, 일본과 영토 분쟁을 벌이고 있는 북방 4개 섬 가운데 하나인 시코탄섬의 북동쪽에 자리 잡은 갑의 명칭도 '세상의 끝'이라는 것이다. 이 영화제는 2018년까지 8회가 진행되었다. 영화제 기간에는 도심의 체호프 극장을 주 상영장으로 하여 주변의 극장 및 상영장에서 영화와 다양한 기획 행사가 진행된다. 우리나라 감독들의 작품도 매년 출품되고 있다.

유즈노사할린스크의 명소

- 사할린 한인 문화 센터

유즈노사할린스크 시내에는 사할린 한인회 사무실이 위치한 사할린 한인 문화 센터가 있다. 이 건물 1층에는 재외국민들에 대한 교육 활동을 지원하는 사할린 한국교육원이 있고, 2층에 사할린 한인회 사무실이 있다. 사할린 동포들은 그들 스스로를 다른 러시아 지역 동포들과는 다르게 한인이라고 부른다. 고려인이 아니라 한인이라는 것이다. 그들이 사할린으로 끌려온 시기는 일제에 의해 우리나라가 침탈당했던 시기였다. 따라서 그들은 조선 말기의 자발적 이주자들이었던 고려인들과는 달리, 나라를 잃고 고향도 빼앗긴 조선인 출신이라는 것이다. 그러한 아픔을 지니고 있기에 대부분의 사할린 한인 1세들은 소련 국적 취득을 포기하

사할린 한인 문화 센터

고 무국적자로서 불이익을 감수하며 살았던 것이다.

문화 센터 건물 앞에는 두 개의 비석이 서있다. 하나는 1992년에 세운 '사할린 희생 사망 동포 위령탑'이고, 다른 하나는 2007년에 세운 '사할린 한인 이중징용 광부 피해자 추모비'이다. 이중 징용의 문제는 사할린 교포 사회의 또 다른 아픔이다. 일제 말기인 1944년 조선인 광부 약 3200명이 일본

사할린 한인 문화 센터 앞의 추모비

으로 이중징용되었다. 이국땅에서 가족들 간에 생이별을 겪게 된 것이다. 이국땅에 남겨진 가족들과의 헤어짐은 그들에게는 피맺힌 한이 되었을 것이다.

- 고르니보즈두흐

승리 광장 뒤쪽의 야트막한 산이 자리한 곳이 고르니보즈두흐라고 불리는 곳이다. 겨울에는 스키장으로 이용되고, 여름에는 곤돌라를 타고 오르는 전망대로 이용되는 장소이다. 사할린은 겨울에 눈이 많이 내린다. 눈의 질도 좋아서 스키나 스노우보드를 타는 사람들이 좋아하는 장소이다. 경제적인 부담도 크지 않아 최근에는 겨울에 스키를 즐기는 한국인들이 주말을 이용해 다녀온다고도 한다.

- 사할린 향토 박물관

일본의 통치 시대인 1937년에 건설된 건물에 위치한 지역학 박물관이다. 석조 건축물로 전형적인 일본식 건물이다. 사할린의 생태, 역사, 경제, 문화와 관련된 약 8만 점의 소장품이 전시되고 있다. 1층에는 사할린섬 주변의 섬과 바다에 서식하는 생물의 생태, 사할린을 비롯한 천여 개 섬의 역사나 소수 민족의 생활, 아이누인에 대한 자료가 전시되어 있다. 2층은 20세기 이후 사할린 역사를 중심으로 한 유물이 전시되어 있다. 이곳을 둘러보고 나면 사할린의 역사와 생태, 그리고 이곳 사람들의 삶에 대해 어느 정도는 이해할 수 있을 것이다.

고르니보즈두호를 오르내리는 곤돌라

사할린 향토 박물관의 모습

승리 광장의 전승 기념관과 예수 탄생 사원. 뒤로 보이는 산이 고르니보즈두흐이다.

- 승리 광장과 예수 탄생 사원, 전승 기념관, 역사 박물관

최근 러시아를 다니다 보면 새로 지어진 건물들은 둘 중의 하나라는 생각이 든다. 즉, 정교 사원이거나 아니면 제2차 세계대전 승전과 관련된 기념물일것이다. 유즈노사할린스크 승리 광장은 그러한 생각을 증명해주는 장소이다. 예수 탄생 사원과 전승 기념관, 역사 박물관 모두 새롭게 지어진 건물이다.

소련-일본 중립조약을 깨고 1945년 8월 8일부터 일본과 전쟁을 시작했으니 한 달 남짓의 기간, 힘이 다 빠진 일본군을 상대로 한 소련군의 전투는 국외자의 시선으로는 그리 대단할 것도 없어 보이나, 정작 극동 지역 러시아인들의 자부심은 대단해 보인다. 그러한 자부심을 느낄 수 있는 공간이 전승 기념관이다. 이곳에서는 일본군과의 전투에 대한 상세한 내용을 살펴볼 수 있다.

체호프의 사할린 여행

1890년 체호프는 문득 자신의 작가 생활의 전환점이 되는 여행을 떠난다. 그의 전체 여정은 8개월 동안 지속되었다. 1890년 4월에 모스크바를 출발하여, 야로슬라블, 페름, 튜멘, 톰스크, 이르쿠츠크 등의 도시를 방문하면서 동쪽으로 러시아를 횡단하다가 마침내 7월 5일에는 태평양 연안의 니콜라옙스크에서 배를 타고 바다로 나온다. 그리고 7월 11일에 사할린 중부 서쪽 해안에 위치한 알렉산드롭스크에 도착하게 된다. 그곳을 거점으로 삼아 약 2개월 정도는 사할린 북부의 주변 지역을 답사하며 시간을 보낸다. 그러다가 9월 초에 타타르 해협을 따라 남쪽으로 이동하여 사할린 남부에서 약 한 달 간 체류한다. 그후 10월 13일 코르사코프를 출발하여 블라디보스토크로 가게 되고, 그곳에서 다시 뱃길을 통해 모스크바로 향하게 된다. 그 여정 중에 홍콩, 싱가포

체호프 사할린섬 박물관

르를 들렀다. 계속해서 수에즈 운하를 통과하여 흑해로 들어가고 12월에는 모스크바로 귀환하게 된다.

총 8개월의 여정 중에 사할린 섬에 머문 기간은 3개월 정도이다. 그렇지만 사할린 여행은 체호프의 삶과 문학 모두에 지대한 영향을 준 사건이었다고 할 수 있다. 체호프는 1890년 7월부터 10월까지 사할린 섬에 체류하였다. 이 기간 동안 그는 사할린으로 유형 온 죄수 및 주민들을 만나서 8천여 장에 이르는 조사 카드를 작성한다. 조사 카드에는 마을 이름, 신분, 나이, 가족 관계, 사할린에 도착한 연도 등의 12개 항목에 대해 기록하도록 되어 있다. 당국에서도 정치범이 아닌 일반 죄수들과의 접촉은 허용하였다. 사할린에 유형수들이 처음 등장한 것은 1858년이었다. 그리고 1869년에 사할린은 공식적으로 강제 노역과 유형의 땅으로 선언되었다. 그러나 러·일전쟁 기간 동안 유형이 중지되었고, 그 후 이곳으로의 유형은 완전히 사라지게 되었다.

체호프는 사할린섬에서의 경험을 토대로 1893년부터 잡지 『러시아 사상』에 '사할린섬'을 게재하기 시작하였다. 자신의 작품 속에서 체호프는 유형수들의 실태와 형이 끝난 후에도 이곳의 주민으로 살아가는 사람들의 비참한 생활을 사실적으로 기술하고 있다. 그리고 그의 『사할린섬』에서는 이곳에 이주한 한인들에 관한 언급도 찾아볼 수 있다.

체호프가 『사할린섬』을 남겼듯, 사할린섬도 체호프에 대한 기억을 섬 이곳저곳에 보존하고 있다. 체호프의 이름을 딴 도시, 거리와 극장들을 찾아볼 수 있다. 그가 방문했던 곳에는 그를 기념

체호프 사할린섬 박물관 주변의 조형물들

하는 동상들도 세워져 있다. 그러한 기념물들 가운데 대표적인 것이 유즈노사할린스크에 있는 "체호프 책 박물관"이다. 그리 크지 않은 이층 건물에 자리한 박물관은 산뜻한 외관을 지니고 있다. 박물관 주위로는 작은 공원이 있는데, 그곳으로 가는 길에는 체호프의 작품 속 주인공 동상들을 만날 수 있다. 박물관에는 당시 체호프가 들렀던 지역에 대한 소개와 죄수들이 살던 유형소의 모습이 재현되어 있다. 체호프와 관련된 전시실은 일 층이 전부라 전시품이 그리 많지는 않다. 다만 러시아어를 아는 방문객에게는 당시 체호프가 썼던 조사 카드를 작성하는 체험을 권유하는 점이 흥미롭다.

사할린섬 남부의 주요 도시

- 코르사코프, 망향의 한을 간직한 도시

사할린섬의 남쪽 관문이라고 할 수 있는 코르사코프는 아니바만에 자리 잡고 있는 사할린 제2의 도시이다. 유즈노사할린스크에서 남쪽으로 약 42㎞ 떨어진 곳에 위치한다. 사할린주에서 가장 큰 규모의 항구이지만 아직은 제대로 된 국제 교역항으로서의 역할을 하고 있지는 못하는 듯하다. 항구는 조용하고 한적하다. 이곳은 사할린 한인들의 망향의 한이 서린 장소이다. 일본이 패망하고 조국이 해방된 후 사할린의 한인들은 자신들이 사할린으로 처음 실려 왔던 이곳에 모여 조국으로 돌아가기를 기대했다.

망향의 탑과 코르사코프 전경

그러나 그들의 바람은 이루어지지 못했다. 그리고 2007년에 그때의 사람들이 자신들을 조국으로 실어 날라줄 배를 고대하며 바다를 바라보던 시 외곽 언덕 위에 당시의 한을 추모하는 '망향의 탑'이 세워졌다. 망향의 탑 옆으로 추모비에 적힌 내용의 일부를 옮겨 적어 본다.

> 1945년 8월, 애타게 기다리던 광복을 맞아
> 동토의 사할린에서 강제 노역을 하던 4만여 동포들은
> 고국으로 돌아가기 위해 이 코르사코프 항구로 몰려들었습니다.
> 그러나 일본은 일본 국적이 아니라는 이유로
> 이분들을 내버린 채 떠나가 버렸습니다.
> 소련 당국도 혼란 상태에 있던 조국도
> 이들을 돌보지 못했습니다.
> 짧은 여름이 지나 몰아치는 추위 속에서

이분들은 굶주림을 견디며
고국으로 갈 배를 기다리고 또 기다렸습니다.
……

1938년부터 1945년까지 일본의 국가 총동원령으로 인해 약 15만 명의 조선인이 강제 동원 되었다. 1945년 사할린의 잔류 인원은 약 4만 3천명으로 알려져 있다. 1989년에는 약 3만 5천명의 한인이 거주하고 있었다고 하는데, 이는 당시 사할린 전체 인구(70만 명)의 5%에 해당하였다. 1992년부터 추진된 영구 귀국 사업으로 2007년까지 2,221명의 한인 1세가 한국으로 영주 귀국하였다.

2008년 '지구촌 동포 연대'가 조사한 사할린 한인 규모는 유즈노사할린스크에 1만 6천 명, 홈스크에 3천 100명, 코르사코프에 2천 700명, 포로나이스크에 2천 500명 등으로 전체 2만 8,260명이다. 1938년부터 강제로 사할린에 이주된 대부분의 사할린 동포 1세들은 사망하였고, 1990년대 후반과 2000년대 후반 두 차례에 걸쳐 영주 귀국이 있었으나 그 수는 미미한 실정이다. 영주 귀국을 희망하는 사할린 한인의 귀환 문제를 적극적으로 해결해야 해야 하는 문제가 아직도 우리 정부의 과제로 남아 있다.

- 네벨스크

19세기의 인물인 네벨스코이 해군 제독에서 이름을 따온 이 도시는 홈스크에서 해안을 따라 남쪽으로 약 40㎞ 가량 떨어진 곳에 위치한다. 사할린 섬에서는 네벨스코이 제독의 동상을 여러 도시에서 만날 수 있는데, 이 사람이 처음으로 사할린이 반도가 아니라 섬이라는 것을 밝힌 인물이기 때문일 것이다.

도시의 외관은 사할린의 다른 소도시들과는 달리 산뜻하다. 그럴 수밖에 없는 것이 최근에 지어진 건물들이 많기 때문이다. 2007년 북서쪽 타타르 해협에서 일어난 진도 6.1의 지진으로 많은 수의 건물들이 파괴되었다. 시청, 병원, 박물관 그리고 아파트

KAL 007기 희생 일본인 추모 공원. 오른쪽의 조그마한 비석이 한국인 위령비이다.

네벨스크 지역 역사 박물관

까지 많은 건물들이 새로 지어졌다. 도시의 산뜻함 뒤에는 재난의 시간이 숨어있다.

이 도시는 한국 현대사의 슬픈 기억을 간직한 도시이다. 1983년 9월 1일 미국 뉴욕을 출발하여 김포 공항으로 향하던 대한항공 007편이 네벨스크 근처의 모네론섬 상공에서 소련 전투기에 의해 격추되는 비극이 일어난다. 당시 이 비행기에는 246명의 승객과 23명의 승무원이 타고 있었다. 미국의 정찰기로 오인 받아 미사일 공격을 받고 격추된 비행기 희생자들의 슬픈 이야기가 남아있는 곳이다. 도시 외곽으로 가면 KAL 007기 희생자 위령비가 있다. 일본인 희생자 추모 공원 한쪽 옆으로 초라하게 자리한 모습은 우리가 너무 많은 것들을 쉽게 잊는 것은 아닐까 하는 씁쓸함을 갖게 한다. 당시에는 이곳에 올 수도 없는 시절이었다고 하더라도 비석은 너무 초라하다.

최근까지 이곳의 시장은 한인이었다고 한다. 그리고 울산과 자매결연을 맺고 있어서인지 이곳의 박물관에는 한국관이 마련되어 있다. 박물관 내부도 잘 정리되어 있었다. 소장품들도 제법 갖추어져 있었다. 유즈노사할린스크의 박물관들을 제외하면 사할린에서는 가장 규모 있게 잘 조직된 박물관이 아닐까한다.

- 홈스크

사할린 남서안의 항구 도시로 인구는 약 3만 8천명이다. 사할린섬에서 세 번째로 큰 도시이다. 도시의 이름은 러시아어로 '언덕'을 의미하는 단어에서 유래하였다. 그래서인지 이 도시의 뒤

홈스크. 수변 공원에서 바라본 항구 모습

는 산으로 둘러싸여 있다. 유즈노사할린스크에서 서쪽으로 약 90㎞ 떨어진 곳에 있다. 사할린섬에서는 유일하게 해운 여객터미널이 존재하며, 이곳과 대륙의 바니노를 잇는 선박이 정기적으로 운항되고 있다. 한국 관광객들 가운데는 블라디보스토크에서 기차를 타고 바니노로 가서, 그곳에서 배를 타고 사할린섬으로 들어오는 사람들도 있다고 한다. 여름에는 일본에서 이곳으로 크루즈선이 들어오기도 한다.

현재 문경시와 상호 우호 협력 조약을 맺고 문화 교류를 하고 있다. 문경시에서 열리는 "문경새제 아리랑제"에 홈스크시의 무용단을 초청하고, 홈스크시에서 열리는 "사할린 아리랑제"에 공연단이 참가하는 등 제법 활발한 교류를 하고 있다.

홈스크도 사할린 한인들에게는 비극의 장소이다. 1945년 8월 20일 이곳을 통해 소련군이 상륙하였다. 그로 인해 이곳의 조선인들은 비극을 겪게 된다. 홈스크에서 약 40㎞ 정도 떨어진 포자르스코예 마을에서 패주하던 일본인들에 의해 조선인 27명이 살해된 것이다. 그 가운데는 여자와 아이들도 포함되어 있었다. 그 마을의 조선인들을 스파이로 몰아 무참하게 살해한 것이다. 사할린 한인들이 마주한 비극의 흔적은 이처럼 사할린섬의 곳곳에서 우리를 슬프게 한다.

블라디보스토크, 두 시간 만에 만나는 러시아

손현익

'동방을 지배하라'라는 뜻의 블라디보스토크는 모스크바에서 출발하는 시베리아 횡단철도의 종착점이자 태평양으로 나아가는 문호가 되는 러시아 극동 지역 최대의 무역 항구 도시이다.

발해로부터 항일 독립 운동, 고려인 강제 이주에 이르기까지 우리의 역사와 밀접한 관련성에도 불구하고, 블라디보스토크가 국내에 대중적으로 알려지게 된 것은 얼마 되지 않았다. 2004년 5월 서태지의 블라디보스토크 공연이 이 도시에 대한 한국인들의 관심을 불러일으키는 계기가 되었다. 그리고 10년 뒤인 2014년 한·러 무비자 협정이 시행되고, 최근 방영된 여러 예능 프로그램을 통해 소개되면서 관광 도시로서 본격적인 각광을 받기 시작한다.

평범했던 항구 도시는 2012년 이전과 이후로 나뉠 정도로 APEC 정상회담 개최를 계기로 급속하게 발전하고 있다. 황량했던 루스키섬은 극동 연방 대학 캠퍼스를 비롯하여 APEC을 위한 최고의 공간으로 거듭났고, 새롭게 태어난 블라디보스토크 국제공항, 샌프란시스코의 금문교를 연상하게 하는 웅장한 규모의 금각교 등의 인프라들이 구축되었다. 이는 러시아 정부가 극동 개발을 국가 역점 사업으로 지정하고, 낙후된 극동을 개발하기 위한 전초기지로 블라디보스토크를 점찍었기 때문이다. 2015년부터는 매년 동방경제포럼이 개최되고 있다. 러시아 정부는 이를 통해 극동 지역 개발을 논의하며 세계의 이목을 집중시키면서 동진에 박차를 가하고 있다.

블라디보스토크 시내에서 북동쪽으로 약 50㎞ 떨어진 크네비치 국제공항은 2012년 APEC 정상회담 개최에 맞춰 기존의 낙후된 공항 이미지를 탈피해 현재와 같은 확 트이고 깔끔한 유리 건물로 새롭게 탄생했다.

가깝게는 사할린의 유즈노사할린스크부터 멀게는 모스크바까지 국내선은 물론, 한국, 중국, 일본, 북한 등 인근 아시아 국가들을 오가는 국제선이 운항된다.

공항 내부 역시 신공항답게 편의시설이 잘 갖추어져 있어 이용에 전혀 불편함이 없다. 흥미로운 점은 공항 내에 지역 특산물인 킹크랩, 곰새우 등을 판매하는 해산물 판매점이 입점해 있다는 것이다. 새삼 이곳이 항구 도시라는 것을 실감나게 한다.

블라디보스토크 국제공항 청사 전경

블라디보스토크 국제 공항 출국 항공편 스케줄 전광판

블라디보스토크 국제공항 내 해산물 판매점

블라디보스토크의 어깨에 오르다

공항 청사를 빠져나와 택시로 1시간 남짓 달려 블라디보스토크 시내로 접어든다. 제일 먼저 블라디보스토크에서 가장 높은 언덕에 도착했다. 해발 약 200m에 위치한 이곳은 독수리 전망대이다. 항구를 중심으로 금각만을 가로지르는 시원스러운 금각교를 비롯해 시내가 한눈에 내려다보이는 확 트인 경관을 자랑한다. 산으로 둘러싸인 항구와 역, 바다를 가로지르는 교각은 한국의 부산을 떠올리게 한다. 도시는 높지 않은 구릉들이 연속된 형태의 저기복 산지로 이루어져 있는데, 이러한 지형 구조를 교묘하게 이용하여 수많은 계단과 육교, 갈지자형 도로가 입체적으

키릴과 메포디 형제 동상

독수리 전망대에서 바라본 블라디보스토크 전경

푸니쿨라

로 구성되어 있다.

청춘 남녀의 데이트 코스이자 신혼부부의 웨딩 촬영 장소로 인기가 많은 독수리 전망대는 블라디보스토크를 방문하는 관광객들이 반드시 거쳐 가는 명소이다. 전망대 위쪽 가운데에는 슬라브 문자의 창시자인 키릴과 메포디 형제의 동상이 서 있다. 시험 기간에는 인근에 있는 극동기술대 학생들이 좋은 성적을 거두기 위해 기도하러 이곳을 찾는다고 한다.

소련 지도자 흐루쇼프는 미국을 방문하고 나서 블라디보스토크를 '소비에트의 샌프란시스코'로 만들겠다고 선포한 바 있다. 실제 두 도시를 지도에서 보면 툭 튀어나온 가늘고 길쭉한 반도에 시가지가 있고, 대교가 놓인 특유의 도시 구조가 상당 부분 유사하다. 이의 일환으로 1962년에 오늘날 블라디보스토크의 명물이 된 푸니쿨라가 등장하게 되었다. 현재도 언덕 구간을 운행하는 푸니쿨라는 블라디보스토크를 방문하는 이들에게 이색적인 즐거움을 선사한다.

푸니쿨라 전차에서 내려 우측으로 한산한 길을 걷다 보면 거대한 콘크리트 구조의 금각교 교각 하단을 지나치게 된다. 여기서 블라디보스토크 기차역 방향으로 가다가 처음 만나는 사거리에서 좌회전한 후 조금 더 내려가면 바닷가와 맞닿는 길이 나온다. 이 길을 따라 걷다 보면 블라디보스토크에서 아름답고 장엄한 러시아 건축물로 손꼽히는 니콜라이 2세 개선문을 마주하게 된다. 당시 황태자였던 니콜라이 2세의 블라디보스토크 방문을 기념하여 1891년에 지어졌지만, 사회주의 정권이 들어서면서 훼손

니콜라이 2세 개선문

되었다가 2003년 현재의 모습으로 복원되었다.

니콜라이 2세 개선문 바로 옆에는 아르세니예프 향토 박물관의 분관 형태로 운영되는 도시 박물관이 있다. 이곳에서는 머나먼 바다로 항해를 떠나는 선원과 그 가족의 '이별', '기다림', '귀환', '만남'을 테마로 항구 도시에서의 삶의 모습들을 잘 보여주고 있다.

해변 쪽으로 발걸음을 옮기다 보면 인도 한복판에 회색과 녹색으로 된 거대한 잠수함이 시선을 사로잡는다. 이것은 러시아 태평양 함대로서 제2차 세계대전에 참전하여 혁혁한 성과를 거둔 C-53 잠수함을 함내 박물관으로 개조해 놓은 것이다. 박물관 안에는 당시 사용했던 어뢰, 조타실, 잠망경 등 잠수함의 내부 모습

블라디보스토크의 옛 모습을 담고 있는 사진 컬렉션

잠수함 박물관

과 선실이 그대로 재현되어 있어 당시 해군의 전투 기술과 함내 생활을 살펴볼 수 있다. 잠수함 박물관 옆에는 제2차 세계대전 참전용사들을 추모하는 '꺼지지 않는 불꽃'이 활활 타오르고 있다.

시베리아 횡단철도 9,288㎞의 시작과 끝

블라디보스토크는 모스크바-블라디보스토크를 운행하는 시베리아 횡단열차의 시발역이자 종착역이다. 블라디보스토크역은 '극동의 관문'이라는 타이틀에 걸맞지 않은 아담한 규모이지만 아치형 중앙 출입구에 양쪽으로 원뿔형 첨탑까지 갖춘 아름다운 궁전의 모습을 하고 있다. 육교와 계단을 통해 블라디보스토크역 플랫폼에 들어서면 제일 먼저 오래된 증기기관차가 한눈에 띈다. 과거 시베리아를 호령했을 검은 철마가 붉은색 도장을

시베리아 횡단철도의 총 길이를 나타내는 '9,288㎞' 기념비

아래에 휘감고 서 있다. 조금 더 앞으로 가면 3m가 족히 넘는 크기에 '9,288'이라는 숫자가 선명히 양각된 기념비가 러시아의 문장인 쌍두 독수리와 함께 서 있다. 9,288㎞는 시베리아 횡단철도의 총 길이다. 단일 노선으로 9,288㎞는 경부선(441㎞)의 21배나 되는 실로 어마어마한 길이다.

기차역 근처에는 1950년대 할리우드를 대표하던 배우인 율 브리너의 생가가 있다. 영화 '왕과 나(1956)'로 1957년 아카데미 남우주연상을 수상해 세계적인 스타가 된 그는 바로 이곳 블라디보스토크 출신이다. 2012년 그를 기억하고자 세운 동상은 포토존으로 인기가 많다. 아르세니예프 박물관에서도 그의 흔적을 살펴볼 수 있는데, 그의 사진과 영화 포스터가 전시되어 있다. 이곳 사람들은 율 브리너가 블라디보스토크 출신이라는 점에 상당한 자부심을 가지고 있다.

해양공원 쪽으로 뻗어있는 아르바트 거리는 항구 도시 블라디보스토크의 주요 관광지를 잇는 대표적인 거리이다. 모스크바의 아르바트 거리처럼 보행자 전용 도로로, 이 거리의 정식 명칭은 '포킨 제독 거리'이다. 1860년 아편전쟁에서 패한 청나라는 서구 열강과 베이징 조약을 체결한다. 이 조약에 따라 러시아는 연해주를 획득하게 되는데 이를 기념하여 처음에는 이 거리를 러시아어로 베이징을 뜻하는 '페킨스카야' 거리로 불렀다. 1964년부터 태평양 함대 사령관을 지낸 포킨 제독의 이름을 딴 현재의 명칭으로 바꾸게 되었다. 2012년 APEC 개최를 앞두고 도시 외관 정비를 통해 보도블록, 벤치, 분수로 단장한 현재의 모습을 갖추게

율 브리너 동상

아르바트 거리의 분수

되었다. 1㎞가 채 되지 않은 짧은 구간이지만 각종 레스토랑과 카페, 상점이 밀집해 있고 다양한 거리 공연을 즐길 수 있어 여행자들뿐만 아니라 현지인들의 휴식처로 자리매김하고 있다.

신한촌, 연해주 독립 운동의 거점

한때 1만여 명에 달하는 한인이 모여 살던, 연해주 항일 투쟁의 구심점이 되었던 신한촌은 1937년 스탈린의 강제 이주 정책 이후 카자흐스탄이나 우즈베키스탄 등지로 사람들이 뿔뿔이 흩어지면서 사라지게 되었다. 현재 러시아인들이 거주하는 아파트와 상가들이 들어서 옛 자취를 찾기 어렵다. 신한촌 기념비조차도

신한촌 기념비

언덕 위로 향하는 오르막길 초입에 철제 난간으로 둘러진 작은 정원 한구석에 쓸쓸히 서 있어 철제 울타리에 묶인 태극기가 아니라면 자칫 못 보고 지나칠 듯하다. 우리 역사에 중요한 의미를 갖는 이곳을 기억하고자 1999년 3.1 운동 60주년을 기념해 해외 한민족 연구소가 지금의 기념탑을 세웠다. 가운데 3개의 기둥은 국내에 세워진 한성 임시정부와 상해의 대한민국 임시정부, 블라디보스토크의 대한 국민의회를 뜻하는 동시에, 대한민국 국민과 북한 동포, 세계에 흩어져 있는 재외 동포를 뜻하며, 기둥을 둘러싼 8개의 작은 돌은 국내외 독립 운동가들을 의미한다.

아르세니예프 연해주 국립 박물관

연해주에서 가장 오래된 박물관으로 1890년에 개관했다. 러시아 여행가이자 지리학자, 극동 지역 탐험가로 활동한 블라디미르 아르세니예프의 이름을 따서 현재의 명칭인 아르세니예프 연해주 국립 박물관(Primorsky state Museum named after Arsenyev)이 되었다. 발해, 여진, 근현대 러시아 제국 귀족의 생활 등 선사시대부터 제2차 세계대전에 이르기까지 연해주 지역의 역사를 한눈에 볼 수 있는 다양한 유물들을 전시하고 있다. 특히 2층에는 우리에게도 흥미로운 발해의 역사 유물과 이곳에 살았던 원주민들의 생활상 및 문화를 접할 수 있다.

매표소에는 한국어로 된 안내서가 비치되어 있으며, 박물관 내부 화장실 입구의 인테리어가 책꽂이로 되어 있어 매우 인상적이다.

발해 유적 지도

아르세니예프 연해주 박물관 내 화장실 입구의 독특한 인테리어

자연과 문명이 조화를 이루고 있는 루스키섬

블라디보스토크 남쪽에 위치한 루스키섬은 매연이 가득한 블라디보스토크 도심과는 달리 자연 그대로의 모습을 잘 간직하고 있어 많은 현지인과 외국인 관광객들이 트레킹을 목적으로 이곳을 찾는다. 눈앞에 펼쳐지는 드넓은 바다와 울창한 숲은 아름다운 자연경관을 자랑한다. 2012년 APEC 정상회담 개최 이전의 루스키섬은 사실 아무것도 없던 황량한 섬에 불과했다. 한때 군사기지였고, 배를 이용해서만 접근할 수 있었기에 사람들의 발길이 거의 닿지 않았다. 현재는 2012년 APEC 정상회담 개최를 계기로 개통된 루스키 대교를 통해 블라디보스토크 도심과 루스키섬을 자유롭게 오갈 수 있다.

루스키섬에는 극동 연방 대학교와 프리모르스키 아쿠아리움 해양 과학 교육 단지가 위치하고 있다. 극동 연방 대학교는 니콜라이 2세의 명령에 따라 1899년에 설립된 극동 지역에서 가장 큰 종합대학이다. 본래 블라디보스토크 도심에 있었으나 2013년부터 이곳 루스키섬으로 캠퍼스를 이전하게 되었다. APEC 정상회담 당시 회의 장소로 사용되었던 건물들은 현재 극동 연방 대학교 캠퍼스로 사용되고 있다. 그래서인지 여느 러시아 대학과는 달리 현대적이고 세련된 외관과 첨단 시설을 갖추고 있다. 캠퍼스 주변은 공원처럼 조성되어 있어 날씨가 좋을 때 여유롭게 산책하기 좋다.

프리모르스키 아쿠아리움 해양 과학 교육 단지는 러시아연방 대통령령에 따라 2016년 9월 개장했다. 러시아 과학아카데미 기

극동 연방 대학교 본관 내부 전경

구에 속하는 최초이자 유일한 아쿠아리움이다. 세계에서 세 번째로 큰 프리모르스키 아쿠아리움은 총 실내 면적이 37,000㎡가 넘는다. 건물 좌측 회랑에는 70m 길이의 수중 터널이 있는 대형 수족관이 있고, 우측 회랑에는 돌고래 쇼를 관람할 수 있는 800석 규모의 공연장이 갖춰져 있다.

지역 언론 보도에 따르면 연해주를 찾는 외국인 관광객 수는 꾸준히 증가하고 있으며 2017년에는 64만 명을 넘어섰다. 단연 가장 많은 비중을 차지하는 것은 중국인 단체 관광객으로 42만 명에 달했다. 이러한 추세에 편승하여 지역 경제, 특히 외식업과 귀금속 판매업 분야의 매출도 덩달아 증가하고 있는 것으로 나타났다.

프리모르스키 아쿠아리움

P

블라디보스토크시와 연해주 정부는 환태평양 지역 국가 중 특히 한국인 관광객에 주목하여 유치에 공을 들이고 있다. 한국인 관광객 수는 2017년 기준 10만 명을 훨씬 웃돈다. 한·러 무비자 협정과 한국과 가까운 지리적 근접성으로 인해 주말을 이용해 많은 한국인 관광객들이 방문하고 있다. 주로 19~25세의 젊은 이들로 공연, 문화 유적, 박물관, 갤러리에 관심을 가지는 것으로 분석하고 있다. 이 때문인지 공항은 물론 유명 음식점에서도 한국어 메뉴판을 심심찮게 볼 수 있다.

'동방을 지배하라'라는 뜻처럼 블라디보스토크는 그만의 매력으로 한국, 중국, 일본 관광객들을 매혹시키고 있다. 러시아 전통 음식은 물론 킹크랩, 곰새우 등의 싱싱한 각종 해산물을 맛볼 수 있고, 한국보다 훨씬 저렴한 가격에 각종 뷰티 제품들을 살 수 있다. 또한 굳이 상트페테르부르크까지 가지 않더라도 세계적 명성을 자랑하는 마린스키 극장의 발레를 감상할 수 있고, 발해로부터 항일 독립 운동, 고려인 강제 이주에 이르기까지 우리 역사의 발자취를 따라가 볼 수도 있다는 점은 블라디보스토크만이 가진 매력이다. 이렇듯 아시아 속 러시아-유럽 문화를 맛볼 수 있는 블라디보스토크는 주말을 이용해 가볍게 다녀올 수 있는 해외 여행지로 전혀 손색이 없다. 블라디보스토크 열풍은 당분간 쉽게 가라앉지 않을 것 같다.

가마르조바, 게나쯔발레 (조지어로 "여러분, 안녕 하세요!≫)

Gamarjoba Genacvale!*

수프라에 오신 여러분을 환영합니다!

Welcome to Supra – our Georgian restaurant!

블라디보스톡 시민분들께 이 '수프라' 라는 식당 이름은 알면서도 놀라울 것입니다. 모두가 아직 전설의 스포츠카 토요타 수프라로 기억하실 테니까요!

For Vladivostok residents, this is a familiar and at the same time surprising name for a restaurant. Everyone here still remembers the legendary Toyota Supra sport car!

조지아어로 '수프라' 는 '식탁보' 라는 뜻입니다. 즉, 축배가 끝없이 이어지고 힝깔리와 하차푸리, 바비큐 등으로 푸짐하게 차려져 상다리가 부러질것만 같은 조지아 전통 상차림을 예로부터 칭한 것입니다. 이렇게 저희는 이름의 마법같이, 혹은 하늘이 내려준 신호처럼 « 수프라»라고 이름지었습니다.

But in the Georgian language 'supra' means a tablecloth. And from the dawn of time this word has been also used for the traditional feast that has become a real performance in Georgia, where abundant table is groaning with khinkali, khachapuri and shashlik and tamada's toasts never end. That is the magic of a name. Or a sign from above.

*"Hello Friends !" in Georgian

이렇게 밝고 행복한 식당을 만들기 위해, 저희는 조지아 국민의 전통요리 레시피와 가정의 레시피를 연구했고 저희 식당의 인테리어를 위한 크고 작은 소품들을 하나씩 모아가며 조지아에서 많은 시간을 보냈습니다. 트빌리시에서 저희는 아블라바르 지역의가마르조바, 게나쯔발레 (조지어로 "여러분, 안녕하세요!») 부유한 단독주택에서 오래된 문을, 킨즈마라울리 포도밭에서 벽과 입구를 장식한 100년산 사페라비 포도덩굴을, 바투미에서 아자르(공화국)식 하차푸리 레시피를 가져왔고 스바네티에서는 저희 미시코, 페트로, 그리고 바하 셰프 전문인 가장 매운 힝깔리 요리의 비밀을 수집해왔습니다.

To create such a sunny and happy restaurant, we have spent plenty of time in Georgia exploring family recipes of the Georgian cuisine and traditions of the Georgian people and gleaning décor articles and accessories for our big Georgi home. We have brought an antique door from a wealthy mansion from Avlabari area of Tbilisi, from Kindzmarauli vineyards – a hundred-year- Saperavi grapevine that has decorated the walls and the entrance, from Batumi – an authentic Adjaruli Khachapuri recipe and from Svaneti – secrets for spiciest khinkali that are superbly cooked by our Mishiko, Petro and Bakha chefs

블라디보스톡은 저희 수프라를 사랑하게 이고, 수프라는 이미 당신을 사랑합니다!

Vladivostok will certainly love our Supra and already

조지아 요리 전문 레스토랑 '수프라'의 한국어 메뉴판

저자소개

강덕수 한국외국어대학교 노어과를 졸업했고 미국 위스콘신주립대학교 슬라브어문학과에서 언어학 박사학위를 받았다. 한국외국어대학교 노어과 교수를 역임했고 현재 노어과 명예교수이자 러시아연구소 소장을 맡고 있다.

김민수 경찰대학교를 졸업했고 한국외국어대학교 대학원 노어노문학과에서 언어학 박사학위를 받았고 러시아 치타국립대학교에서는 철학 박사학위를 받았다. 현재 한국외국어대학교 러시아연구소 HK교수로 재직하고 있다.

김선래 단국대학교 정치외교학과를 졸업했고 러시아 과학아카데미 산하 세계경제·국제관계연구소(이메모)에서 정치학 박사학위를 받았다. 현재 한국외국어대학교 러시아연구소 HK연구교수로 재직하고 있다.

김준석 한국외국어대학교 노어과를 졸업했고 러시아 과학아카데미 산하 러시아문학연구소에서 문학 박사학위를 받았다. 현재 한국외국어대학교 러시아연구소 HK연구교수로 재직하고 있다.

김혜진 한국외국어대학교 노어과를 졸업했고 러시아 모스크바 국립대학교 역사학부에서 역사학 박사학위를 받았다. 현재 한국외국어대학교 러시아연구소 HK연구교수로 재직하고 있다.

라승도 한국외국어대학교 노어과를 졸업했고 미국 텍사스주립대학교 슬라브어문학과에서 문학 박사학위를 받았다. 현재 한국외국어대학교 러시아 연구소 HK연구교수로 재직하고 있다.

손현익 한국외국어대학교 노어과를 졸업했고 러시아 상트페테르부르크 국립대학교 러시아어과에서 언어학 박사학위를 받았다. 현재 한국외국어대학교 러시아연구소 HK연구교수로 재직하고 있다.

송준서 한국외국어대학교 노어과를 졸업했고 미국 미시간주립대학교 사학과에서 역사학 박사학위를 받았다. 현재 한국외국어대학교 러시아연구소 HK교수로 재직하고 있다.

어건주 한국외국어대학교 노어과를 졸업했고 같은 대학교 대학원 노어노문학과에서 언어학 박사학위를 받았다. 현재 한국외국어대학교 러시아연구소 HK연구교수로 재직하고 있다.

이지연 서울대학교 노어노문학과를 졸업했고 러시아 과학아카데미 산하 러시아문학연구소에서 문학 박사학위를 받았다. 현재 한국외국어대학교 러시아연구소 HK교수로 재직하고 있다.

제성훈 한국외국어대학교 노어과를 졸업했고 러시아 모스크바국립대학교 정치학부에서 정치학 박사학위를 받았다. 현재 한국외국어대학교 노어과 교수로 재직하고 있다.

최우익 서울대학교 불어불문학과를 졸업했고 러시아 모스크바국립대학교 사회학부에서 사회학 박사학위를 받았다. 현재 한국외국어대학교 러시아연구소 HK교수로 재직하고 있다.

황성우 한국외국어대학교 노어과를 졸업했고 같은 대학교 대학원 국제지역연구학과에서 정치학 박사학위를 받았다. 현재 한국외국어대학교 러시아연구소 HK교수로 재직하고 있다.

러시아, 도시로 읽다

상트페테르부르크에서
블라디보스토크까지

초판 인쇄	2019년 6월 3일
초판 발행	2019년 6월 10일
지은이	강덕수, 김민수, 김선래, 김준석, 김혜진 라승도, 손현익, 송준서, 어건주, 이지연 제성훈, 최우익, 황성우
발행인	김인철
총괄 · 기획	가정준 Director, University Knowledge Press
편집장	신선호 Executive Knowledge Contents Creator
기획 · 물류	이현진 Planning Expert
도서편집	박현정 Contents Creator
사전 · 도서편집	정준희 Contents Creator
도서편집	장혜린 Contents Creator
재무관리	강현주 Managing Creator
발행처	한국외국어대학교 지식출판콘텐츠원 02450 서울특별시 동대문구 이문로 107 전화 02)2173-2493~7 팩스 02)2173-3363 홈페이지 http://press.hufs.ac.kr 전자우편 press@hufs.ac.kr 출판등록 제6-6호(1969. 4. 30)
디자인 · 편집	디자인퍼브 02)2254-4308
인쇄 · 제본	네오프린텍 02)718-3111

ISBN 979-11-5901-581-6 03920 정가 30,000원

*잘못된 책은 교환하여 드립니다.

HU:iNE은 한국외국어대학교 지식출판콘텐츠원의 어학도서, 사회과학도서, 지역학 도서 Sub Brand이다. 한국외대의 영문명인 HUFS, 현명한 국제전문가 양성(International +Intelligent)의 의미를 담고 있으며, 휴인(携引)의 뜻인 '이끌다, 끌고 나가다'라는 의미처럼 출판계를 이끄는 리더로서, 혁신의 이미지를 담고 있다.